LOW CARBON

DEVELOPMENT OF LOW CARBON TRANSPORT IN CHINA

中国低碳交通发展

何增荣 \ 主编　　傅荧　李政 \ 副主编

经济日报出版社

图书在版编目（CIP）数据

中国低碳交通发展／何增荣主编. --北京：经济日报出版社，2018.4

ISBN 978-7-5196-0313-7

Ⅰ.①中… Ⅱ.①何… Ⅲ.①交通运输业-低碳经济-研究-中国 Ⅳ.①F512.3

中国版本图书馆 CIP 数据核字（2018）第 033445 号

中国低碳交通发展

主　　编	何增荣
副 主 编	傅　荧　李　政
责任编辑	温　海
出版发行	经济日报出版社
社　　址	北京市西城区白纸坊东街 2 号 A 座综合楼 710
邮政编码	100054
电　　话	010-63567684（总编室）　63516959（发行部）
网　　址	www.edpbook.com.cn
E - mail	edpbook@126.com
经　　销	全国新华书店
印　　刷	北京京华虎彩印刷有限公司
开　　本	710×1000 mm　1/16
印　　张	26.25
字　　数	390 千字
版　　次	2018 年 4 月第一版
印　　次	2018 年 4 月第一次印刷
书　　号	ISBN 978-7-5196-0313-7
定　　价	68.00 元

序

《中国低碳交通发展》终于问世了。

拿到这一叠书稿，刚巧北京发布重度雾霾预警，雾霾造成的阴郁心情似乎也由于这一叠书稿而减轻了许多。因为我知道这叠书稿是一组学者潜心六年，辛苦工作所奉献的一部关于节能减排、绿色交通的专门著作。

从十九世纪初英国人乔治·史蒂芬森第一次将燃煤蒸汽锅炉作为动力使用于运输工具，交通运输与碳排放就结下了不解之缘。即使到了随着技术进步，人类有了诸如核动力的时代，产生碳排放的石化燃料仍然是交通运输动力的主要来源。时至今日，我们终于意识到，伴随我们两百多年的运输动力所产生的碳素排放竟然成为人类生存环境的大敌，且由于交通运输与人类社会生产活动相互关联之广、依赖之深，以至于使我们对早已习以为常的交通运输方式所依赖的动力来源产生了一种“莫名的无奈感”，舍弃之不能，多用之不妥，真是给人类出了一道难解的题目。

什么是低碳交通？如何界定低碳？为什么要追求低碳交通？如何从规划建设、管理诸多角度出发研究制定相关的公共政策，鼓励相关的技术研发和应用，以降低交通运输系统整体运行的碳排放。这就是本书作者为求解上述难题而为自己设计的问题。这是一个关乎从宏观到微观，从技术、工程到管理、效率、效益，从社会到个人，从心理、生理到行为，全方位多层次、多角度的系统性、综合性问题。

可以感受到，本书作者以严谨的态度和极大的热诚在试图为我们所遇到的问题而努力找寻答案，找寻可供选择的解决方案。

他们显然做到了。

而事实上本书最大的也是最可贵的贡献，更在于对我国低碳交通研究领域基础性工作的夯实和具有导向性的探索。

本书以翔实的资料、宽阔的视野、准确的逻辑起点定位、定性与定量相结合的分析论证方法，构成了堪称科学严谨的研究范式。呈现给读者的是关于“低碳交通”的完整概念，发展低碳交通的理论分析、逻辑和类比，充分的描述性研究论证、大量的基础数据和图表以及若干供政府部门决策用的参考建议。

读完这部书稿，你会感受到本书作者的科学态度和面对问题所充满的理性，全不见近些年常见的一些文稿的华而不实。

当你清楚自己所处的环境和整体技术、管理水平，你就会摆正自己的位置，找到判断问题从而解决问题的逻辑起点；当你能准确地定义你所使用的每一个名词概念，显然，你就能够清晰地阐述你的逻辑和希望达到的目标；当你能够尝试构造出一系列相对完善的指标体系，你就能够给出具有说服力的结论和具有可操作性的、相对精准的解决方案；当你能够清晰地了解别人的状况和水平并客观认识自己的差距，就能够找到缩短差距的办法，至少能够找到解决问题的思考方向。

本书的作者也做到了。

我们所需要的正是这种理性的思想脉络、严谨的工作态度、科学的研究方法。这正是这本书出版的意义所在。

在纷繁浮躁的社会氛围下，本书几位作者能塌下心来，耗时六年孜孜以求学问，而呈现在本书中的成果顿时使我们对所追求的事业更加充满信心。应约发表些许感想，与大家共勉。

是为序。

任　虹

2017 年元月 6 日于北京

前　言

发展低碳交通是发展低碳经济的重要组成部分，也是我国新的历史时期发展理念的客观要求。受国家发展和改革委员会委托，北京华协交通咨询公司在“十二五”期间设立专项重点研究课题，陆续开展了有关低碳交通问题的系列专题研究。具体包括：

2010 年开展《低碳经济与交通发展研究》，研究了低碳经济特征及其对交通运输系统的要求，明晰对低碳交通发展借鉴的基本认识；

2011 年开展《交通运输业碳排放对比研究》，选择欧盟和美国等典型发达国家为参照对象，研究其低碳交通发展情况，并与我国低碳交通发展状况进行对比、分析，提出可供我国低碳交通发展借鉴的经验；

2012 年开展《我国交通运输系统碳排放指标体系框架研究》，结合 IPCC（联合国政府间气候变化专门委员会）清单指南，在我国既有统计数据支持的基础上，构建出一套可以系统反映我国交通运输系统碳排放的指标体系框架；

2013 年开展《我国交通运输系统碳排放指标研究》，在碳排放指标体系框架研究的基础上，测算目前我国交通运输业碳排放情况，分析交通运输业发展规律，提出交通运输业的碳排放控制目标；

2014 年开展《我国发展低碳交通的政策措施研究》，从发展低碳交通的角度，分析促进我国交通运输结构优化可采取的相应政策及措施，研究提出今后一段时期内具有可操作性的政策建议；

2015 年开展《我国低碳交通发展研究》，对自 2010 年至 2014 年的系列研究进行了全面、系统的梳理和总结，并结合国际国内低碳交通发展的最新情况对相关理论和数据进行了补充完善。

本系列研究从理论到实践，定量与定性分析相结合，力图既具宏观视野又着力微观分析，亦注重研究成果的实用性和可操作性。在开展上述系列研究的过程中进行了大量的调查研究，收集、查阅了大量的国内外相关数据和资料，并走访了相关的环保主管部门、交通运输管理部门及相应的研究机构、典型运输企业等。

本系列研究一直得到国家发展和改革委员会基础产业司和相关司局的指导和大力支持。同时也得到了铁道部及中国铁路总公司、交通运输部、国家民航总局和国家统计局等部门的关心和帮助，对完成本项研究、提升研究质量起到了重要作用，在此一并致谢。

本书是在上述系列研究的基础上，结合国内外交通运输行业有关低碳交通的最新发展情况，对相关理论进行系统性深化，对有关数据进行补充更新的基础上编写完成的。

本书由何增荣研究员主编，傅荧研究员和李政高级工程师副主编，第一章由邹文杰博士编写，第二章由李政高级工程师编写，第三章和第四章由张娜副研究员编写，第五章由姜阳副研究员编写，第六章由刘建军博士编写，第七章由赵文竹副研究员、李政高级工程师、姜阳副研究员、张娜副研究员、傅荧研究员共同编写。此外，王静副研究员和解天荣工程师参加了专题研究工作。傅荧研究员和李政高级工程师对全书各章节进行了统稿，何增荣研究员对全书进行了审定。

尽管编写组在编写、统稿和审定过程中做出了种种努力，但受限于相关统计资料的不系统和不完整性等因素，难免存在差错或不足，敬请读者匡正。

北京华协交通咨询公司

2017 年 10 月 于北京

目　录

第1章　发展低碳交通的必要性

1.1　低碳交通的发展背景

1.1.1　二氧化碳排放总体情况

煤、石油、天然气，是目前全球最主要的能源，它们的主要成分是碳氢化合物或其衍生物，因此也被称为化石能源或碳基能源。人类依赖碳基能源创造了很多人间奇迹，但它们燃烧过程中排放的大量二氧化碳和二氧化硫等温室气体，是造成大气褐云、灰霾、酸雨和温室效应的罪魁祸首，同时大部分碳基能源均为不可再生能源，按照既有的开采消耗速度将在21世纪内被开采殆尽。如何改变以碳基能源作为人类社会基本动力来源的状况，成了全世界人类经济社会发展必须面对的一个问题。

当前，全球二氧化碳排放量整体上呈现出持续增长态势。IEA（国际能源署）统计资料显示，1990年到2013年，世界二氧化碳排放总量从206亿吨增长到322亿吨，增长了56%。同期，美国二氧化碳排放量从48亿吨增长到51亿吨，增长了6%；欧盟二氧化碳排放量从40亿吨下降到33亿吨，下降了18%；日本二氧化碳排放量从10亿吨增长到12亿吨，增长了20%。1990年到2013年，我国二氧化碳排放量从22亿吨增长到90亿吨，增长了309%，同世界主要经济体比较，我国碳排放量增长速度较快。截止到2013年，我国碳排放量在全球份额中占比已达到28%。

我国人口众多，经济社会呈后发特征，在实现现代化发展过程中逐渐成为二氧化碳排放大国之一，煤炭、石油和天然气等化石燃料占能源消耗的绝大部分，尤其是煤炭在一次能源消费中约占三分之二，这种能源消费结构使我国经济和能源格局的“高碳”特征明显，二氧化碳排放强度相对较高，节能减排形势严峻。近年来我国一直重视发展低碳经济，采取多种措施降低碳排放，并在2015年巴黎气候大会上提出2030年单位GDP的二氧化碳排放量比2005年下降60%~65%，2030年非化石能源比重提升到20%左右的行动目标。

1.1.1.1 我国能源消耗情况

从分行业能源消耗情况看，工业是我国能源消耗量最大的部门，2012年占比达到我国能源总消耗量的近70%，其次是生活能源消耗，占总量的11%左右，交通运输、仓储和邮政业位列第三，占总量的8.7%。从发展趋势上看，我国主要行业能耗构成情况近年来总体变化不大，不同行业的能源消耗量与我国能耗总量基本维持同步增长态势。与其他行业有所区别的是，1995-2012年，交通运输业的能源消耗量及在我国能源消耗中的占比情况，均呈现出显著的增长态势。我国主要行业能源消耗总量与构成，及交通运输业在我国能源消耗总量中的占比情况，如表1-1、图1-1、图1-2所示。

表 1-1 我国主要行业能源消耗量（万吨标煤）

	总量（发电煤耗法）	农业	工业	建筑业	交通运输、仓储和邮政业	批发、零售业和住宿、餐饮业	其他行业	生活消费
1995	131175	5505	96191	1335	5863	2018	4519	15745
2000	138553	6045	95443	2143	10067	3039	5852	15965
2001	143199	6400	98273	2234	10363	3265	6096	16568
2002	151797	6612	104088	2544	11171	3520	6334	17527
2003	174990	6716	121770	2860	12819	4180	6819	19827
2004	203227	7680	143244	3259	15104	4820	7839	21281
2005	235997	6071	168724	3403	18391	4848	9255	25305
2006	258676	6331	184945	3761	20284	5314	10276	27765
2007	280508	6228	200531	4128	21959	5689	11158	30814
2008	291448	6013	209302	3813	22917	5734	11771	31898
2009	306647	6251	219197	4562	23692	6412	12690	33843
2010	324939	6477	231102	6226	26068	6827	13681	34558

续表

	总量（发电煤耗法）	农业	工业	建筑业	交通运输、仓储和邮政业	批发、零售业和住宿、餐饮业	其他行业	生活消费
2011	348002	6759	246441	5872	28536	7795	15189	37410
2012	361732	6784	252462	6167	31525	8546	16581	39666

数据来源：《中国能源统计年鉴》

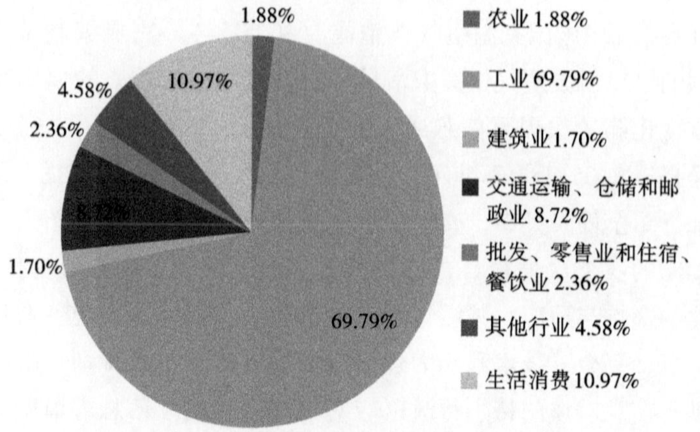

图1-1　2012年我国主要行业能源消耗构成情况①

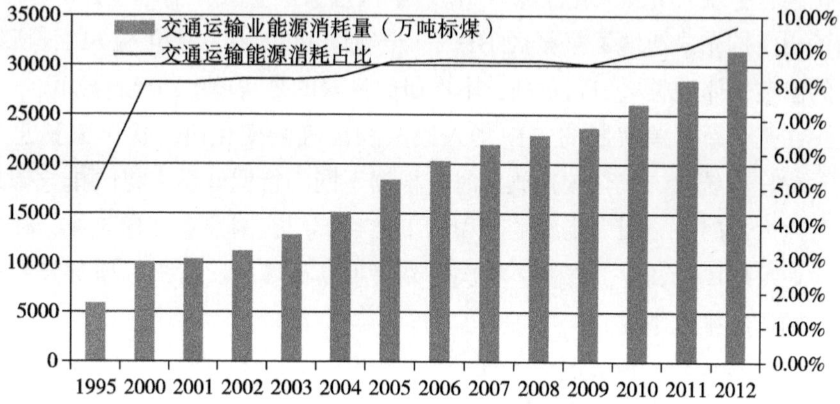

图1-2　1995-2012年交通运输业能源消耗量及占总能耗比例[1]

① 数据来源：《中国能源统计年鉴》

1.1.1.2 基于国家信息通报的碳排放总体情况

（1）国家信息通报

在2004年，我国政府根据《联合国气候变化框架公约》（简称《公约》）要求，向联合国提交了以《中国国家温室气体清单（1994年）》为核心的《中华人民共和国气候变化初始国家信息通报》（简称《初始通报》）。其中包括温室气体排放方面的国家清单，以及我国应对气候变化已经采取及将要采取政策、措施等多种信息。

2011年，《中国国家温室气体清单（2005年）》完成编制工作，这是我国编制的第二份温室气体国家清单。以该份清单为核心的《中华人民共和国气候变化第二次国家信息通报》（简称《二次通报》）也完成编制工作，新通报以2005年为基准年，在统计口径上逐渐向国际靠拢，涵盖的内容也更加详尽全面。其中，交通运输业界定为全社会交通运输。

新编制的《二次通报》内容涵盖国家基本情况、国家温室气体清单、气候变化的影响与适应、减缓气候变化的政策与行动、实现公约目标的其他相关信息、资金、技术和能力建设方面的需求、香港特别行政区应对气候变化基本信息、澳门特别行政区应对气候变化基本信息等篇章，全面反映了我国与气候变化相关的国情。

在温室气体清单方面，第一份清单统计的温室气体有三种，分别为二氧化碳、甲烷CH_4和氧化亚氮N_2O。《中国国家温室气体清单（2005年）》做了相应扩充，新增了氢氟烃HFCs、全氟碳PFCs和六氟化硫SF_6，所统计的温室气体种类增加到六种，本次研究针对的是清单中的碳排放。

在基于新清单编制的《中华人民共和国气候变化第二次国家信息通报》中，在统计二氧化碳排放量时，根据不同的行业性质，将碳排放源划分为六大部门，分别为能源生产和加工转换部门、制造业和建筑业、交通运输业、居民、商业、农业，本次研究的重点在《二次通报》所涉及的交通运输业碳排放领域。

（2）国内碳排放概况

①碳排放历史变化情况

随着经济的快速发展和人民生活水平的日益提高，我国的二氧化碳排放总量也呈现出了较快增长的态势。根据《中华人民共和国气候变化第二次国家信息通报》和《中华人民共和国气候变化初始国家信息通报》，从

1994 年到 2005 年，我国二氧化碳排放量从 26. 66 亿吨①增加到 54. 04 亿吨二氧化碳当量，增长了 1. 03 倍。其中，交通运输业二氧化碳排放量从 1. 66 亿吨增长到 4. 16 亿吨，尽管增幅较大，但在我国碳排放结构中的比重仍然较低。1994 年和 2005 年我国二氧化碳排放比较，如图 1 –3 所示。

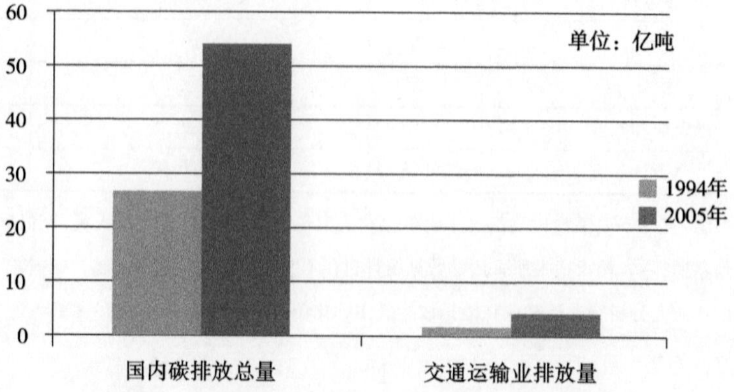

图 1 –3　1994 年和 2005 年我国二氧化碳排放情况②

②主要行业碳排放结构

根据《中华人民共和国气候变化第二次国家信息通报》，在 2005 年我国碳排放构成中，能源生产和加工转换部门排放量最大，达到 24. 08 亿吨，占 44. 55%，其绝对排放量和排放比重都比 1994 年有显著上升；制造业和建筑业次之，排放量为 21. 14 亿吨，占比 39. 11%；交通运输业居第三位，排放量为 4. 16 亿吨，占比 7. 70%，比重较 1994 年略微提升，但相对于发达国家占比仍然不大；居民部门排放 2. 63 亿吨，占比 4. 87%；商业部门排放 1. 37 亿吨，占比 2. 53%；其他部门（农业）排放 0. 67 亿吨，占比相对较小，仅为 1. 24%。1994、2005 年国内主要行业碳排放构成情况，如表 1 –2和图 1 –4、1 –5 所示。

---

① 为了确保研究数据的严谨性，我国的碳排放情况分析中的数据均运用《中华人民共和国气候变化第二次国家信息通报》和《中华人民共和国气候变化初始国家信息通报》的统计数据。

② 数据来源：《中华人民共和国气候变化第二次国家信息通报》和《中华人民共和国气候变化初始国家信息通报》

表 1-2　1994、2005 年国内主要行业碳排放构成（亿吨）

1994 年		2005 年	
能源生产和加工转换部门	9.62	能源生产和加工转换部门	24.07
工业	12.2	制造业+建筑业	21.14
交通运输业	1.66	交通运输业	4.16
居民	2.72	居民	2.63
商业	0.77	商业	1.37
建筑业和农业	0.97	农业	0.67
合计	26.66	合计	54.04

数据来源：《中华人民共和国气候变化第二次国家信息通报》和《中华人民共和国气候变化初始国家信息通报》，两次通报所采用的数据统计口径不完全一致，但交通运输业碳排放一直都单独统计，对本研究分析交通运输业在碳排放构成中的比例影响相对较小。

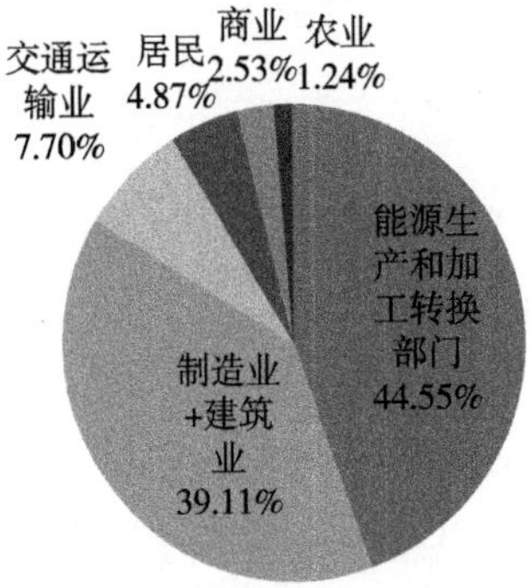

图 1-4　2005 年国内主要行业碳排放构成

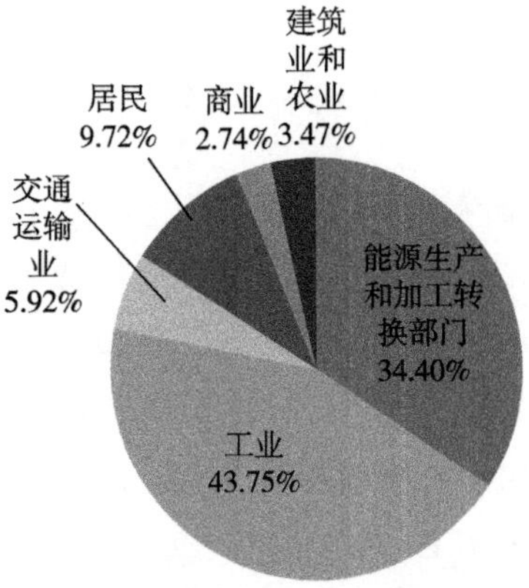

图 1-5　1994 年国内主要行业碳排放构成①

1.1.1.3　基于国际能源署统计资料的碳排放总体情况

(1) 国际能源署

国际能源署（International Energy Agency，简称 IEA），是隶属于经济合作和发展组织（OECD）的一个自治的机构，创立于 1974 年 11 月，总部设于法国巴黎，共有 29 个成员国，为应对 1973－1974 年石油危机而成

① 数据来源：《中华人民共和国气候变化第二次国家信息通报》和《中华人民共和国气候变化初始国家信息通报》

立。国际能源署致力于预防石油供给的异动，同时亦提供国际石油市场及其他能源领域的统计情报。

国际能源署的初始作用是负责协调应对石油供应紧急情况的措施。随着能源市场的变迁，国际能源署的使命也随之改变并扩大。纳入了基于提高能源安全、经济发展和环境保护“3 个 E”的均衡能源决策概念。国际能源署当前的工作重点是研究应对气候变化的政策、能源市场改革、能源技术合作和与世界其他地区，特别是主要能源消费和生产国，如我国、印度、俄罗斯和欧佩克（OPEC）国家展开合作。

国际能源署在过去和现在都具有两重使命：通过对石油供应的实际中断做出集体响应来促进其成员国的能源安全；为其 29 个成员国及其他国家提供确保可靠、廉价的清洁能源供应方法的权威研究和分析。国际能源署在其成员国之间开展全面的能源合作计划，每个成员国都有义务持有相当于其 90 天净进口的石油库存。国际能源署的目标是：

①确保成员国获得可靠、充足的各种形式能源供应；特别是，在石油供应中断时要通过维持有效的应急响应能力来实现。

②促进在全球范围内推动经济增长和环境保护的可持续能源政策，尤其是要减少导致气候变化的温室气体的排放。

③通过采集和分析能源数据改善国际市场的透明度。

④支持全球能源技术协作，保障未来能源供应并减轻其环境影响，包括通过改善能源效率以及开发和推广低碳技术。

⑤通过和非成员国、产业界、国际组织及其他利益相关者进行接触和对话找到全球能源挑战的解决方案。

IEA 于 1996 年 10 月开始与我国建立联系，它认为和中国应当在许多领域加强合作，包括有效利用能源等方面。在我国科学技术部的支持下，我国科学技术部对国际能源署联络办公室负责建立了能源技术信息网，旨在向我国介绍 IEA 及先进的能源技术和信息。能源技术信息网是通向国际能源署能源技术的网络平台。

（2）国内碳排放概况

①碳排放历史变化情况

IEA（国际能源署）的统计数据表明，1990 - 2013 年我国二氧化碳排放总量从每年约 22 亿吨增长到近 90 亿吨，年均增长 13. 5%，2013 年我国二氧化碳排放总量是1990年的4.1倍；同期世界二氧化碳排放总量从每年约206亿吨增长到近322亿吨，年均增长2.4%。期间我国的二氧化碳排放量在世界二氧化碳总排放量的占比，也从1990年的10.6%增长到2013年的27.9%。相比于世界平均水平，我国无论是二氧化碳排放量的绝对值，还是二氧化碳排放量在世界二氧化碳总排放量中占的比重都快速提高，我国面临的碳排放控制压力越来越大，发展低碳经济，建设低碳交通势在必行。1990－2013年我国及世界二氧化碳排放总量情况，如表1－3、图1－6所示。

表1－3　1990－2013年我国及世界二氧化碳排放总量情况（百万吨）

年　份	1990	1995	2000	2005	2010	2012	2013
我国碳排放量	2183.6	2998.2	3259.3	5359.7	7095.3	8519.2	8977.1
世界碳排放量	20623	21478	23321.6	27047.6	29838.2	31490.5	32189.7
我国占世界总量比重	10.59%	13.96%	13.98%	19.82%	23.78%	27.05%	27.89%

数据来源：IEA（国际能源署）《CO_2 Emissions From Fuel Combustion Highlights2015》

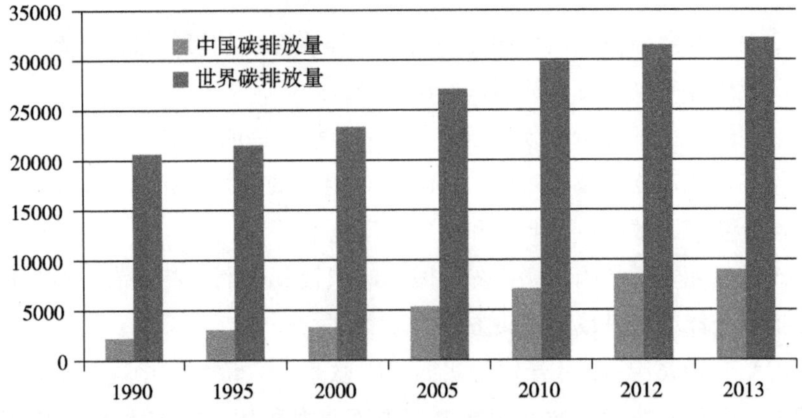

图1－6　1990－2013年我国及世界二氧化碳排放量比较①

②主要行业碳排放结构

根据IEA（国际能源署）的统计数据，在2013年我国碳排放构成中，电力和热力供应业产生的碳排放占比最大，达到43.86亿吨，占48.86%，比重略低于世界平均水平；制造业与建筑业次之，排放量为28.06亿吨，

① 数据来源：IEA（国际能源署）《CO_2 Emissions From Fuel Combustion Highlights2015》

占比31.25%，比重远高于世界平均水平的19.00%；交通运输业据第三位，排放量为7.54亿吨，占比8.40%，比重远低于世界平均水平的22.94%；其他部门排放6.64亿吨，占7.40%，比重略低于世界平均水平；其他能源工业排放3.67亿吨，占4.09%，比重略低于世界平均水平。2013年我国及世界主要行业碳排放构成情况，如表1－4和图1－7、图1－8所示。

表1－4　2013年我国及世界主要行业碳排放构成情况（百万吨）

	总量	电力和热力供应业	其他能源工业	制造业与建筑业	交通运输	其他部门
我国	8977.1	4386.2	367.4	2805.8	753.7	664.1
世界	32189.7	13655.6	1674	6114.8	7384.9	3360.5
我国占比	27.89%	32.12%	21.95%	45.89%	10.21%	19.76%

数据来源：IEA（国际能源署）《CO_2 Emissions From Fuel Combustion Highlights2015》

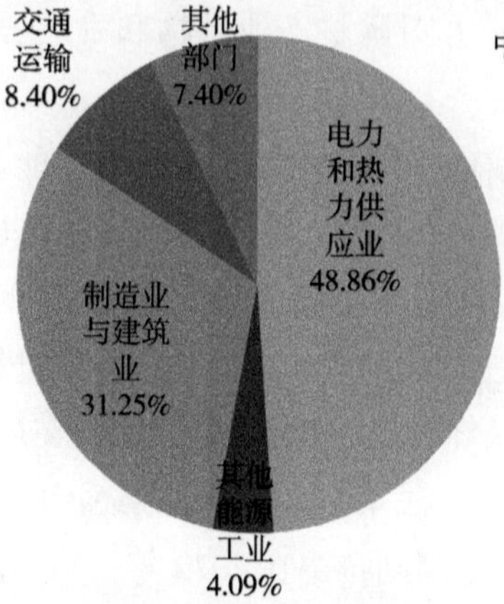

图1－7　2013年我国主要行业碳排放构成

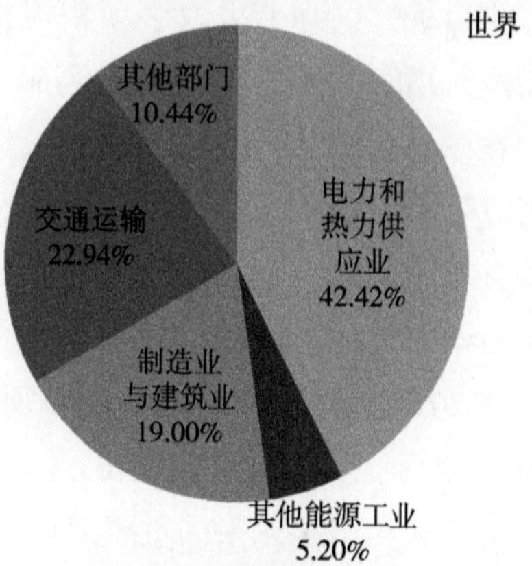

图1－8　2013年世界主要行业碳排放构成①

1.1.2　低碳交通是低碳经济的重要组成部分

1.1.2.1　低碳经济快速发展

伴随着生物质能、风能、太阳能、水能、化石能、核能等的使用，人

① 数据来源：IEA（国际能源署）《CO_2 Emissions From Fuel Combustion Highlights2015》

类逐步从原始文明走向农业文明和工业文明。而随着全球人口和经济规模的不断增长，能源使用带来的环境问题及其诱因不断地为人们所认识，不止是烟雾、光化学烟雾和酸雨等的危害，大气中二氧化碳浓度升高将带来的全球气候变化，也已被确认为不争的事实。在此背景下，“碳足迹”、“低碳经济”、“低碳技术”、“低碳发展”、“低碳生活方式”、“低碳社会”、“低碳城市”、“低碳世界”等一系列新概念、新政策应运而生。而能源与经济以至价值观实行大变革的结果，可能将为逐步迈向生态文明走出一条新路，即摒弃二十世纪的传统增长模式，直接应用新世纪的创新技术与创新机制，通过低碳经济模式与低碳生活方式，实现社会可持续发展。作为具有广泛社会性的前沿经济理念，低碳经济其实没有约定俗成的定义，其涉及广泛的产业领域和管理领域。

发展低碳经济已经成为全球共识，各国政府都极其重视发展低碳经济。为应对全球气候变化，世界各国达成了一系列降低碳排放协议。为实现减排目标，国际上采取多项积极措施，力图调整产业结构和发展方式，改变经济增长方式，实现低碳经济。

在国外，“低碳经济”最早见诸于政府文件是在2003年的英国能源白皮书《我们能源的未来：创建低碳经济》。作为第一次工业革命的先驱和资源并不丰富的岛国，英国充分意识到了能源安全和气候变化的威胁，它正从自给自足的能源供应走向主要依靠进口的时代，按目前的消费模式，预计2020年英国80%的能源都必须进口。同时，气候变化已经迫在眉睫。2007年7月，美国参议院提出了《低碳经济法案》，表明低碳经济的发展道路有望成为美国未来的重要战略选择。德国则希望在2020年，国内的低碳产业要超过其汽车产业。向低碳经济转型已经成为世界经济发展的大趋势。

2015年召开的巴黎气候大会上与会领导人表示，气候变化问题是全人类面临的共同挑战，需要各方携手应对。气候变化巴黎大会为全球共同应对气候变化提供了重要契机。各国都提出要加大对清洁能源、低碳经济等领域的投资，制订有雄心的减排计划，减缓气候变化过程。巴黎气候大会一致通过了应对全球气候变化的新协议《巴黎协议》（以下简称《协议》）。《协议》为全球经济朝着低碳排放和适应气候变化方向的转型奠定了基础，同时也标志着人类的共同承诺，即在力求实现可持续发展和消除贫困目标的同时，必须为后世子孙的福祉而保护地球的完整性。根据《协议》，各方同意结合可持续发展的要求和消除贫困的努力，加强对气候变化威胁的全球应对，将全球平均气温升幅与前工业化时期相比控制在 2 摄氏度以内，并继续努力、争取把温度升幅限定在 1.5 摄氏度之内，以大幅减少气候变化的风险和影响。此外，协议指出发达国家应继续带头，努力实现减排目标，发展中国家则应依据不同的国情继续强化减排努力，并逐渐实现减排或限排目标。全球尽快实现温室气体排放达峰，本世纪下半叶实现温室气体净零排放。资金方面，协议规定发达国家应为协助发展中国家，在减缓和适应两方面提供资金资源。同时，将“2020 年后每年提供 1000 亿美元帮助发展中国家应对气候变化”作为底线，提出各方最迟应在 2025 年前提出新的资金资助目标①。

在我国，2006 年年底，科技部、国家气象局、发改委、国家环保总局等六部委联合发布了我国第一部《气候变化国家评估报告》。2007 年 4 月，低碳经济和中国能源与环境政策研讨会在北京举行。2007 年 6 月，我国正式发布了《中国应对气候变化国家方案》。2007 年 8 月，国家发改委发布《可再生能源中长期发展规划》，可再生能源占能源消费总量的比例将从目前的 7% 大幅增加到 2010 年的 10% 和 2020 年的 15%。2007 年 12 月 26 日，国务院新闻办发表《中国的能源状况与政策》白皮书，着重提出能源多元化发展，并将可再生能源发展正式列为国家能源发展战略的重要组成部分。2008 年 4 月，由众多专家、学者牵头，在各部门关注和关心下，中国低碳网成立。在 2010 年的十一届全国人大三次会议第四次全体会议中“低碳”成为讨论的热点。2010 年 9 月 13 日，夏季达沃斯论坛在天津梅江会展中心举行，此次论坛以“推动可持续增长”为主题。我国政府表示将大力培育以低碳排放为特征的交通运输体系，加快低碳技术研发示范和产业化，全面增强应对气候变化的能力，在“共同但有区别责任”的原则下积极开展应对气候变化的国际合作。总体上看，我国对低碳经济的认识正逐步提高，并做出了积极努力实现低碳经济，但我国的低碳经济仍处在一个起步阶段，需要更多的探索和实践。

---

① 孟小珂．巴黎气候变化大会达成历史性协定 http：//politics. people. com. cn/n1/2015/1214/c1001 –27924179. html

低碳发展是解决发展与环境保护问题、统筹经济社会发展与应对气候变化的根本途径。探求低碳发展路径则是促进经济社会与资源环境协调和可持续发展的战略选择。因此，我国在2015年巴黎气候大会上提出我国低碳经济发展行动目标为：2030年单位GDP的二氧化碳排放量比2005年下降60%~65%；2030年非化石能源比重提升到20%左右；2030年左右化石能源消费的二氧化碳排放达到峰值；2030年森林蓄积量比2005年增加45亿立方米。

1.1.2.2 低碳交通是低碳经济的重要组成部分

低碳交通是人类社会在低碳经济发展进程中，体现在交通领域的一种新的发展理念，是低碳理念在交通运输领域人与自然和谐发展的体现。从世界范围看，交通运输业也是能源消费和碳排放的大户。国际经验表明，经济发展水平越高，交通占能源消费的比例也越大。

随着经济发展及人民生活水平的提高，世界各国交通运输对能源的消费及其在能源消费总量中所占的比例呈上升趋势。相应地，交通运输业的二氧化碳排放量也在逐年增加，根据IEA（国际能源署）统计，2008年世界交通运输业二氧化碳排放量达66.05亿吨，约占世界二氧化碳排放量的22.5%。据亚洲开发银行预计，在未来的25年内，世界交通源二氧化碳排放将增加57%，而由于发展中国家的汽车行业发展迅速，其排放增长将占交通行业的80%。目前，在我国，由于汽车逐步进入家庭，交通运输能耗持续增长，汽车尾气排放造成的碳排放量逐年提升，在碳排放总量中的比例有逐年升高的趋势。例如，在2009年我国上海客运行业能源消耗结构中，社会客车占65%，出租汽车占17%，公共汽车占10%，轨道交通占7%，轮渡占1%（上海市第四次全市综合交通调查资料），个体或企业单位机动方式已成为城市交通运输行业能源消耗的主体，成为交通客运行业中最大的碳排放源。

低碳交通是低碳经济的重要组成部分，发展低碳交通，不仅是低碳经济发展的必然要求，而且是实现交通可持续发展的重要方向。低碳交通是一种以高能效、低能耗、低污染、低排放为特征的交通运输发展方式，其核心在于提高交通运输的能源效率，改善交通运输的用能结构，优化交通运输结构，提升交通运输效率，从而在满足客货运输需求的前提下，最大程度地减少交通运输业碳排放量。

低碳交通的前提是满足运输需求，适应经济和社会发展需要；方法是采用优化的运输结构、先进的科学技术、高效环保的运输工具、科学的组织管理等；目的是降低碳基能源的消耗和减少二氧化碳的排放，使之在生态环境可承受范围内，实现可持续发展。

低碳交通系统大致由交通运输基础设施子系统和交通运输组织管理子系统组成。交通运输基础设施子系统是低碳交通系统的物质基础，其空间分布、通过能力和技术装备体现了整个低碳交通系统的状况和水平，在低碳交通发展中占有重要地位。交通运输基础设施子系统要求各种运输方式布局要合理协调，运输环节要相互衔接，技术装备要节能低碳化，运输网络要四通八达。交通运输组织管理子系统要有利于宏观管理、统筹规划和组织协作，要实现碳排放小，运输效率高，经济效益好，服务质量高，充分体现各种运输方式综合利用的优越性。建立高效率、相互衔接、灵活运转的低碳交通系统的组织管理体系，是发挥低碳交通系统组织管理职能的重要方面，它对于提高低碳交通系统管理效率和管理水平有着十分重要的作用。低碳交通的组织管理不但要有各种运输方式自身的管理体系，而且必须有综合的管理机制，使整个交通运输业朝着“资源节约型、环境友好型”方向发展。

1.1.3　低碳经济对交通运输的发展要求

1.1.3.1　交通运输消耗碳基能源的比重大

交通运输作为主要碳排放源之一，是国际温室气体减排、缓解气候变化的重要领域。据 2009 年 IEA（国际能源署）出版的《运输、能源与二氧化碳：迈向可持续发展》报告表明，全球二氧化碳排放量约有 25% 来自交通运输，美国的大气污染 50% 来自运输工具，日本也占到 20%，我国交通运输业总能耗占全国总能耗的 10% 左右。预计到 2050 年全球交通运输业的能源消费量将翻一番。亚洲发展银行预计，在未来的 25 年内，全球交通源二氧化碳排放将增加 57%，由于发展中国家的汽车行业发展迅速，其排放增长将占到 80%。

表面上看，低碳仅是一个气候、环境问题，但实质上，低碳是一种新的可持续发展方式和能源消费方式。交通作为经济社会发展的重要载体和工具，是温室气体的重要排放源，在我国，随着经济的持续增长及人民生活水平的提高，汽车逐步进入家庭，交通运输能耗将持续增长，我国汽车尾气排放已成为大中城市的污染源。以北京、上海两大城市为例：北京市汽车排放的碳氧化合物、碳氢化合物、氮氧化合物已占排放总量的40%至75%。；2009年，上海汽车保有量即达到146万辆，机动车碳排放已占到全社会碳排放的相当比重。在上海客运行业能源消耗结构中，社会客车占65%，出租汽车占17%，公共汽车占10%，轨道交通占7%，轮渡占1%，个体机动方式作为城市交通运输行业能源消耗的主体，是最大的碳排放源。在当前我国机动化快速增长的前提下，要尽可能防止和减少交通建设、运输对生态环境的不利影响，使交通运输发展与生态环境相协调，就必须转变交通运输发展方式，尽可能选择对环境影响小的运输方式，城市交通主要是通过大力发展公共交通、绿色交通实现节能减排的低碳目标。

不同的交通运输方式在能耗方面具有较大差异，据有关研究表明，铁路、公路、民航完成单位运输量的能耗在客运方面为1∶1∶3，在货运方面为1∶1.3∶3。同时，在同一种交通运输方式内部，节能降耗的空间也比较大。统计显示，我国各类汽车平均每百吨公里油耗比发达国家高20%以上，其中卡车运输的百吨公里油耗较国际平均水平高出近50%。据预测，如果全行业采用节能运输模式，全国公路运输行业营业性车辆汽柴油综合单耗将降低10%，可节约燃油800万吨左右。我国人均能源占有量很低（人均可开采石油资源仅相当于世界平均水平的7.7%），石油进口对外依存度逐年提高，2008年升至接近52%，预计2020年将达到66%。交通运输的发展需要能源的支撑，有效节约和合理利用不可再生的能源，既关系到交通可持续发展，又关系到我国的能源安全。转变交通运输发展方式，发展低能耗的交通运输方式，提高能源的利用效率，大力发展新型能源，已成为促进交通运输业可持续健康发展的客观需要和必然选择。

1.1.3.2 低碳经济对交通运输发展的基本要求

低碳经济是目前最可行的可量化的可持续发展模式。但现阶段太阳能发电的成本是煤电水电的数倍，一些地区风能发电价格高于煤电水电；作为二次能源的氢能，目前离利用风能、太阳能等清洁能源提取的商业化目标还很远；以大量消耗粮食和油料作物为代价的生物燃料开发，一定程度上引发了粮食、肉类、食用油价格的上涨。从世界范围看，预计到2030年太阳能发电也只达到世界电力供应的10%，而全球已探明的石油、天然气和煤炭储量将分别在今后 40、60 和 100 年左右耗尽。因此，在“碳素燃料文明时代”向“太阳能文明时代”（风能、生物质能都是太阳能的转换形态）过渡的未来几十年里，低碳经济的重要含义之一就是节约化石能源的消耗，为新能源的普及利用提供时间保障。特别从我国能源结构看，低碳意味着节能，低碳经济就是以低能耗低污染为基础的经济。

低碳交通运输是低碳经济的重要组成部分。低碳交通运输是一种以高能效、低能耗、低污染、低排放为特征的交通运输发展方式，其核心在于提高交通运输的能源效率，改善交通运输的用能结构，优化交通运输的发展方式。目的在于使交通运输系统减少以传统化石能源为代表的高碳能源的高强度消耗，最终降低交通运输业二氧化碳排放总量。

我国目前交通运输发展从总体上说，仍是一种较为粗放型的方式发展，对环境造成较大的不利影响，交通运输的全要素生产率较低。在 2015 年巴黎气候大会上，我国已经明确提出减排目标，2030 年单位国内生产总值二氧化碳排放量比 2005 年下降 60%～65%。各行业碳排放受总目标限制，交通运输业作为碳排放大户，其未来发展存在着碳排放的约束条件，低碳经济作为全球发展的一个必然趋势，促使我国加快构建低碳交通运输体系，改变交通运输耗能较高的现状，转变交通运输发展方式，实现交通可持续发展。

当前我国交通运输发展中面临的一些问题，是交通运输发展到一定阶段所必须面对的问题。在发展低碳经济的大环境下，发展低碳交通成为必然选择。转变交通运输发展方式，实现交通可持续发展，必须站在交通发展的全局和战略高度，从交通发展与国民经济和社会发展的关系出发，更加重视资源的使用效率和运输服务效率，更加关注交通运输的可持续发展能力，处理好交通运输发展与环境资源制约的关系，交通运输业要更加努力适应发展低碳经济、建设生态文明的新要求，积极应对能源短缺、环境恶化所带来的重大挑战。以最短的时间完善交通基础网络；以较低的成本提供安全、高效、便捷的运输服务；以最佳的途径缩短与发达国家管理和技术上的差距；以创新的理念，构建低碳交通运输体系；以最小的资源环境代价实现交通运输又好又快发展；努力建设资源节约型环境友好型交通运输业。

1.1.3.3 我国低碳交通系统建设面临的挑战

交通运输是国民经济和社会发展的重要基础产业，兼具服务性行业特征，是联系整个产业体系的桥梁和纽带，同时也是我国能源消耗和碳排放的重点行业之一。能源和基础矿产采掘、能源动力和原材料生产、装备制造产业等都与交通运输紧密相关。随着经济社会的日益发展，今后相当长一段时期内，我国的客货物运输需求从质和量上都会有较快增长，随之而来的是交通运输业产生的能源消费和碳排放预计将继续呈现出显著的增长趋势。

与国际低碳交通先进水平相比，我国交通运输业仍有较大的节能减排空间。对于我国交通运输业而言，未来如何实施低碳发展政策，发展何种能源技术、运输装备和运输模式，建成怎样的综合交通运输体系，这些因素都将对交通运输业的能耗和碳排放水平带来直接或间接的影响。总体上看，当前我国的低碳交通系统仍然存在一定的问题，在低碳交通系统的发展与建设过程中主要面临以下几方面的挑战与任务。①

(1) 从源头上有效控制其他产业“间接”产生的交通运输关联碳排放

交通运输业除了直接消耗碳基能源引起的二氧化碳排放外，其对关联产业的能耗产生的拉动作用也不容忽视。如在交通运营服务中和基础设施建设与养护对其他产业特别是水泥、橡胶、钢铁、化工、设备制造业等行业的原料、资源的拉动作用。我国正处在快速工业化阶段，在未来很长一段时间内，仍然将会处于大建设大发展时期，防止在交通运输行业快速发展的同时，引起大量的间接能耗和碳排放，需拉动并增加其他产业的能耗和碳排放。因此，节能减排工作和低碳交通的开展，不仅要考虑交通运输业直接产生的能源消耗和碳排放，对间接引起的能耗和碳排放也应予以必要的关注。

(2) 构建“移动源”引起的能耗和碳排放的统计、监测和考核体系

交通运输行业的运输能源消耗属于“移动”的能耗源和碳排放源，其单位能源消耗和碳排放强度的影响因素众多，如道路运输中引起的能耗与道路等级、道路拥堵程度、货物或旅客的承运量等都有很大关系，其能源消耗和碳排放数据的统计具有很大的不确定性，而能源消耗核算碳排放数

① 中国低碳交通发展的几点思考 . http：//www. piffle365. com/plus/view. php？ aid = 18959

据作为数据基础，对推进节能减排工作又是必不可少的基础条件。因此，如何建立交通运输能耗和碳排放数据的统计、监测和考核体系，是亟待解决的问题之一。

（3）从重技术节能转向与管理制度建设、能源结构调整多头并进

我国目前的低碳交通运输体系建设的焦点主要集中在新技术、新材料的应用和发展，例如天然气车辆、船舶“油改电”等，对于能源结构调整和管理制度、政策措施方面的建设与发展仍然存在一定的不足，从长远来看，能源结构转型和管理制度建设具有更大的节能减排潜力。因此，在建设低碳交通运输体系的过程中，节能技术的创新与推广与能源结构调整、管理制度建设、低碳政策措施的制定多头并进是我国低碳交通下一步发展的必然方向。

（4）提高节能减排机构、人员、制度、经费的保障力度

我国在建立交通运输节能减排管理设置专门的机构和配备专门人员的工作上仍然存在一定的不足，许多地方并没有安排具体机构和人员，对行业节能减排工作进行统筹、协调和指导，而且在国家和地方财政资金层面上，对节能减排工作的扶持与奖励资金的提供力度仍显不足。在当前国家和各省市对节能减排工作都越来越重视，在实施节能减排目标责任制层层考核问责的形势下，交通运输业作为节能减排工作的重点领域，在节能减排机构、人员、经费配备上必须给予充分保障。

（5）加强绿色可再生能源技术的研发和投入使用

从短期角度，由于见效快，效果好，低碳交通建设工作的中心主要是放在制定政策措施、优化运输结构和提高运输工具效率等方面。但节能减排的潜力空间并不是无限的，从成本的有效性角度，随着节能减排潜力被不断释放，可挖掘的潜力空间越来越小，未来取得单位节能减排成效付出的经济成本将越来越大。绿色可再生能源技术在全球范围内正处于快速发展阶段，尽管目前可再生能源应用成本较高，但随着科学技术的进步，绿色可再生能源的市场推广应用步伐会越来越快，绿色可再生能源技术的应用也将逐步进入低成本时代，其大面积推广和应用将成为低碳领域发展的大趋势，因此，绿色可再生能源技术的研发与推广应用，是低碳交通运输体系建设的重要方向之一。

(6) 把“税收”与“碳排放权交易”等金融制度引入低碳交通系统建设

通过把税收纳入交通出行的成本中，通过对高能源消耗、高碳排放的交通运输方式征收税金的方式，促使公众选择低碳出行方式或选择其他途径提高交通运输能源使用效率。目前国外已经有部分国家和地区及城市对一些交通运输行为征收汽车消费税、燃油税、尾气排放税、进城费、拥堵费等，达到降低交通运输业碳排放量的目的。另外，通过利用建立作为市场弹性机制的“碳排放权交易”制度，使得交通运输业自觉地向低能耗、低排放、高效率的方向发展，也可以作为一种有效的低碳交通发展措施。

1.2 低碳交通的概念与内涵

1.2.1 低碳交通系统的概念

低碳交通运输（Low Carbon Transport）是在全球应对气候变化背景下提出的一个新概念。低碳交通与低碳经济、低碳发展一脉相承，是低碳经济体系中的重要组成部分之一。就如同低碳经济最早由英国提出一样，低碳交通运输最早也是出现在英国官方的文件中。2007 年 5 月英国率先提出《低碳交通创新战略》，较早出现了“低碳交通”这一说法；2009 年 7 月又发布了《低碳交通运输：更加绿色的未来》。我国明确提出低碳交通概念是在 2009 年在有关应对气候变化的两次国务院常务会议工作部署中，指出要加快建设以低碳排放为特征的工业、建筑和交通体系[①]。

1.2.1.1 定义

针对“低碳”这个术语，目前国际上主要有三种解释。第一种是“零碳”，即不排放碳（或者实现“碳中和”）；第二种是“减碳”，即碳排放的绝对量减少；第三种是“降碳”，即碳排放的相对量减少（目前主要表

① 中国低碳交通发展的几点思考．http：//www. piffle365. com/plus/view. php? aid =18959

现为碳排放强度的降低或者碳生产率的增强）。由于人类社会对化石能源的依赖不可能在短期内完全摆脱，因此低碳实质上是一个“低碳化”的过程，即遵循一条“降碳→减碳→零碳”的逐步脱碳的演化过程。目前，大部分发达国家已经完成了工业化过程，进入了“减碳”的阶段。而广大发展中国家，尤其是我国正处于现代化进程的重要阶段，发展经济仍是我们的首要任务，因此，我国当前尚处于“降碳”的阶段。

从“交通运输”的角度来看。交通运输是经济社会发展的基础性产业，是人们“吃穿住行”的基本需求之一，也是人类社会进步的基本前提和衡量标准。但与此同时，交通运输又是资源能源消耗的主要经济行业，交通基础设施建设要耗费大量的钢材、水泥等高碳材料，运输工具的驱动更是离不开汽油、柴油等碳基能源。因此，交通运输业具有典型的“高能耗、高碳排放”特点。伴随着经济社会的逐渐发展和人们的更高要求，我国交通运输的刚性需求仍将呈现出逐渐增长的发展趋势。

“低碳交通”的概念可以从“低碳”和“交通运输”两个维度来定义。从侧重“低碳”发展的角度，结合低碳经济的概念，可以将低碳交通定义为：低碳交通是一种以低能耗、低排放、低污染为根本特征的交通运输发展模式，其核心在于提高交通运输的用能效率、改善交通运输的用能结构、降低交通运输的碳排放强度，并逐步减少交通运输碳排放总量。目的在于使交通运输系统逐渐摆脱对化石能源的过度依赖，实现交通运输低碳转型发展，更好地服务于我国的低碳经济发展。从侧重“交通运输”满足需求的角度上，可将低碳交通定义为，低碳交通是在不影响高质量出行需求，满足人们日益丰富多彩的客货运输需求前提下，既能满足经济社会发展正常需要，又能降低单位运输量碳强度的新型产业形态。即低碳交通运输是在满足需求的情况下，以尽可能低的碳排放强度（或尽可能高的碳生产效率）、实现最大化效用的新型产业发展模式。

构建“低碳交通体系”，实现低碳交通发展的关键是在交通出行的各个环节全面关注温室气体排放问题，通过对运输结构和运输效率等方面的优化，最大程度地减少碳排放总量。低碳交通体系建设的核心就是鼓励发展低碳交通运输方式，适度限制高碳排放运输方式，如提高铁路、水运等低碳运输方式在客货物运输中的比重。同时注重从用地布局优化、交通政策引导、信息技术支撑、交通工具排放控制等多个方面共同减少碳排放。

低碳交通发展的前提条件是满足高质量的运输需求，适应经济和社会发展需要；低碳交通体系建设的方法是采用优化的运输结构、先进的科学技术、高效环保的运输工具、科学的组织管理等；最终目的是降低碳基能源的消耗和减少二氧化碳排放，使之在生态环境可承受范围内，实现可持续发展。

1.2.1.2 低碳交通的内涵

低碳经济是在可持续发展理念下一种全新的经济发展形态。同理，低碳交通也是低碳发展大环境下，交通运输行业的一种新型发展方式。低碳交通重在“低碳化”发展，其内涵主要体现在以下几个方面①。

①低碳排放相对于高碳排放

发展低碳交通运输的关键在于降低单位运输生产量的碳排放量（即碳排放强度），提高单位碳排放的利用效率，以控制二氧化碳排放绝对量的增长速度，甚至逐步减少二氧化碳排放量。

②改变以化石能源为主的传统发展模式

发展低碳交通运输的重要关键因素之一是调整能源消费结构，逐渐摆脱交通运输服务对化石能源的依赖，通过可再生能源等对化石能源的替代，逐步实现“低碳化”转型，在满足人们“运输”需求的同时，摆脱化石能源消耗的高碳排放影响。以较低碳清洁的天然气，以及太阳能等新能源替代石油、煤炭等传统能源是一个重要战略选择，可以在条件允许的地区优先发展。

③减少不必要的人为碳排放量

人们对物质生活的追求，也会集中反映在对运输的需求上。非理性的物质追求和生活方式，都会增加人为的、不必要的碳排放量，并体现在交通运输的全过程中。发展低碳交通运输也需要约束人们非理性的消费，形成良好的生活习惯，在不影响正常经济社会发展的前提下，减少不必要、不合理的交通运输需求，从而控制交通运输的碳排放。

1.2.1.3 低碳交通的基本特征

从全局角度看，低碳交通具有低碳化、重减排、体系化、综合性和系

---

① 中国低碳交通发展的几点思考．http：//www. piffle365. com/plus/view. php？aid = 18959

统性等多方面的基本特征。具体如下：

一是低碳化。低碳交通运输发展进程即不断追求“降碳”的过程。由于交通基础设施过程需要大量原材料和土地等资源，运输工具必须依赖能源驱动，随之对应着碳排放的产生，除非使用绿色清洁能源（如太阳能等），否则交通运输难以实现无碳化，也不能依靠自身系统内部达到碳中和。因此，通常情况下低碳交通是不断低碳化的降碳过程。

二是重减排。重心要逐步转移到运输工具的尾气排放上。“节能”和“减排”都是交通运输低碳化的重要途径。但据有关机构测算，从低碳化的经济性考虑，“节能”和“减排”的作用比大约是 4∶6 的关系。因此，我们既要重视“节能”，更要把“减排”上升到应有的高度。需求的角度，通过引导人们的合理消费、优化产业结构，减少生活过程中的交通碳排放量；从能源的角度，可以大力发展新能源，优化交通运输用能结构，减少运输环节碳排放量；从设备的角度，推动科学技术进步，生产低能耗、低排放、燃油经济性好的车辆、船舶等运输工具，降低运输工具单位运量产生的碳排放量。

三是体系化。低碳交通运输是一个体系化的概念，无论是交通运输系统的规划、建设、维护、运营、运输，还是交通工具的生产、使用、维护，乃至相关制度和技术保障措施，人们的出行方式或运输消费模式等，都需要用“低碳化”的理念予以改造和优化。交通运输领域尚有很大的节能减排潜力，诸如通过节能和减排技术的不断创新与发展，均能达到减少交通运输系统的碳排放量的目的。在具体的技术领域，运输组织技术、智能交通技术、车辆能效技术、运输工具排放监测技术等方面都有节能减排潜力，需要特别注意的是，无论单一技术的推广应用，还是多种技术的集成应用，都要做好碳效率的技术经济分析，合理有效地避免低碳技术的高碳化开发。

四是综合性。一方面，低碳化的手段是多样的，既包含技术性减碳（如节能环保技术应用），也包括结构性减碳（如通过优化网络结构、运力结构等提高能效），还包括制度性减碳（如市场准入与退出机制）。另一方面，低碳化的途径是双向的，既包括“供给”或“生产”方面的减碳（即从供给侧提供一个更低碳的交通运输服务系统），也包括“需求”或“消费”层面的减碳（即从需求侧培养低碳的生活消费习惯，如引导公众理性选择出行方式，鼓励乘用公交或骑自行车等）。

五是系统性。从整体角度上看，低碳交通运输体系应包括三个基本的系统：一是节能减排基础支撑系统，二是清洁能源优化利用系统，三是公众出行社会引导系统。其中，节能减排基础支撑系统是低碳体系建设的第一步，还需加大推进力度，把传统工作系统化提升；清洁能源优化利用系统方面，积极发展新能源汽车是交通运输低碳化的重要途径；公众出行社会引导系统方面，要运用一切法律、经济、技术乃至公德力量，正确引导公众的交通消费。因此，发展低碳交通运输，必须着眼于全局进行统筹谋划，努力打造一个以低碳排放为基本特征的现代交通运输系统。

1.2.2 交通运输与低碳交通的行业特征①

1.2.2.1 交通运输业的行业特征

交通运输是国民经济中一个重要的组成部分，具有不可替性，并具有区别于其他国民经济组成部分的特征。只有不可替代品之间才存在协同的基础。正是由于运输业具有不可替性，它才能成为组成国民经济系统的多个不同经济功能的子系统中的一个。交通运输的行业特征包含下述几个方面：

（1）产品是实现位移的功能

运输业把生产和消费联系起来，是延续生产过程的生产服务活动。运输生产是在流通过程中进行的，它是物质生产过程在流通领域中的继续，并且为了流通过程而继续。运输业并不生产有形的商品，也不增加社会产品的总量。运输业不像工农业那样改变劳动对象的物理、化学属性，只改变运输对象（旅客和货物）在空间上和时间上的存在状态，具体体现在空间位置的改变，而空间位置的变化也是一种物质变化形式。运输生产虽然也创造使用价值和价值，但并不是新的具有实体形态的产品，而仅仅改变服务对象的所在地。交通运输就是在一定范围内有目的的人或物质的空间位移，运输业的产品是一种实现物质（货、客）的空间位移的功能。位移是一个过程，是具有不可储存性的。同时位移还具有方向性，这使运输需求或供给增加约束（或参数），从而使运输均衡复杂化。

---

① 我国交通运输业碳排放现状部分的数据来自于本单位低碳交通系列研究得到的测算数据。

(2) 运输生产过程与运输生产成果的消费过程相互融合，两者不能分离

在运输生产过程中，运输业职工的劳动，主要不是作用于运输对象(旅客和货物)，而是作用于劳动工具（运载工具和其他技术设备）。旅客和货物是和运输工具一起运行的，并且随着运输工具的场所变动而改变所在位置。不难看出，运输工具的运行场所的变动，也就是运输业所进行的生产过程。由于运输生产成果在劳动过程中同时被消费掉，因此，运输业的生产过程和生产成果的消费过程是融合在一起的，两者不能分离。因而既不存在任何形式的可供出售的“半成品”，也不存在任何形式的可以存储、转移、调拨的“成品”。而且运输业的生产过程是在固定线路上完成的，空间范围极为广阔，旅客和货物运输往往要由几种运输方式共同完成，而不像工农业生产那样在一定范围内即可完成其生产任务。各种运输方式虽然在线路、运输工具以及技术装备上各不相同，但生产的却是同一产品，即旅客或货物的空间位移，对社会具有同样的效用。所以，运输业只能以线路的合理布局和能力的足够储备，来保证在空间和时间上满足社会的运输需求。

(3) 衍生需求

运输是一种由直接产品消费而衍生出的消费。这种衍生需求消费是有别于直接、最终产品之消费的。后者消费时给消费者带来的是一种满足的正效应，而运输虽然在达到目的之时带给消费者的是正效应，但在运输的过程中（位移时）带给消费者的却是负效应。因为消费者在运输消费时既耗资又耗时，带来诸多损失和不便。但是无运输条件时，不论是社会还是个体的活动都将受到限制与阻碍。

(4) 公共性与强管制性

交通运输业是为各种生产、人们生活提供的一种必不可少的服务。那么，运输业，特别是运输基础设施就必须具有公共服务特性。因而它必须公平地为社会所有行业，为社会所有成员服务。它不能像一般行业、企业那样，单纯或过分突出以获得最大盈利为目标而进行生产。

运输系统中由其公共性特点伴随而出的还有一个强管制性的特征。由于运输业是为全社会提供一种必不可少的服务行业，它的公共性必然导致政府对它的高度管制，特别是对运价的管制。一旦运价受到最高价格的限

制，就将对运输的均衡起干扰作用，这时就不能按正常的均衡特性去思考问题。

（5）资本密集性与沉没成本

交通运输业所需投资额度极大，其中特别又以固定设施的投资额最大，可见这种行业具有资本密集的特点。一旦投资，其设施就很难转移作他用，可以说其残值极低。因此，交通运输业的设施投资后，一定要按原设想之用途使用下去。若作他用，则无法收回投资。这就是大部分交通运输投资都具有沉没成本之特性的原因。

（6）国际性与大系统性

在经济、贸易、金融等全球化的今天，交通的全球化不但首当其冲，而且还将是一切全球化的载体或根据。在这种情况下，就要求运输网不仅在国内要成为一个统一的大系统，同时还要求它能与国际同质的运输网“接轨”统一运作。在各种各样的大系统中，还尚无一种系统能像交通系统这样涉及地域之大、国家人口之多、须臾不可缺、内部环节之多等，而可与之比拟的。

（7）需求的快变性与供给的慢变性

一般商品的生产与销售是靠仓储实现平稳的供需均衡。而运输产品则是一种位移的实现，这是一种不可储存的过程。运输供给具有慢变的特性，但运输需求却具有快变的特性，需求量随时间、地点等条件的变化而快速变化。在这种快速变化的需求面前，运输供给是不可能及时作出反应的，而表现得完全无弹性，但它又需要尽可能地去满足需求。所以，在运量急剧增加之时（如春运），只好以大幅度地降低运输质量去适应需求，求得均衡。而在运量大幅度减少之时，则只好靠闲置设备去求得均衡。

运输供给中的固定设施（路站等）的建设周期很长，这就使得供给特性中的无弹性到缺少弹性的时间很长，甚至几乎不存在或极少存在富于弹性的时候。

（8）产业内部的弱替代性

现代运输产业一般涉及铁路运输、公路运输、水路运输、航空运输和管道运输五种运输方式。正是这五种运输方式联合组成了国家的综合运输。在这五种运输方式之间存在的既不是异功能的协同关系，也不是同功能的竞争关系，而是在某些区间为同功能、某些区间又为异功能的一种相互有弱可替代性的关系，反映到综合运输系统中这种关系有时就呈现竞争性、有时又为协同性。

1.2.2.2　我国交通运输业碳排放特征

同交通运输业有自己的行业特征相对应，我国交通运输业的碳排放也有其自身的特征，具体表现为以下几个方面：

（1）交通碳排放快速增长，发展低碳交通势在必行

改革开放以来，我国经济持续快速增长，综合国力大大提高，人民的生活水平有较大改善，居民消费结构发生了显著变化。从世界典型国家经济发展的历程看，在经济上达到中等发达水平之前，经济高速增长，我国目前正是处于这一经济高速增长期，运输基础设施、装备水平、规模保持扩张的趋势，客货运输也保持旺盛的需求。这一阶段，正处于工业化进程中期发展阶段，经济资源流动的规模越来越大，同时，人民生活水平将会进一步改善，人们用于旅行的费用将不断增加，出行的次数也在不断增多。经济社会生活中人与物在空间的位移总量将急剧增加，由此带来对客货运输的巨大需求，要求交通运输的发展与经济社会发展的步伐相适应，未来我国交通运输行业的基础设施建设将逐步完善和加强，运输量将持续增加。

2005－2012年，我国交通运输业碳排放总量呈现出逐年增长的发展态势。随着我国经济社会的进一步发展，运输需求也将持续增长，预计未来我国交通运输业碳排放量也将持续增长。同时，随着产业结构的不断优化调整，能源生产和加工转换部门的碳排放量在总排放中的比例将不断降低，交通运输业碳排放比例则将不断上升，但与国际比较仍有一定优势。尽管如此，我国交通运输业的节能减排仍将成为实现碳排放控制目标的重要手段，调整交通运输结构，发展低碳交通势在必行。

2005－2012年，我国交通运输业碳排放情况，如表1－5所示。

表1－5　2005－2012年我国交通运输业碳排放总量（百万吨）

年份	2005	2006	2007	2008	2009	2010	2011	2012
交通运输业碳排放量	437	476	515	536	592	673	733	783

数据来源：本书表2－14

(2) 我国交通运输业碳排放占比远低于世界主要经济体占比情况

在主要行业二氧化碳排放结构方面，电力和热力供应业是我国二氧化碳排放量最大的行业，2013 年的排放量为 43.9 亿吨，占比为 48.9%，高于世界平均水平及主要经济体电力和热力供应业碳排放占比，我国建筑业和制造业在碳排放占比 31.3%，更是显著高于世界平均水平及主要经济体相应排放占比。

交通运输业在我国的碳排放源中居第三位，2013 年我国交通运输业碳排放占比为 8.4%，远低于交通运输业世界平均碳排放水平的 22.9%，较美国（33.2%）、欧盟（25.8%）、日本（17.3%）等世界主要经济体，我国交通运输业的碳排放占比也明显更低。2013 年我国及世界主要经济体二氧化碳排放情况，如表 1 -6、图 1 -9 所示。

当前，我国正处在全面建设小康社会和城镇化发展的关键时期，随着经济社会的快速发展和人民生活水平的不断提高，对交通运输业提出的要求也越来越高，运输效率、服务质量和安全等方面的提高，往往伴随着能源消耗量增加和碳排放量增长。因此，我国在交通运输业繁荣发展同时，交通运输业在碳排放结构中的占比预计会持续提升。

表 1 -6　2013 年我国及世界主要经济体二氧化碳排放情况（百万吨）

	项目	总排放量	电力和热力供应业	其他能源业	建筑业和制造业	交通运输业	其他
世界	排放量	32189.7	13655.6	1674	6114.8	7384.9	3360.5
	比例	–	42.42%	5.20%	19.00%	22.94%	10.44%
中国	排放量	8977.1	4386.2	367.4	2805.8	753.7	664.1
	比例	–	48.86%	4.09%	31.26%	8.40%	7.40%
美国	排放量	5119.7	2128.3	282.5	422.1	1700.8	586.1
	比例	–	41.57%	5.52%	8.24%	33.22%	11.45%
欧盟	排放量	3340.1	1254.2	155.5	414	861.2	655.1
	比例	–	37.55%	4.66%	12.39%	25.78%	19.61%
日本	排放量	1235.1	594.4	42.2	222.8	213.5	162.2
	比例	–	48.13%	3.42%	18.04%	17.29%	13.13%

数据来源：IEA（国际能源署）《CO_2 Emissions From Fuel Combustion Highlights2015》

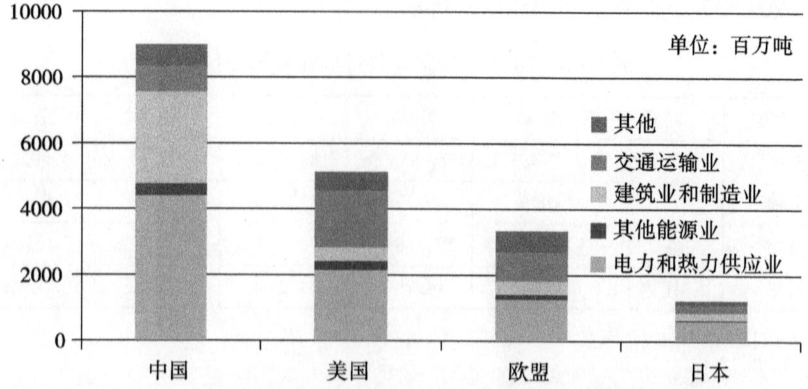

图 1 –9　2010 年我国及世界主要经济体二氧化碳排放构成图①

（3）我国人均交通碳排放量低于世界主要经济体总体水平

在人均交通碳排放方面，我国的指标值均远低于世界平均水平和主要经济体交通碳排放水平。2010 年我国的指标值仅为 380 千克，远小于世界平均水平（990 千克），更是远远小于美国（5229 千克）、欧盟（1795 千克）和日本（1748 千克）三个世界主要经济体的人均交通碳排放水平。2010 年人均交通碳排放情况，如表 1 –7 所示。

表 1 –7　2010 年人均交通碳排放量

	世界	中国	美国	欧盟	日本
人均交通碳排放（千克/人）	1036	554	5374	1700	1677

数据来源：IEA（国际能源署）《CO_2 Emissions From Fuel Combustion Highlights2015》

（4）铁路、水运比例偏低，运输结构有待优化

在五种运输方式中，铁路、水运、管道完成单位运输的碳排放量较低，而公路排放较大，民航排放最大。以 2012 年计算数据为例，铁路、道路、水运、民航、管道等五种运输方式换算周转量排放量的比例约为 1∶3. 6∶2∶61∶0. 8，完成同等运输量，民航产生的碳排放量是铁路运输的 61 倍。从发展低碳交通的角度看，有必要加大铁路和水运、管道等低碳运输方式的发展力度。目前我国综合运输结构中，铁路、水运比例偏低，尤其是水运发展相对滞后，运输结构有待进一步优化。我国不同运输方式旅客

① 数据来源：IEA（国际能源署）《CO_2 Emissions From Fuel Combustion Highlights2015》

与货物运输构成情况，如表 1 – 8 所示。

表 1 – 8 2012 年我国客货运周转量构成情况

周转量	总量	铁路	公路	水运	民航	管道
旅客	亿人公里	33，383.1	9，812.3	18，467.6	77.5	5，025.7
运输	百分比	100%	29.39%	55.32%	0.23%	15.05%
货物	亿吨公里	173，804.5	29，187.1	59，534.9	81，707.6	163.9
运输	比例	100%	16.79%	34.25%	47.01%	0.09%

数据来源：中国统计年鉴

（5）运输质量不断提高，但同时也带来碳排放量增加

对运输服务质量要求的提高，将使得运输结构进行调整，有可能增加二氧化碳的排放。旅客运输方面：一是运输需求由低碳运输方式转向高碳运输方式，如为追求便捷舒适铁路旅客转乘民航，公共汽车乘客转乘私人小汽车，这种转变将导致单位运量碳排放的增加；二是由步行、非机动车转向机动车出行，如随着交通条件的改善和生活水平的提高，步行或非机动车出行转为公共交通或私人汽车，这种转变将产生新的二氧化碳排放。货物运输方面：一是对货物运输时效性要求提高，货物运输速度提高，而速度的提高有可能使得二氧化碳排放增加；二是高科技、高附加值及农副产品、鲜活货物等比例增加，相较普通货物，这些货物的运输二氧化碳排放较大。

（6）运输工具技术水平低，组成结构不合理

交通工具能源消耗以化石能源为主，运输工具的排放是交通运输系统排放的主要组成部分。目前我国运输工具总体技术水平仍有待进一步提高，其构成也有待进一步合理。

首先，受技术发展和资金等因素制约，运输工具总体技术水平尚需提高。如，公路运输车辆和水运船舶技术水平、发动机与燃油效率，都有进一步提升的空间。

其次，运输工具结构不够合理。表现在公路运输车辆柴油车比例低，大中型及专业型车辆比例低，平均载客、载货量不高；水运船舶中小型船舶比例较高，平均净载重低；铁路机车电气化比例需进一步提高。

1.3　低碳交通系统的必要性

1.3.1　低碳经济发展角度

1.3.1.1　国际碳排放政治博弈

(1) 碳排放权概念的提出

化石能源的消耗带来了经济发展的动力，也不断推动着人类的进步。在开始阶段，这并没有给人类和地球带来显著困扰。但随着科技的不断进步，尤其是近一百多年来人类所创造的生产力比过去的总和还要多，碳排放也远远超出以往，终致超出了大气环境容量资源的承受能力，气候问题就随之出现。近年来，伴随着温室效应、海平面上升、极端气候频发等问题，全球各国政府和民间对碳排放控制也都越来越重视。

在近年历次全球气候变化会议上，各方代表谈判的核心问题是碳排放控制以及减排责任的国际分配。在一致认为应在全球范围内加强碳排放控制的同时，各国为了平衡自身经济发展需要而争夺碳排放权的政治博弈愈演愈烈。作为温室气体排放大国之一，我国一贯坚守“共同但有区别的责任原则”，认为在后京都时代碳排放控制的责任分配应考虑到发展中国家发展需要，同时兼顾到人口数量、历史责任以及公平正义等因素。

首先，发达国家是碳排放的最主要制造者，因为碳排放具有时间累积性，一般会在大气中留存一百多年，现在大气中的二氧化碳是之前一百多年积累的结果，而过去的一百多年正是发达国家的工业化历程。因此，广大发达国家排放了大气层中绝大多数的温室气体。

其次，碳排放本身代表着利益，这种利益的分配不仅是在历史上，在现实中也存在着严重的不公正。一是大气环境容量资源是人类的共同遗产，理应被全人类共同享有，发展中国家尤其是最不发达国家很难利用或者没有充分利用大气环境容量资源，他们缺乏资金和技术的支持。二是后果的承担方面，在气候变化的负面影响承受上，发展中国家由于环境较为脆弱，往往更为敏感，受到的伤害更大，这方面的极端例子是非洲的粮食歉收，以及小岛国联盟因气候变化可能面临被淹没的灭顶之灾。

不管是资源利用的不公平，还是碳排放后果承受的不对等，都严重损害了发展中国家尤其是极不发达国家人民的生存权与发展权。在发展中国家与发达国家划分碳排放责任过程中，碳排放权的概念被提出来，以求争取自身的合法国际权益，更能在全球气候变化会议的发达国家强势话语权中争取发展权。

碳排放权指权利主体为了生存和发展的需要，由自然或者法律所赋予的向大气排放温室气体的权利，这种权利实质上是权利主体获取的一定数量的气候资源使用权。碳排放权这种新型的权利虽然不同于传统意义上的物权，但是其具有稀缺性、可衡量性、可支配性等物权的基本特性，所以其具有准物权属性。碳排放权的人权属性与准物权属性为其从应有权利转化为实有权利准备了条件。在经济社会发展层面上，一定的碳排放权保障，是广大发展中国家走出经济困境、繁荣社会发展的重要基础。

（2）碳排放控制责任的划分

碳排放控制责任划分的核心是碳排放权的国际配置，碳排放权配置情况往往又是国际应对气候变化政治博弈的结果。在划分碳排放控制责任方面，我国与许多发展中国家一道秉持“共同但有区别的责任原则”。历史上和目前全球温室气体排放的大部分都源自发达国家，发展中国家的人均排放仍相对较低，未来发展中国家在全球排放中所占的份额将会增加，以满足其经济社会发展需要。

共同但有区别的责任原则指在地球生态系统整体性的基础上，各国对保护全球环境都负有共同的责任，但各国承担的具体责任又因能力的不同而有很大差异。1992 年联合国环境与发展大会确立了“共同但有区别的责任原则”。《里约环境与发展宣言》原则 7 宣布“各国拥有共同但有区别的责任”。《气候变化公约》则是第一份在条文中明确使用了“共同但有区别的责任”措辞的国际环境法律文件，它在序言中强调“所有国家根据其共同但有区别的责任和各自的能力及其社会和经济条件，尽可能开展最广泛的合作，并参与有效和适当的国际应对行动”。此外，《气候变化公约》第 3 条“原则”、第 4 条“承诺”都体现了“共同但有区别的责任原则”的要求。而《京都议定书》则通过以发达国家量化减排、发展中国家不承担强制减排义务的方式，进一步贯彻了“共同但有区别的责任原则”。

虽然共同但有区别的责任原则实际上还没有被看作有约束力的国际法，但是在国际环境条约中它已经成为了确立责任分担安排的基石。因此，发达国家对于控制温室气体排放应承担更大的责任。在后京都时代碳排放权的分配中，鉴于发展中国家经济和社会发展的需要，“共同但有区别的责任原则”的基石地位仍不可动摇。正如温家宝总理在 2009 年 12 月哥本哈根气候峰会领导人会议上所强调的：“共同但有区别的责任原则是国际合作应对气候变化的核心和基石，应当始终坚持。”

自 1990 年联大为缔结防止气候变化公约而开始政府间谈判以来，国际社会先后制定了《气候变化公约》《京都议定书》《波恩协定》《布宜诺斯艾利斯行动计划》《马拉喀什协议》《德里宣言》以及《巴厘路线图》等一系列重要文件，它们在加强全球共识和减缓全球气候变化的过程中发挥了关键作用，并为碳排放权奠定了坚实的法律基础。其中，最重要的《气候变化公约》和《京都议定书》，都肯定了发展中国家基于发展需要的碳排放权，并对共同但有区别的责任的划分做了论述。

《气候变化公约》申明，应当以统筹兼顾的方式把应对气候变化的行动与社会和经济发展协调起来，以免后者受到不利影响，同时充分考虑到发展中国家实现持续经济增长和消除贫困的正当的优先需要。认识到所有国家特别是发展中国家需要得到实现可持续的经济和社会发展所需要的资源；各缔约方有权并且应当促进可持续的发展。保护气候系统免遭人为变化的政策和措施，应当适合每个缔约方的具体情况，并应当结合到国家的发展计划中去，同时考虑到经济发展对于采取措施应对气候变化是至关重要的。

《京都议定书》也明确将量化的排放限制以及减排承诺与促进可持续发展的努力联系起来。例如，第 2 条第 1 款规定，附件一所列每一缔约方，在实现第 3 条所述关于其量化的限制和减少排放的承诺时，为促进可持续发展，应根据本国情况执行和/或进一步制定政策和措施；第 3 条指出，附件一所列缔约方，应个别地或共同地确保其在附件 A 中所列温室气体的人为二氧化碳当量排放总量，不超过按照附件 B 中量化的限制和减少排放的承诺以及根据本条规定所计算的分配数量，以使其在 2008 年至 2012 年承诺期内这些气体的全部排放量从 1990 年水平至少减少 5%。

《巴黎协议》指出，各方将以“自主贡献”的方式参与全球应对气候变化行动。各方应该根据不同的国情，逐步增加当前的自主贡献，并尽其可能大的力度，同时负有共同但有区别的责任。发达国家将继续带头减排，并加强对发展中国家的资金、技术和能力建设支持，帮助后者减缓和适应气候变化。各方将把“全球气温升幅控制在 2 摄氏度以内”作为目标，并为把升温幅度控制在 1.5 摄氏度以内而努力。2020 年后，各国将以“自主贡献”的方式参与全球应对气候变化行动。发达国家将继续带头减排，并加强对发展中国家的资金和技术支持。为解决各国“自主贡献”力度不足以实现控温目标等问题，从 2020 年后，每 5 年将有一次全球应对气候变化的总体盘点，以帮助各国提高行动力度。《巴黎协议》获得通过后，将于 2016 年 4 月 22 日提交联合国最终签署，并将在占全球碳排放 55% 以上的 55 个国家提交批准文件后正式生效。

近年来，国际社会逐渐把碳排放权作为一种新的发展权来看待。哥本哈根气候变化大会之后，针对气候变化的责任划分，各方围绕碳排放权的争夺似乎是走到了“山穷水尽”的地步，但《巴黎协议》的通过又让国际社会重新凝聚起来，站到了未来的新起点上。《巴黎协议》在全球收获了广泛的掌声和赞誉，是国际间合作，尤其是发达国家与发展中国家合作来之不易的成果。从当前各国的经济发展水平看，碳排放权的分配应考虑发展需要、人口数量、历史责任以及公平正义原则等因素。作为温室气体排放大国，我国在坚守“共同但有区别的责任原则”的前提下，也在逐步实现从“差别原则”到“共同责任”到“自主贡献”的转变，在加强与发展中大国协调的同时，也应适当支持小岛国联盟和最不发达国家的要求，并重视碳排放权分配中的发展权问题。

1.3.1.2 低碳交通是低碳经济发展的必然要求

（1）国际碳排放控制压力

自工业革命以来，世界范围内的能源消耗量不断增加。一方面造成能源资源紧缺；另一方面大量能源消费也使大气中二氧化碳浓度不断增加，成为环境恶化，尤其是全球气候变暖的主要原因之一。发展低碳经济已经逐渐成为全球共识，各国政府越来越重视发展低碳经济。为应对全球气候变化，世界各国达成了一系列降低碳排放协议。为实现减排目标，国际社会正在不断协调，拟采取多项积极措施，力图调整产业结构和发展方式，改变经济增长方式，实现低碳式发展。

1992 年，联合国环境与发展大会通过了《联合国气候变化框架公约》（简称《公约》），1997 年，在日本京都举行的第 3 次缔约方大会上通过了《〈联合国气候变化框架公约〉京都议定书》（简称《京都议定书》），2011 年 12 月 11 日德班气候大会宣布继续《京都议定书》第二承诺期，并启动绿色气候基金。一系列应对气候变化文件的发布，最终目的就是将大气层中的温室气体含量稳定在一个适当的水平，防止剧烈的气候改变对人类造成伤害。

2015 年 12 月 12 号晚，巴黎气候大会成功闭幕，经过为期两周的漫长会议之后，《联合国气候变化框架公约》的 195 个缔约方，在法国当地时间 12 号晚（北京时间 13 号凌晨），一致通过了应对全球气候变化的新协议《巴黎协议》①（以下简称《协议》）。《协议》英文版 31 页、法文版 39 页、中文版 32 页，共有 29 项具体条款，包括目标、损失损害、资金、技术、透明度、总体盘点等具体内容。《协议》核心内容为：第一，旨在达到净零排放的“长期目标”；第二，每五年盘点一次的不断加强的“行动力度”；第三，保证实现气候承诺的加强“透明度”；第四，帮助发展中国家的“气候资金”；第五，帮助世界最受气候变化影响人群的“适应”。分析普遍认为，《协议》是一份全面、平衡、有力度、有法律效力的协议，在照顾各方核心关切的基础上实现了现阶段最大可能的力度，体现了减缓和适应相平衡，行动和支持相匹配，责任和义务相符合，力度雄心和发展空间相协调，2020 年前提高力度与 2020 年后加强行动相衔接等特征。

长期以来欧盟在低碳发展方面做得比较好，欧盟在力求引导世界低碳经济发展的同时，重视将低碳经济作为各国新的经济增长点，并将低碳经济写入欧盟未来发展战略规划。2007 年年初，欧盟委员会提出的欧盟一揽子能源计划，提出到 2020 年将温室气体排放量在 1990 年的基础上至少减少 20%，2050 年将温室气体排放量在 1990 年的基础上减少 60% 至 80%。2007 年 11 月 22 日通过了欧盟能源技术战略计划，鼓励推广包括风能、太阳能和生物能源技术在内的“低碳能源”技术，以促进欧盟未来能源可持续利用机制的建立和发展。在交通运输方面，欧盟发布的《2010～2020 年

① 《巴黎协议》全文（中文版）

欧盟交通政策白皮书》，提倡大力推广新能源汽车的使用，将未来欧盟的交通运输重点放在公共运输上，提出了2050年交通运输领域的温室气体排放要减少60%的目标。

美国在1998年签订了《京都议定书》，但2001年以减少温室气体排放将会影响美国经济发展和发展中国家也应该承担减排和限排温室气体的义务为理由，宣布退出《京都议定书》。尽管如此，美国依然十分重视低碳经济发展。2009年1月，奥巴马宣布了“美国复兴和再投资计划”，以发展新能源作为投资重点，计划投入1500亿美元，到2012年将新能源发电占总能源发电的比例提高到10%，2025年，将这一比例增至25%。2009年2月，美国正式出台了《美国复苏与再投资法案》，投资总额达7870亿美元，主要用于新能源的开发和利用，包括发展高效电池、智能电网、碳储存和碳捕获、可再生能源（风能和太阳能等）。在交通运输方面，新能源汽车成为新能源战略的重要组成部分，在未来十几年里美国的汽车燃料利用效率将提高至少1倍；美国还将提供40亿美元政府资金支持汽车制造产业升级，生产节能、高效的混合动力汽车，到2015年节能车销量超过100万辆。

我国已经成为世界头号碳排放大国，近年来我国承受的节能减排国际压力也越来越大。2013年，我国的二氧化碳排放总量已经超越欧美的总和，全球碳计划组织的数据显示，我国总排放量占到全球的29%，美国为15%，欧盟为10%。近年来我国也一直重视发展低碳经济，采取多种措施降低碳排放，在2015年巴黎气候大会上，我国提出2030年单位GDP的二氧化碳排放量比2005年下降60%~65%，2030年非化石能源比重提升到20%左右，2030年左右化石能源消费的二氧化碳排放达到峰值，2030年森林蓄积量比2005年增加45亿立方米的行动目标。我国在坚守“共同但有区别的责任原则”的前提下，也在努力争取逐步实现从“差别原则”到“共同责任”到“自主贡献”的转变。

交通运输行业作为能源消耗行业，是我国开展节能减排工作，践行低碳发展战略的重点行业之一。在我国机动化水平快速提高的情况下，构建低碳环保的交通运输体系，减缓客货运输产生的二氧化碳排放的增长速度，控制交通运输业碳排放总量，是实现我国在2015巴黎气候大会上提出的行动目标的重要环节之一，也是我国发展低碳经济和应对国际低碳发展压力的必然要求。

（2）国内低碳发展需求

当前我国进入了全面建设小康社会的关键时期和深化改革开放、加快转变发展方式的经济发展新常态时期，科学发展、和谐发展的总体要求，以及新型工业化、信息化、城镇化、农业现代化的宏观形势决定了未来的一段时期内，我国将进入经济增长速度适宜、结构优化、社会和谐的关键发展阶段。随着国民经济的持续稳定增长，居民收入水平进一步提升，迫切需要加快交通运输发展。同时，建设资源节约型、环境友好型社会的发展目标，迫切要求加快构建节能环保型综合交通运输体系。

在交通运输行业，运输量、运输结构和运输能耗强度构成了影响交通能源消耗和碳排放的三大因素。其中，运输量和运输结构在前文已做过探讨，该部分重点探讨分析运输能耗强度对碳排放的影响情况。运输能耗强度主要取决于技术水平，与舒适程度和服务质量也有较大关系。从国际情况看，随着技术水平的提高，货物运输能耗强度呈不断下降态势，而且普遍降幅较大；旅客运输能耗强度经历了降低、恒定、再上升态势的变化过程。

目前，我国货物运输能耗强度比美国和日本高出 10%~20%，还有较大的货运节能减排潜力；旅客运输能耗强度比美国、日本低，主要是因为我国旅客运输上座率相对较高，舒适度相对较低。随着未来对旅客运输舒适度和服务质量的要求不断提高，旅客运输能耗强度存在上升因素，从而会部分抵消因技术进步降低能耗强度的效果。在客货运输需求总量日益增长的发展态势下，我国交通运输业的节能减排压力越来越大。

同时，随着国民经济的快速发展、城市人口的快速增长及城市建设日益加快，空气污染物与废气排放量也大幅度增加，大大降低了空气质量与大气能见度，给人们的日常生活与工作带来了不利影响。特别是近年来我国多地尤其是中东部地区连续出现重度雾霾天气，对人们的身心健康造成了严重威胁，给我国的生态文明建设带来严重挑战。空气污染已经引起全社会的广泛关注，成为百姓关注的热点话题，广大人民群众对于减少碳排放，治理大气污染，改善生活环境走出雾霾的呼声越来越高。

总体上看，当前我国的能源消费强度较高，经济发展和资源环境的矛盾突出，交通运输业作为资源密集型行业，对能源资源依赖性强，对生态环境影响较大。交通运输业作为主要碳排放源之一，开展低碳交通相关研究，制定低碳交通发展政策并适时推广，对加强节能减排工作，缓解我国能源约束和环境压力有重要意义。因此，在低碳发展的国内外大环境下，加快建设可持续发展的节能型低碳交通运输体系，实现节能减排是我国未来交通运输行业的发展方向。

1.3.2 更好地适应交通需求角度

1.3.2.1 我国交通运输需求的特点及发展趋势解析

(1) 经济新常态对交通运输行业的要求

在我国的经济社会生活中，交通运输行业在社会生产与流通领域发挥着举足轻重的作用，全新经济社会发展形势对我国交通运输业的要求，主要表现在以下几个方面：

①经济新常态对交通运输业提出了更高的要求

经济新常态即经济结构的对称态，强调经济结构的对称态及在对称态基础上的可持续发展，而不仅仅是 GDP、人均 GDP 增长与经济规模最大化。当前，随着新型工业化、新型城镇化、市场化和国际化进程进一步加快，我国城乡之间、地区之间的人员往来和商品交换快速增加，运输需求旺盛。“十二五”期间，公路客货运周转量、水路货物周转量、汽车保有量、全国港口货物吞吐量、沿海主要港口集装箱吞吐量均有所增长。经济社会发展的新阶段对交通运输业发展提出了更高的质量要求，从“偏重量的增长”到“质与量发展并重”的新型增长模式。同时，多元化、个性化的运输需求日益呈现，对交通运输的服务形式、服务内容与服务质量都提出了更高的要求。

②贯彻创新、协调、绿色、开放、共享的五大发展理念，对交通运输业提出了新的要求

交通运输行业作为经济社会发展的基础产业，主要表现在对国民经济发展的支撑和保障作用，对生产力布局的引导作用，以及对区域经济协调发展的促进作用。我国地区之间发展不平衡，城乡收入差距较大，交通运输条件的改善不仅可以推进新型城镇化发展与社会主义新农村建设，还可以带动产业结构调整，促进区域经济协调发展，发挥交通基础设施在生产力布局、区域协调发展、城镇化进程中的先导作用，推进城乡和区域交通

一体化进程，推动经济社会的绿色健康可持续发展，推动不同区域之间、城乡之间广大居民共享我国经济发展成果。

③产业结构优化调整对我国交通运输业提出了新的要求

交通运输业和经济社会发展水平存在密切的关系，当前我国正处于产业结构优化升级的关键时期。随着工业结构的变化，由于生产技术的进步和实行集约化生产模式，经济增长对原材料的需求开始缩小，对运输需求也将相应减少，而对小批量、多批次、高附加值产品的运输需求开始加大，对运输质量的要求更加严格。这一时期货运量增长和前一时期相比，增长速度明显放慢，单位 GDP 引起的货运量较城镇化起步阶段有所下降。随着社会经济的发展，居民生活水平提高，生活方式发生变化，旅客出行需求增加，客运量稳步增长，居民对出行质量的要求也越来越高。

④构建新型综合运输体系对交通运输业发展提出了新的要求

新型综合运输体系的建设是现代交通发展的大势所趋。各种运输方式有其各自的比较优势，在不同运输方式之间以及同一种运输方式不同线路之间，在规划与建设层面上加强统筹协调，实现货运的“无缝衔接”客运的“零换乘”，充分发挥一体化综合交通运输的优势，可以有效提高运输系统的整体效率。这要求交通运输行业要站在全局的高度，在不同的地区、不同部门之间，在交通规划、枢纽建设等方面加强沟通、互相协调、主动衔接，加大交通运输信息资源共享并完善公共信息服务系统，推动我国的交通一体化进程，促进综合运输体系的建设和发展。

（2）当前我国交通运输的需求特点

在经济新常态下，我国的交通运输业将继续得到快速发展，当前我国交通运输需求的特点主要体现在以下几个方面。①

①总体运输需求仍然旺盛

在国民经济继续保持快速增长，主要工业产品与农业产品产量日渐增加的形势下，新增运输需求将使运输量以较高速度增长，特别是能源、原材料及外贸等物资和旅客运输量仍将居高不下。同时，随着社会主义市场经济体制的建立，国际与国内资源相互利用，市场相互融合，大批量原材

① 试述当前我国交通运输的需求特点及变化趋势 . http：//zgchjt. sinotrans - csc. com/art/2013/9/3/art_ 4158_ 92133. html

料、食品、能源等的进出口贸易和国内调运将产生大量的运输需求。

②多种运输方式共同发展

我国是一个幅员辽阔的大国，东西跨越5400公里，南北相距5200公里，同时，我国资源分布与生产力布局之间仍然呈现出明显的不均衡分布态势。适宜于运输中长距离大宗货物的铁路仍将在我国的货物运输中占据重要地位；公路以其小快灵特点，在货物集散运输及旅客短途运输方面占据重要地位，由于铁路运力不足等原因，一些原适宜于铁路运输的货物也经由公路运输；水运运价较低，更适宜于运输大宗散装货物；航空运输主要集中在旅客运输方面，货运量现在还非常小，但在鲜活食物、鲜花、高附加值货物的运输上有广阔前景。

③运输需求结构发生变化

交通运输是工业发展的重要支撑。工业化的快速发展必然带来货运量增长幅度大大提高。同时，随着产业结构的不断调整，运输需求结构将随之变化，大宗货物比重将逐步下降，特别是煤炭运输需求增长幅度保持平稳，而高技术含量、高附加值、时效性强的货物运量增长幅度将加大加快，这对安全、及时、快速的运输服务提出了更高要求。因此，必须加快集装化、专业化运输系统的发展。产业结构的调整将使生产的专业化程度加深，对交通运输业提出了更高的要求，为了满足个性化、专业化的运输需求，降低成本，提高效率，现代物流应运而生。

④交通运输设施尚显不足

虽然我国交通运输整体规模不断扩大，但我国现有的交通运输基础设施、技术装备、运输的效率等还不能全面满足经济社会发展对交通运输不断增长的需求。到目前为止，我国交通运输体系的建设和完善还没有完成大发展进程，总量规模和质量与我国经济地理发展的需求都还存在着较大的差距，尤其是广大中西部地区，交通基础设施和运输装备的落后严重制约了当地经济社会的发展。这就要求我国全面加强交通基础设施建设，提高运输装备的技术水平，提高运输能力。

（3）我国交通运输需求发展趋势

随着新型城镇化步伐和产业结构优化调整，我国在城乡经济结构、居民生活方式和消费结构、城市空间布局形态等诸多方面都将随之发生变化，引发交通运输需求产生新的变化。

①客运需求快速增长

随着我国新型城镇化进程的日益推进，城镇化发展对我国客运需求的推动作用将逐渐显现，并将成为今后相当一段时期内我国客运需求增长的重要推动力之一。同时，考虑到我国居民消费正处于结构升级阶段，消费性出行需求逐渐增多，如旅游业近年来发展越来越快，这也将成为推动客运需求增长的重要动力。另一方面，我国交通运输仍处于大发展阶段，各种运输方式的规模、技术水平和服务质量都将逐步提升到一个新的水平，对于客运需求的持续增长也将产生重要的促进作用。因此，未来一段时间，新型城镇化、收入水平提高和交通运输供给三个因素对我国客运需求增长的推动作用仍将持续保持较高强度，我国客运需求仍将保持持续快速增长态势。

②货运需求稳步增长

今后一段时期内，我国货物运输需求将呈现出稳步增长的发展态势。我国货运需求逐步增长的诱发因素主要包含以下几个方面：一是产业结构优化调整。目前我国正处于产业结构优化升级的关键时期，随着“供给侧结构性改革”的提出，我国经济在供给侧和需求侧的双重调整下，将会逐步形成新的运输需求，如小批量、多批次、高附加值产品的运输需求开始加大，对运输质量的要求也更加严格。二是新型城镇化进程。随着我国新型城镇化进程的逐步推进，在城市规模扩大、旧城区扩建改造、城市基础设施及其他配套建设、居民对住房、汽车等耐用消费品的需求快速增长等因素的刺激作用下，钢铁、水泥、化工、冶金等重化工业将保持快速发展，由此带动相关原材料和产品的运输需求持续增长。三是居民消费结构升级。随着我国跨入消费型社会，高收入地区和群体已开始进入“大额消费阶段”，居民对重化工业产品的需求快速增长，由此带动相关产业的发展和货运需求的增长。四是区域和城乡协调发展。从区域分布看，我国中西部地区货运量相对较少，但是随着中西部地区经济社会的日益发展，以及东部地区产业向中西部地区梯度转移，并且东部地区经济发展对中西部地区的资源依赖性逐渐增强，东部地区与中西部的货物运输需求也将稳步增长。

③运输需求结构发生变化

在客运方面，运输需求将趋于多层次化。一是在未来我国客运需求结构中，消费性客运需求的比重将呈现出不断增长趋势。特别是随着居民消费结构升级，以旅游度假出行为代表的消费性客运需求将进入持续快速增长阶段。二是随着经济社会的发展，旅客对于出行速度、出行时间、出行的舒适性，以及出行的方便性提出了越来越高的要求，使得航空、高速铁路、高速公路等快速客运方式的运输需求呈现出显著的增长趋势。三是我国城市群经济的发展特征决定了以城市群为主体的客运需求正成为全社会客运需求增长的驱动力之一，由此派生的城市群之间以及城市群内部的客运需求在全社会客运需求中的比重将逐渐加大。四是机动化进程推动旅客运输结构的不断调整，随着机动车保有量的迅猛增长，私人机动车出行需求将呈现出快速增长态势，城市病也逐渐开始显现，大城市交通拥堵日益严重。

在货运方面，运输结构也将有所变化。一方面，从货物结构上看，大宗散货在货运量中所占的比重有所下降，集装箱货物、一般消费品、高附加值货物的比重将明显提高。另一方面，综合我国现实的幅员辽阔的经济地理特点、基础设施建设、未来运输需求特点、资源环境制约，以及各种运输方式的比较优势等多种因素分析，预计未来一段时期内铁路运输在货运结构中比重持续下降的局面将会得到一定程度的改善，铁路货物运输将有望实现复苏式增长；公路、水运和管道货运需求稳定增长，但在运输结构中占的比重会基本保持平稳或略有下降。

1.3.2.2 低碳交通是优化运输结构，适应新常态下运输需求的内在要求

经济社会的日益发展，对交通运输的需求在数量和质量上都有了新的提高，运输需求的变化最终又通过运输结构调整实现。交通运输结构既包括交通运输系统与外部社会经济环境之间的结构关联关系，又包括构成综合运输系统的五种运输方式之间的结构比例关系。针对不同的研究目标，运输结构内容的界定也存在一定的差异，低碳交通研究将重点放在各种运输方式的运量构成情况，同时兼顾交通运输与外部经济社会环境的结构关联关系。即该部分旨在通过对我国当前经济社会发展大环境下，各种运输方式的运输量比例关系对比，考察我国运输结构并探讨其发展趋势，进而结合不同运输方式的单位运量碳排放情况，综合分析我国交通运输系统的节能减排情况。

交通运输系统存在的根本原因源自外部社会经济环境提出的运输要求，各种运输方式在满足这些运输需求时，因其各自的技术经济特性各异，也对各种运输需求表现出不同的符合度，并导致不同的运输需求往往寻求其最佳的运输方式，从而形成了一定的运输结构。随着外部社会经济环境所提出的运输需求的不断变化，使得业已形成的运输结构也会相应发生变化。由于外部社会经济环境的演变有一定的规律，使得运输结构的变化也形成了一定的共性趋势。同时，各种运输方式在满足外界运输需求时，往往还受到一定客观条件的制约，如自然环境、地理条件、宏观政策等。

近年来，我国的运输结构一直处于调整变化过程中。一方面随着经济社会的全面发展，我国居民生活水平有了显著提高，开始进入小康型消费阶段，居民旅行支付能力不断增强。另一方面，经济发展新常态要求告别传统的粗放增长方式，转而追求重质量的结构优化发展模式，新常态也衍生出新的发展趋势、发展特征和发展动力。随着经济社会的不断发展，产业和产品结构更加优化，知识、技术密集型产业迅速发展，高科技、高附加值、时效性强的产品快速增长，农副产品、鲜活货物的供求范围不断扩大，而且国际多式联运、集装箱运输发展速度加快，大宗和特种货物专用化运输系统分工也越来越细。随着运输能力与运输数量需求的矛盾逐步缓解，对交通运输质量的要求越来越高，由此也会带来交通运输结构的逐渐调整。

运输结构的调整有可能带来碳排放的增加，旅客运输方面：一是运输需求由低碳运输方式转向高碳运输方式，如为追求便捷舒适铁路旅客转乘民航，公共汽车乘客转乘私人小汽车，这种转变将导致单位运量碳排放的增加；二是由步行、非机动车转向机动车出行，如随着交通条件的改善和生活水平的提高，步行或非机动车出行转为公共交通或私人汽车，这种转变将产生新的二氧化碳排放。货物运输方面：一是对货物运输时效性要求提高，货物运输速度提高，而速度的提高有可能使得碳排放增加；二是高科技、高附加值及农副产品、鲜活货物等比例增加，相较普通货物，这些货物的单位运量碳排放更大。

交通运输结构与交通能源消耗量和碳排放强度密切相关。根据《我国交通运输系统碳排放指标研究》等研究成果，不同交通运输方式在能耗和碳排放方面具有较大差异，管道、铁路、水运、公路、民航完成单位运输量的能源消耗和碳排放量依次增大。因此，在社会客货运输需求总量和不同运输方式能源消耗强度固定的条件下，在不同运输结构下完成运输任务，产生的能源消耗总量和碳排放总量也有所不同。不同交通运输方式单位运量碳排放量比例关系（2012 年），如表 1 –9 所示。

表 1 –9　不同交通运输方式单位运量碳排放量比例关系

运输方式		铁路	公路	水运	民航	管道
单位运输碳排放比例	货运方面	1	4.2	2.7	75	2
	客运方面	1	1.2	0.5	4	/
	单位换算周转量	1	3.6	2	61	0.8

数据来源：《我国交通运输系统碳排放指标研究》

总体上看，由于节能型运输方式（如铁路、水运）尚占有一定比重，我国的交通运输结构目前基本处于相对节能水平。但从长远发展趋势上看，随着经济社会的不断发展和人们对出行要求的日益提高，高耗能运输方式（如公路和民航）在相当长一段时期内将得到较快发展，与之相对应的是铁路和水运比重逐渐下降，我国交通运输的结构面临恶化的风险，有必要采取切实措施优化交通运输结构。2005 –2013 年我国的交通运输结构情况，如表 1 –10 所示。

表 1 –10 2005 –2013 年我国交通运输结构情况

年份	铁路	公路	水运	航空	管道
2005	54.25%	19.49%	23.53%	0.53%	2.20%
2006	52.81%	19.90%	23.86%	0.57%	2.87%
2007	50.55%	20.38%	25.43%	0.60%	3.04%
2008	37.91%	39.33%	20.08%	0.43%	2.24%
2009	35.94%	41.83%	19.57%	0.46%	2.19%
2010	34.20%	42.17%	21.07%	0.51%	2.06%
2011	32.12%	43.61%	21.43%	0.47%	2.37%
2012	29.44%	46.34%	21.36%	0.46%	2.40%
2013	22.04%	31.52%	43.90%	0.37%	2.16%

数据来源：《我国交通运输系统碳排放指标研究》

低碳交通的实现过程也可以看成是一个在低碳经济与交通运输发展之间构建平衡点的过程。因此，在低碳经济时代，面对运输结构调整带来的碳排放压力，在不影响日益增多的高质量出行需求，满足人们丰富多彩出行需求前提下，大力发展低碳交通，在不同交通运输方式之间构建更加节能环保的运输模式，为低碳经济建设和开展节能减排工作提供重要的基础性保障，也是我国优化交通运输结构，适应交通发展新形势的内在要求。

1.3.2.3　低碳发展背景下我国优化运输结构发展策略

不同的运输方式，都有其比较优势。从发展低碳交通的角度看，中长距离运输有必要大力发展铁路、水运和管道等低碳运输方式，短距离运输注重发挥公路运输小快灵的特点，航空主要针对高价值和时间要求高的运输。最终达到优化我国的交通运输结构，提高运输效率，减少运输环节的碳排放量的目的。

（1）五种运输方式在运输结构中的功能定位解析

①铁路

铁路运输主要承担中长距离、大批量的旅客和货物运输，在干线运输中起主要运力作用。其优点是运送速度快、载运量大、受自然条件影响较小，完成单位运量的碳排放量相对较少；缺点是建设投入大、只能在固定线路上行驶、机动性差、需要其他运输方式配合与衔接。

②水运

水路运输更多的也是承担中长距离、大批量货物运输。其优点是成本低、能进行长距离、大批量的运输，完成单位运量的碳排放量相对较少；缺点是受自然条件，如水域、港口、水位、气候等影响较大，以至有时要中断运输，还有就是运输速度慢，同样需要其他运输方式配合与衔接。

③公路

公路运输主要承担短距离、小批量运输，成为铁路、水路运输方式不可缺少的接驳工具；也承担铁路、水路运输难以到达地区的长距离、大批量运输。其优点是机动性强、便于因地制宜，实现“门到门”运送，其缺点是单位运输成本相对较高，完成单位运量的碳排放量相对较大。

④民航

航空运输主要承担高价值和时间要求高的运输任务。其优点是速度快，缺点是单位运输成本太高，受自然条件影响大，完成单位运量的碳排放量大。

⑤管道

管道运输主要承担石油、天然气、化工产品等流体的运输任务。其优点是封闭运输，可避免货损货差；缺点是管道设备固定、运输货物受限制、机动性较差。

（2）优化运输结构过程中的注意事项

①避免运力选择不当

一是充分发挥铁路和水运优势，避免在铁路、水运、公路均适用的情况下，选择碳排放强度更大的公路运输；二是避免铁路或大型船舶的近距离运输，这类运输方式的优势是中长距离大批量运输；三是避免“大马拉小车”，即防止运输工具的运载能力选择不当。

②避免不合理运输

一是避免由于运输计划不周、车辆调度不当等因素造成的起程或返程空车行驶；二是合理组织运输路线，避免舍近求远；三是避免无效运输，防止运输不需要的物品。

③提高车船技术装载量

物品在车船上配装、承载、堆码的方法和技巧，称为物品装载技术。运用装载技术在各种运送工具上进行装载业务的质量，称为物品装载质量。要提高装载技术和质量，充分利用车船载货吨位和装载容积，提高运输效率。

④推广先进实用的运输技术

货运技术方式近年有很大发展，特别在公路运输方面，其他运输方式也存在相宜的配套设施。主要包含两个方面：一是推广集装箱运输，集装箱运输具有“高速、高效、安全、经济”的优点；二是采用特殊、密封、专用的车型，对粮食、化肥、水泥等粉粒状物品货物散装运输，提高运输效率。

1.3.3 转变交通发展方式角度

1.3.3.1 五种运输方式的经济技术特征分析

运输方式是客、货运输所赖以完成的手段、方法和形式，是为完成客货运输任务而采取一定性质、类别的技术装备和一定的管理手段。目前，我国常用的运输方式有铁路运输、公路运输、水路运输、航空运输和管道运输等。传统模式在选择运输方式时，考虑的影响因素主要包括运输物品的种类、运输量、运输距离,、运输时间、运输费用等，在发展低碳经济的大环境下，还应将低能源消耗和低碳排放列入影响因素范畴。五种运输方式的经济技术特征和适用范围主要如下：

（1）铁路运输

铁路运输是一种陆上运输方式，以两条平行的铁轨引导火车运行。铁路运输可以中长距离范围内为大宗商品提供低成本，低能源消耗、低碳排放的运输服务，且较多地运输至少一整车皮的批量货物，其运输的经济里程一般在 200 公里以上。我国现行的铁路货物运输分为整车、零担、集装箱三种。

①铁路运输的主要优点

运行速度快；

运输能力较大，可满足大量货物一次性高效率运输；

运输连续性强，由于运输过程受自然条件限制较小，所以可提供全天候的运行；

轨道运输的安全性能高，运行较平稳；

通用性能好，可以运送各类不同的货物；

运输成本较低；

完成单位运量能源消耗低、碳排放低。

②铁路运输的主要缺点

机动性差，只能在固定线路上实现运输，需要以其他运输手段配合和衔接；

设备和站台等限制使得铁路运输的固定成本高，建设周期较长，占地也多；

由于设计能力是一定的，当市场运量在某一阶段急增时难以及时得到运输机会；

铁路运输的固定成本很高，但变动成本相对较低，使得近距离的运费较高；

长距离运输情况下，由于需要进行货车配车，其中途停留时间较长；

铁路运输由于装卸次数较多，货物错损或丢失事故通常也比其他运输方式多。

③铁路运输的主要适用范围

大宗低值货物的中，长距离运输，也较适合运输散装，罐装货物；

适于大量货物一次高效率运输；

对于运费负担能力小，货物批量大，运输距离长的货物来说，运费比较便宜；

轨道运输，安全系数大。

（2）公路运输

公路运输是在公路上运送货物的运输方式，是交通运输系统的组成部分之一。公路运输能提供更为灵活性和更为多样的服务，主要承担中、短途客货运输，多用于价高量小的货物的门对门服务，完成单位运量的低能源消耗、低碳排放相对较高，其经济里程一般在200公里以内。

①公路运输的主要优点

运输速度较快；

可靠性高，对产品损伤较少；

机动性高，可以选择不同的行车路线，灵活性强，可以灵活制定营运时间表，所以服务便利，能提供门到门服务，市场覆盖率高；

投资少，经济效益高，由于运输企业不需要拥有公路，所以其固定成本很低，且公路运输投资的周转速度快；

操作人员容易培训。

②公路运输的主要缺点

变动成本相对较高，公路的建设和维修费经常是以税和收费的形式向水运人征收的；

运输能力较小，受容积限制，使它不能像铁路运输一样运送大量不同品种和大件的货物；

单位运量的能源消耗和碳排放量高，环境污染比其他运输方式严重，运输效率相对低；

土地占用较多。

③公路运输的主要适用范围

近距离的独立运输作业，主要承担小批量的中、短途客货运输；

水运、铁路运输难以到达地区的长途、大批量运输；

补充和衔接其他运输方式，当其他运输方式担负主要运输时，由汽车担负起点和终点处的短途集散运输，完成其他运输方式到达不了的地区的运输任务。

（3）水路运输

水路运输是以船舶为主要运输工具、以港口或港站为运输基地、以水域包括海洋、河流和湖泊为运输活动范围的一种运输方式。水路运输主要承担大数量、长距离的运输，是一种能源消耗和碳排放较低的运输方式。水路运输包括内河运输和海洋运输，具体表现为沿海运输、近海运输、远洋运输和内河运输四种形式。目前，综合运输已成为世界交通运输发展的大趋势，现代化综合运输网的建设，为充分发挥水运优势创造了条件。

①水路运输的主要优点

运能大，能够运输数量巨大的货物；

通用性较强，客货两宜；

越洋运输大宗货品，连接被海洋所隔开的大陆，远洋运输也是发展国际贸易的强大支柱；

运输成本低，能以较低的单位运输成本提供大批量、远距离的运输服务，尤其在运输大宗货物或散装货物时，采用专用的船舶运输，可以取得更好的技术经济效果；

运输效率高；

平均运距长；

完成单位运量能源消耗低、碳排放低。

②水路运输的主要缺点

自然气象条件因素影响大，由于水位、季节、气候等的影响，水运受制的程度大，有些地方的水运每年都会中断运输一段时间；

营运范围受到限制；

航行风险大，安全性略差；

运送速度慢，准时性差，在途中的货物多，会增加货主的流动资金占有量，经营风险增加；

搬运成本与装卸费用高，这是因为运能最大，所以导致了装卸作业量最大。

③水路运输的主要适用范围

承担大批量货物，特别是集装箱运输；

承担原料半成品等散货运输；

承担国贸运输，即远距离，大运量，不要求快速抵达国标的客货运输。

（4）航空运输

航空运输是使用飞机、直升机和其他航空器运送人员、货物、邮件的一种运输方式。航空具有速度快、机动性大等优点。航空运输容积和载重量比较小，成本和运价高，并受气象条件一定限制。它比较适用于500公里以上的长途客运及价值高、运费承担能力强的货物和紧急需要的物资的中长途运输。如：贵重设备的零部件、高档产品、救灾抢险物资，等等。

①航空运输的主要优点

速度快，不受地形的限制，在火车、汽车都达不到的地区也可依靠航空运输；

安全性能高，随着科技进步，飞机不断地进行技术革新，使其安全性能增强，事故率低，保险费率相应较低；

包装要求低，因为空中航行的平稳性和自动着陆系统减少了货换的比率，所以可以降低包装要求。而且在避免货物灭失和损坏后还有明显优势。

②航空运输的主要缺点

运输成本高，对普通货物运输不适用；

受气候条件的限制，在一定程度上影响了运输的准确性和正常性；

需要航空港设施，所以可达性差；

设施成本高，维护费用高；

运输能力小，运输能耗高，碳排放量大；

运输技术要求高，人员（飞行员、空勤人员）培训费高。

③航空运输的主要适用范围

成为国际运输的重要工具，对于对外开放，促进国际间技术、经济合作与文化交流有重要作用；

适用于价值高、运费承担能力强、低质量、小体积物品的运输；

大多数情况下日常的基础上进行作业的；

时效性要求高的快捷运输；

紧急物资运输中长途运输。

（5）管道运输

管道运输是近几十年发展起来的一种新型运输方式，是用管道作为运输工具的一种长距离输送气体、液体和粉状固体的输送方式，专门由生产地向市场地输送石油、煤和化学产品，是统一运输网中干线运输的特殊组成部分，大部分管道被其所用者用来运输自有产品。

①管道运输的主要优点

运输效率高，适合于自动化管理，管道运输是一种连续工程，运输系统不存在空载行程，所以系统的运输效率很高；

建设周期短、费用低、运输费用也低；

能源消耗少、碳排放量低、成本低、效益好；

运量大、连续性强；

安全可靠、运行稳定、不会受恶劣多变的气候条件影响；

埋于地下，所以占地少；

有利于环境保护，它能较好地满足运输工程的绿色环保要求；

运送的商品产生损失的风险很小，采用密封设备，在运输过程中可避免散失、丢失等损失。

②管道运输的主要缺点

运输对象受到限制，承运的货物比较单一；

灵活性差，不易随便扩展管道，战线往往完全固定，服务的地理区域十分有限；

设计量是个常量，所以与最高运输量之间协调的难度较大，且在运输量明显不足时，运输成本会显著增加；

仅提供单向服务；

运速较慢。

③管道运输的主要适用范围

主要承担定向、定点、量大的流体状货物运输。

1.3.3.2　低碳交通是转变交通发展方式，建立新型交通运输系统的内在要求

交通运输是基础性、先导性行业，既关系到经济发展，又与人民群众日常生活密切相关。交通运输业的演变与经济社会的发展过程是有机结合在一起的，二者之间存在着一种复杂的双向作用机制。这种作用机制既体

现在交通运输业对经济社会发展的支撑和促进作用，又反映在众多经济社会因素也影响着交通运输业的发展。

我国交通运输业需要转变发展方式，主要是由两方面因素决定的：一方面我国人均能源资源拥有量在世界上处于较低水平，能源消耗总量却呈现出逐年增长态势，在经济发展新常态大环境下，绿色化、生态化已成为我国交通发展的新常态；另一方面我国客货运输需求总量不断增长，交通运输业能源需求和碳排放量也持续增长。

我国人均能源资源拥有量在世界上处于较低水平，石油、天然气人均资源量仅为世界平均水平的1/15左右，大量能源需要进口，我国对外石油进口依存度逐年提高，2013年达到58.1%，预计2020年将达到65%。与此同时，我国能源整体消耗总量和主要行业能源消耗量均呈现出逐年增长的发展趋势，我国主要行业能源消耗情况，见前文低碳交通的发展背景部分。

我国的客货运输需求总量却迅速增长，2012年，我国的客货运输换算总周转量达到132463.8亿吨公里，较2005年增长168.26%；与运输需求快速增长相对应的是，我国交通运输业能源消耗和碳排放量也呈逐年增长趋势，2012年，我国交通运输业碳排放总量达到59389万吨，较2005年增长79.51%。2005－2012年，我国不同运输方式总运量与碳排放情况，如表1－11，1－12所示。

经济发展新常态主要表现为经济增长速度适宜、结构优化、社会和谐，转入新常态，意味着我国与传统的不平衡、不协调、不可持续的粗放增长模式基本告别。为了更好的服务经济社会发展，交通运输业也需转变发展方式，推广节能环保技术，提高能源利用效率，倡导绿色低碳交通，以充分适应经济发展新常态的要求。

交通运输业需要大量能源的支撑，而石油、煤炭等主要能源都是不可再生资源，有效节约和合理利用不可再生的能源，既关系到交通可持续发展，又关系到我国的能源安全。因此，我国有必要采取切实措施，转变交通发展方式，降低交通运输业能源消耗和碳排放量，构建绿色环保的低碳交通运输系统。

表 1－11　2005－2013 年，我国不同运输方式换算周转量（亿吨公里）

年份	铁路	公路	水运	航空	管道	总量
2005	26788	9622	11620.5	261.3	1088	49379.8
2006	28576	10767	12908.4	305.8	1551	54108.2
2007	31013	12505	15599	365.3	1866	61348.3
2008	32884	34116	17412.1	376.8	1944	86732.9
2009	33117	38540	18032.5	427.1	2022	92138.6
2010	36406	44892	22428.4	538.5	2197	106461.9
2011	39077	53051	26068.4	577.4	2885	121658.8
2012	38999	61382	28295.5	610.3	3177	132463.8
2013	39769.5	56863.2	79210.3	675.4	3895.0	180413.3

数据来源：《中国统计年鉴》

表 1－12　2005－2012 年，我国交通运输业碳排放量情况（万吨）

年份	铁路	公路	水运	航空	管道	总量
2005	6530	16940	5969	3211	434	33084
2006	6902	19321	6914	3608	498	37243
2007	7385	21767	7420	4002	547	41121
2008	5960	26337	7024	4178	565	44064
2009	5706	26661	7483	4626	534	45010
2010	6149	29073	8261	5594	544	49621
2011	6617	32494	8657	5783	388	53939
2012	6530	36779	9381	6264	435	59389

数据来源：《我国交通运输系统碳排放指标研究》

1.3.3.3　新型低碳交通运输系统构建策略

交通发展方式方面，不同运输方式，以及同一种运输方式的不同运输工具、不同燃料，完成单位运量产生的碳排放量都有所不同。因此，革新发动机技术，开发运用新能源，运输工具大型化、专业化发展，提高运行效率和管理效率，建立新型交通运输系统，可以显著降低单位运输产品碳排放，为开展低碳交通做出重要贡献，促进交通运输业更好地适应经济发展新常态要求。

（1）铁路

铁路方面，根据《我国交通运输系统碳排放指标研究》①，2005－2012年我国铁路运输单位换算周转量碳排放量呈现出逐年下降趋势，从2005年的0.0244千克/吨公里，下降为2012年的0.0167千克/吨公里，年均下降幅度为4.51%，我国铁路运输业单位碳排放量情况呈现出较为明显的下降趋势。

尽管如此，在铁路运输方面，我国仍然存在内燃机车技术落后、车辆老旧等问题。研究表明，国外燃油消耗率最低的是美国GE公司和德国合作开发的7HDL－16型油机，仅为182g/kWh；我国最低的是R16V280ZJ型柴油机，燃油消耗率为≤204g/kWh。与国外先进水平相比，我国柴油机的油耗率要高出12%。

铁路机车牵引类型主要包含两大类，一是内燃，二是电力。其中，电力机车无直接排放。因此，铁路运输的单位运输碳排放量，主要取决于铁路内燃机车牵引类型，未来可考虑从提升发动机性能，提高发动机热效率，以及提高铁路机车电气化比例等方面着手开展工作。

（2）公路

公路方面，根据《我国交通运输系统碳排放指标研究》，2005－2012年我国公路运输业单位换算周转量碳排放量呈现出逐年下降趋势，从2005年的0.1760千克/吨公里，下降为2012年的0.0599千克/吨公里，年均下降幅度达到9.42%，我国公路运输业单位碳排放量情况呈现出较为健康的发展态势，公路运输业低碳化发展趋势较为明显。

在取得较好的成绩的同时，也应看到我国的汽车技术状况与发达国家相比仍比较落后，资源利用效率较低。对于相同或相近车型，在燃油效率方面我国汽车每百公里平均油耗比发达国家高20%以上，其中轿车油耗比日本高20%~25%，比欧洲高10%~15%，比美国高5%~20%。载货汽车百吨公里油耗比国外先进水平高一倍以上，还有较大的节能减排空间。

根据《我国交通运输系统碳排放指标研究》，不论货运车辆或客运车辆，通常情况下都是车型越小，单位换算周转量产生的碳排放量越多；反之，车型越大单位换算周转量产生的碳排放量越少。另外，在客货运输车

---

① 北京华协交通咨询公司，2013年。

辆方面，汽油车辆完成单位换算周转量，略低于较相同型号的柴油车辆产生的碳排放量，汽油车辆在开展低碳交通方面具有一定的比较优势。

公路运输发展方面，关键在于改进发动机技术、提升驾驶人员操作水平，达到节约能源降低碳排放的目的；在条件允许的情况下，可以推进客货运车辆进一步向大型化、专业化发展，以降低单位运输能耗和碳排放量；考虑到汽油车辆在客运领域碳排放方面的比较优势，可以加大汽油客车推广力度。另外，还可以加快研发推广新能源汽车，在公路运输领域更好地开展节能减排工作。

（3）水运

水运方面，根据《我国交通运输系统碳排放指标研究》，2005 - 2012 年我国水运碳排放总量年均增速为 6.7%，远低于水运换算周转量增长速度（13.5%）。因此，我国的水运单位换算周转量碳排放量指标总体呈现不断下降的发展趋势，2012 年为 0.0331 千克/吨公里，较 2005 年下降了 35.4%，说明我国水运船舶燃油利用效率正逐步提高。

尽管我国近年来依靠科技创新，在水运领域积极发展先进的节能技术，提高交通能源利用效率，水运方面整体上依然存在船舶技术落后，发动机效率低，燃油消耗和碳排放量大的问题。另外，老旧船舶比例较大，发动机工况不佳，也在一定程度上造成提高了燃油消耗量和碳排放量。

在内河运输方面，从事内河运输的船舶中，油船的单位碳排放量指标最高，为 32.6 克/吨公里；其次是拖轮，为 15.0 克/吨公里；然后依次为集装箱船、滚装船和干散货船，分别为 10.1 克/吨公里、6.5 克/吨公里和 5.2 克/吨公里。可见，我国内河运输业应当大力发展集装箱船、滚装船和干散货船等能效高、单位碳排放量小的船型。

在海洋运输方面，海洋运输船舶中，液化气船的单位碳排放量指标高居榜首，为 129.0 克/吨公里；其次是其他液货船，为 60.5 克/吨公里；杂货船和普通货船的单位碳排放量指标相当，分别为 32.1 克/吨公里、28.4 克/吨公里；然后依次是多用途船、集装箱船、干散货船和油船，分别为 24.3 克/吨公里、19.4 克/吨公里、12.2 克/吨公里和 10.1 克/吨公里。因此，我国海洋运输应当大力发展集装箱船、干散货船、油船等船型，特别是注重船舶的专业化、大型化发展。

（4）民航

民航运输的特点决定了航空运输的单位能耗和单位碳排放量比较高，近年来，我国民航采取了一系列技术和管理措施，燃油效率取得了较大提高，有效降低了碳排放强度，民用航空运输的单位换算周转量碳排放指标整体呈现下降的趋势，2012 年民航运输全行业单位吨公里碳排放比 2005 年降低了 17%。

航空运输的单位运输碳排放量，主要取决于飞机的不同机型，未来可考虑从引入和研发新型飞机，提升发动机性能，探索航空替代燃料技术，提高发动机热效率等方面着手开展工作。另外，也可以从优化航线设计，改善航空管理和运行组织方面着手降低能源消耗，减少航空碳排放量。

（5）管道

在管道运输方面，单位运输碳排放量也呈逐年下降趋势。2005－2012 年，单位换算周转量碳排放量从 0.0399 千克/吨公里下降为 0.0137 千克/吨公里，发展趋势较为良好。今后可以在提高输送技术，加大管道口径，增加运送距离等方面着手，进一步提高管道运输燃油效率，为节能减排做出更多贡献。

1.3.4 交通运输业可持续发展角度

1.3.4.1 可持续发展

（1）定义

可持续发展（sustainable development）最初于 1972 年提出，指既满足当代人的需求，又不损害后代人满足需要的能力的发展。可持续发展要求经济、社会、资源和环境保护协调发展，既要达到发展经济的目的，又要保护好人类赖以生存的大气、淡水、海洋、土地和森林等自然资源和环境，使子孙后代能够永续发展和安居乐业。可持续发展的核心是发展，但要求是在严格控制人口、提高人口素质和保护环境、资源永续利用前提下实现的经济社会发展。

（2）内涵

根据对可持续发展的定义，可持续发展的内涵主要集中在以下几个方面：

①共同发展

地球是一个复杂的巨系统，每个国家或地区都是这个巨系统不可分割的子系统。系统的最根本特征是其整体性，每个子系统都和其他子系统相互联系并发生作用，只要一个系统发生问题，都会直接或间接影响到其他系统，甚至会诱发系统的整体突变，这在地球生态系统中表现尤为突出。因此，可持续发展追求的是整体发展和共同发展。

②协调发展

协调发展既包括经济、社会、资源和环境四大系统的整体协调，也包括世界、国家和地区三个空间层面的协调，还包括一个国家或地区经济与人口、资源、环境、社会以及内部各个阶层的协调，持续发展源于协调发展。

③公平发展

世界各地因经济水平不同，而呈现出发展水平的层次性特征，这是发展过程中一直存在的问题。但这种发展水平的层次性若因不公平、不平等而引发或加剧，可能会影响到整个世界的可持续发展。可持续发展思想的公平发展包含两个维度：一是时间维度上的公平，当代人的发展不能以损害后代人的发展能力为代价；二是空间维度上的公平，一个国家或地区的发展不能以损害其他国家或地区的发展能力为代价。

④高效发展

公平和效率是可持续发展的两个方面。可持续发展的效率不同于经济学的效率，可持续发展的效率既包括经济意义上的效率，也包含经济发展对自然资源和环境产生的损益影响。因此，可持续发展思想的高效发展是指经济、社会、资源、环境、人口等协调下的高效率发展。

⑤多维发展

随着人类社会的不断发展，全球化发展趋势越来越明显，但不同国家与地区的发展水平有所差异，而不同国家与地区的文化、体制、地理环境、国际环境等发展背景各异。可持续发展是一个综合性、全球性的概念，要考虑到不同地域实体的可接受性。因此，可持续发展本身包含了多个维度的选择内涵，各国家与地区在实施可持续发展战略时，应该从实际情况出发，走符合本国或本区实际的、多样化的、多模式的可持续发展道路。

（3）要素

①环境与生态要素，即尽量减少对环境的损害。

经济发展不能超越资源和环境的承载能力。可持续发展强调以自然资源为基础，同生态环境相协调。要求在保护环境和资源永续利用的条件下，进行经济建设，保证以可持续的方式使用自然资源和环境成本，使人类的发展控制在地球的承载力之内。

②经济要素，即具有一定经济效益。

经济发展是人类生存和进步所必需的，也是社会发展和保持、改善环境的物质保障。对发展中国家来说，这一点发展尤为重要。可持续发展要求从传统的经济增长模式解脱出来，尽力减少经济活动造成的环境压力，从而达到具有可持续意义的经济增长。

③社会要素，指仍然要满足人类自身的需要。

可持续发展并非限制人类社会发展，而是追求人与自然的和谐。可持续性可以通过适当的经济手段、技术措施和政府干预得以实现，目的是减少经济社会发展对生态环境的影响，并逐步将这种影响控制在生态环境承载范围内。

（4）基本特征

①可持续发展鼓励经济增长

可持续发展也强调经济增长的必要性，但可持续发展不仅重视经济增长的数量，更要追求经济增长的质量，认为经济发展包括数量增长和质量提高两部分。数量的增长是有限的，而依靠科学技术进步，提高经济活动中的效益和质量，采取科学的经济增长方式才是可持续的。

②可持续发展要求经济社会发展不能超越资源和环境的承载能力

可持续发展强调以自然资源为基础，同生态环境相协调。要求在保护好生态环境和资源永续利用的条件下，进行经济建设，以可持续的方式使用自然资源和环境成本，使人类的发展控制在地球的承载力之内。要实现可持续发展，必须确保可再生资源的消耗速率低于资源的再生速率，并使得人类社会对环境的影响在生态环境自我恢复的范围之内。

③可持续发展的目标是谋求社会的全面进步

可持续发展理念认为发展不仅仅是经济问题，单纯追求产值的经济增长不能体现发展的内涵。在人类可持续发展体系中，经济发展是基础，生态环境保护是条件，社会进步是目的。这三者是一个相互影响的综合体，只有实现人类社会与经济、资源和环境的协调，才是真正的可持续发展。可持续发展追求的目标，即以人为本的自然、经济、社会综合系统的持续、稳定、健康的发展。

1.3.4.2　发展低碳交通是贯彻可持续发展战略的必然选择

21 世纪能源环境问题是全球共同面临的挑战，日益凸显的全球性能源紧张以及由此衍生的以石油安全为核心的能源安全、以气候变暖为主要特征的全球性气候变化已经成为国际社会普遍关注的全球性问题，节能与减排已经成为国际社会的共同责任。我国作为世界上最大的发展中国家，是世界石油进口和温室气体排放的大国之一，我国的节能减排工作越来越多地为全球各国所关注。

在世界范围内，人均能源消费与二氧化碳排放和经济发展水平有明显相关关系。人均 GDP 达到 1 ~ 1. 5 万美元以前，人均二氧化碳排放量增长较快，其后增长趋缓。根据国际货币基金组织（IMF）公布数据显示，2014 年中国人均 GDP 排名世界第 77 位，人均 GDP 为 7589 美元，我国还远未进入二氧化碳排放量缓慢增长期。未来 10 年，中国 GDP 年均增长率预计在 7% 左右，这期间我国的能源消费总量与二氧化碳排放总量预计将呈现出持续增长态势。

交通运输作为主要碳排放源之一，在国际上是温室气体减排、缓解气候变化的重要领域。根据 IEA（国际能源署）数据，2010 年全球二氧化碳排放量约有 22. 3% 来自交通运输业，美国大气中的二氧化碳有 30. 2% 来自运输工具，欧盟的交通运输业二氧化碳排放量占比为 24. 5%，日本的占比也达到 19. 5%。同期，我国交通运输业碳排放量仅占全国总量的 7. 0%，与世界主要经济体相比，我国交通运输业在碳排放结构中的占比尚处于较低水平。

交通运输业碳排放发展方面，随着国民经济不断发展和城乡居民生活水平的逐渐提高，交通客货运输需求也日益增长，随之而来的是我国能源消耗和碳排放量的增长态势。根据 IEA 估计数据，在 2035 年世界范围内主要行业的碳排放结构中，交通运输业碳排放占比约为 27. 9%。据亚洲发展银行预计，在未来的 25 年内，全球交通源二氧化碳排放将增加 57%，而由于发展中国家的汽车行业发展迅速，其排放增长将占到 80%。2035 年世界范围内主要行业碳排放结构情况，如图 1-10 所示。

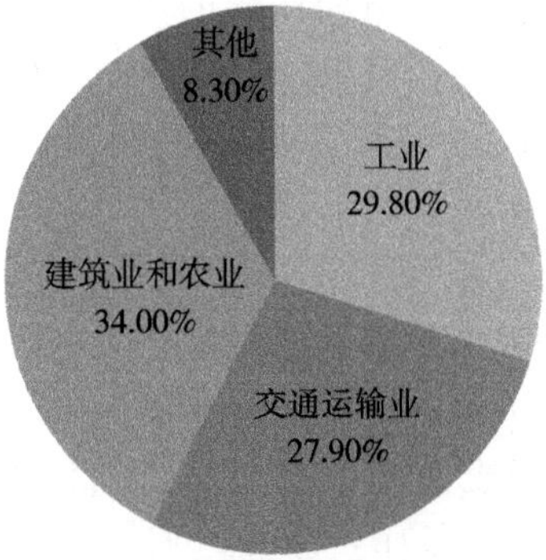

图 1-10　2035 年世界范围内主要行业碳排放结构图①

我国针对气候变化情况共发布过两次国家信息通报，分别为《中华人民共和国气候变化第二次国家信息通报》和《中华人民共和国气候变化初始国家信息通报》。根据两次信息通报公布的数据，2005 年，我国交通运输业碳排放量为 4.16 吨，较 1994 年增长 150.60%；2005 年，我国交通运输业碳排放量在国家碳排放构成中占比为 7.70%，较 1994 年上涨 30.07%。我国交通运输业在碳排放量绝对值和在国家碳排放结构中的占比，均呈现出较为显著的增长态势。1994、2005 年国内主要行业碳排放构成情况，见前文低碳交通的发展背景部分。

当前，我国正处于全面建设小康社会和新型城镇化快速发展的关键时期，随着一大批稳增长、促改革、调结构、惠民生政策的落实，我国的经济社会将持续健康发展，人民的生活水平也会日益提高。在交通运输行业表现为，一方面我国的运输需求总量逐渐增加，另一方面对交通运输业提出的要求也越来越高，运输效率、服务质量和安全性等方面逐步提高，这往往伴随着能源消耗量增加和碳排放量增长。我国在交通运输业繁荣发展同时，交通运输业在碳排放总量绝对值和在国家碳排放结构中的占比预计会持续提升。因此，推广节能环保的低碳交通，是落实国家低碳经济发展战略，确保经济社会可持续发展的重要一环。

① 数据来源：IEA（国际能源署）《CO_2 Emissions from Fuel Combustion 2012 edition》

第2章 我国交通运输业碳排放指标

2.1 IPCC国家温室气体清单指南

2.1.1 IPCC国家温室气体清单指南基本情况

发达国家自工业革命以来的工业文明发展模式，导致了越来越严重的全球气候变化问题的产生，大气中二氧化碳浓度不断增加，使全球气候变暖。为应对气候变化，全球领域的决策者们需要掌握有关气候变化的成因、其潜在环境和社会经济影响，以及可能采取的对策等信息，以便于更好地应对气候变化给全世界带来的挑战，联合国政府间气候变化专门委员会正是在这个背景下组建的。

2.1.1.1 联合国政府间气候变化专门委员会

联合国政府间气候变化专门委员会（Intergovernmental Panel on Climate Change，简称IPCC），又译作政府间气候变化专业委员会、跨政府气候变化委员会等，是一个附属于联合国之下的跨政府组织，在1988年由世界气象组织（WMO）和联合国环境规划署（UNEP）合作成立，专门负责研究由人类活动所造成的气候变迁，是一个向世界气象组织及联合国环境署全体会员国开放的政府间机构。

IPCC已编写了一系列出版物，这些出版物面世以来已成为决策者、科学家、以及相关专家学者广泛应用的重要参考书目。迄今为止，IPCC已在1990、1995、2001、2007四年，分别发表四次正式的“气候变迁评估报告”，并于1996年、2006年先后两次出版“国家温室气体清单”方面的系列报告，IPCC还协助各国于1997年在日本京都草拟了《京都议定书》。

IPCC设有三个工作组：第一工作组评估气候系统和气候变化的科学问题；第二工作组的工作针对气候变化导致社会经济和自然系统的脆弱性、气候变化的正负两方面后果及其适应方案；第三工作组评估限制温室气体排放和减缓气候变化的方案。另外还设立一个国家温室气体清单专题组。每个工作组（专题组）设两名联合主席，分别来自发展中国家和发达国家，其下设一个技术支持组。

2.1.1.2 国家温室气体清单专题组

根据IPCC下属机构职能设置，IPCC下属的国家温室气体清单专题组负责研究与国家温室气体清单有关的方法和准则，编写国家温室气体清单指南。

IPCC国家温室气体清单指南主要目的是为各个会员国政府部门提供一种自下而上的碳排放计算方法，用于统计一国或地区分行业或所有行业的碳排放总量信息。协助各国政府乃至全球范围内决策者们掌握宏观碳排放总量情况，了解不同行业的碳排放构成信息，进而判断有关气候变化的成因、其潜在环境和社会经济影响，并有针对性地制定科学有效的解决方案，以便于更好地应对气候变化给全世界带来的挑战。

1996年，专题组发布了三部重要指南，分别为《1996年国家温室气体清单指南》修订本、《国家温室气体清单优良做法指南和不确定性管理》和《土地利用、土地利用变化和林业优良做法指南》，这些报告一方面在相当长时间内为《联合国气候变化框架公约》提供支持，协助政府决策和科学研究；另一方面也为《2006年IPCC国家温室气体清单指南》的编制奠定了重要基础。

在1996年指南发布后不久的1997年，IPCC协助各国草拟了《京都议定书》。在2002年，《联合国气候变化框架公约》科技咨询附属机构在新德里举行了第十七次会议，会上IPCC被邀请修订《1996年IPCC指南》，以便反映在《联合国气候变化框架公约》和《京都议定书》中。

新指南编制工作于2006年完成，并在2006年4月召开的IPCC第25次会议上获得批准和通过。《2006年IPCC国家温室气体清单指南》是对

《1996 年 IPCC 国家温室气体清单指南》的完善和升级，新指南中纳入了新的排放源和新气体，并根据上版指南发行之后科学技术的进步，对以前的方法进行了更新。

2.1.1.3　2006 年 IPCC 国家温室气体清单指南

《2006 年 IPCC 国家温室气体清单指南》基于以前的《1996 年 IPCC 国家温室气体清单指南》修订本及其后的相关报告，以确保尽可能顺利地从以前的指南过渡到该指南。

《2006 年 IPCC 国家温室气体清单指南》以适当的结构编写，目的是使所有国家，不论其经验或资源如何，均能够对这些气体的排放量和清除量做出比较可靠的估计。详细的 IPCC 清单指南国家碳排放清单分类，如图 2 - 1所示。

新指南的一个显著特点是为所有部门提供了所要求的各个参数和排放因子的缺省值。因此，若选用最简单的算法，各国只需提供其本国的活动数据即可计算得到碳排放信息。同时，新指南的多种方法可以使得有较多信息和资源的国家能够利用更为详细的特定国家方法计算碳排放量，同时还可保持各国之间的兼容性、可比较性和一致性。

新指南所提供的指导方法纳入了以前清单编制的优良做法，并对其进行了改进，以便使最后的估计值在可以判断的情况下尽量准确，并最大限度地减少计算过程中的不确定性。

《2006 年 IPCC 国家温室气体清单指南》共包含 5 卷内容，除了第 1 卷作为总则外，其他 4 卷均分不同类别讲述了温室气体清单的编制及其计算方法。其中，第 1 卷为一般指导及报告，第 2 卷为能源部分，第 3 卷讲述工业过程与产品使用，第 4 卷内容为农业、林业和其他土地利用，第 5 卷讲述废弃物相关内容。运输业包含在能源卷中。

2.1.1.4　能源卷基本情况

能源主要应用于需要化石燃料燃烧的行业，指南在能源卷做了大篇幅的阐述与介绍（能源卷构成情况见图 2 - 2）。在燃烧过程中，化石燃料会产生大量的碳排放，同时释放燃料中的化学能量作为热能。该热能一般可直接应用，或用于产生机械能，大多用于发电或交通运输业。

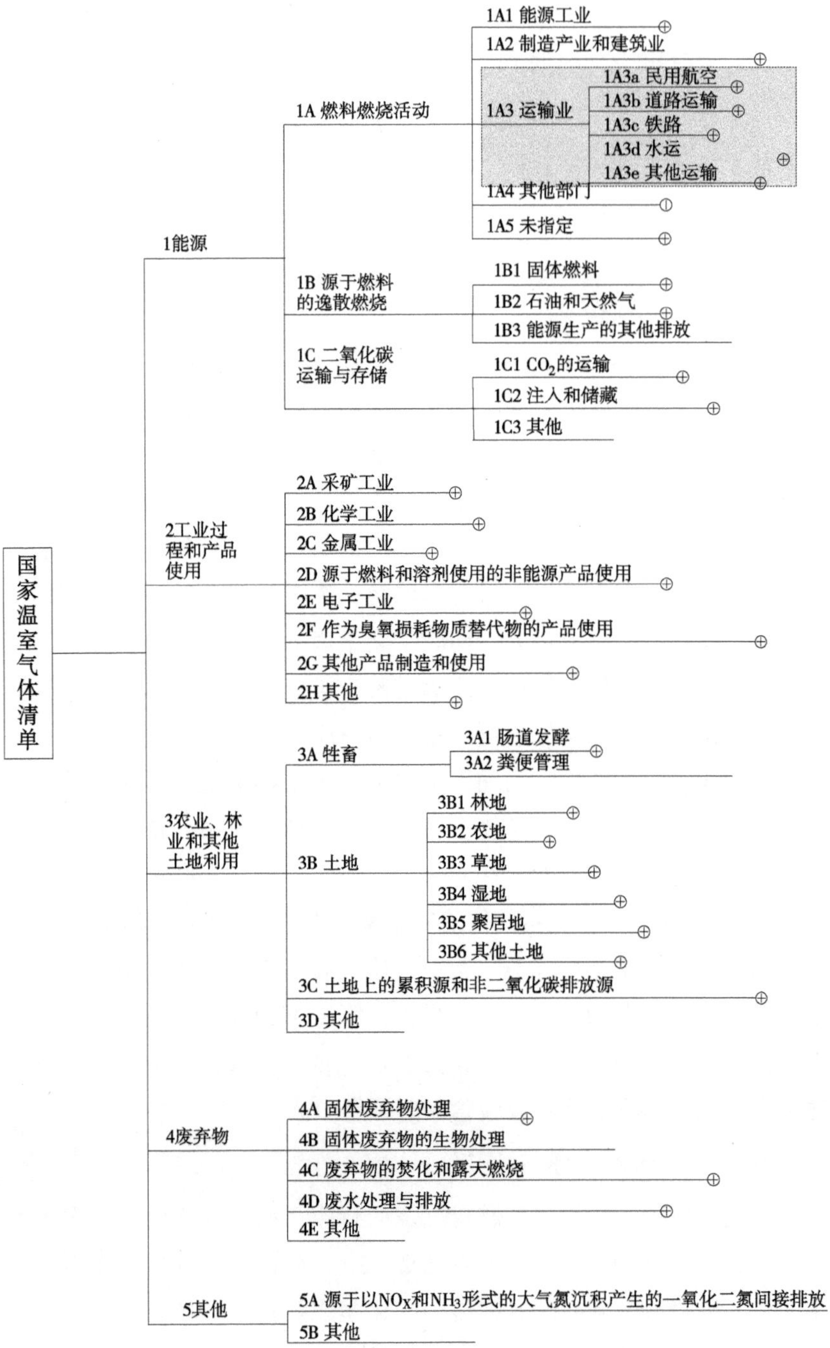

图 2-1　IPCC 清单指南国家碳排放清单分类

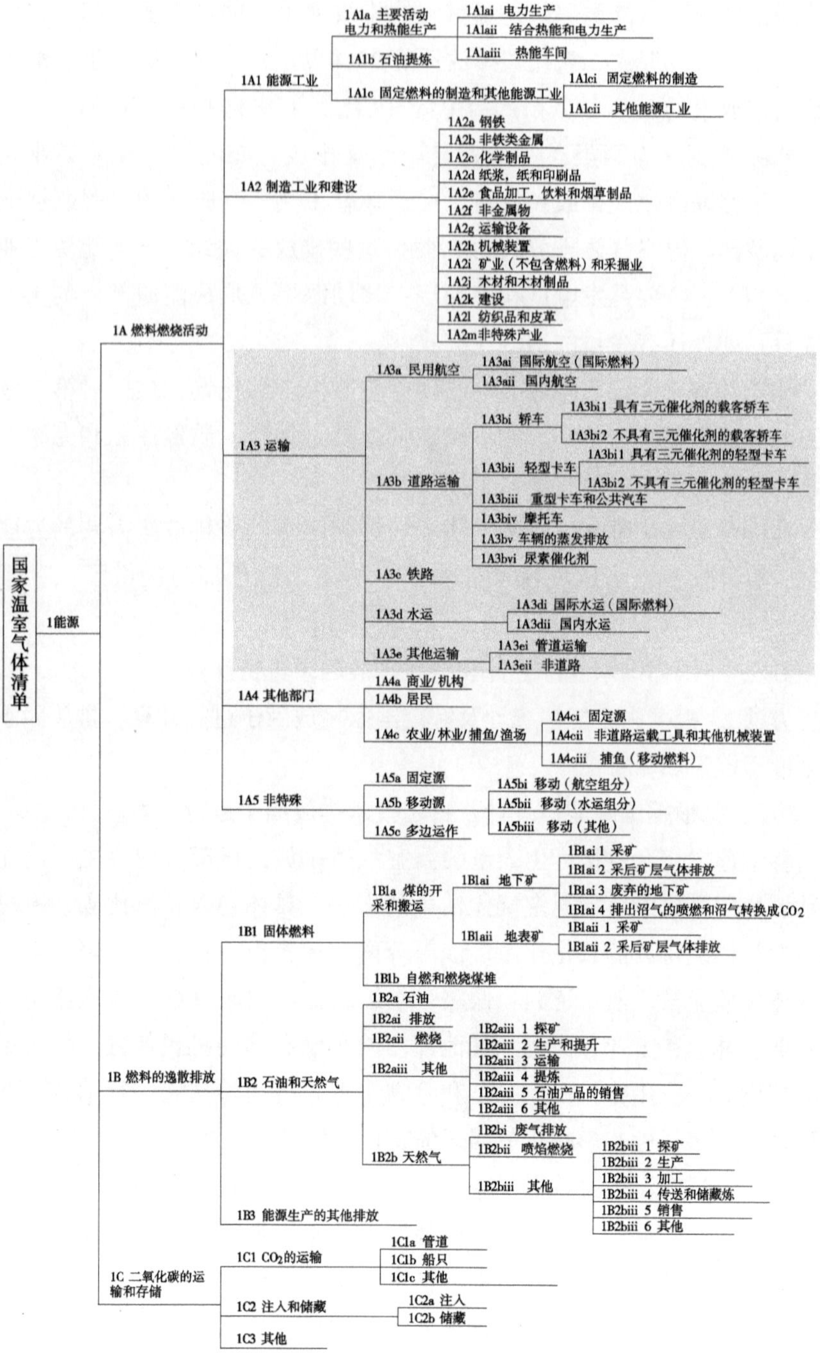

图 2－2　能源部门中的活动和能源结构

通常情况下，能源部门是温室气体排放清单中的最重要部门，在发达国家，其贡献一般占二氧化碳排放量的90%以上。二氧化碳数量一般占能源部门排放量的95%，其余的为甲烷（CH_4）和氧化亚氮（N_2O）。

能源燃烧分为两类，一是固定源燃烧排放，如电厂、其他工业企业等；二是移动源燃烧排放，主要是交通运输工具。其中，固定源燃烧通常产生能源部门温室气体排放的约70%。这些排放的大约一半与能源工业中的燃烧相关，主要是发电厂和炼油厂；移动源燃烧形成能源部门约1/4的排放量；此外还有少量的逸散性排放。

能源卷首先介绍了能源类别的划分与方法学的比选，继而对第1卷中概述的数据收集、清单估算的不确定性、质量保证、质量控制和完整性等问题，针对能源方面的特征做了简要探讨。

在固定源燃烧部分，指南描述了估算固定源燃烧排放所需要的方法和数据，以及应该报告这些排放的类别。指南为统计部门提供了三种层级方法：

方法1. 根据国家能源统计和缺省排放因子进行计算。

方法2. 根据国家能源统计及特定国家排放因子进行计算，排放因子尽量来源于国家燃料特性。

方法3. 根据国家能源统计及特定技术排放因子进行计算。

移动源燃烧会直接产生大量的温室气体排放，该部分内容主要论述了移动燃烧源排放的直接温室气体估算的方法，具体包含二氧化碳、甲烷和各类燃料燃烧排放的氧化亚氮。该部分内容还提出，移动源燃烧产生的温室气体排放应按民航、道路、铁路、水运、管道和非道路（非道路包括用于农业、林业、工业、民用和其他部门的车辆和移动机械装置，如机场地面支持设备、农用拖拉机、叉车和除雪车等）等运输方式进行估算，并且就移动源的多样性和影响排放因子的特性范围做了说明。

能源卷还对溢散排放做了论述，分别阐述了煤矿、石油、天然气等不同化石燃料在采掘、加工和输送到最终使用地点期间，温室气体可能的有意或无意释放情况，并对其排放估算方法做了说明。

能源卷也在二氧化碳运输、注入和地质储存方面做了介绍，指出二氧化碳捕获和储存（CCS），是用来减少继续使用化石燃料产生温室气体排放的行动组合中的一个选择。其中，CCS过程主要由二氧化碳的捕获和压缩

(通常在大型工业设施中)、向储存地点的运输以及从大气的长期隔离三个步骤构成。需要特别指出的是，当前 IPCC 只提供了二氧化碳运输、注入和地质储存（CCGS）的排放估算指南，对于储存选择的任何其他类型未提供排放估算方法。

2.1.2　交通运输业清单指南

交通运输业碳排放源在 IPCC 清单指南中被称为“移动源燃烧”排放源，作为能源卷的三大碳排放源之一，交通运输业直接产生大量的温室气体排放，包括二氧化碳、甲烷和各类燃料燃烧排放的氧化亚氮，以及造成空气污染的其他污染物，如：一氧化碳（CO）、非甲烷挥发性有机化合物(NMVOCs)、二氧化硫（SO_2）、微粒物质（PM）和氮氧化物（NOx）。

《2006 年 IPCC 国家温室气体清单指南》指出，交通运输业产生的碳排放估算，通常按照不同的交通运输方式展开。清单指南将交通运输方式划分为道路运输、非道路运输、铁路、水运、民航和其他运输方式六大类，这六大类排放源的详细分类信息及对应说明情况，如下表 2－1 所示。

国家温室气体排放清单指南中，交通运输业的温室气体排放测算主要针对二氧化碳、甲烷和氧化亚氮三种气体，指南对不同排放源的温室气体均制定了相应的估算方法。

考虑到二氧化碳在交通运输业碳排放中占有绝大比重，在交通运输业产生的温室效应中占据主导地位，二氧化碳排放量统计基本可以反映一国的温室气体排放。本次研究选取二氧化碳作为关键类别进行重点研究，其他种类气体排放不作为研究重点。

表 2－1　交通运输方式排放源的详细分类信息及对应说明情况

序号	代码和名称		说明
1	1A3	运输	所有运输活动的燃料燃烧和蒸发带来的排放（不包括军事运输），不论哪个部门，均在下面的亚类中明确说明。 任何参与国际运输的空中或海洋运载工具的燃料产生的排放（1A3ai 和 1A3di），应该尽可能地排除于该类别的总量和分量，应单独报告。

续表

序号	代码和名称					说明
2	1A3	a	民航			国际和国内民航产生的排放，包括起飞和着陆时的排放。包括飞机的民用、商业使用，含客运和货运班机和包机、空中交通服务和通用航空。国际、国内划分应取决于每个飞行阶段的起飞和着陆地点，而不是取决于航线的国籍。不包括机场中用于地面运输的燃料使用，这部分燃料使用报告在 1A3e 其他运输中。也不包括用于机场固定源燃烧的燃料，这一信息报告在适当的固定源燃烧类别。
3	1A3	a	i	国际航空（国际燃料库）		从一国起飞在另一国降落的飞行产生的排放。包括这些飞行阶段的起飞和着陆。若使用了相同的定义区分，并且数据可用来支持该定义，那么国际军事航空产生的排放可纳入一个国际航空的单独亚类。
4	1A3	a	ii	国内航空		起飞降落于同一国家的国内民用客运和货运产生的排放（商用、私人、农业等），包括这些飞行阶段的起飞和着陆。包括同一国家中距离相当远的两个机场间的飞行。军事不包括在内，应在 1A5b 中报告。
5	1A3	b	公路运输			道路车辆燃料燃烧和蒸发的所有排放，包括铺设道路上的农用车辆的使用。
6	1A3	b	i	轿车		轿车产生的排放。轿车在车辆登记国家主要指定为用于载人的交通工具，通常载客量为 12 人以下。
7	1A3	b	i	1	带三元催化剂的客运轿车	带三元催化剂的客运轿车产生的排放。
8	1A3	b	i	2	不带三元催化剂的客运轿车	不带三元催化剂的客运轿车产生的排放。
9	1A3	b	ii	轻型卡车		在车辆登记国家主要被指定为用于运输轻便货物的交通工具或具有特色的车辆，如非道路作业中的四轮行驶（如农用拖拉机、叉车和除雪车等）。车辆总重量通常最重在 3500 – 3900 千克或以下。

续表

序号	代码和名称					说明
10	1A3	b	ii	1	带三元催化剂的轻型卡车	带三元催化剂的轻型卡车产生的排放。
11	1A3	b	ii	2	不带三元催化剂的轻型卡车	不带三元催化剂的轻型卡车产生的排放。
12	1A3	b	iii	重型卡车和公共汽车		重型卡车的车辆总重量通常达到 3500 - 3900 千克或以上，公共汽车载客量在 12 人以上。
13	1A3	b	iv	摩托车		设计成在地面行驶，不多于三轮，重量少于 680 千克的摩托车产生的排放。
14	1A3	b	v	车辆产生的蒸发性排放		此处包括车辆的蒸发性排放（如吸热、运行损失）。不包括给车辆添加燃料产生的排放。
15	1A3	b	vi	尿素催化剂		催化转化器中的尿素添加剂使用产生的二氧化碳排放（非燃烧排放）。
16	1A3	c	铁路			货运和客运路线的铁路运输产生的排放。
17	1A3	d	水运			用于驱动水运船只的燃料排放，包括气垫船和水翼船，但不包括渔船。国际/国内划分应按照始发港口和终点港口，而不是按照船只的旗帜或国籍。
18	1A3	d	i	国际水运（国际燃料库）		参与国际水运的所有国家船只的燃料排放。国际航行可能发生在海上、内陆湖、水道和沿海水域。包括从一国启航在另一国抵达的航程产生的排放。不包括渔船的消耗（见另一部门 - 捕鱼）。若提供了相同的定义区分，并且数据可用来支持定义，那么国际军事水运产生的排放可纳入国际水运的单独亚类。
19	1A3	d	ii	国内水运		港口在同一国家的所有国家的船只产生的排放（不包括捕捞，应在 1A4ciii 中报告。而军事，应在 1A5b 中报告）。注意，这可能包括同一国家中距离相当远的两个港口间的航行。（例如，从旧金山到檀香山）。
20	1A3	e	其他运输			所有其余运输的活动产生的燃烧排放，包括管道运输，机场和港口的地面活动和非道路活动，但不包括在 1A4c 农业或 1A2 制造业和建设中报告的活动。军事运输应报告在 1A5（见 1A5 未说明）

续表

序号	代码和名称				说明
21	1A3	e	i	管道运输	泵站运行和管道维护产生的燃烧排放。管道运输包括气体、液体、泥浆和其他商品的管道运输。天然或人造气体，水或蒸汽从运销商到使用者分配不包括在内，应在1A1cii或1A4a中报告。
22	1A3	e	ii	非道路	其他运输业（不包括管道运输）产生的燃烧排放。非道路类别包括用于农业、林业、工业、民用和其他部门的车辆和移动机械装置，如机场地面支持设备、农用拖拉机、叉车和除雪车等。
23	1A4	c	iii	捕捞（移动源燃烧）	用于内陆、沿海和深海捕捞的燃料燃烧产生的排放。捕捞应包括已在国内补给燃料的各国船只（包括国际捕捞）。
24	1A5	a		非特殊固定源	在别处没有详细说明的固定源燃料燃烧产生的排放。
25	1A5	b		未说明移动源	来自海洋和航空的运载工具和其他机械装置的移动源排放（未包括在1A4cii中或其他地方）。包括两种燃料产生的排放（用于国家军事航空和水运的燃料；在一国提供而用于其他未参与多边活动国家军方的燃料）
26				多边活动备忘项目	多边活动按照《联合国宪章》，用于多边活动中航空和水运的燃料产生的排放。包括提供于本国和其他国家军方的燃料产生的排放。

2.1.3 IPCC清单指南的碳排放计算方法

《2006年IPCC国家温室气体清单指南》介绍了三种估算化石燃料燃烧中排放的方法，全部可以应用于交通运输业温室气体排放量计算。需要特别指出的是，在燃烧过程中，大部分碳以二氧化碳形式迅速排放。部分碳作为一氧化碳、甲烷或非甲烷挥发性有机化合物而排放，但多数碳最终会在大气中氧化成二氧化碳。

在燃料燃烧的情况下，这些非二氧化碳气体的排放物中含有的碳，相对于二氧化碳的估算量而言，其数量相当少。在方法1中，基于燃料中碳的总量的二氧化碳估计值会更加准确。这是由于燃料中的碳总量仅取决于燃料，而非二氧化碳气体排放取决于诸如技术、维护等通常不为人所熟知的众多因素。在较高层级方法中，这些非二氧化碳气体中的碳含量可予以考虑。

2.1.3.1　方法 1

方法 1，基于燃料计算温室气体排放量。所有燃烧源的排放估算可以根据燃烧的燃料数量（通常来自国家能源统计）以及平均排放因子进行计算。

排放因子可用于所有相关的直接温室气体。

对于二氧化碳，排放因子主要取决于燃料的碳含量，燃烧条件（燃烧效率、在矿渣和炉灰等物中的碳残留）相对不重要。因此，二氧化碳排放可以基于燃烧的燃料总量和燃料中平均碳含量进行相当精确的估算。

甲烷和氧化亚氮排放因子取决于燃烧技术和工作条件，而在各个燃烧装置和各段时期之间其差异很大。由于此种差异，这些气体平均排放因子必须考虑技术条件的重大差异，其使用会引入很大的不确定性。

2.1.3.2　方法 2

方法 2，基于燃料的特定国家排放因子计算温室气体排放量。方法 2 与方法 1 所使用的燃料统计类似，但是采用特定国家排放因子来替代方法 1 中的缺省因子。不同类型燃料、燃烧技术乃至各个工厂的特定国家排放因子可能有所不同，所以活动数据需要进一步划分，以正确地反映这种分类源。如果这些特定国家排放因子确实来源于使用不同批次燃料的碳含量的详细数据，或者来源于国家使用的燃烧技术的更详细信息，估算的准确性则会比较高，并且可更好地估算长期趋势。同时，如果可以获得详细的非二氧化碳气体中碳排放数量或其他未氧化气体的测量数据，在使用此方法的特定国家排放因子中可以考虑这一情况，并对其进行估算。

2.1.3.3　方法 3

方法 3，基于自下而上的详细数据计算温室气体排放量。一般情况下需要使用详细排放模式或测量数据以及企业级对象的数据。适当地应用这些模式和测量数据也可以对非二氧化碳温室气体进行较好的估算，不过需要更详细信息和做更多的工作。

由于成本相对较高，如果仅对二氧化碳排放进行燃料气体的持续排放监测（CEM）不够经济，但为了测量其他污染物（例如二氧化硫或氮氧化物）而安装了监测器时，则可以利用该设备同时进行二氧化碳排放测量。当考虑使用测量数据时，首先应评估抽样的代表性和测量方法的适用性。最佳的测量方法应由官方标准组织制定，并经过现场测试以确定其操作特性。

使用这种模式会引进额外类型的不确定性，因此对测量数据应该很好地予以验证，包括将燃料消耗量的计算与能源统计进行比较，对其不确定性和系统误差进行深入评估。

如果具备详细的非二氧化碳气体中碳排放数量或其他未氧化气体的测量数据，在使用此方法的特定国家排放因子中可以考虑这一情况。

2.1.3.4 方法选择流程

国家温室气体排放清单指南中，方法选择主要依据于源类别在国家总量中的重要性和时间、人力条件、技术条件及资金预算等方面，具体可按照综合决策树展示的选择过程实现。图 2 - 3 列出了用于选择燃料燃烧排放计算方法的通用决策树，该决策树可普遍用于各个燃料燃烧活动和各个气体。

决策树中涉及的测量应为持续测量。随着技术水平的不断提高，持续测量数据的获取越来越方便。决策树允许方法 3 与相同活动中方法 2 或方法 1 估算结合使用。持续测量一般仅可用于较大的工业来源，因此只发生在固定源燃烧中。

对于交通运输，使用方法 2 或方法 3 的特定技术方法来估算氧化亚氮和甲烷排放具有一定的实用性，但是对于二氧化碳，采用方法 1 一般即可满足要求。因此，对于相同源类别的不同气体，可能采用不同的方法。交通运输的排放模式和特定技术方法，可以基于运输工具行驶的公里数而非使用的燃料。因此比较理想的情况是在目标模式和较高层级方法中应用的活动数据与燃料销售数据一致。这些燃料销售数据可能用于估算来自交通运输的二氧化碳排放。倘若模式与燃料燃烧统计一致，该决策树允许操作人员使用先进模式与任何其他层级方法相结合（包括测量）。如果检测出燃料销售与运输工具行驶公里数之间存在差异，并且不能证明燃料销售统计不准确，则应调节特定技术方法中使用的活动数据，以匹配燃料销售统计。

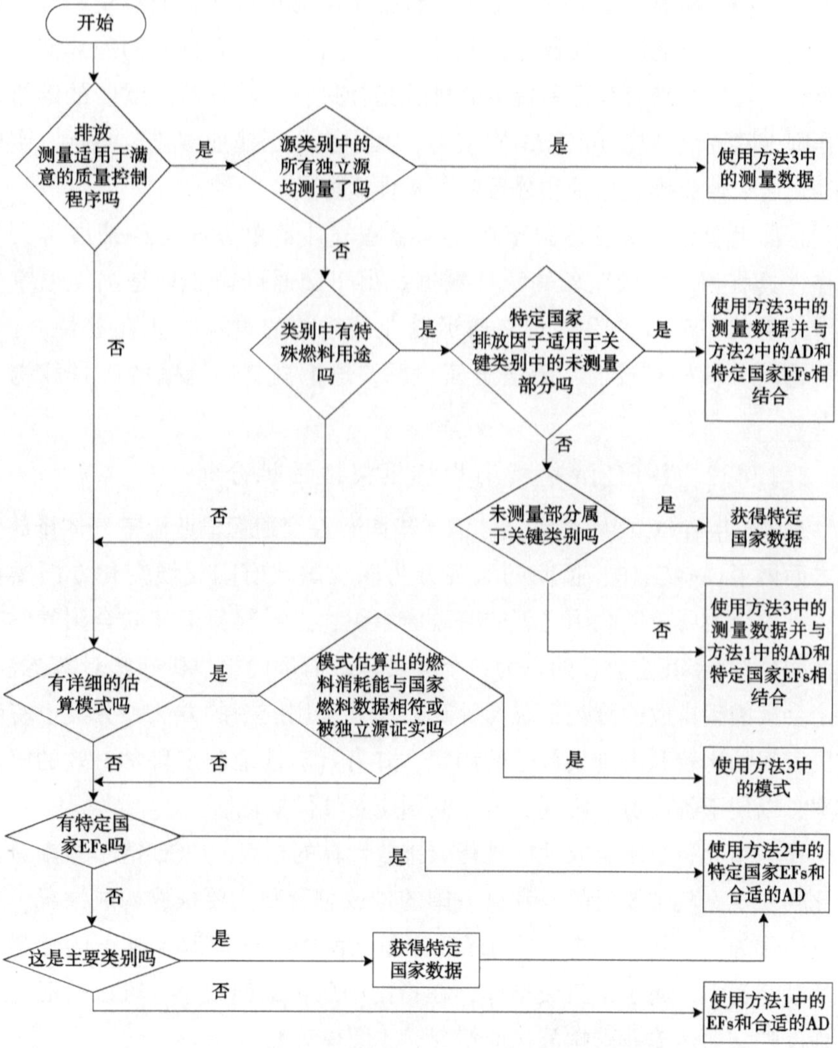

图 2－3　燃料燃烧排放计算方法的通用决策树

图中：AD，燃料燃烧数据；EFs，排放因子

2.1.4　IPCC 清单指南指标框架适用性分析

2.1.4.1　欧美发达国家交通运输业碳排放指标情况

美国和欧盟主要国家已经基本按 IPCC 清单指南构建了国家温室气体清单，EIA（美国能源信息署）比较详尽地测算了美国二氧化碳排放构成

情况，其中交通运输业碳排放指标，包括了交通运输业排放总量、分方式排放量、分品类能源排放量等，此外，客、货运输也有分别的能效消耗情况统计，可以用来对客运和货运的排放指标进行单独计算。欧盟的碳排放数据则由欧洲统计局（ESTAR）统筹，其中交通运输业碳排放指标，主要包括交通运输业排放总量和分运输方式排放总量。

总体上看，欧美发达国家在国家温室气体清单方面已经开展了大量工作，具有相对比较完备的统计数据。由于交通运输业只是国家温室气体清单中的一部分，因此对交通运输业碳排放的重点关注在总量方面，对结构的分析相对较少，无法全面、系统地把握交通运输的碳排放构成情况。

2.1.4.2 IPCC清单指南指标框架适用性分析

《2006年IPCC国家温室气体清单指南》在交通运输业温室气体排放估算方面做了许多工作。指南的编写方为联合国政府间气候变化专门委员会，是一个附属于联合国之下的跨政府组织，主要服务于《联合国气候变化框架公约》，其主要目的是为各个会员国政府部门提供碳排放计算方法，用于会员国碳排放的分类及统计计算。由于采用统一的方法和分类也有利于国家间的比较和碳排放目标的制定，并有针对性地制定科学有效的解决方案，以便于各成员国协同努力，共同应对气候变化。

作为指导一个国家或地区进行碳排放计算的指南，IPCC清单指南总体上比较宏观，其主要目的是计算一国的排放总量和主要排放构成情况。交通运输作为一个行业指标，在IPCC清单指南中处于能源大类下的燃料燃烧活动小类中，属于第三级指标，在指南中所占篇幅较小，难以全面、系统地反映交通运输业碳排放构成情况，主要体现在：

偏重于交通运输业碳排放总量及不同运输方式的碳排放量计算方法研究，对于整个行业或不同运输方式的单位客货运排放量或单位换算周转量排放量缺少研究，不利于定量的细化描述交通行业碳排放水平。

对于不同运输方式中典型运输工具碳排放情况的描述过于笼统，并没有区分不同国家、不同的技术水平下的碳排放情况，诸如民航的典型机型排放量、道路运输典型车辆排放量、铁路运输典型机车排放量、水运典型船舶排放量等，不利于国家针对不同的运输方式、不同的运输工具统筹考虑，从全局出发制定国家宏观交通碳排放政策。

对于不同运输方式场站排放与运输排放的比例关系也缺少研究，无法对铁路、道路、水路、民航四种方式在交通运输环节产生的排放情况开展全面对比分析，给政府决策部门和科学研究人员带来了不便。

综上所述，为了提高我国交通运输业碳排放量计算的科学性和准确性，有必要基于我国交通运输业的实际发展情况和技术水平，专门建立一套详细而行之有效的碳排放指标体系框架。

2.2　我国交通运输业理想碳排放指标体系框架构成

2.2.1　构建我国交通运输业碳排放指标框架的意义

本研究通过建立交通运输行业碳排放指标体系框架，构建一套自上而下的碳排放量计算方法，一方面要实现整个交通运输业及不同运输方式的碳排放总量计算，另一方面要实现不同运输方式单位运输效率与碳排放量的比例关系标定。本研究可以为制定低碳经济要求下的交通运输系统发展政策提供决策依据，对于合理规划交通运输系统的发展，转变交通运输发展方式，逐步建立可持续发展的低碳交通运输系统，具有重要的理论意义和现实指导意义。

由于目前我国交通运输能源及排放的相关统计不尽完善，因此许多碳排放指标难以获得。本研究首先假设统计数据全部支持，以此建立理想化的碳排放指标体系，并分析每一指标的基础数据要求，在此基础上，研究既有统计数据的支持情况，分析指标体系中指标的可得性和准确性，下面将首先建立理想的碳排放指标框架体系。

2.2.2　指标选取基本原则

要衡量我国交通运输业的碳排放情况，引导低碳交通科学发展，需要一套科学合理的评价标准体系，实现对交通运输业不同运输方式的碳排放状况进行有效的定量描述。

为了完成上述目标任务，本研究以“建立一套可得的，较为系统、全面、准确的交通运输业碳排放指标体系框架”为指导思想。为了更好地服务于近期交通运输业碳排放情况表征工作，本研究以“选取可操作性强，应用效果好，具备无可替代性的碳排放指标进入可操作框架体系”为基本指导思想，构建可操作的交通运输业碳排放指标体系框架。

遵循碳排放指标选定的基本指导思想，本研究需选定指标并建立可操作的交通运输业碳排放指标体系框架时，主要依据基础数据的可得性，以及指标的无替代性和有效性原则开展。建立评价指标体系框架过程中应满足下述基本原则：

2.2.2.1 全面性

评价指标体系应能够系统全面地综合评价我国交通运输业碳排放情况，要求以尽可能少的指标反映交通运输业的碳排放情况。建立的评价指标体系应涵盖不同的运输方式、运输工具和运输环节，以及不同的能源消耗类型等。

2.2.2.2 系统性

评价指标体系在构建过程中，要立足于整个大交通系统，必须从交通运输业的不同层面、不同角度统筹考虑，系统构建交通运输业碳排放指标体系框架，满足不同应用需求。

2.2.2.3 准确性

评价指标体系在满足全面性和系统性原则的基础上应确保准确性。评价指标体系中的各指标以及涉及的相关基础特征参数要求概念明确、测定方法标准、计算方法规范。

2.2.2.4 可比性

评价指标应方便进行纵向和横向比较。纵向比较指相同评价对象在不同时期的碳排放情况比较，如一个国家在不同时间段的比较；横向比较指在不同评价对象之间进行比较，如不同国家、不同区域之间的碳排放情况比较。

2.2.2.5 可操作性

评价指标体系中的各指标应具备较好的可得性，评价指标应便于测度，数据来源渠道必须可靠，若尚无准确的统计数据，须确保涉及的数据有较好的可估计性。

2.2.2.6　无替代性

评价指标体系中各指标应避免重复设定，尽力以最简洁的指标体系完成交通运输业碳排放情况的量化表征，即保证每个碳排放指标都具有无可替代性。

2.2.2.7　有效性

评价指标应具备较好的实用价值，并确保用户易于理解，保证用户对评价指标所显示的信息能够做出明确判断，更好地服务于科学研究和宏观政策的制定。

2.2.3　交通运输业碳排放指标体系框架

IPCC 清单指南中已经对国家层面碳排放进行了大的分类，并提出了一些碳排放指标的计算思路及方法。国家温室气体清单主要包括：能源，工业过程和产品使用，农业，林业和其他土地利用，弃物，其他等五类，交通运输包含在能源大类中。研究拟基于清单指南相关内容，对交通运输业进一步细化研究，形成一套适合我国的交通运输业碳排放指标体系。

交通运输业是国家应对气候变化工作部署中确定的以低碳为特征的三大产业体系之一，建立低碳交通运输体系对于应对气候变化、实现国家碳减排目标有重要作用。建设低碳交通运输体系是我国实施应对气候变化战略的重要组成部分，是建设资源节约型、环境友好型社会的重要途径和载体，也是建设以人为本的绿色交通、推进我国现代交通运输业发展的迫切需求和重大挑战。

综合交通运输由铁路、道路、水路、民航和管道等五种运输方式组成，并以交通运输工具的种类加以区分，带有很强的生产部门性质。考虑到不同运输方式的交通工具和能源消耗结构不尽相同，即便同一种运输方式，在不同生产部门、不同交通工具、不同运行状态下，能源消耗及碳排放情况均有所差别。

交通运输业碳排放的多源化以及能源消耗结构的多样化，决定了有必要区分运输模式构建碳排放指标体系。为了全面系统科学有效地对交通运输业碳排放情况做出定量描述，本研究拟基于传统综合交通运输方式划分方法，针对铁路、道路、水运、民航和管道五种运输模式，分别构建碳排放评价指标体系，在此基础上再综合五种运输方式完成交通运输业碳排放指标系统框架的构建工作。

为了提高我国交通运输业碳排放量计算的科学性和准确性，本研究拟基于我国交通运输业的实际发展情况和具体技术水平，专门针对我国交通运输行业详细建立一套行之有效的碳排放指标体系框架。

在定义总排放量、单位换算周转量排放量、单位客运排放量、单位换算周转量排放量、典型运输工具排放量、运输环节排放比例、交通基础设施建设过程排放等基础指标的基础上，按铁路、道路、水运、民航和管道等五种运输模式，完成交通运输业碳排放评价指标体系框架的构建。

交通运输业碳排放基础指标，如表2－2所示。

上述指标体系中各指标之间的关系，如图2－4所示。

交通运输业碳排放指标体系框架，如表2－3所示。

用树状结构图表示的指标体系，如图2－5。

表2－2　交通运输业碳排放基础指标

指标类别	描述
总排放量	在一定统计周期内，交通运输业或某种运输方式，以及区分客货运输产生的碳排放总量。
单位换算周转量排放量	在一定统计周期内，交通运输业或某种运输方式完成单位客货周转量产生的碳排放量。
单位客运排放量	在一定统计周期内，交通运输业或某种运输方式完成单位客运量产生的碳排放量。
单位货运排放量	在一定统计周期内，交通运输业或某种运输方式完成单位货运量产生的碳排放量。
典型运输工具排放量	典型运输工具排放量使用对应运输工具的燃油消耗和不同燃料类别的碳排放因子完成其碳排放计算。
运输环节排放比例	碳排放在整个运输过程中的分布情况，主要是场站排放和运输排放的比例。
交通基础设施建设排放量	在各类交通基础设施建设过程中，因能源消耗产生的碳排放量。

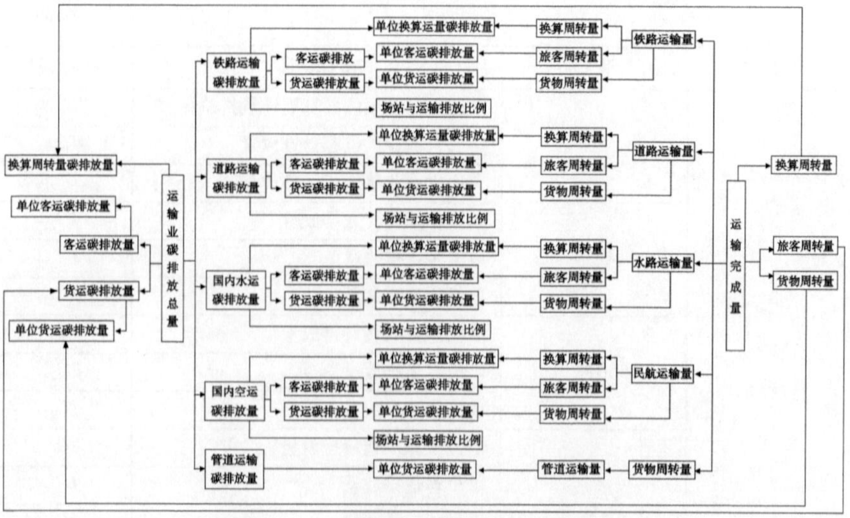

图 2－4　交通运输业碳排放指标关系图

表 2－3　交通运输业碳排放指标体系框架

指标性质	行业划分	指标名称	指标编号
排放总量指标		交通运输业总排放量	TC_{111}
		交通运输业客运总排放量	TC_{112}
		交通运输业货运总排放量	TC_{113}
	铁路	总排放量	TC_{121}
		客运总排放量	TC_{122}
		货运总排放量	TC_{123}
	道路	总排放量	TC_{131}
		客运总排放量	TC_{132}
		货运总排放量	TC_{133}
	水路	国内总排放量	TC_{141}
		国内客运总排放量	TC_{142}
		国内货运总排放量	TC_{143}
		国际水运总排放量	TC_{144}
	民航	国内总排放量	TC_{151}
		国内客运总排放量	TC_{152}
		国内货运总排放量	TC_{153}
		国际航运总排放量	TC_{154}
	管道	总排放量	TC_{16}

续表

指标性质	行业划分	指标名称	指标编号
单位产品排放量指标		交通运输业单位换算周转量排放量	TC_{211}
		交通运输业单位客运排放量	TC_{212}
		交通运输业单位货运排放量	TC_{213}
	铁路	单位换算周转量排放量	TC_{221}
		单位客运排放量	TC_{222}
		单位货运排放量	TC_{223}
	道路	单位换算周转量排放量	TC_{231}
		单位客运排放量	TC_{232}
		单位货运排放量	TC_{233}
	水路	单位换算周转量排放量	TC_{241}
		单位客运排放量	TC_{242}
		单位货运排放量	TC_{243}
	民航	单位换算周转量排放量	TC_{251}
		单位客运排放量	TC_{252}
		单位货运排放量	TC_{253}
	管道	单位货运排放量	TC_{261}
运输工具排放指标	铁路	典型机车排放量	$TC_{3201} \sim TC_{32nn}$
	道路	典型车辆排放量	$TC_{3301} \sim TC_{33nn}$
	水路	典型船舶排放量	$TC_{3401} \sim TC_{34nn}$
	民航	典型机型排放量	$TC_{3501} \sim TC_{35nn}$
运输环节排放指标	铁路	场站排放与运输排放比例	TC_{42}
	道路	场站排放与运输排放比例	TC_{43}
	水路	国内场站排放与运输排放比例	TC_{44}
	民航	国内场站排放与运输排放比例	TC_{45}
基础设施建设排放指标		交通运输业基础设施建设总排放量	TC_{511}
	铁路	铁路基础设施建设排放量	TC_{521}
	道路	道路基础设施建设排放量	TC_{531}
	水路	水路基础设施建设排放量	TC_{541}
	民航	民航基础设施建设排放量	TC_{551}
	管道	管道基础设施建设排放量	TC_{561}
	铁路	单位铁路里程建设碳排放	$TC_{522} \sim TC_{52n}$
	道路	单位道路里程建设碳排放	$TC_{532} \sim TC_{53n}$
	水路	单位港口建设碳排放	$TC_{542} \sim TC_{54n}$
	民航	单位机场建设碳排放	$TC_{552} \sim TC_{55n}$
	管道	单位管道里程建设碳排放	$TC_{562} \sim TC_{56n}$

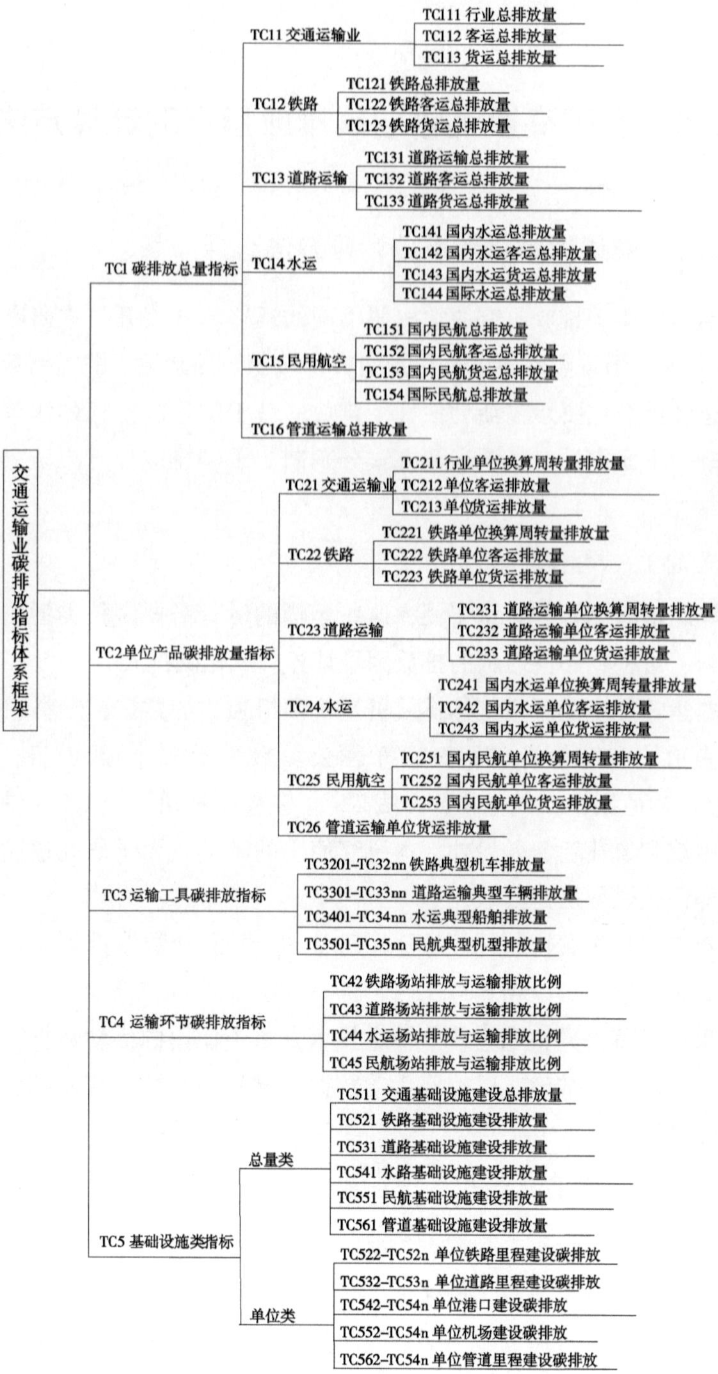

图 2－5　交通运输业碳排放指标关系图

2.3 我国交通运输业碳排放指标的计算方法

2.3.1 交通运输业碳排放计算方法选择

交通运输业碳排放研究通常按照不同的运输方式展开，本研究遵循的《2006 年 IPCC 国家温室气体清单指南》即按照道路运输、非道路运输、铁路、水运和民航主要运输活动估算碳排放。基于国家温室气体清单指南的方法基础，本研究针对主要运输方式分别制定了碳排放计算方法，简要概述如下。

2.3.1.1 道路运输

道路运输包括各种类型车辆，这些车辆的运行需要多种类型的气态和液体燃料，可根据不同燃料的排放因子计算二氧化碳排放量。

道路运输产生的温室气体排放可基于两组独立的数据，燃料燃烧（销售燃料表示）和车辆行驶距离（车辆公里数表示）。一般而言，方法 1（销售燃料）适用于二氧化碳，方法 2（车辆类型和道路类型的行驶距离）适用于甲烷和氧化亚氮。另外，本研究使用的碳排放因子研究遵循指南的假设，即假设燃料已充分氧化。

针对二氧化碳碳排放，一般选用方法 1。若两种数据都可获得，也可以全部计算，这样可以相互对比两种计算方法，进行结果检验。如果两个计算结果有显著差异，则应调节特定技术方法中使用的活动数据，或检查燃料销售统计是否准确，以确保活动数据与燃料销售统计相匹配，得到更准确的计算结果。

2.3.1.2 非道路运输

非道路类别包括用于农业、林业、工业、民用和其他部门的车辆和移动机械装置，如机场地面支持设备、农用拖拉机、叉车和除雪车等。

一般用于非道路设备的发动机类型包括：柴油发动机、汽油二冲程发动机以及汽油四冲程发动机。

非道路运输的碳排放估算方法有：

方法1，用清单指南所列的燃料特定缺省排放因子来估算排放，假设对于每种燃料类型，所有的燃料消耗均来自一个单独的非道路源类别。

方法2，使用特定国家和特定燃料排放因子来估算排放。若可获得可靠的燃料消耗数据，采用方法2准确性较高。

方法3，若数据可获得，估算排放可根据年使用小时和特定设备参数（例如额定功率、负荷因子以及行驶状况）进行计算。从目前统计情况看，这些数据并未系统性地予以收集、公布或提供足够细节，因此需要结合其他数据与假设来进行估算。

估算来自非道路移动源燃烧的温室气体排放，方法1、方法2和方法3可根据情况进行选择，但确定二氧化碳排放的首选方法，是按使用每种燃料类型的消耗量进行计算。另外，活动数据通常难于收集处理，因为设备类型的数目繁多，并且非道路车辆和机械设置的使用方式复杂。

2.3.1.3　铁路

铁路机车一般是三种类型中的一种：柴油、电力或蒸汽。

蒸汽机车在国内基本淘汰，不做碳排放计算方法研究；

依据IPCC清单指南的分类，碳排放按直接排放计算，电力的排放计算在发电环节中，所以IPCC清单指南中交通运输业不含电力机车排放。考虑到电力机车在铁路运输中占有相当大的比例，如果不包含电力机车的排放，难以进行不同运输方式的对比，也难以客观地描述铁路内部碳排放的构成情况，因此本研究将电力机车的排放纳入交通运输业碳排放指标体系之中。

柴油机车一般使用柴油发动机结合交流发电机或发电机以生产需要的电力来为其牵引力发动机提供动力。柴油机车分为三大类，分别为调动或调车场机车、轨道车和主线机车。调动机车配备功率输出大约为200－2000kW的柴油发动机。轨道车主要用于短距离的轨道牵引，如城市/郊区交通。它们配备功率输出大约为150－1000kW的柴油发动机。主线机车用于远距离轨道牵引，即载货和载客。它们配备功率输出大约为400－4000kW的柴油发动机。

铁路车辆产生的温室气体排放量估算，下述方法1、方法2和方法3可根据情况进行选择，但每种方法的操作流程和技术精度不同。

方法1，用清单指南所列的燃料特定缺省排放因子来估算碳排放，假设对于每种燃料类型，所有的燃料消耗均为单一的机车类型。

方法 2，使用关于燃料碳含量的特定国家数据估算碳排放。对于二氧化碳排放估算，若可获得可靠的燃料消耗数据，采用方法 2 准确性较高。

方法 3，若数据可获得，基于对每种类型发动机和机车使用方面更加详细的建模，该过程可以体现排放因子对负荷的依赖。需要的数据包括根据典型行程可进一步分层的燃料消耗（如货运、城际、地方）以及各类机车行驶的公里数，该方法计算精度高。

2.3.1.4 水运

水运分为分国内和国际水运两大类，船舶包含从游艇到大型远洋货船，主要由柴油发动机驱动，有时也由蒸气或气体涡轮机驱动。

水运产生的温室气体排放，主要有两种方法进行估算。两种方法均使用排放因子作为重要参数。

方法 1，计算基于燃烧燃料量以及排放因子。方法 1 最为简易，可与缺省值或特定国家信息同时使用。方法 1 中的燃料消耗数据和排放因子为特定燃料类型，应用于相应的活动数据（如用于航行的汽油、柴油）。

方法 2，也使用各类燃料的燃料消耗，但需要在模式下列分类中具有较大特殊性的特定国家排放因子：模式（如远洋船和艇）、燃料类型（如燃料油）乃至发动机类型（如柴油）。当可获得详细的船只移动数据和有关船只的技术信息时，可采用船只移动方法学开展。

2.3.1.5 民航

航空排放来自喷气燃料（喷气煤油和喷气汽油）和航空汽油的燃烧。现代飞机发动机排放大致有 70% 的二氧化碳和接近 30% 的水，很少排放或不排放氧化亚氮和甲烷，其他气体排放量也很微小。排放取决于飞机飞行次数和类型，飞机发动机的类型和效率、使用的燃料、飞行距离、动力设置、每个飞行阶段所花费的时间；此外航空排放还取决于排放废气的海拔。

民航的碳排放要区别国内和国际航空，国际航空以及遵循《联合国宪章》的多边活动使用的燃料产生的所有排放均不应纳入国家总量，而作为备忘条目单独进行报告。这样，该源类别通常就只包括所有用于民用商业飞机产生的排放，包括民用和通用航空（如农用飞机，私人喷气机或直升机）。

民航产生的温室气体排放量估算，下述方法 1、方法 2 和方法 3 均可根据情况选择。方法 1 和方法 2 使用了燃料消耗数据，方法 1 完全基于燃料，方法 2 基于起飞着陆（LTO）周期的次数和燃料使用，方法 3 使用各次飞行的移动数据。

方法 1，基于航空燃料消耗数据的总计数量（起飞着陆和巡航）乘以平均排放因子。方法 1 用于估算使用航空汽油的飞机产生的排放。航空汽油仅用于小型飞机并且一般不足航空燃料消耗的 1%。当无法获得飞机飞行使用数据时，方法 1 也用于喷气燃料航空活动。

方法 2，仅适用于喷气飞机发动机的喷气燃料使用。飞机飞行被分为起飞着陆和航行阶段。使用方法 2 时，必须获得国内和国际航空起飞着陆的次数，最好按飞机类型。在方法 2 中，区分了低于和高于 914 米的排放；即在飞行的起飞着陆和巡航阶段产生的排放。

方法 3，基于实际飞行移动数据计算碳排放。方法 3 又细分为两类：方法 3A 运用起飞地和目的地起飞着陆数据计算碳排放，方法 3B 运用完整飞行轨道信息计算碳排放。

方法 3A 使用的数据考虑到各飞行阶段间产生的不同排放量。该方法对于大量具有代表性的飞机类别的起飞着陆阶段和多种巡航阶段距离，使用平均燃料消耗和排放数据计算碳排放。该方法考虑到燃料燃烧与飞行距离有关，同时认识到相对短距离的燃料燃烧比起较长路线来可相对较高。这是因为与巡航阶段相比，飞机起飞着陆周期按距离使用的燃料量较高。

方法 3B 使用飞机和特定发动机空气动力学性能信息，计算贯穿每个飞行阶段整个轨道的燃烧燃料和排放。需要复杂的电脑模式来处理所有设备、性能、轨道变量和给定年份内所有飞行的计算。用于方法 3B 水平的模式一般可按飞机、发动机、机场、区域和全球总量具体标明输出，也可按纬度、经度、海拔和时间，标明燃烧的燃料和温室气体的排放。

2.3.1.6　计算方法选择

本研究选取二氧化碳作为关键类别进行重点研究，其他种类气体排放不作为研究重点，这是因为二氧化碳在交通运输业碳排放中占有绝大比重，在交通运输业产生的温室效应中占据主导地位，二氧化碳排放量统计基本可以反映交通运输业的温室气体排放情况。

在交通运输业碳排放指标计算方面，由于交通运输业属于多源排放行业，涉及众多相关部门，以及不同的运输方式、不同的交通工具、不同的运营状态，所需的数据量大，收集难度高。

在当前的技术条件下，本研究推荐以国家温室气体清单指南中自上而下的碳排放系数法为基础，构建我国交通运输业碳排放指标体系的计算模型。待今后条件具备时再选用其他自下而上的方法，基于个体数据计算碳排放量，该计算结果还可以与基于碳排放系数得到的结果相互验证。

2.3.2 交通运输业碳排放计算公式

2.3.2.1 碳排放计算通用公式

碳排放计算通用公式基于不同能源种类的碳排放系数，以及整个交通运输业或某种运输方式、某种交通工具的客货运输等活动的燃料消耗计算得到，可以基于如下公式实现。

$$\text{排放量} = \sum_{i} [\text{燃料}_i \cdot EF_i]$$

式中：

排放量为二氧化碳的排放（kg）；

燃料$_i$为销售燃料（TJ）；EF_i为排放因子（kg/TJ）；

i 为燃料类型（如汽油、柴油、天然气、液化石油气 LPG 等）。

对碳排放计算通用公式的数据条件或参数设置做适当的限定，即可应用到多个交通运输业碳排放指标计算中，如交通运输业、某种交通运输方式、区分客货运输形式产生的碳排放总量指标均可基于通用公式计算。另外，典型交通工具的碳排放情况，通常也是基于通用公式的变形公式计算得到。

2.3.2.2 单位换算周转量排放量

定义为在一定统计周期内，交通运输业或某种运输方式开展客货运输活动产生的碳排放总量与换算总周转量的比值。计算公式如下：

$$\text{单位换算周转量排放量} = \frac{\text{客货运输活动产生的碳排放总量}}{\text{换算总周转量}}$$

2.3.2.3 单位客运排放量

定义为在一定统计周期内，交通运输业或某种运输方式开展客运活动产生的碳排放总量与总旅客周转量的比值。计算公式如下：

$$单位客运排放量 = \frac{客运活动产生的碳排放总量}{总旅客周转量}$$

2.3.2.4　单位货运排放量

定义为在一定统计周期内，交通运输业或某种运输方式开展货物运输活动产生的碳排放总量与总货物周转量的比值。计算公式如下：

$$单位货运排放量 = \frac{货物运输活动产生的碳排放总量}{总货物周转量}$$

2.3.2.5　典型机型排放量

典型机型排放量使用对应机型的额定油耗和排放因子计算，值得注意的是为了提高计算的准确性，研究将飞行过程划分为两个阶段，即起飞着陆（LTO）阶段和巡航阶段，分别计算碳排放量。

典型机型 LTO 排放量 = 该机型 LTO 燃料消耗 × 该机型 LTO 排放因子

典型机型巡航阶段排放量 = 该机型巡航阶段燃料消耗 × 该机型巡航阶段排放因子

2.3.2.6　典型车辆排放量（道路）

在汽车、轻型卡车、重型车辆，以及拖拉机拖车、公共汽车和摩托车等众多类型的车辆中，选定某几款车辆作为典型代表车辆，分别依据其额定燃油消耗和不同燃料类别的碳排放因子完成碳排放量计算。

典型车辆排放量 = 该型车辆额定燃油消耗 × 相应燃料类别的碳排放因子

2.3.2.7　典型机车排放量（铁路）

本研究主要针对柴油机车，并基于发动机类型决定的额定燃油消耗和碳排放因子，完成典型柴油机车的碳排放量计算。

典型机车排放量 = 该型机车发动机额定燃油消耗 × 相应的碳排放因子

2.3.2.8　典型船舶排放量

现有的水运船舶类型众多，从游艇到大型远洋货船，主要由柴油发动机驱动，但有的也用燃料驱动。从中选出一定发动机类型的船舶作为典型代表船舶，并计算其碳排放量，计算过程主要依据船舶发动机类型决定的额定燃油消耗和相应燃料的碳排放因子完成。

典型船舶排放量 = 该型船舶的额定燃油消耗 × 相应燃料类别的碳排放因子

2.3.3 碳排放指标的准确性标定方法

在完成交通运输业碳排放指标体系理想框架构建，以及指标计算方法的标定之后，即可根据获取基础数据完成对不同类型碳排放指标的标定和计算。在碳排放指标的计算过程中，通常要面临的一个问题是，不同来源渠道基础数据的数据质量不同，不同的统计口径的数据难以相互兼容，这就导致碳排放指标的计算结果存在精确性和准确性的问题。

在数学理论中，准确性和精确性的定义如下：

准确性是指观测值与其真实值之间的符合程度。

精确性是指观测值之间的符合程度。

在科学研究过程中，精确的计算结果并不一定准确，这是因为如果数据来源或统计口径有问题，即便依据现有数据进行精确的计算，得到的数据也不是准确的，因为准确性定义中还有一个观测值与其真实值之间符合程度的问题。

只有在当前判断能力情况下，某一指标碳排放量估计值（观测值）既系统地不高于也不低于真实排放值，也从实际操作角度讲尽可能减少不确定性，指标计算结果才是准确的。

本研究对准确性和精确性进行排列组合，碳排放指标的预计准确情况被划分为四类（如图2－6所示），分别为：

a 不准确但精确。是指有权威的统计数据或有可靠的计算方法可以对指标进行测算，不同方法测算结果具有较高的一致性，但该测算结果与真实值之间存在偏差，而且偏差大小无法准确估计。

b 不准确也不精确。是指既无权威的统计数据也无可靠的计算方法对指标进行测算，采取不同方法测算的结果离散，且与真实值之间存在偏差，而偏差大小无法准确估计。

c 准确但不精确。是指虽无权威的统计数据也无可靠的计算方法对指标进行测算，但采取有效的方法进行测算，测算结果相对集中于真实值，可采用不同方法的结果进行处理后对真实值进行比较准确的测算。

d 精确且准确。是指有权威的统计数据或有可靠的计算方法可以对指标进行测算，不同方法测算结果具有较高的一致性，且测算结果与真实值非常接近。

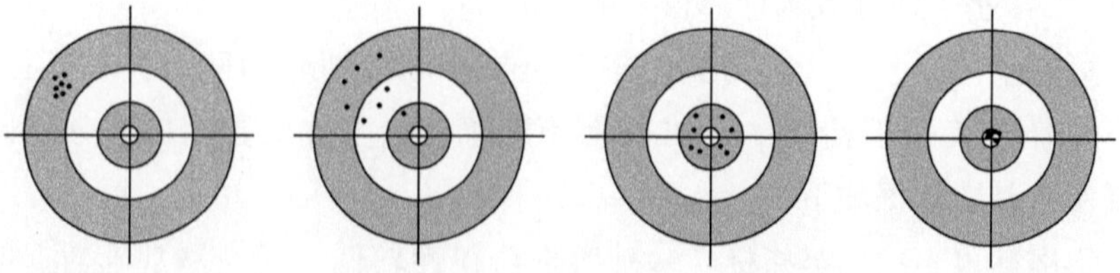

图 2－6　碳排放指标的预计准确性分类

在准确性划分基础上，本研究将依据现有的数据条件和技术水平，对评价指标的准确性和精确性进行判断。

2.3.3.1　碳排放指标可操作性分析

在完成理想的交通运输业碳排放指标体系框架构建后，还需要对框架中各指标进行可操作性分析，以更好地应用于交通运输业碳排放情况的表征。

在前文碳排放指标的预计准确情况被划分为四类，分别为：a. 不准确但精确；b. 不准确也不精确；c. 准确但不精确；d. 既精确又准确。

该部分将碳排放指标按照基础数据来源渠道划分为两类：可基于准确统计数据计算得到的指标和基于估计数据计算得到的指标。结合碳排放指标准确性划分，将指标的可操作情况界定如下：

（1）可基于准确统计数据计算得到的指标

可基于准确统计数据计算得到的指标，概括起来涵盖准确性划分的两类指标：a. 不准确但精确；d. 即精确又准确。对上述两类指标，分别制定可操作性判断依据如下：

不准确但精确类指标：由于统计口径等差异，由于缺少某一类或某些方面的基础数据，导致依据现有精确数据计算，也无法得到准确的计算结果。该类指标具备计算的可操作性，在一定条件限制之下，计算结果对说明评价对象的碳排放情况有一定的参考价值。

既精确又准确类指标：有完善的统计数据作为计算的基础数据，可以得到准确的计算结果。该类碳排放指标的计算结果可以很好地表征评价对象的碳排放情况，具备很高的研究意义和应用价值。

（2）基于估计数据计算得到的指标

可基于估计数据计算得到，主要是指准确性划分的第二类和第三类，即：b. 不准确也不精确；c. 准确但不精确；对上述两类指标，分别制定可操作性判断依据如下：

不准确也不精确类指标：基础数据可得性较低，无论是基础数据的精确性，还是计算结果的准确性，都无法得到较好保障。在当前技术条件下，该类指标计算较难实现，即使采取一定的数学方法实现了指标计算，由于其数据准确性和精确性的双重不足，导致得到的计算结果难以说明评价对象的碳排放情况。

准确但不精确类指标：基础数据相对不是十分精确，但通过一定的数学方法加以处理，可得到相对较为准确的计算结果。该类指标的计算结果通过综合分析，往往能较好地说明评价对象的碳排放情况。

碳排放指标可操作性分析过程归结起来，就是在本章前一小节制定的基本依据规定下，基于基础数据的准确性和精确性描述，对指标的可操作性情况做出界定，进而构建可操作的交通运输业碳排放指标体系框架。

2.4 可操作的我国交通运输业碳排放指标体系框架构成

理想指标体系框架构是在假设全部基础数据都可得前提下，构建的交通运输业碳排放指标体系，在实际应用中，由于统计资料完整性等实际条件限制，许多基础数据当前获取难度大，指标对当前交通运输业碳排放工作的指导意义相对较小。

鉴于此，本研究对框架中各指标做进一步分析，构建可操作的交通运输业碳排放指标体系框架，以更好地应用于交通运输业碳排放情况的表征。

2.4.1 选取原则

为了更好地服务于近期交通运输业碳排放情况表征工作，本研究以

“选取可操作性强，应用效果好，具备无可替代性的碳排放指标进入可操作框架体系”为基本指导思想，构建可操作的交通运输业碳排放指标体系框架。

遵循碳排放指标选定的基本指导思想，本研究需选定指标并建立可操作的交通运输业碳排放指标体系框架时，主要依据基础数据的可得性，以及指标的无替代性和有效性原则开展。

2.4.1.1　可操作性

评价指标体系中的各指标应具备较好的可得性，评价指标应便于测度，数据来源渠道必须可靠，若尚无准确的统计数据，须确保涉及的数据有较好的可估计性。

2.4.1.2　无替代性

评价指标体系中各指标应避免重复设定，尽力以最简洁的指标体系完成交通运输业碳排放情况的量化表征，即保证每个碳排放指标都具有无可替代性。

2.4.1.3　有效性

评价指标应具备较好的实用价值，并确保用户易于理解，保证用户对评价指标所显示的信息能够做出明确判断，更好地服务于科学研究和宏观政策的制定。

2.4.2　碳排放指标可操作性分析

在完成理想的交通运输业碳排放指标体系框架构建后，还需要对框架中各指标进行可操作性分析，以更好地应用于交通运输业碳排放情况的表征。

在前文碳排放指标的预计准确情况被划分为四类，分别为：a. 不准确但精确；b. 不准确也不精确；c. 准确但不精确；d. 既精确又准确。

该部分将碳排放指标按照基础数据来源渠道划分为两类：可基于准确统计数据计算得到的指标和基于估计数据计算得到的指标。结合碳排放指标准确性划分，将指标的可操作情况界定如下：

2.4.2.1　可基于准确统计数据计算得到的指标

可基于准确统计数据计算得到的指标，概括起来涵盖准确性划分的两类指标：a. 不准确但精确；d. 既精确又准确。对上述两类指标，分别制定可操作性判断依据如下：

不准确但精确类指标：由于统计口径等差异，由于缺少某一类或某些方面的基础数据，导致依据现有精确数据计算，也无法得到准确的计算结果。该类指标具备计算的可操作性，在一定条件限制之下，计算结果对说明评价对象的碳排放情况有一定的参考价值。

既精确又准确类指标：有完善的统计数据作为计算的基础数据，可以得到准确的计算结果。该类碳排放指标的计算结果可以很好地表征评价对象的碳排放情况，具备很高的研究意义和应用价值。

2.4.2.2 基于估计数据计算得到的指标

可基于估计数据计算得到，主要是指准确性划分的第二类和第三类，即：b. 不准确也不精确；c. 准确但不精确。对上述两类指标，分别制定可操作性判断依据如下：

不准确也不精确类指标：基础数据可得性较低，无论是基础数据的精确性，还是计算结果的准确性，都无法得到较好保障。在当前技术条件下，该类指标计算较难实现，即使采取一定的数学方法实现了指标计算，由于其数据准确性和精确性的双重不足，导致得到的计算结果难以说明评价对象的碳排放情况。

准确但不精确类指标：基础数据相对不是十分精确，但通过一定的数学方法加以处理，可得到相对较为准确的计算结果。该类指标的计算结果通过综合分析，往往能较好地说明评价对象的碳排放情况。

碳排放指标可操作性分析过程归结起来，就是在本章前一小节制定的基本依据规定下，基于基础数据的准确性和精确性描述，对指标的可操作性情况做出界定，进而构建可操作的交通运输业碳排放指标体系框架。

2.4.3 可操作的交通运输业碳排放指标体系框架

碳排放指标的计算受到统计资料完整性等数据条件的限制，在当前条件下，理想指标体系框架中个别指标尽管应用价值较大，但由于基础数据的可得性等因素导致指标无法实现计算。这部分指标只能作为储备指标，待将来条件具备时再行推广。

该部分旨在通过可操作性分析，建立可以为近期碳排放工作提供支持的、切实可行的、具备可操作性的交通运输业碳排放指标体系框架，更好地应用于交通运输业碳排放情况的表征，服务于政府宏观决策和低碳交通工作的开展。

通过对理想碳排放指标体系框架进行可操作性分析，认为理想框架中的排放总量指标、单位产品排放量指标、运输工具排放指标三大类指标，均具备一定的可操作性。在此基础上，构建可操作的交通运输业碳排放指标体系框架，如表 2－4 所示。

表 2－4　交通运输业碳排放指标体系

指标性质	行业划分	指标名称	指标编号	准确性
排放总量指标		交通运输业行业总排放量	TC_{111}	a
		交通运输业客运总排放量	TC_{112}	b
		交通运输业货运总排放量	TC_{113}	b
	铁路	总排放量	TC_{121}	d
		客运总排放量	TC_{122}	c
		货运总排放量	TC_{123}	c
	道路	总排放量	TC_{131}	a
		客运总排放量	TC_{132}	b
		货运总排放量	TC_{133}	b
	水路	总排放量	TC_{141}	d
		客运总排放量	TC_{142}	c
		货运总排放量	TC_{143}	c
	民航	总排放量	TC_{151}	d
		客运总排放量	TC_{152}	c
		货运总排放量	TC_{153}	c
	管道	总排放量	TC_{16}	d

续表

指标性质	行业划分	指标名称	指标编号	准确性
单位产品排放量指标		交通运输业单位换算周转量排放量	TC_{211}	a
		交通运输业单位客运排放量	TC_{212}	b
		交通运输业单位货运排放量	TC_{213}	b
	铁路	单位换算周转量排放量	TC_{221}	d
		单位客运排放量	TC_{222}	c
		单位货运排放量	TC_{223}	c
	道路	单位换算周转量排放量	TC_{231}	a
		单位客运排放量	TC_{232}	b
		单位货运排放量	TC_{233}	b
	水路	单位换算周转量排放量	TC_{241}	d
		单位客运排放量	TC_{242}	c
		单位货运排放量	TC_{243}	c
	民航	单位换算周转量排放量	TC_{251}	d
		单位客运排放量	TC_{252}	c
		单位货运排放量	TC_{253}	c
	管道	单位货运排放量	TC_{261}	d
运输工具排放指标	铁路	典型机型排放量	TC_{3201} ~ TC_{32nn}	d
	道路	典型车辆排放量	TC_{3301} ~ TC_{33nn}	d
	水路	典型机车排放量	TC_{3401} ~ TC_{34nn}	d
	民航	典型船舶排放量	TC_{3501} ~ TC_{35nn}	d

可操作的交通运输业碳排放指标体系中，按照指标计算过程中依据的基础数据来源渠道不同，标定各碳排放指标的具体可操作情况，如图 2 - 7 所示。

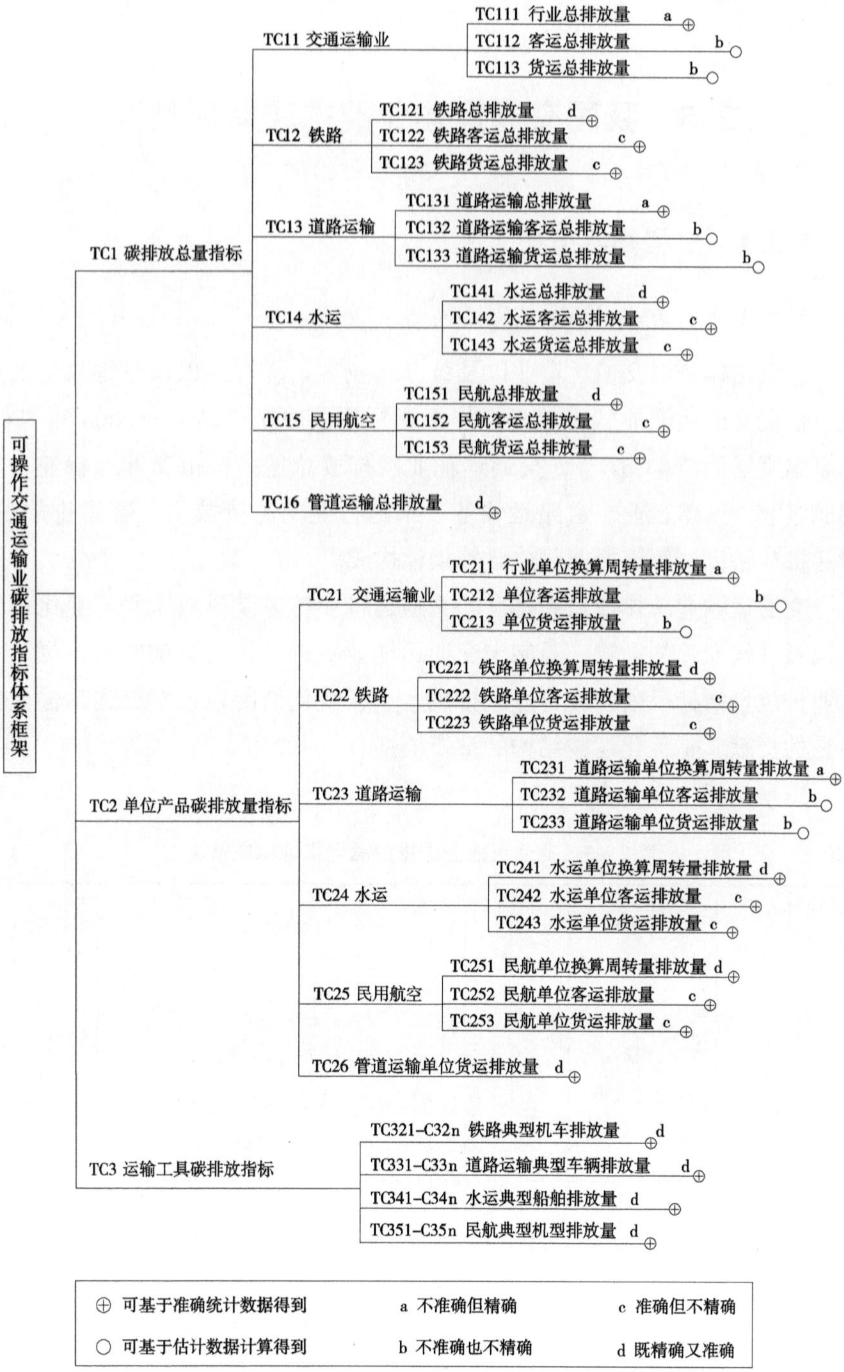

图 2－7　可操作的交通运输业碳排放指标体系框架

2.5 我国交通运输业碳排放指标测算

2.5.1 总量指标分析

2.5.1.1 指标构成

总量指标是对交通运输业以及各分行业客运、货运以及总排放量的量化。根据交通运输业碳排放指标体系指标选取原则，结合《2006 年 IPCC 国家温室气体清单指南》，交通运输业碳排放总量指标由交通运输业、民用航空业、铁路行业、道路运输业、水路行业的总排放量、客运排放量、货运排放量以及管道行业排放量等指标构成。

交通运输业总排放量指标反映交通运输业整体碳排放水平、变化情况以及对气候变化的影响，是制定交通运输业减排总体目标的重要依据。各行业排放量指标反映各自行业碳排放水平、变化情况以及对交通运输业排放量的贡献，是优化运输结构的重要依据。

总量指标构成见表 2－5。

表 2－5　交通运输业碳排放总量指标构成情况

指标性质	行业划分	指标名称	指标编号	计算公式	准确性
排放总量指标		交通运输业行业总排放量	TC_{111}	$TC_{111}=\sum_i[FU_i\cdot EF_i]$ 或 $TC_{111}=TC_{112}+TC_{113}$ 或 $TC_{111}=TC_{121}+TC_{131}+TC_{141}+TC_{151}+TC_{16}$	a
		交通运输业客运总排放量	TC_{112}	$TC_{112}=\sum_i[FU_i\cdot EF_i]$	b
		交通运输业货运总排放量	TC_{113}	$TC_{113}=\sum_i[FU_i\cdot EF_i]$	b

续表

指标性质	行业划分	指标名称	指标编号	计算公式	准确性
排放总量指标	铁路	总排放量	TC_{121}	$TC_{121} = \sum_i [FU_i \cdot EF_i]$ 或 $TC_{121} = TC_{122} + TC_{123}$	d
		客运总排放量	TC_{122}	$TC_{122} = \sum_i [FU_i \cdot EF_i]$	b
		货运总排放量	TC_{123}	$TC_{123} = \sum_i [FU_i \cdot EF_i]$	b
	道路	总排放量	TC_{131}	$TC_{131} = \sum_i [FU_i \cdot EF_i]$ 或 $TC_{131} = TC_{132} + TC_{133}$	a
		客运总排放量	TC_{132}	$TC_{132} = \sum_i [FU_i \cdot EF_i]$	b
		货运总排放量	TC_{133}	$TC_{133} = \sum_i [FU_i \cdot EF_i]$	b
	水路	总排放量	TC_{141}	$TC_{141} = \sum_i [FU_i \cdot EF_i]$ 或 $TC_{141} = TC_{142} + TC_{143}$	d
		客运总排放量	TC_{142}	$TC_{142} = \sum_i [FU_i \cdot EF_i]$	b
		货运总排放量	TC_{143}	$TC_{143} = \sum_i [FU_i \cdot EF_i]$	b
	民航	总排放量	TC_{151}	$TC_{151} = \sum_i [FU_i \cdot EF_i]$ 或 $TC_{151} = TC_{152} + TC_{153}$	d
		客运总排放量	TC_{152}	$TC_{152} = \sum_i [FU_i \cdot EF_i]$	b
		货运总排放量	TC_{153}	$TC_{153} = \sum_i [FU_i \cdot EF_i]$	b
	管道	总排放量	TC_{16}	$TC_{16} = \sum_i [FU_i \cdot EF_i]$	d

式中：FU_i 为第 i 种燃料的燃料量（TJ）；EF_i 为燃料 i 的排放因子（kg/TJ）；i 为燃料类型包括汽油、柴油、天然气、液化石油气 LPG 等。

2.5.1.2　指标含义及对交通运输系统碳排放的影响

（1）交通运输业总排放量

指在一定时间内，为完成社会运输生产任务，民用航空业、道路运输业、铁路行业、水运行业以及管道行业所消耗化石能源及制品而排放出来的二氧化碳量。

交通运输业总排放量的作用体现在以下三个方面：

一是，该指标是反映交通运输业总体排放的宏观指标，体现了交通运输业碳排放水平以及对气候变化的影响，是制定交通运输业减排总体目标的重要依据，也是不同行业间进行对比的重要基础；

二是，该指标与 IPCC 清单指南中 1A3 指标一致，利用该指标可与 IPCC 清单指南进行对接，便于进行国际间对比分析；

三是，该指标作为交通运输业排放量的总指标，是指标体系内各指标校核的重要依据，是保证整个指标体系数据准确性的基础条件。

（2）交通运输业客运排放量

指在一定时间内，为完成社会旅客运输生产任务，民用航空业、道路运输业、铁路行业以及水路行业所消耗化石能源及制品而排放出来的二氧化碳量。

交通运输业客运排放量指标反映了交通运输业旅客运输二氧化碳排放总体情况，可以用于进行客运碳排放趋势分析。

（3）交通运输业货运排放量

指在一定时间内，为完成社会货物运输生产任务，民用航空业、道路运输业、铁路行业、水路行业以及管道行业所消耗化石能源及制品而排放出来的二氧化碳量。指标反映交通运输业货运碳排放水平。

交通运输业货运排放量指标反映了交通运输业货物运输二氧化碳排放总体情况，可以用于进行货运碳排放趋势分析。

（4）各运输方式总排放量

各运输方式总排放量，指某一运输方式在一定时间内，为完成运输生产任务，各种运输工具以及场站所消耗化石能源及制品而排放出的二氧化碳量。

各运输方式总排放量的作用体现在以下两个方面：

一是，该指标反映了某一运输方式的排放总体情况以及对交通运输业碳排放的贡献，是各运输方式间对比和自身发展趋势分析的重要基础。

二是，该指标作为某一运输方式的总量指标，是该运输方式内各指标计算和校核的基础依据。

（5）各运输方式客运排放量

各种运输方式客运碳排放量，是指某一运输方式在一定时间内，为完成其旅客运输任务，各种运输工具以及场站所消耗化石能源及制品而排放出的二氧化碳量。

各运输方式客运排放量指标反映某一运输方式的旅客运输碳排放情况，是进行发展趋势分析和下层相关指标计算的基础依据。

(6) 各运输方式货运排放量

各种运输方式货运碳排放量，是指某一运输方式在一定时间内，为完成其货物运输任务，各种运输工具以及场站所消耗化石能源及制品而排放出的二氧化碳量。

各运输方式货运排放量指标反映某一运输方式的货物运输碳排放情况，是进行发展趋势分析和下层相关指标计算的基础依据。

2.5.1.3　指标数据来源及计算方法

根据《2006 年 IPCC 国家温室气体清单指南》，移动源（交通部门）二氧化碳排放核算方法可以分为两大类。方法一是自上而下，基于交通工具燃料消耗的统计数据计算；方法二是自下而上，基于不同交通类型的车型、保有量、行驶里程、单位行驶里程燃料消耗等数据计算燃料消耗，从而计算二氧化碳排放量。交通运输碳排放总量指标适合采用基于交通燃料消耗的方法计算。

总量指标计算需要的基础数据包括民航、道路、铁路、水运和管道运输等运输方式的分品类能源消耗数据，上述数据目前国家统计局有权威统计，可以用于二氧化碳排放的准确计算。

但目前统计数据存在两方面不足：

一是，当前的交通运输业能源消耗统计尚未详细到区分客货运输，给分客货运输的碳排放量计算带来了困难，尽管可以采用一定的技术手段估算，但却降低了计算结果的准确性。

二是，当前的道路运输能源消耗，只统计了运营车辆的能源消耗量，非营运车辆的能源消耗被归类到生活消费以及工业等其他行业之中，造成道路运输的能源消耗量缺少了一部分，交通运输业总能源消耗中也缺少了该部分。本研究测算非营运车辆的二氧化碳排放量约占交通运输业总排放量的 30% 左右，是一个相当大的比例，该部分统计的缺失对总量指标的测算影响较大。

由于存在上述两个方面的不足，使得总量指标中部分指标的准确性难以达到准确且精确的精度，对各指标的准确性分析归纳如下：

交通运输业总排放量，由于能源统计中缺少非营运车辆的统计，而该部分所占份额较大，因此该指标虽有精确的统计数据支持，但准确度不足，应归类为 a 即不准确但精确。

交通运输业客运排放量，由于目前尚无客货运输能源消耗的单独统计，因此该指标既无法做到精确也无法做到准确，应归类为 b 即不准确也不精确。

交通运输业货运排放量，与交通运输业客运排放量情况相同，应归类为 b 即不准确也不精确。

各运输方式总排放量，从目前统计数据情况看，除道路运输外，民航、铁路、水路和管道均有权威的能源消耗统计数据，可以进行碳排放总量的准确计算，因此民航、铁路、水路和管道等四种方式的总排放量可以做到 d 即准确且精确。道路运输由于非营运车辆未统计在内，因此应归类为 a 即不准确但精确。

各运输方式客运排放量，与交通运输业客运排放量情况相同，应归类为 b 即不准确也不精确。

各运输方式货运排放量，与交通运输业货运排放量情况相同，应归类为 b 即不准确也不精确。

2.5.2 总量指标测算

2.5.2.1 非营运车辆能耗估算

进行碳排放的测算，需要首先摸清交通运输业能源消耗情况。从相关统计年鉴可以获得我国交通运输业的能源消耗数据，但是在我国的统计体系中，交通运输业的能源消耗统计只包含营运运输工具，非营运运输工具能源消耗分散在其他行业中。从各运输方式看，铁路、民航、水运的运输工具基本全部为营运性质，而公路运输工具中非营运车辆占有相当大的比重，因此核算交通运输业的能源消耗，关键是对非营运车辆能耗的估算。

对于非营运车辆能耗的估算，本研究采用两种方法，一是车辆油耗法，二是油品分摊法。

(1) 车辆油耗法

车辆油耗法的基本思路是依据车型分类测算平均油耗和行驶里程，之后汇总形成车辆总燃料消耗，其公式如下：

$$F = \sum_{i=1}^{n} Q_i \times E_i \times L_i \times d$$

式中：

F：全社会车辆能源消耗总量；

Q_i：车型 i 的数量；

E_i：车型 i 的平均油耗；

L_i：车型 i 的年均行驶里程；

d：燃料密度。

在统计体系中，车型分类是依据公安部发布的《中华人民共和国公共安全行业标准（GA24.4－2005）》，机动车分类见表 2－6。

表 2－6　机动车规格分类

车型		车型定义
载客汽车	大型	车长大于等于 6m 或者乘坐人数大于等于 20 人的载客汽车。
	中型	车长小于 6m 且乘坐人数为（10－19）人的载客汽车。
	小型	车长小于 6m 且乘坐人数小于等于 9 人的载客汽车，但不包括微型载客汽车。
	微型	车长小于等于 3.5m 且发动机气缸总排量小于等于 1L 的载客汽车。
载货汽车	重型	车长大于 6m 且总质量大于等于 12000kg 的载货汽车。
	中型	车长大于 6m 或者总质量大于等于 4500kg 且小于 12000kg 的载货汽车。
	轻型	车长小于等于 6m 且总质量小于 4500kg 的载货汽车，但不包括微型载货汽车、三轮汽车及低速货车。
	微型	车长小于等于 3.5m 且总质量小于等于 1800kg 的载货汽车，但不包括三轮汽车和低速货车。
	三轮汽车	以柴油机为动力，最大设计车速小于等于 50km/h，总质量小于等于 2000kg，长小于等于 4.6m，宽小于等于 1.6m，高小于等于 2m，具有三个车轮的货车。其中，采用方向盘转向、由传递轴传递动力、有驾驶室且驾驶员座椅后有物品放置空间的，总质量小于等于 3000kg，车长小于等于 5.2m，宽小于等于 1.8m，高小于等于 2.2m。
	低速货车	以柴油机为动力，最大设计车速小于等于 70km/h，总质量小于等于 4500kg，长小于等于 6m，宽小于等于 2m，高小于等于 2.5m，具有四个车轮的货车。

资料来源：《中华人民共和国公共安全行业标准（GA24.4－2005）》

在目前已有统计数据中，只有上述车辆类型的数量，并无车辆的平均行驶里程和油耗数据。本研究参考亚洲开发银行和交通运输部合作研究项目《中国公路交通资源优化利用》，在该研究项目中有车辆行驶里程和油耗的相关数据，但车型与上述分类不同，本研究对车型进行梳理后，建立对应关系见表2－7。

表2－7　车型对应关系

《中国公路交通资源优化利用》		《中华人民共和国公共安全行业标准（GA24.4－2005）》
车型1	小于等于19座客车	载客汽车中的中型、小型、微型
车型2	大于19座客车	载客汽车中的大型
车型3	小于等于2吨货车	载货汽车中的微型、三轮汽车、低速货车
车型4	大于2吨小于等于7吨货车	载货汽车中的轻型
车型5	大于7吨小于等于14吨货车	载货汽车中的中型
车型6	大于14吨货车	载货汽车中的重型

对于不同车辆的年平均行驶里程，本研究在参考其他相关成果（亚洲开发银行．中国公路交通资源优化利用〔M〕．中国经济出版社，2009.）的基础上，结合近年来公路交通具体情况进行了分析，确定不同车型的年平均行驶里程见图2－8。

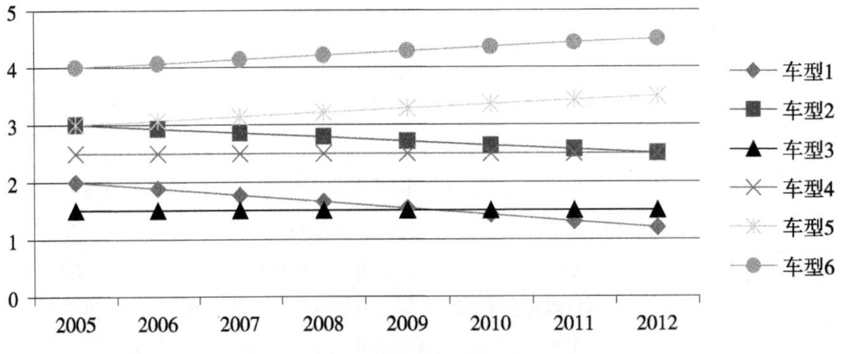

图2－8　不同车型的年平均行驶里程

车辆在不同行驶速度的情况下油耗并不相同，图2－9显示了不同车型在不同速度条件下的油耗曲线。

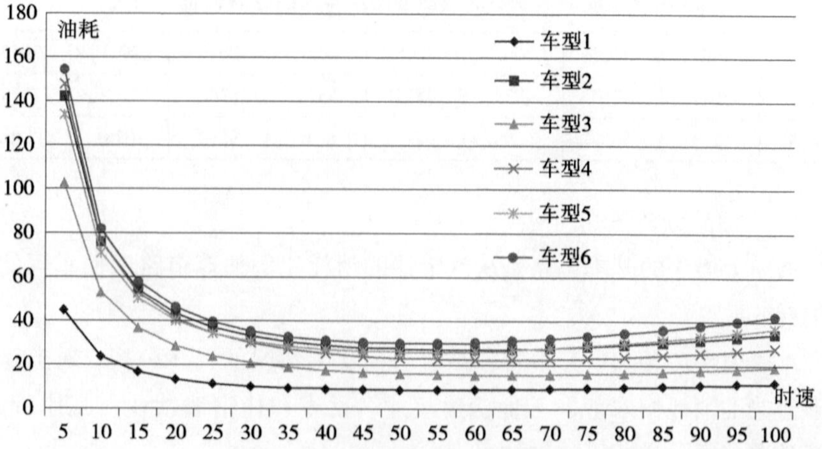

图 2-9　不同速度条件下的油耗①

从图中可以看出，所有车型在低速时油耗均大幅度增加，在时速 30～80 公里之间油耗基本保持稳定。根据油耗曲线分布，结合我国道路交通运行情况，本研究采用时速 20～100 公里的平均油耗作为不同车型油耗的平均值，具体结果见图 2-10。

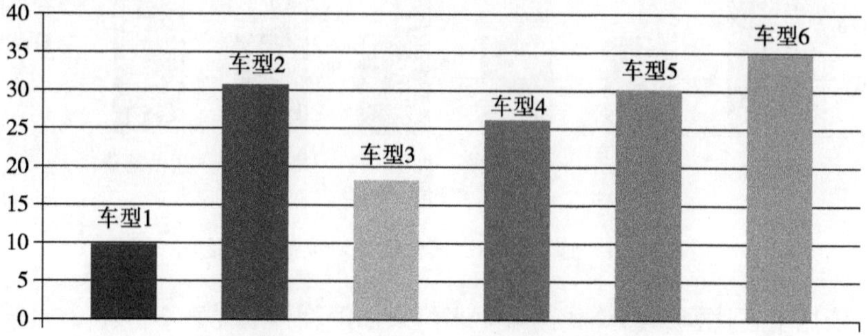

图 2-10　不同车型油耗的平均值

在测定了上述计算参数的基础上，本研究按车辆油耗法测算的我国道路运输业能源消耗情况见表 2-8。

① 数据来源：亚洲开发银行与交通运输部合作项目，中国公路交通资源优化利用

表 2 –8 车辆油耗法测算的我国道路运输业能源消耗量（万吨）

	2005	2006	2007	2008	2009	2010	2011	2012
汽油	3014	3510	4039	4554	5372	6308	7102	7775
柴油	5299	5619	6098	6611	8104	9553	10781	11301

（2）油品分摊法

油品分摊法的基本思路是从汽柴油的消耗比例估算道路运输车辆的能源消耗。

本研究参考相关研究报告，结合目前实际情况的具体分析，对道路运输业汽柴油消耗按农业、工业、建筑业、批零和住宿餐饮业、其他行业、生活消费分行业进行了比例估算。

除交通运输部门用油外，其他行业汽柴油消耗中，用于道路运输的比例见图 2 –11。

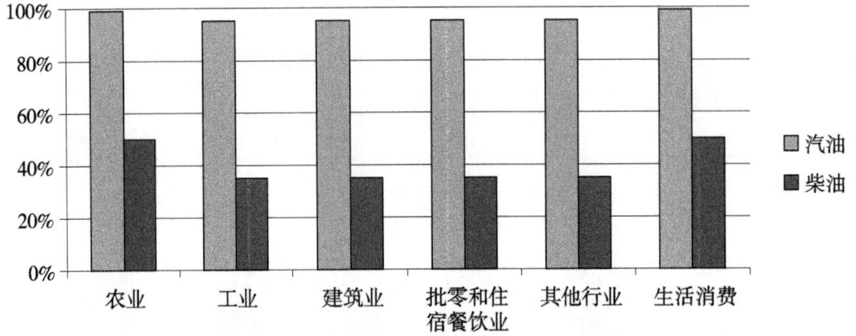

图 2 –11　道路运输占其他行业汽柴油消耗比例

依据上述比例，测算我国近年来汽柴油消耗构成见表 2 –9、2 –10。

表 2 –9　近年来我国汽油消费构成（万吨）

行业		2005	2006	2007	2008	2009	2010	2011	2012
总消费量		4855	5243	5519	6146	6173	6956	7596	8166
其中	农业	160	168	173	160	168	169	186	193
	工业	442	499	525	586	671	689	605	581
	建筑业	172	181	179	196	235	275	283	287
	交通运输、仓储和邮政业	2430	2592	2613	3090	2882	3275	3574	3778

续表

行业		2005	2006	2007	2008	2009	2010	2011	2012
其中	批零和住宿餐饮业	129	123	132	135	147	168	177	200
	其他行业	998	1064	1120	1122	1070	1166	1313	1460
	生活消费	524	616	778	855	999	1214	1459	1667
交通运输业汽油消耗量估算		4768	5149	5421	6044	6066	6771	7277	8040
道路运输汽油消耗量		4607	4981	5249	5877	5910	6600	7098	7848

基础数据来源：《中国能源统计年鉴》

表 2－10　近年来我国柴油消费构成（万吨）

行业		2005	2006	2007	2008	2009	2010	2011	2012
总消费量		10972	11835	12497	13533	13757	14634	15635	16966
其中	农业	1286	1366	1219	1099	1134	1207	1272	1335
	工业	1991	1962	1973	2517	2349	2164	1824	1747
	建筑业	387	429	434	371	415	490	519	518
	交通运输、仓储和邮政业	5890	6547	7184	7649	7892	8519	9485	10727
	批零和住宿餐饮业	116	130	134	153	182	197	212	229
	其他行业	895	933	1007	1152	1132	1287	1428	1445
	生活消费	406	470	545	592	653	771	895	964
交通运输业柴油消耗量估算		7923	8673	9308	9962	10213	10956	11963	13255
道路运输柴油消耗量		6368	6903	7344	8330	8594	9200	10142	11283

基础数据来源：《中国能源统计年鉴》

（3）道路运输业能耗

从两种方法的估算结果看，利用车辆油耗法测算的结果呈现快速增长的趋势，而油品分摊法的测算结果则为稳步增长。在 2005 至 2012 年这一测算周期内，初期车辆油耗法测算的数值低于油品分摊法，到了后期两者基本一致。本研究 2005 至 2012 年采用两种方法的平均值作为最终取值，具体见表 2－11。

表 2-11 我国道路运输业能源消耗量（万吨）

	2005	2006	2007	2008	2009	2010	2011	2012
汽油	3810	4246	4644	5215	5641	6454	7100	7811
柴油	5615	5991	6465	7102	8281	9526	10688	11292

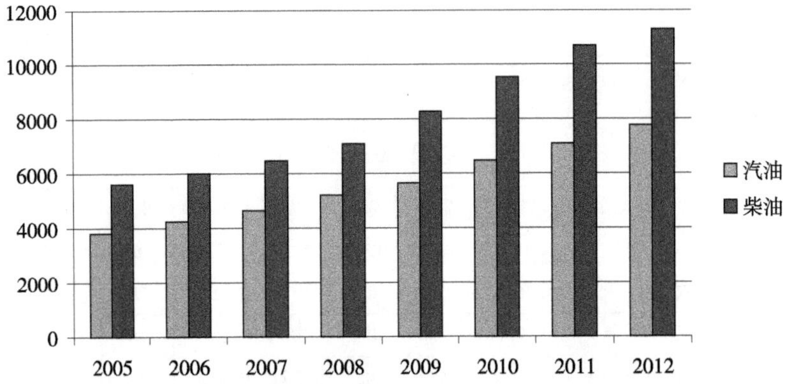

图 2-12 我国道路运输业能源消耗量（万吨）

2.5.2.2 交通运输业碳排放总量

(1) 碳排放总量计算方法

在《我国交通运输系统碳排放指标体系框架研究》课题中，交通运输业碳排放总量的计算公式如下：

$$TC_{111} = \sum_i [FU_i \cdot EF_i]$$

式中：

FU_i 为第 i 种燃料的燃料量（TJ）；

EF_i 为燃料 i 的排放因子（kg/TJ）；

i 为燃料类型，包括汽油、柴油、天然气、液化石油气 LPG 等。

FU_i 被称为活动数据，是指第 i 种燃料的燃料量，该燃料量以发热值计。

(2) 活动数据

2005 年以来，我国交通运输业分品类能源消耗情况见图 2-13。

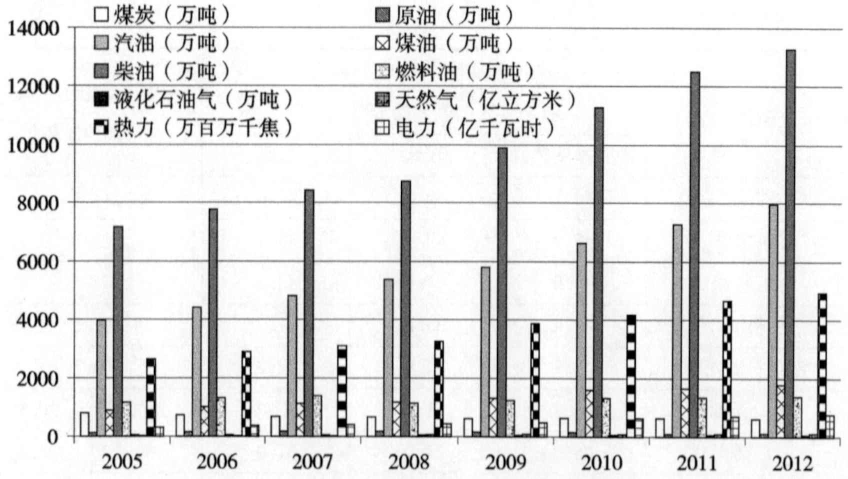

图 2－13　交通运输业分品类能源消费量①

热值，又称卡值或发热量。在燃料化学中，表示燃料质量的一种重要指标，表示单位质量（或体积）的燃料完全燃烧时所放出的热量。有高热值和低热值两种。前者是燃料的燃烧热和水蒸气的冷凝热的总数，即燃料完全燃烧时所放出的总热量。后者仅是燃料的燃烧热，即由总热量减去冷凝热的差数。因为在实际燃烧中，烟囱排出烟气的温度要比水蒸气的温度高很多，水没有被冷凝，而是以水蒸气状态存在，因此在工程计算时一般采用低发热值。

IPCC 清单指南和《中国能源统计年鉴》给出的各种燃料的净发热值见表 2－12。

表 2－12　相关能源净发热值（TJ/Gg）

燃料	IPCC 缺省净发热值（NCV_S）和 95% 置信区间的下限和上限			中国能源统计年鉴平均低位发热量
	缺省净发热值	较低	较高	
原油	42.3	40.1	44.8	41.8
天然气	48.0	46.5	50.4	38931 千焦/立方米
焦炭	28.2	25.1	30.2	28.4
汽油	44.3	42.5	44.8	43.1

① 数据来源：汽油、柴油数据为本研究测算值，其余来源于国家统计局。

续表

<table>
<tr><th rowspan="2" colspan="2">燃料</th><th colspan="3">IPCC 缺省净发热值（NCV_S）
和95%置信区间的下限和上限</th><th rowspan="2" colspan="2">中国能源统计年鉴
平均低位发热量</th></tr>
<tr><th>缺省净发热值</th><th>较低</th><th>较高</th></tr>
<tr><td colspan="2">喷气机煤油</td><td>44.1</td><td>42.0</td><td>45.0</td><td colspan="2">43.1</td></tr>
<tr><td colspan="2">其他煤油</td><td>43.8</td><td>42.4</td><td>45.2</td><td colspan="2">43.1</td></tr>
<tr><td colspan="2">柴油</td><td>43.0</td><td>41.4</td><td>43.3</td><td colspan="2">42.7</td></tr>
<tr><td colspan="2">燃料油</td><td>40.4</td><td>39.8</td><td>41.7</td><td colspan="2">41.8</td></tr>
<tr><td colspan="2">液化石油气</td><td>47.3</td><td>44.8</td><td>52.2</td><td colspan="2">50.2</td></tr>
<tr><td rowspan="5">煤炭</td><td>无烟煤</td><td>26.7</td><td>21.6</td><td>32.2</td><td>原煤</td><td>20.9</td></tr>
<tr><td>炼焦煤</td><td>28.2</td><td>24.0</td><td>31.0</td><td>洗精煤</td><td>26.3</td></tr>
<tr><td>其他沥青煤</td><td>25.8</td><td>19.9</td><td>30.5</td><td>洗中煤</td><td>8.4</td></tr>
<tr><td>次沥青煤</td><td>18.9</td><td>11.5</td><td>26.0</td><td>煤泥</td><td>8.3 – 12.5</td></tr>
<tr><td>褐煤</td><td>11.9</td><td>5.5</td><td>21.6</td><td></td><td></td></tr>
</table>

数据来源：《IPCC 清单指南（2006）》、《中国能源统计年鉴》。TJ：万亿焦耳，Gg：十亿克

IPCC 给出的燃料净发热值是假定数据呈正态分布，按 95% 置信区间计算较低和较高限值，并给出缺省发热值。中国能源统计年鉴给出了我国燃料的平均低位发热量。IPCC 净发热值的概念与中国能源统计年鉴平均低位发热量的概念一致。

从两个数值的对比看，中国能源统计年鉴给出的平均低位发热量都在 IPCC 给出的 95% 置信区间内，本研究除天然气外均采用中国能源统计年鉴的平均低位发热量。天然气由于单位不同，为计算方便，采用 IPCC 给出的缺省净发热值。

由于煤炭分为多种类型，不同类型的煤净发热值相差较大。根据交通运输用煤情况，本研究采用洗精煤的平均低位发热值。

（3）排放因子

我国目前没有权威机构提供不同燃料的排放因子，本研究采用 IPCC 给出的值。IPCC 给出的排放因子是假定数据呈正态分布，按 95% 置信区间计算较低和较高限值，并给出缺省排放因子值。

IPCC 煤炭分类中没有洗精煤，IPCC 给出的无烟煤净发热值与洗精煤的平均低位发热量基本相同，因此本研究采用无烟煤的排放因子。

表 2－13　IPCC 相关能源燃烧的缺省二氧化碳排放因子

燃料	缺省值和 95% 置信区间的下限和上限（kg/TJ）		
	缺省净发热值	较低	较高
原油	73300	71100	75500
天然气	64200	58300	70400
焦炭	107100	95700	119000
汽油	69300	67500	73000
航空汽油	70000	67500	73000
喷气机煤油	71500	69700	74400
其他煤油	71900	70800	73700
柴油	74100	72600	74800
燃料油	77400	75500	78800
液化石油气	63100	61600	65600
无烟煤	98300	94600	101000

数据来源：《IPCC 清单指南（2006）》

（4）交通运输业碳排放总量

经计算 2005 年以来，我国交通运输业二氧化碳排放总量见表，2005 年以来交通运输业二氧化碳排放持续增长，年均增幅达到 9%。

表 2－14　交通运输业碳排放总量（万吨）

	2005	2006	2007	2008	2009	2010	2011	2012
碳排放量 TC_{111}	43671	47591	51493	53618	59220	67271	73256	78294

2.5.2.3　各运输方式碳排放量

（1）活动数据

近年来，各种运输方式能源消耗情况见图 2－14。从能源消耗看，道路运输能源消耗占最大比重，而且近年来增长较快。能源消耗第二位的是水上运输业，之后是航空运输业和铁路运输业。航空运输业能耗增长迅速，2008 年以来已基本与铁路运输业能耗持平。管道运输业能耗最少。

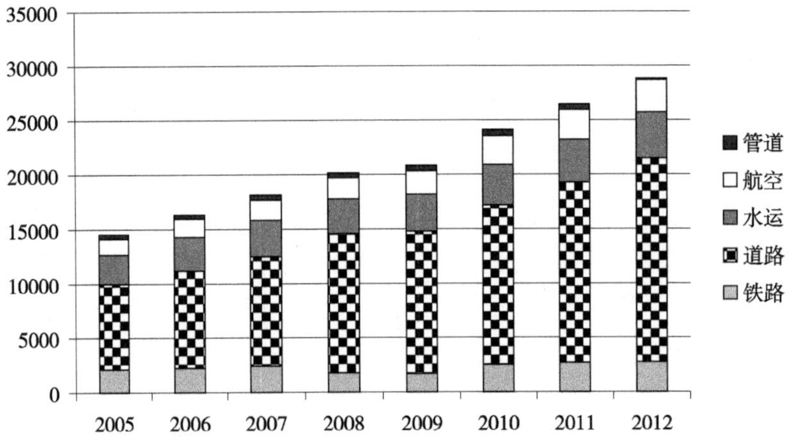

图 2－14　交通运输业分方式能源消费情况①

（2）各运输方式碳排放量

根据各运输方式能源消耗构成情况，利用碳排放计算公式，计算得出近年来我国各运输方式碳排放情况见表 2－15。

表 2－15　交通运输业分方式碳排放量（万吨）

		2005	2006	2007	2008	2009	2010	2011	2012
铁路运输业 TC_{121}		4795	4823	5085	3606	3278	3242	3138	2945
道路运输业 TC_{131}	营运	16279	18603	21004	25547	25817	28029	31204	35417
	非营运	13108	13278	13558	12872	17661	21810	24330	24114
	合计	29387	31881	34562	38419	43478	49839	55534	59531
水上运输业 TC_{141}		5932	6876	7396	7000	7458	8232	8623	9344
航空运输业 TC_{151}		3122	3514	3902	4030	4472	5414	5573	6038
管道运输业 TC_{16}		434	498	547	565	534	544	388	435

① 数据来源：国家统计局

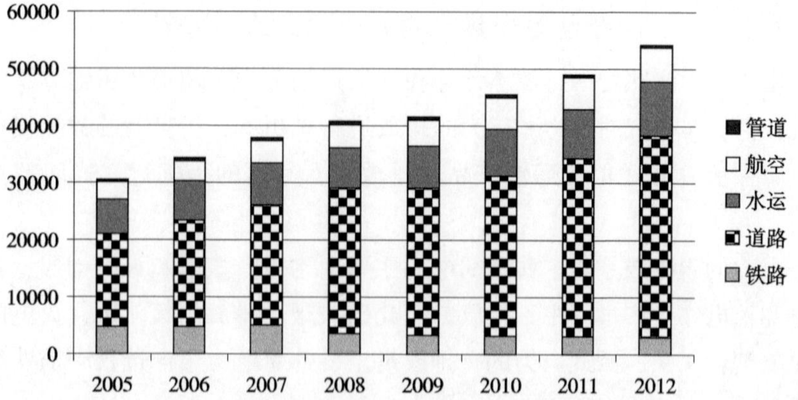

图 2－15　交通运输业分方式碳排放量（万吨）

从各种运输方式排放的发展趋势看，铁路运输业碳排放逐年降低，2012 年碳排放 2945 万吨，仅为 2005 年的 61%，年均降幅接近 6%。铁路运输业碳排放逐年降低的主要原因是铁路电气化率不断提高，使得铁路用电量不断增加，而用油量不断减少。由于按直接排放计算碳排放量，因此铁路碳排放量持续降低。除管道运输业排放基本保持稳定外，道路、水上、航空等排放量均持续增加，其中道路运输和航空运输均增长较快，道路运输业 2012 年排放是 2005 年的 2 倍，航空运输业 2011 年排放是 2005 年的 1.9 倍。

各运输方式碳排放比例见表 2－16。

表 2－16　交通运输业分方式碳排放比例

		2005	2006	2007	2008	2009	2010	2011	2012
铁路运输业		11.0%	10.1%	9.9%	6.7%	5.5%	4.8%	4.3%	3.8%
道路运输业	营运	37.3%	39.1%	40.8%	47.6%	43.6%	41.7%	42.6%	45.2%
	非营运	30.0%	27.9%	26.3%	24.0%	29.8%	32.4%	33.2%	30.8%
	合计	67.3%	67.0%	67.1%	71.7%	73.4%	74.1%	75.8%	76.0%
水上运输业		13.6%	14.4%	14.4%	13.1%	12.6%	12.2%	11.8%	11.9%
航空运输业		7.1%	7.4%	7.6%	7.5%	7.6%	8.0%	7.6%	7.7%
管道运输业		1.0%	1.0%	1.1%	1.1%	0.9%	0.8%	0.5%	0.6%

2.5.2.4 包含电力和热力的各运输方式碳排放量

由于电力和热力的排放不计算在交通运输业中，使得各运输方式间可比性较差，本研究对电力和热力的排放进行了折算，折算后的数据仅用于计算每一运输方式单位运输产品的排放量，其目的是进行方式间的对比分析。

电力的碳排放系数。我国的电力主要由水电、核电和火电构成，其中水电和核电在生产过程中不排放二氧化碳或很少排放二氧化碳，火电的生产主要消耗煤炭，因此电力的碳排放量主要针对电力生产过程中消费煤的碳排放量。利用火电比例、火电供电煤耗和煤炭排放因子，计算电力碳排放系数见表 2－17。

表 2－17　电力的碳排放系数

	2005	2006	2007	2008	2009	2010	2011	2012
火电生产量占全国电力总生产量的比例	81.9%	82.7%	83.0%	80.5%	80.1%	79.2%	81.3%	81.3%
火电供电煤耗（克标准煤/千瓦时）	370	367	356	345	334	333	330	330
电力的碳排放系数（千克/千瓦时）	0.818	0.819	0.798	0.750	0.722	0.712	0.724	0.724

数据来源：火电生产量占全国电力总生产量的比例、火电供电煤耗来源自《中国能源统计年鉴》。

热力的碳排放系数。热力的生产主要依靠煤炭、燃料油、天然气等，其中煤炭占据绝大部分。因此热力的碳排放量主要针对热力生产过程中消费煤炭的碳排放量。根据煤炭标准量的碳排放系数、热力的折标准煤系数、煤炭的投入和热力的产出比例，测算热力的碳排放系数为 0.11 千克/百万焦耳。

包含电力和热力排放的交通运输业分方式碳排放量见表 2－18。

表 2－18　包含电力和热力的交通运输业分方式碳排放量（万吨）

	2005	2006	2007	2008	2009	2010	2011	2012
铁路运输业 TC_{121}	6530	6902	7385	5960	5706	6149	6617	6834

续表

		2005	2006	2007	2008	2009	2010	2011	2012
道路运输业 TC_{131}	营运	16940	19321	21767	26337	26661	29073	32494	36779
	非营运	13108	13278	13558	12872	17661	21810	24330	24114
	合计	30048	32599	35325	39209	44322	50883	56824	60893
水上运输业 TC_{141}		5969	6914	7420	7024	7483	8261	8657	9381
航空运输业 TC_{151}		3211	3608	4002	4178	4626	5594	5783	6264
管道运输业 TC_{16}		769	892	986	917	994	1055	930	994

2.5.3　单位产品指标分析

2.5.3.1　指标构成

交通运输业单位产品指标由总量指标派生而出，属于总量指标的二级指标。指标量化交通运输业以及各分行业客运、货运以及综合碳排放强度，是调整并优化运输结构的重要依据。

根据总量指标，单位产品指标由交通运输业及不同运输方式的单位换算周转量排放量、单位客运排放量、单位货运排放量以及管道行业单位货运排放量等组成，见表 2－19。

表 2－19　交通运输业单位产品碳排放量指标构成情况

指标性质	行业划分	指标名称	指标编号	计算公式	准确性
单位产品排放量指标		交通运输业单位换算周转量排放量	TC_{211}	$TC_{211} = TC_{111}/(\sum_i PA_i \cdot C_i + \sum_i FR_i)$	a
		交通运输业单位客运排放量	TC_{212}	$TC_{212} = TC_{112}/\sum_i PA_i$	b
		交通运输业单位货运排放量	TC_{213}	$TC_{213} = TC_{113}/\sum_i FR_i$	b
	铁路	单位换算周转量排放量	TC_{221}	$TC_{221} = TC_{121}/(PA_{铁} \cdot C_{铁} + FR_{铁})$	a
		单位客运排放量	TC_{222}	$TC_{222} = TC_{122}/PA_{铁}$	b
		单位货运排放量	TC_{223}	$TC_{223} = TC_{123}/FR_{铁}$	b
	道路	单位换算周转量排放量	TC_{231}	$TC_{231} = TC_{131}/(PA_{路} \cdot C_{路} + FR_{路})$	a
		单位客运排放量	TC_{232}	$TC_{232} = TC_{132}/PA_{路}$	b
		单位货运排放量	TC_{233}	$TC_{233} = TC_{133}/FR_{路}$	b

续表

指标性质	行业划分	指标名称	指标编号	计算公式	准确性
单位产品排放量指标	水路	单位换算周转量排放量	TC_{241}	$TC_{241} = TC_{141}/(PA_{水} \cdot C_{水} + FR_{水})$	a
		单位客运排放量	TC_{242}	$TC_{242} = TC_{142}/PA_{水}$	b
		单位货运排放量	TC_{243}	$TC_{243} = TC_{143}/FR_{水}$	b
	民航	单位换算周转量排放量	TC_{251}	$TC_{251} = TC_{151}/(PA_{航} \cdot C_{航} + FR_{航})$	a
		单位客运排放量	TC_{252}	$TC_{252} = TC_{152}/PA_{航}$	b
		单位货运排放量	TC_{253}	$TC_{223} = TC_{153}/FR_{航}$	b
	管道	单位货运排放量	TC_{261}	$TC_{261} = TC_{161}/FR_{管}$	d

PA_i 为第 i 种运输方式的旅客周转量，FR_i 为第 i 种运输方式的货物周转量，C_i 为第 i 种运输方式的换算周转量折算系数，i 为民航、道路、铁路、水路、管道等五种运输方式。

2.5.3.2 各指标含义及对交通运输系统碳排放的影响

(1) 交通运输业单位换算周转量碳排放量

指在一定时间内，在完成社会运输生产任务过程中，交通运输行业各种运输方式完成单位换算周转量平均排放的二氧化碳量。

交通运输业单位换算周转量碳排放量指标综合反映交通运输业碳排放强度水平，是进行交通运输业碳排放趋势分析和制定碳减排目标的重要基础指标。

(2) 交通运输业单位客运碳排放量

指在一定时间内，在完成社会旅客运输生产任务过程中，交通运输业各种运输方式完成单位旅客周转量平均排放的二氧化碳量。

交通运输业单位客运碳排放量指标反映了交通运输业客运排放强度水平，是进行客运碳排放趋势分析和制定客运碳减排目标的重要基础指标。

(3) 交通运输业单位货运碳排放量

指在一定时间内，在完成货物运输生产任务过程中，交通运输业各种运输方式完成单位货物周转量平均排放的二氧化碳量。

交通运输业单位货运碳排放量指标反映了交通运输业货运排放强度水平，是进行货运碳排放趋势分析和制定货运碳减排目标的重要基础指标。

（4）各运输方式单位换算周转量碳排放量

指在一定时间内，在完成该运输类型生产任务过程中，该种运输方式完成单位换算周转量平均排放的二氧化碳量。

各运输方式单位换算周转量碳排放量指标反映了某一运输方式的碳排放强度水平，是进行该方式碳排放趋势分析和制定碳减排目标的重要基础指标，也是调整各运输方式构成、优化运输结构的重要依据。

（5）各运输方式单位客运碳排放量

指在一定时间内，在完成该运输类型旅客运输任务过程中，该种运输方式完成单位旅客周转量平均排放的二氧化碳量。

各运输方式单位客运碳排放量指标反映了某一运输方式的客运碳排放强度水平，是进行该方式客运碳排放趋势分析和制定碳减排目标的重要基础指标，也是调整各运输方式构成、优化旅客运输结构的重要依据。

（6）各运输方式单位货运碳排放量

指在一定时间内，在完成该运输类型货物运输任务过程中，该种运输方式完成单位货物周转量平均排放的二氧化碳量。

各运输方式单位货运碳排放量指标反映了某一运输方式的货运碳排放强度水平，是进行该方式货运碳排放趋势分析和制定碳减排目标的重要基础指标，也是调整各运输方式构成、优化货物运输结构的重要依据。

2.5.3.3　指标数据来源及计算方法

由于交通运输业单位产品排放量指标属于总量指标的二级指标，由总量指标派生而来，因此指标的计算方法也与总量指标有关。

单位产品指标的计算需用到道路、铁路、水运、民航四种运输方式的客货周转量，以及管道运输方式的货物周转量信息，这部分数据目前均有统计。但是对于换算周转量，按照目前折算方法，一般是：

铁路和水运旅客周转量，1 人公里换算为 1 吨公里；

道路旅客周转量，10 人公里换算成 1 吨公里；

航空旅客周转量，民航业按每位旅客 90 公斤计算，因此 11.11 人公里换算为 1 吨公里。

从碳排放角度看，上述系数值得进一步商榷，如公路 10 人公里换算成 1 吨公里，大客车可能比较接近这一数值，但小客车则相差较大；铁路采用1人公里换算成1吨公里，高速铁路由于能耗较高，可能比较接近甚至高于这一数值，但普速铁路可能会低于这一数值。因此，从准确性角度分析，换算周转量应定义为精确而不准确。

交通运输业单位换算周转量碳排放量，由于该指标计算公式为交通运输业碳排放总量除以换算周转量，交通运输业碳排放总量和换算周转量均为精确而不准确指标，因此，该指标应属于a即不准确但精确。

交通运输业单位客运碳排放量，由于该指标计算公式为交通运输业客运碳排放总量除以旅客周转量，由于交通运输业客运碳排放总量为不准确也不精确指标，因此，该指标应属于b既不准确也不精确。

交通运输业单位货运碳排放量，与交通运输业单位客运碳排放量情况相同，该指标属于b既不准确也不精确。

各运输方式单位换算周转量碳排放量，由于该指标计算公式为各运输方式碳排放总量除以换算周转量。民航、铁路、水路和管道等四种方式的总排放量准确性为d，道路运输总排放量准确性为a，换算周转量为精确而不准确。因此，民航、铁路、道路、水路等四种方式的单位换算周转量碳排放量准确性应为a既不准确但精确。管道运输因为不涉及换算周转量，其准确性应维持d即准确且精确。

2.5.4 单位产品指标测算

2.5.4.1 铁路运输业

(1) 行业平均指标

铁路行业平均指标，采用TC_{221}即铁路单位换算周转量碳排放量。该指标是指在一定时间内铁路完成单位换算周转量平均排放的二氧化碳量。

计算公式如下：

$$TC_{221} = TC_{121} / (PA_{铁} \cdot C_{铁} + FR_{铁})$$

式中：

TC_{121}铁路碳排放总量；

$PA_{铁}$铁路旅客周转量；

$C_{铁}$铁路换算周转量折算系数，取1；

$FR_{铁}$铁路货物周转量。

计算得近年来铁路平均碳排放指标见表2－20。

表 2－20　铁路行业平均碳排放指标

年份	旅客周转量	货物周转量	换算周转量	碳排放总量	单位换算周转量碳排放量
	亿人公里	亿吨公里	亿吨公里	万吨	千克/吨公里
2005	6062	20726	26788	6530	0.0244
2006	6622	21954	28576	6902	0.0242
2007	7216	23797	31013	7385	0.0238
2008	7778	25106	32884	5960	0.0181
2009	7878	25239	33117	5706	0.0172
2010	8762	27644	36406	6149	0.0169
2011	9612	29465	39077	6617	0.0169
2012	9812	29187	38999	6834	0.0175

数据来源：旅客周转量、货物周转量来源自《中国统计年鉴》

（2）客、货运指标

客、货运指标包括两个，一是铁路单位客运碳排放量，是指在一定时间内，铁路完成单位旅客周转量平均排放的二氧化碳量；二是铁路单位货运碳排放量，是指在一定时间内，铁路完成单位货物周转量平均排放的二氧化碳量。

铁路单位客运碳排放量 TC_{222}，其计算公式为：

$$TC_{222} = TC_{122} / PA_{铁}$$

式中：

TC_{122} 铁路客运碳排放总量；

$PA_{铁}$ 铁路旅客周转量。

本次研究采用如下公式计算铁路客运排放总量：

$$TC_{122} = KL_{客} \times \alpha \times AF_{内客} \times \beta \times EF_{柴油} + KL_{客} \times (1 - \alpha) \times AF_{电客} \times \gamma \times EF_{电力}$$

式中：

$KL_{客}$　客运机车完成的总重吨公里，该数据来源自《全国铁路资料汇编》；

α 内燃机车完成工作量比例，该数据来源自《全国铁路资料汇编》；

$AF_{内客}$ 内燃机车担当客运牵引能耗，采用《铁路机车单耗测算研究》〔马超云等．铁道运输与经济．2001（05）〕测算数据；

$AF_{电客}$ 电力机车担当客运牵引能耗，采用《铁路机车单耗测算研究》〔马超云等．铁道运输与经济．2011（05）〕测算数据；

β 内燃机车牵引能耗占行业燃油和煤炭总消耗比重，该数据经计算获得；

γ 电力机车牵引能耗占行业电力总消耗比重，该数据经计算获得；

$EF_{柴油}$ 柴油排放因子；

$EF_{电力}$ 电力排放因子。

铁路单位货运碳排放量 TC_{223}，其计算公式为：

$$TC_{223} = TC_{123} / FR_{铁}$$

式中：

TC_{123} 铁路货运碳排放总量；

$FR_{铁}$ 铁路货物周转量。

本次研究采用如下公式计算铁路货运排放总量：

$$T_{123} = KL_{货} \times \alpha \times AF_{内货} \times \beta \times EF_{柴油} + KL_{货} \times (1 - \alpha) \times AF_{电货} \times \gamma \times EF_{电力}$$

式中：

$KL_{货}$ 货运机车完成的总重吨公里，该数据来源自《全国铁路资料汇编》；

α 内燃机车完成工作量比例，该数据来源自《全国铁路资料汇编》；

$AF_{内货}$ 内燃机车担当货运牵引能耗，采用《铁路机车单耗测算研究》〔马超云等．铁道运输与经济.2001（05）〕测算数据；

$AF_{电货}$ 电力机车担当货运牵引能耗，采用《铁路机车单耗测算研究》〔马超云等．铁道运输与经济.2001（05）〕测算数据；

β 内燃机车牵引能耗占行业燃油和煤炭总消耗比重，该数据经计算获得；

γ 电力机车牵引能耗占行业电力总消耗比重，该数据经计算获得；

$EF_{柴油}$ 柴油排放因子；

$EF_{电力}$ 电力排放因子。

在计算得出铁路客、货的碳排放总量后，与相应的周转量相除，得出不同年份铁路客、货运输单位排放见表 2 – 21。

表 2 – 21　铁路客货运输碳排放指标

年份	铁路单位客运碳排放量	铁路客运总排放量	铁路单位货运碳排放量	铁路货运总排放量
	千克/人公里	万吨	千克/吨公里	万吨
2005	0.0338	2048	0.0198	4094
2006	0.0331	2194	0.0197	4332
2007	0.0328	2365	0.0195	4648

续表

年份	铁路单位客运碳排放量	铁路客运总排放量	铁路单位货运碳排放量	铁路货运总排放量
	千克/人公里	万吨	千克/吨公里	万吨
2008	0.0250	1945	0.0145	3640
2009	0.0252	1988	0.0135	3399
2010	0.0232	2032	0.0137	3790
2011	0.0220	2112	0.0138	4064
2012	0.0229	2250	0.0142	4152

2.5.4.2　道路运输业

（1）行业平均指标

道路运输业平均指标，采用 TC_{231} 即道路单位换算周转量碳排放量。该指标是指在一定时间内道路完成单位换算周转量平均排放的二氧化碳量。

计算公式如下：

$$TC_{231} = TC_{131}/(PA_{路} \cdot C_{路} + FR_{路})$$

式中：

TC_{131} 道路碳排放总量；

$PA_{路}$ 道路旅客周转量；

$C_{路}$ 道路换算周转量折算系数，取 0.1；

$FR_{路}$ 道路货物周转量。

2005－2012 年，我国道路运输业的客货周转量情况，以及计算得到的单位换算周转量碳排放情况，如表 2－22 所示。

表 2－22　道路运输业单位换算周转量碳排放

年份	旅客周转量	货物周转量	换算周转量	碳排放总量	单位换算周转量碳排放量
	亿人公里	亿吨公里	亿吨公里	万吨	千克/吨公里
2005	9292	8693	9622	16940	0.176
2006	10131	9754	10767	19321	0.1794
2007	11507	11355	12505	21767	0.1741
2008	12476	32868	34116	26337	0.0772
2009	13511	37189	38540	26661	0.0692
2010	15021	43390	44892	29073	0.0648

续表

年份	旅客周转量	货物周转量	换算周转量	碳排放总量	单位换算周转量碳排放量
	亿人公里	亿吨公里	亿吨公里	万吨	千克/吨公里
2011	16760	51375	53051	32494	0.0613
2012	18468	59535	61382	36779	0.0599

数据来源：《中国统计年鉴》（2013）

计算结果表明，2005－2012年我国道路运输业单位换算周转量碳排放量呈现出逐年下降趋势，从2005年的0.1760千克/吨公里，下降为2012年的0.0599千克/吨公里，年均下降幅度达到9.42%，我国道路运输业单位碳排放量情况呈现出较为良好的发展态势，道路运输业低碳化发展趋势较为显著。

（2）客、货运指标

道路运输业单位客运碳排放量指标是由道路客运总排放量和道路旅客周转量决定，道路运输业单位货运碳排放量指标是由道路货运总排放量和道路货物周转量决定，即：

$$TC_{232} = TC_{132} / PA_{路}$$

式中：

TC_{232} 道路运输业单位客运碳排放量；

TC_{132} 道路客运总排放量；

$PA_{路}$ 道路旅客周转量。

$$TC_{233} = TC_{133} / FR_{路}$$

式中：

TC_{233} 道路运输业单位货运碳排放量；

TC_{133} 道路货运总排放量；

$FA_{路}$ 道路货物周转量。

由于目前我国尚未对交通运输业碳排放进行客货运分类统计，因此难以直接用上述公式计算单位客货运碳排放量指标。本研究根据交通部“2011年1－12月重点监测道路运输企业主要统计指标”中的数据，数据中包含了2011年班线客运与货运车辆单位能源消耗值，结合下表中2011年营运车辆的客、货运周转量数据，计算得到2011年道路运输客、货运消耗的能源比例。本研究在区分客货运输能源消耗时，依据2011年的比值，划分各年份的道路运输能源消耗总量，并计算得到不同年份客、货运碳排放情况，以及单位客货运碳排放情况。虽然理论上存在误差，但得到的估算结果基本上可以反映道路运输业单位客货运输碳排放指标的真实水平。

表 2－23　我国道路运输业单位客运和货运碳排放量指标

年份	道路单位客运碳排放量	道路客运总排放量	道路单位货运碳排放量	道路货运总排放量
	千克/人公里	万吨	千克/吨公里	万吨
2005	0.0260	2420	0.1670	14520
2006	0.0272	2760	0.1698	16561
2007	0.0270	3110	0.1643	18657
2008	0.0302	3762	0.0687	22575
2009	0.0282	3809	0.0614	22852
2010	0.0277	4153	0.0574	24920
2011	0.0277	4642	0.0542	27852
2012	0.0285	5254	0.053	31525

根据计算结果，2012 年我国道路运输业单位客运碳排放量为 0.0285 千克/人公里，单位货运碳排放量为 0.053 千克/吨公里，从变化趋势来看，客运单位运量碳排放量略有增加，货运单位运量碳排放量呈现逐年下降。

2.5.4.3　水上运输业

（1）行业平均指标

水上运输行业平均指标，采用 TC_{241} 即水运单位换算周转量碳排放量来衡量。该指标是指在一定时间内，水上运输行业完成单位换算周转量平均排放的二氧化碳量。

计算公式如下：

$$TC_{241} = TC_{141}/(PA_{水} \cdot C_{水} + FR_{水})$$

式中：

TC_{141} 水运碳排放总量；

$PA_{水}$ 水运旅客周转量；

$C_{水}$ 水运换算周转量折算系数，取 1/3；

$FR_{水}$ 水运货物周转量。

计算近年来我国水上运输业单位换算周转量碳排放量指标见表 2－24。

表 2-24　我国水上运输业单位换算周转量碳排放量指标①

年份	旅客周转量	货物周转量	换算周转量	碳排放总量	单位换算周转量碳排放量
	亿人公里	亿吨公里	亿吨公里	万吨	千克/吨公里
2005	59.12	11640.2	11620.5	5969	0.0513
2006	62.37	12929.2	12908.4	6914	0.0535
2007	67.33	15621.4	15599.0	7420	0.0475
2008	51.98	17429.5	17412.1	7024	0.0403
2009	61.15	18052.9	18032.5	7483	0.0415
2010	62.28	22449.1	22428.4	8261	0.0368
2011	63.96	26089.8	26068.4	8657	0.0332
2012	65.66	28317.4	28295.5	9381	0.0331

数据来源：《中国交通年鉴》；《交通统计资料汇编》

对近年来的指标进行分析可以看出，我国水运换算周转量以年均13.5%的速度增长，2005年至2012年增幅高达143.3%；而水运碳排放总量年均增速为6.7%，远低于水运换算周转量的增长速度，2012年较2005年增幅为57.2%。因此，水运单位换算周转量碳排放量指标总体呈现不断下降的发展趋势，2012年为0.0331千克/吨公里，较2005年下降了35.4%，说明我国水运船舶燃油利用效率正逐步提高，这与我国近年来依靠科技创新，积极发展先进的节能技术，提高交通能源利用效率是密不可分的。

（2）客、货运指标

客、货运指标包括两个，一是水运单位客运碳排放量，是指在一定时间内，水上运输业完成单位旅客周转量平均排放的二氧化碳量；二是水运单位货运碳排放量，是指在一定时间内，水上运输业完成单位货物周转量平均排放的二氧化碳量。

水运单位客运碳排放量 TC_{242}，其计算公式为：

$$TC_{242} = TC_{142} / PA_{水}$$

式中：

TC_{142} 水运客运总排放量；

① 为与碳排放统计口径一致，水运客货运周转量中均不包括远洋部分，下同。

$PA_{水}$ 水运旅客周转量。

水运单位货运碳排放量指标 TC_{243}，其计算公式为：

$$TC_{243} = TC_{143} / FR_{水}$$

式中：

TC_{143} 水运货运总排放量；

$FR_{水}$ 水运货物周转量。

由于目前我国尚未对交通运输业碳排放进行客货运分类统计，因此难以直接用上述公式计算单位客货运碳排放量指标。本研究以客货运换算周转量构成来估算客货运碳排放总量，虽然理论上存在误差，但鉴于我国水运货物周转量占水运换算周转量的比例接近 100%，而水运旅客换算周转量所占比例不足 0.2%，且呈现持续下降的趋势，因此以客货运换算周转量构成来估算的客货运碳排放总量基本上可以客观反映水运单位客货运碳排放量指标的真实水平。近年来我国水上运输业单位客运和货运碳排放量指标见表 2－25。

表 2－25　水上运输业单位客运和货运碳排放量指标

年份	水运单位客运碳排放量	水运客运总排放量	水运单位货运碳排放量	水运货运总排放量
	千克/人公里	万吨	千克/吨公里	万吨
2005	0.0171	10.10	0.0513	5959
2006	0.0178	11.12	0.0535	6903
2007	0.0158	10.66	0.0475	7409
2008	0.0134	6.98	0.0403	7017
2009	0.0138	8.45	0.0415	7475
2010	0.0123	7.64	0.0368	8253
2011	0.0111	7.07	0.0332	8650
2012	0.0110	7.25	0.0331	9374

数据来源：中国交通年鉴；交通统计资料汇编

根据计算结果，2012 年我国水上运输业单位客运碳排放量为 0.0110 千克/人公里，单位货运碳排放量为 0.0331 千克/吨公里，从变化趋势来看，单位客货运碳排放量指标均呈现不断下降的发展趋势。

2.5.4.4 航空运输业

(1) 行业平均指标

经过几十年的发展，作为国民经济和社会发展的重要行业和先进的交通运输方式，我国民航业从无到有，伴随整个国民经济的发展而不断发展壮大。特别是改革开放以来，航空运量持续快速增长，航线网络不断扩大，机队运输能力显著增强，机场、空管等基础设施建设取得重大进展，管理体制改革和扩大对外开放迈出较大步伐，航空运输发挥着越来越大的作用。

2012 年全行业完成旅客周转量 5025.7 亿人公里，货物周转量 163.9 亿吨公里；分别比 2005 年增长了 145.8% 和 107.8%。

航空运输是全球碳排放增长速度最快的行业之一，随着航空运输业运输量和行业产值的持续增长，航空能源消耗和碳排放也随之持续增长，2012 年民航运输的碳排放总量较 2005 年翻了近一番。

航空运输行业平均指标，采用 TC_{241} 即航空单位换算周转量碳排放量。该指标是指在一定时间内航空完成单位换算周转量平均排放的二氧化碳量。

计算公式如下：

$$TC_{251} = TC_{151}/(PA_{航} \cdot C_{航} + FR_{航})$$

式中：

TC_{151} 航空碳排放总量；

$PA_{航}$ 航空旅客周转量；

$C_{航}$ 航空换算周转量折算系数，取 1/11.2；

$FR_{航}$ 航空货物周转量。

根据我国民用航空业的碳排放总量和完成换算周转量，通过计算，2005 年至 2012 年民用航空业完成单位换算周转量的碳排放量见表 2-26。

表 2-26 民用航空客货周转量完成情况

年份	旅客周转量	货物周转量	换算周转量	碳排放总量	单位换算周转量碳排放量
	亿人公里	亿吨公里	亿吨公里	万吨	千克/吨公里
2005	2044.9	78.9	261.3	3211	1.2289
2006	2370.7	94.3	305.8	3608	1.1799
2007	2791.7	116.4	365.3	4002	1.0955

续表

年份	旅客周转量	货物周转量	换算周转量	碳排放总量	单位换算周转量碳排放量
	亿人公里	亿吨公里	亿吨公里	万吨	千克/吨公里
2008	2882. 8	119. 6	376. 8	4178	1. 1088
2009	3375. 2	126. 2	427. 1	4626	1. 0831
2010	4039. 0	178. 9	538. 5	5594	1. 0388
2011	4536. 9	173. 9	577. 4	5783	1. 0016
2012	5025. 7	163. 9	610. 3	6264	1. 0264

数据来源：旅客周转量、货物周转量来源自《中国统计年鉴》

民航运输的特点决定了航空运输的单位能耗和单位碳排放比较高，近年来，我国民航采取了一系列技术和管理措施，燃油效率取得了较大提高，有效降低了碳排放强度。随着航空航线和运行组织的不断优化、航空科技的进步和发动机效率的提高、各种节能措施的推进，民用航空运输的单位换算周转量碳排放指标整体呈现下降的趋势，2012 年民航运输全行业单位吨公里碳排放比 2005 年降低了 17%。

（2）客、货运指标

客、货运指标包括两个，一是民航单位客运碳排放量，是指在一定时间内，民航完成单位旅客周转量平均排放的二氧化碳量；二是民航单位货运碳排放量，是指在一定时间内，民航完成单位货物周转量平均排放的二氧化碳量。

民航单位客运碳排放量 TC_{252}，其计算公式为：

$$TC_{252} = TC_{152} / PA_{航}$$

式中：

TC_{152} 民航客运碳排放总量；

$PA_{航}$ 民航旅客周转量。

民航单位货运碳排放量 TC_{253}，其计算公式为：

$$TC_{253} = TC_{153} / FR_{航}$$

式中：

TC_{153} 民航货运碳排放总量；

$FR_{航}$ 民航货物周转量。

由于目前我国尚未对交通运输业碳排放进行客货运分类统计，因此难以直接用上述公式计算单位客货运碳排放量指标。本研究以民用航空客货运换算周转量构成来估算客货运碳排放总量，虽然理论上存在误差，但鉴于我国民用航空货物周转量所占比例较小，专用货机所占比重更低，因此以客货运换算周转量构成来估算的客货运碳排放总量基本上可以客观反映民航单位客货运输碳排放指标的真实水平。

表 2－27　民航运输业单位客运和货运碳排放量指标

年份	民航单位客运碳排放量	民航客运总排放量	民航单位货运碳排放量	民航货运总排放量
	千克/人公里	万吨	千克/吨公里	万吨
2005	0.1097	2244	1.2289	970
2006	0.1053	2497	1.1799	1113
2007	0.0978	2731	1.0955	1275
2008	0.0990	2854	1.1088	1326
2009	0.0967	3264	1.0831	1367
2010	0.0928	3746	1.0388	1858
2011	0.0894	4057	1.0016	1742
2012	0.0916	4606	1.0264	1682

从计算结果中可以看出，2012 年我国民用航空业单位客运碳排放量为 0.0916 千克/人公里，单位货运碳排放量为 1.0264 千克/吨公里。从变化趋势来看，单位客货运碳排放量指标均呈现不断下降的趋势。

2.5.4.5　管道运输业

管道运输业平均指标，采用 TC_{261} 即管道单位换算周转量碳排放量。该指标是指在一定时间内管道完成单位换算周转量平均排放的二氧化碳量。

计算公式如下：

$$TC_{261} = TC_{161} / FR_{管}$$

式中：

TC_{161} 管道碳排放总量；

$FR_{管}$ 管道货物周转量。

近年来，我国管道运输业碳排放情况见表 2－28

表 2－28　管道运输业平均碳排放指标

年份	货物周转量（亿吨公里）	碳排放总量（万吨）	单位换算周转量碳排放量（千克/吨公里）
2005	1088	769	0.0707
2006	1551	892	0.0575
2007	1866	986	0.0528
2008	1944	917	0.0472
2009	2022	994	0.0492
2010	2197	1055	0.0480
2011	2885	930	0.0322
2012	3177	994	0.0313

数据来源：货物周转量来源自《中国统计年鉴》

2.5.4.6　不同运输方式指标对比

（1）行业平均指标

不同运输方式的换算周转量排放情况见表 2－29。通过对比可以看出，管道和铁路运输排放指标较小，而民航排放指标最大。从发展趋势看，各种运输方式换算周转量排放都在逐步降低，其中道路运输降幅最大，航空运输降幅最小。2012 年，铁路、道路、水运、民航、管道换算周转量排放量的比例大约为 1∶3.6∶2∶61∶0.8。

表 2－29　不同运输方式碳排放（千克/换算吨公里）

年份	铁路	道路	水路	航空	管道
2005	0.0244	0.1760	0.0513	1.2289	0.0707
2006	0.0242	0.1794	0.0535	1.1799	0.0575
2007	0.0238	0.1741	0.0475	1.0955	0.0528
2008	0.0181	0.0772	0.0403	1.1088	0.0472
2009	0.0172	0.0692	0.0415	1.0831	0.0492
2010	0.0169	0.0648	0.0368	1.0388	0.0480
2011	0.0169	0.0613	0.0332	1.0016	0.0322
2012	0.0175	0.0599	0.0331	1.0264	0.0313

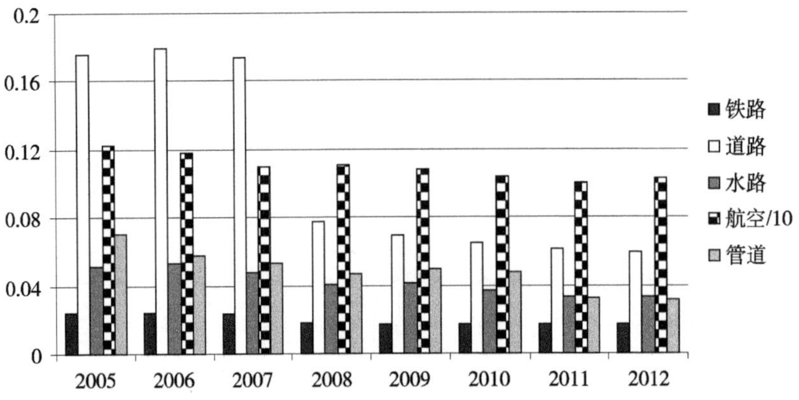

图 2-16　不同运输方式碳排放对比

（2）客运指标对比

不同运输方式的客运排放情况见表 2-30。通过对比可以看出，水运客运排放指标最小，而民航排放指标最大。从发展趋势看，除道路运输基本保持稳定外，其他运输方式客运排放都在逐步降低。2010 年，铁路、水运、民航的比例大约为 1∶1.2∶0.5∶4。

表 2-30　不同运输方式客运碳排放（千克/人公里）

年份	铁路	道路	水路	航空
2005	0.0338	0.0260	0.0171	0.1097
2006	0.0331	0.0272	0.0178	0.1053
2007	0.0328	0.0270	0.0158	0.0978
2008	0.0250	0.0302	0.0134	0.0990
2009	0.0252	0.0282	0.0138	0.0967
2010	0.0232	0.0277	0.0123	0.0928
2011	0.0220	0.0277	0.0111	0.0894
2012	0.0229	0.0285	0.0110	0.0916

（3）货运指标对比

不同运输方式的货运排放情况见表 2-31。通过对比可以看出，铁路货运排放指标最小，而民航排放指标最大。从发展趋势看，各种运输方式货物排放都在逐步降低，其中道路和管道运输降幅较大。2010 年铁路、道路、水运、民航、管道的比例大约为 1∶4. 2∶2. 7∶75∶2。

表 2－31　不同运输方式货运碳排放（千克/吨公里）

年份	铁路	道路	水路	航空	管道
2005	0. 0198	0. 1670	0. 0513	1. 2289	0. 0399
2006	0. 0197	0. 1698	0. 0535	1. 1799	0. 0321
2007	0. 0195	0. 1643	0. 0475	1. 0955	0. 0293
2008	0. 0145	0. 0687	0. 0403	1. 1088	0. 0291
2009	0. 0135	0. 0614	0. 0415	1. 0831	0. 0264
2010	0. 0137	0. 0574	0. 0368	1. 0388	0. 0248
2011	0. 0138	0. 0542	0. 0332	1. 0016	0. 0134
2012	0. 0142	0. 0530	0. 0331	1. 0264	0. 0137

2. 5. 5　运输工具指标分析

2. 5. 5. 1　指标构成

运输工具指标依据运输方式分为铁路、道路、水路和民航等四大类，每一类别内包含多种典型运输工具，运输工具指标构成情况见表 2－32。

表 2－32　运输工具排放指标情况

指标性质	行业划分	指标名称	指标编号	计算公式	准确性
运输工具排放指标	铁路	典型机车排放量	$TC_{3201} \sim TC_{32nn}$	$TC_{32i} = AFU_{32i} \cdot EF_i$	d
	道路	典型车辆排放量	$TC_{3301} \sim TC_{33nn}$	$TC_{33i} = AFU_{33i} \cdot EF_i$	d
	水路	典型船舶排放量	$TC_{3401} \sim TC_{34nn}$	$TC_{34i} = AFU_{34i} \cdot EF_i$	d
	民航	典型机型排放量	$TC_{3501} \sim TC_{35nn}$	$TC_{35i} = AFU_{35i} \cdot EF_i$	d

AFU_{32i}，第 i 种典型铁路机车平均燃料单耗，AFU_{33i} 第 i 种典型道路车辆平均燃料单耗，AFU_{34i}，第 i 种典型水运船舶平均燃料单耗，AFU_{35i} 第 i 种典型民航机型平均燃料单耗，EF_i 第 i 种燃料的碳排放因子。

2.5.5.2 指标含义及对交通运输系统碳排放的影响

(1) 典型机车碳排放量

指在一定时间内，选定的铁路运输方式代表性内燃机车完成单位货运（客运）周转量，平均排放的二氧化碳量。

典型机车碳排放量指标反映了不同机车的碳排放情况，是优化铁路运输运力结构，降低铁路运输碳排放的重要依据。

(2) 典型车辆碳排放量

指在一定时间内，选定的道路运输方式代表性机动车类型在核定载重量或核定载客数状态下运行，每百公里行驶里程平均排放的二氧化碳量。

典型车辆碳排放量指标反映了不同车辆的碳排放情况，是优化道路运输运力结构，降低道路运输碳排放的重要依据。

(3) 典型船舶碳排放量

指在一定时间内，选定的水运代表类型船舶（内河船舶、近洋/沿海船舶、远洋船舶），在核定载重量或核定载客数状态下运行，每百公里行驶里程平均排放的二氧化碳量。

典型船舶碳排放量指标反映了不同船舶的碳排放情况，是优化水路运输运力结构，降低水路运输碳排放的重要依据。

(4) 典型机型碳排放量

指在一定时间内，选定的民航运输方式代表机型完成单位货运（客运）周转量，平均排放的二氧化碳量。

典型机型碳排放量指标反映了不同民用航空工具完成单位周转量的碳排放情况，是优化运力结构，降低民航运输碳排放的重要依据。

2.5.5.3 典型运输工具的选定

(1) 铁路行业

铁路行业机车可分为蒸汽机车、内燃机车和电力机车，分别采用煤炭、柴油、电力作为驱动能源。

2007 年，我国铁路蒸汽机车基本被淘汰，本研究中典型铁路机车不再考虑蒸汽机车，目前内燃机车为铁路行业唯一直接二氧化碳排放源。

对于电力机车，考虑到电力机车在铁路运输中占有相当大的比重，而火力发电将产生二氧化碳排放，本研究将电力机车使用电力的排放纳入，因此表 2－33 中包含了典型电力机车的排放指标。

表 2－33　铁路行业运输工具指标

机车类型		机车型号	动力来源	指标编号
机车	内燃机车	东风$_4$	柴油	TC_{3201}
		东风 7	柴油	TC_{3202}
		东风 8	柴油	TC_{3203}
		东风 10	柴油	TC_{3204}
		东风 11	柴油	TC_{3205}
		东风 12	柴油	TC_{3206}
		ND_5	柴油	TC_{3207}
	电力机车	韶山 1	电力	TC_{3208}
		韶山 3	电力	TC_{3209}
		韶山 4	电力	TC_{3210}
		韶山 6	电力	TC_{3211}
		韶山 7	电力	TC_{3212}
		韶山 8	电力	TC_{3213}
		韶山 9	电力	TC_{3214}
		6K	电力	TC_{3215}
		8G	电力	TC_{3216}
		8K	电力	TC_{3217}
		DJ_1	电力	TC_{3218}
		HXD_1	电力	TC_{3219}
		HXD_2	电力	TC_{3220}
		HXD_3	电力	TC_{3221}
动车组		CRH_1	电力	TC_{3222}
		CRH_2－200	电力	TC_{3223}
		CRH_2－300	电力	TC_{3224}
		CRH_3	电力	TC_{3225}
		CRH_5	电力	TC_{3226}
		CRH380	电力	TC_{3227}

（2）道路行业

我国的道路运输工具种类繁多、型号多样，可以分为载客汽车、载货汽车、三轮汽车和摩托车等等，道路运输工具主要消耗的燃料是汽油和柴油。根据指标选取的可代表性以及数据的可得性（可获取性）原则，道路运输业运输工具指标由以下指标构成。

表 2－34　道路运输业运输工具指标

车辆大类	车辆类型	使用性质	燃料类型	指标编号
载客汽车	微型汽车	出租	汽油	TC_{3301}
		其他	汽油	TC_{3302}
	小型汽车	出租	汽油	TC_{3303}
			柴油	TC_{3304}
		其他	汽油	TC_{3305}
			柴油	TC_{3306}
	中型汽车	公交	汽油	TC_{3307}
			柴油	TC_{3308}
		其他	汽油	TC_{3309}
			柴油	TC_{3310}
	大型汽车	公交	汽油	TC_{3311}
			柴油	TC_{3312}
		其他	汽油	TC_{3313}
			柴油	TC_{3314}
载货汽车	微型汽车		汽油	TC_{3315}
			柴油	TC_{3316}
	轻型汽车		汽油	TC_{3317}
			柴油	TC_{3318}
	中型汽车		汽油	TC_{3319}
			柴油	TC_{3320}
	重型汽车		汽油	TC_{3321}
			柴油	TC_{3322}
三轮汽车及低速载货汽车	三轮汽车			TC_{3323}
	低速载货汽车			TC_{3324}
摩托车	普通摩托车			TC_{3325}
	轻便摩托车			TC_{3326}

（3）水路行业

水路运输主要分为内河运输、近洋/沿海运输和远洋运输。水路行业主要燃料类型为燃料油和柴油。近洋/沿海船舶主要使用燃料油，内河船舶主要使用柴油，远洋船舶使用专门供应国际远洋船舶的保税燃料油。本研究水路行业运输工具分内河船舶、沿海船舶和远洋船舶三个指标。见表 2－35。

表 2－35　水路行业运输工具指标

船舶	燃料类型	指标编号
内河船舶	柴油	TC_{3401}
沿海/近洋船舶	燃料油	TC_{3402}
远洋船舶	燃料油	TC_{3403}

（4）民用航空业

各种类型的飞机是民用航空业二氧化碳的直接排放源，民用航空业运输工具指标量化民用航空业运输工具碳排放强度水平。根据指标选取的可代表性以及数据的可得性（可获取性）原则，民用航空业运输工具指标由以下机型指标构成。

表 2－36　民用航空业运输工具指标

运输工具	指标编号	运输工具	指标编号
B747－400	TC_{3501}	A321	TC_{3520}
B747－400COM	TC_{3502}	A320	TC_{3521}
B747－400F	TC_{3503}	A319	TC_{3522}
B747－200F	TC_{3504}	B737－900	TC_{3523}
A340－600	TC_{3505}	B737－800	TC_{3524}
A340－300	TC_{3506}	B737－400	TC_{3525}
A330－200	TC_{3507}	B737－700	TC_{3526}
A330－300	TC_{3508}	B737－300	TC_{3527}
MD11F	TC_{3509}	B737－500	TC_{3528}
B777－200A	TC_{3510}	B737－600	TC_{3529}
B777－200B	TC_{3511}	B737F	TC_{3530}

续表

运输工具	指标编号	运输工具	指标编号
B777F	TC_{3512}	ATR72	TC_{3531}
B767 - 300	TC_{3513}	EMB - 190	TC_{3535}
B767 - 200	TC_{3514}	EMB - 145	TC_{3533}
A300 - 600	TC_{3515}	CRJ - 700	TC_{3535}
A300F	TC_{3516}	CRJ - 200	TC_{3535}
B757 - 200	TC_{3517}	新舟 - 60	TC_{3536}
B757 - 200F	TC_{3518}	Donier328	TC_{3537}
MD - 90	TC_{3519}	HAWKER - 800XP	TC_{3538}

通过以上的分析，交通运输业运输工具指标由民用航空业 19 个指标、道路运输业 26 个指标、铁路行业 27 个指标、水路行业 3 个指标，共 75 个指标构成。见表 2 - 37。

表 2 - 37　交通运输业运输工具指标构成

	行业	指标编号
运输工具指标构成	铁路	$TC_{3201} \sim TC_{3202}$
	道路	$TC_{3301} \sim TC_{3326}$
	水路	$TC_{3401} \sim TC_{3403}$
	民航	$TC_{3501} \sim TC_{3538}$

2.5.5.4　指标数据来源及计算方法

在运输工具碳排放部分，由于可以获得机车、飞机和船舶发动机类型及详细的运输使用信息，诸如技术条件、运行模式、使用年限、燃料类型等，可以实现相对准确的碳排放量计算。

运输工具碳排放计算用到的基础数据来源众多，诸如运输工具生产单位、铁路总公司（原铁道部）、交通运输部、民航总局及其相关单位等。数据来源丰富一方面可以得到较完美的计算结果，另一方面，还可以对计算结果相互比对，进而发现不足，提高指标计算的准确性。因此，运输工具排放指标的准确性应为 d 即准确且精确。

2.5.6　运输工具指标测算

2.5.6.1　铁路机车碳排放指标

铁路机车牵引类型主要包含两大类，一是内燃，二是电力。依据不同牵引类型机车能源消耗情况，计算得出的碳排放情况见表 2－38。电力机车无直接排放，本研究采用 3.3.3 中的折算方法，对电力机车碳排放进行了折算。从计算结果可以看出，采用不同牵引类型的机车排放基本相当。

表 2－38　不同牵引类型机车碳排放指标

年份	2005	2006	2007	2008	2009	2010	2011	2012
内燃机车碳排放指标（千克/吨公里）	0.0078	0.0077	0.0078	0.0079	0.0080	0.0084	0.0085	0.0087
电力机车碳排放指标（千克/公里）	0.0091	0.0090	0.0087	0.0083	0.0078	0.0073	0.0072	0.0070

2.5.6.2　道路车辆碳排放指标

在道路运输业，从事旅客与货物运输的各类机动车是其主要碳排放源，依据《全国交通运输统计资料汇编》（2008 年）车辆的燃料消耗数据，以及折算成换算周转量的燃油消耗量统计情况计算典型运输工具排放情况见下表。

表 2－39　道路运输业相关车辆单位换算周转量燃料消耗量（千克/吨公里）

车辆类型	燃料消耗	车辆类型	燃料消耗
营业性载客车辆（汽油车）		液化石油气载客汽车	0.0321
7 座及以下	0.1256	营业性货运车辆（汽油车）	
大于 7 座，小于等于 15 座	0.0688	2 吨及以下	0.0633
15 座以上	0.0640	2 吨以上	0.0366
营业性载客车辆（柴油车）		营业性货运车辆（柴油车）	
7 座以下	0.1361	2 吨及以下	0.0845
大于 7 座，小于等于 15 座	0.1008	大于 2 吨，小于等于 4 吨	0.0565
大于 15 座，小于等于 30 座	0.0618	大于 4 吨，小于 8 吨	0.0352

续表

车辆类型	燃料消耗	车辆类型	燃料消耗
30 座以上	0.0476	大于等于 8 吨，小于 20 吨	0.0172
液化天然气载客汽车	0.0269	20 吨及以上	0.0073

注：表中数据换算过程中采用的汽油密度为 0.73 千克/升，柴油密度为 0.84 千克/升，液化天然气密度为 0.45 千克/升，液化石油气密度为 0.57 千克/升。

营业性载客车辆（汽油车）7 座及以下的按 5 人计算，大于 7 座小于等于 15 座的按 12 人计算，15 座以上的按 25 人计算。

营业性载客车辆（柴油车）7 座及以下的按 5 人计算，大于 7 座小于等于 15 座的按 12 人计算，大于 15 座小于等于 30 座的按 25 人计算，30 座以上的按 45 人计算。

液化天然气载客汽车按 40 人计算。

液化石油气载客汽车按 40 人计算。

营业性货运车辆（汽油车）2 吨及以下的按 1.5 吨计算，2 吨以上的按 5 吨计算。

营业性货运车辆（柴油车）2 吨及以下按 1.5 吨计算，大于 2 吨小于等于 4 吨按 3 吨计算，大于 4 吨小于 8 吨按 6 吨计算，大于等于 8 吨小于 20 吨按 15 吨计算，20 吨及以上按 40 吨计算。

根据汽油、柴油、液化天然气和液化石油气的碳排放系数，通过计算，道路和城市公共交通业有关车辆的单位换算周转量碳排放指标见表 2－40。

表 2－40　道路运输业相关车辆单位换算周转量碳排放量（千克/吨公里）

车辆类型	碳排放	车辆类型	碳排放
营业性载客车辆（汽油车）		液化石油气载客汽车	0.1017
7 座及以下	0.3751	营业性货运车辆（汽油车）	
大于 7 座，小于等于 15 座	0.2055	2 吨及以下	0.1891
15 座以上	0.1912	2 吨以上	0.1093
营业性载客车辆（柴油车）		营业性货运车辆（柴油车）	
7 座以下	0.4306	2 吨及以下	0.2674
大于 7 座，小于等于 15 座	0.3189	大于 2 吨，小于等于 4 吨	0.1788
大于 15 座，小于等于 30 座	0.1955	大于 4 吨，小于 8 吨	0.1114
30 座以上	0.1506	大于等于 8 吨，小于 20 吨	0.0544
液化天然气载客汽车	0.0829	20 吨及以上	0.0231

计算结果表明，不论货运车辆或客运车辆，通常情况下都是车型越

小，单位换算周转量产生的碳排放量越多；反之，车型越大单位换算周转量产生的碳排放量越少。其中：

汽油营业性载客车辆方面，7 座及以下车辆单位碳排放量最高，为 0. 3751 千克/吨公里，约为 15 座以上车辆单位碳排放量的 2 倍。

柴油营业性载客车辆方面，7 座及以下车辆单位碳排放量最高，为 0. 4306 千克/吨公里，约为 30 座以上车辆单位碳排放量的 3 倍。

液化天然气载客汽车和液化石油气载客汽车是最环保的客运车辆，二者单位换算周转量碳排放量分别为 0. 0829 和 0. 1017 千克/吨公里，单位碳排放量均远低于燃烧汽油和柴油的营业性载客车辆。

汽油营业性货运车辆方面，2 吨及以下车辆单位碳排放量为 0. 1891 千克/吨公里，约为 2 吨以上车辆单位碳排放量的 1. 7 倍。

柴油营业性货运车辆方面，2 吨及以下车辆单位碳排放量为 0. 2674 千克/吨公里，约为 20 吨以上车辆单位碳排放量的 11. 6 倍。

另外，通过对比汽油和柴油车辆的单位碳排放量情况还可以发现，在客货运输车辆方面，汽油车辆完成单位换算周转量，略低于相同型号的柴油车辆产生的碳排放量，汽油车辆在开展低碳交通方面具有一定的比较优势。

2. 5. 6. 3　水运船舶碳排放指标

水上运输船舶按照航行区域主要划分为内河船舶和海洋船舶两大类。其中，内河船舶本次研究主要对在我国内河从事运输的干散货船、滚装船、集装箱船、油船，以及拖轮进行分析；海洋船舶则分别针对从事海洋运输的干散货船、杂货船、多用途船、集装箱船、油船，以及液化气船等进行研究。

根据 2012 年交通运输重点监测能源消耗统计等有关统计资料，计算我国内河船舶和海洋船舶不同船型的单位碳排放量指标，结果见表 2 – 41 和表 2 – 42。

表 2 – 41　2012 年我国内河船舶单位能耗及碳排放量指标

船型	单位碳排放量（克/吨公里）
合计	9. 307

续表

船型		单位碳排放量（克/吨公里）
干散货船	小计	5.171
	5000吨及以下	0.000
	5000吨以上	5.171
滚装船	小计	6.463
	400车位及以下	8.531
	400车位以上	5.688
集装箱船	小计	10.083
	200TEU及以下	0.000
	200TEU以上	10.083
油船	小计	32.575
	1000吨及以下	0.000
	1000吨以上	32.575
拖轮	小计	14.995
	1000千瓦及以下	0.000
	1000千瓦以上	14.995

表2-42　2012年我国海洋船舶单位能耗及碳排放量指标

船型		单位碳排放量（克/吨公里）
合计		16.029
干散货船	小计	12.151
	1万吨及以下	27.146
	1-3万吨（含）	21.975
	3-5万吨（含）	16.546
	5-8万吨（含）	13.185
	8万吨以上	7.497
杂货船	小计	32.058
	1万吨及以下	32.058
	1万吨以上	0.000
多用途船	小计	24.302
	1万吨及以下	70.837
	1-2万吨（含）	25.336
	2万吨以上	21.975

续表

船型		单位碳排放量（克/吨公里）
其他普通货船	小计	28.438
	2 万吨及以下	56.359
	2 万吨以上	26.370
集装箱船	小计	19.390
	1200TEU 及以下	52.998
	1200 - 3000TEU（含）	22.492
	3000 - 5000TEU（含）	22.751
	5000 - 7000TEU（含）	17.321
	7000TEU 以上	15.253
油船	小计	10.083
	5 万吨及以下	35.160
	5 - 12 万吨（含）	20.941
	12 万吨以上	6.722
液化气船	小计	129.006
	1500 吨及以下	127.713
	1500 吨以上	145.293
其他液货船	小计	60.496
	1500 吨及以下	0.000
	1500 吨以上	60.496

从计算结果可以看出，海洋船舶的单位碳排放量指标远高于内河船舶，约是内河船舶的 1.7 倍。就具体船型而言，在干散货船中，海洋船舶是内河船舶的 2.4 倍；在集装箱船中，海洋船舶是内河船舶的 1.9 倍；油船则正好相反，海洋船舶还不足内河船舶的 1/3。对于同一船型不同吨级的船舶而言，除了液化气船外，吨级越大，能源效率就越高，其单位碳排放量指标就越低，这也进一步印证了船舶专业化、大型化，将有利于促进低碳交通发展的结论。

从内河船舶的单位碳排放量指标分析可以看出，在从事内河运输的船舶中，油船的单位碳排放量指标最高，为 32.6 克/吨公里；其次是拖轮，为 15.0 克/吨公里；然后依次为集装箱船、滚装船和干散货船，分别为 10.1 克/吨公里、6.5 克/吨公里和 5.2 克/吨公里。可见，我国内河运输业应当大力发展集装箱船、滚装船和干散货船等能效高、单位碳排放量小的船型。

从海洋船舶来看，液化气船的单位碳排放量指标高居榜首，为129.0克/吨公里；其次是其他液货船，为60.5克/吨公里；杂货船和普通货船的单位碳排放量指标相当，分别为32.1克/吨公里、28.4克/吨公里；然后依次是多用途船、集装箱船、干散货船和油船，分别为24.3克/吨公里、19.4克/吨公里、12.2克/吨公里和10.1克/吨公里。因此，我国海洋运输应当大力发展集装箱船、干散货船、油船等船型，特别是注重船舶的专业化、大型化发展。

2.5.6.4 民航飞机碳排放指标

各种机型的飞机是民用航空业的主要碳排放源。2012年民用航空业主要机型单位周转量和单位飞行小时的航空煤油消耗量见表2-43。

表2-43 民用航空主要机型航空煤油消耗量

运输工具	指标编号	吨公里油耗（千克）	飞行小时油耗（吨）	运输工具	指标编号	吨公里油耗（千克）	飞行小时油耗（吨）
B747-400	TC_{3501}	0.347	9.753	A321	TC_{3520}	0.299	2.685
B747-400COM	TC_{3502}	0.299	9.919	A320	TC_{3521}	0.308	2.461
B747-400F	TC_{3503}	0.161	9.946	A319	TC_{3522}	0.383	2.310
B747-200F	TC_{3504}	0.559	10.446	B737-900	TC_{3523}	0.298	2.588
A340-600	TC_{3505}	0.341	8.372	B737-800	TC_{3524}	0.303	2.446
A340-300	TC_{3506}	0.297	5.853	B737-400	TC_{3525}	0.350	2.592
A330-200	TC_{3507}	0.284	5.194	B737-700	TC_{3526}	0.368	2.206
A330-300	TC_{3508}	0.274	5.034	B737-300	TC_{3527}	0.382	2.392
MD11F	TC_{3509}	0.190	6.484	B737-500	TC_{3528}	0.427	2.390
B777-200A	TC_{3510}	0.279	5.702	B737-600	TC_{3529}	0.429	2.046
B777-200B	TC_{3511}	0.309	6.308	B737F	TC_{3530}	0.380	2.252
B777F	TC_{3512}	0.117	7.399	ATR72	TC_{3531}	0.353	0.513
B777-300	TC_{3513}	0.228	7.413	EMB-190	TC_{3532}	0.451	1.869
B767-200	TC_{3514}	0.298	4.499	EMB-145	TC_{3533}	0.625	1.089
A300-600	TC_{3515}	0.333	4.617	CRJ-700	TC_{3534}	0.559	1.489
A300F	TC_{3516}	0.464	3.943	CRJ-200	TC_{3535}	0.613	1.102
B757-200	TC_{3517}	0.323	3.222	新舟-60	TC_{3536}	0.596	0.608

续表

运输工具	指标编号	吨公里油耗（千克）	飞行小时油耗（吨）	运输工具	指标编号	吨公里油耗（千克）	飞行小时油耗（吨）
B757－200F	TC_{3518}	0.249	3.121	Donier328	TC_{3537}	1.085	0.840
MD－90	TC_{3519}	0.341	2.690	HAWKER－800XP	TC_{3538}	2.604	0.810

数据来源：《从统计看民航》（2013）

根据航空煤油的碳排放系数，以上机型的单位周转量和单位飞行小时的碳排放量见表 2－44。

表 2－44　民用航空主要机型碳排放指标

运输工具	吨公里碳排放（千克）	飞行小时碳排放（吨）	运输工具	吨公里碳排放（千克）	飞行小时碳排放（吨）
B747－400	1.069	30.055	A321	0.921	8.274
B747－400COM	0.921	30.567	A320	0.949	7.584
B747－400F	0.496	30.650	A319	1.180	7.119
B747－200F	1.723	32.191	B737－900	0.918	7.975
A340－600	1.051	25.800	B737－800	0.934	7.538
A340－300	0.915	18.037	B737－400	1.079	7.988
A330－200	0.875	16.006	B737－700	1.134	6.798
A330－300	0.844	15.513	B737－300	1.177	7.371
MD11F	0.586	19.981	B737－500	1.316	7.365
B777－200A	0.860	17.572	B737－600	1.322	6.305
B777－200B	0.952	19.439	B737F	1.171	6.940
B777F	0.361	22.801	ATR72	1.088	1.581
B777－300	0.703	22.844	EMB－190	1.390	5.760
B767－200	0.918	13.864	EMB－145	1.926	3.356
A300－600	1.026	14.228	CRJ－700	1.723	4.589
A300F	1.430	12.151	CRJ－200	1.889	3.396
B757－200	0.995	9.929	新舟－60	1.837	1.874
B757－200F	0.767	9.618	Donier328	3.344	2.589
MD－90	1.051	8.290	HAWKER－800XP	8.025	2.496

注：喷气机煤油的碳排放系数采用 3.08165。

我国在推进民用航空发展的同时，也积极引入和研发新型飞机、探索航空替代燃料技术、优化航线设计、改善航空管理等多个层面推动低碳航空技术和管理的不断进步，取得了显著成效。民航运输的碳排放强度和主要机型的吨公里碳排放量均呈现初步下降的态势。

改造机型对航空节油具有非常重要的意义。从技术上讲，新型飞机的能源强度将在2050年比现有机型下降23%~50%，相当于能源消耗每年平均提高0.5%~1.0%。综合考虑操作管理、航线优化等措施，飞机的能源消耗在2015－2050年期间会提高30%。

第3章　典型发达国家交通运输业碳排放情况

3.1　美国

3.1.1　美国概况

美国位于北美洲中部，北与加拿大接壤，南靠墨西哥和墨西哥湾，西临太平洋，东濒大西洋，美国领土还包括北美洲西北部的阿拉斯加和太平洋中部的夏威夷群岛。美国国土面积962.9万平方公里，本土东西长4500公里，南北宽2700公里，海岸线长22680公里。2014年，美国国内生产总值达到17.4万亿美元，人口为3.2亿，人均国民收入55036.7美元。

美国自然资源丰富。煤、石油、天然气、铁矿石、钾盐等矿物储量均居世界前列。战略矿物资源钛、锰、钴、铬等主要靠进口。据新华网资料，截至2014年年底，美国已探明原油储量485亿桶，居世界第9位；已探明天然气储量9.8万亿立方米，居世界第5位；已探明煤储量2373亿吨，居世界第一；森林面积约44亿亩，覆盖率达33%。

制造业在美国工业中占有主导地位，是美国经济的重要基础支柱。但近年来，美国产业转型加快，制造业所占比重呈下降趋势，劳动密集型产业进一步被淘汰或转移到国外。与此同时，信息、生物等高科技产业发展迅速，利用高科技改造传统产业也取得新进展。美国主要工业产品有汽车、航空设备、计算机、电子和通信设备、钢铁、石油产品、化肥、水泥、塑料及新闻纸、机械等。美国农业高度发达，机械化程度高。粮食产量约占世界总产量的五分之一。

美国是世界能源供应的大国。2014 年美国石油产量取得了世界上迄今为止最大的增幅，也使得美国成为有史以来首个连续三年增产超过 100 万桶/日的石油生产国家，从而取代沙特阿拉伯成为全球最大的产油国。美国近年的页岩气增长同样很迅速，2014 年美国在能源供应方面最引人注目的事情是继续进行的页岩气革命，美国取代俄罗斯成为全球最大的石油天然气生产国。

3.1.2 能源消费

3.1.2.1 能源消耗总量及品类

美国作为当今世界经济总量最大的国家，一直以来是世界的能源消费大国，根据国际能源署统计，近十几年来美国能源消费增长较为缓慢，并且部分年度能源消费总量会呈现小幅减少的态势。2000 年美国一次能源消费量为 33.0 亿吨标煤，约占世界一次能源消费总量的 24.7%；2010 年美国一次能源消费量为 32.6 亿吨标煤，约占世界一次能源消费总量的 18.9%；2014 年美国一次能源消费量为 32.8 亿吨标煤，约占世界一次能源消费总量的 17.8%。

美国历年一次能源消费量见表 3－1。

表 3－1　美国一次能源消费量（百万吨标煤）

年份	2000	2005	2006	2007	2008	2009	2010	2011	2012	2013	2014
消费量	3305.4	3358.9	3332.5	3389.6	3314.1	3151.2	3258.9	3236.1	3155.5	3243.6	3283.9

数据来源：《BP 世界能源统计年鉴 2015》

2014 年美国一次能源消费构成中，煤炭、石油和天然气三大化石能源消费分别约占本国一次能源消费总量的 20%、34% 和 31%，与世界平均水平相比，美国的能源消费构成与世界平均水平大体相当，能源消费结构相对均衡。作为清洁能源的核电、水电和生物及垃圾能源的消费，美国与世界的构成有所差别，核电比重较高，约为 9%，高于世界平均水平，水电和可再生能源比重则低于世界平均水平，分别约为 2.6% 和 2.9%。

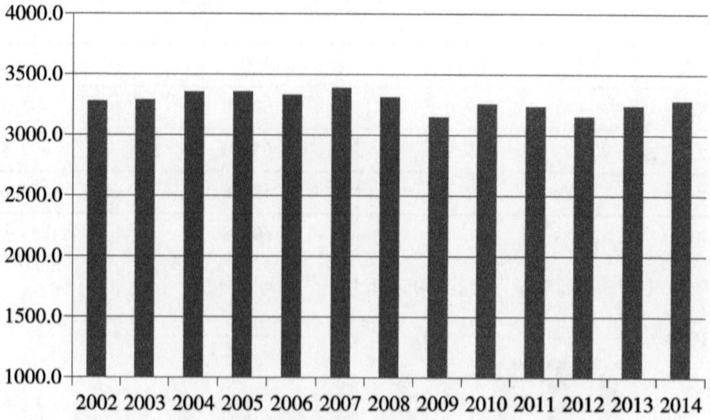

图 3-1　美国一次能源消费趋势图（百万吨标煤）①

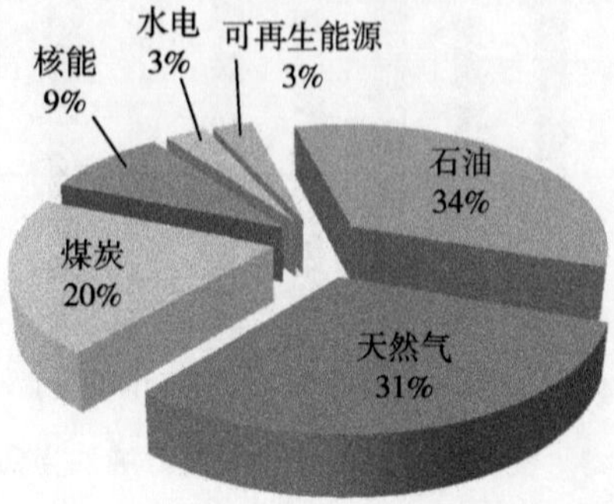

图 3-2　2014 年美国一次能源消费构成图

从美国三大化石能源的消费趋势来看，美国的化石能源消费规模相对稳定，自 2003 年以来，美国石油消费量一直保持在 8～9 亿吨标准油，煤炭消费量有所降低，天然气消费量有所增加，整体变化幅度不大。从世界排名来看，美国石油和天然气资源消费位居世界第一，煤炭消费量仅次于中国，位居第二。

表 3-2　美国三大化石能源消费趋势（百万吨油当量）

年份	石油	天然气	煤炭
2003	900.7	567.7	562.5
2010	847.4	611.2	523.9

① 数据来源：《BP 世界能源统计年鉴 2015》

续表

年份	石油	天然气	煤炭
2011	837.0	626.5	495.5
2012	819.9	654.0	437.8
2013	832.1	675.8	454.6
2014	836.1	695.3	453.4

数据来源：《BP世界能源统计年鉴2003－2015》

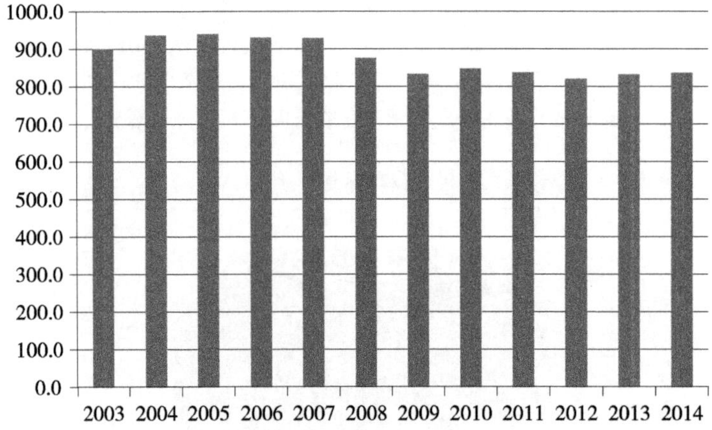

图3－3　美国石油消费趋势（百万吨油当量）①

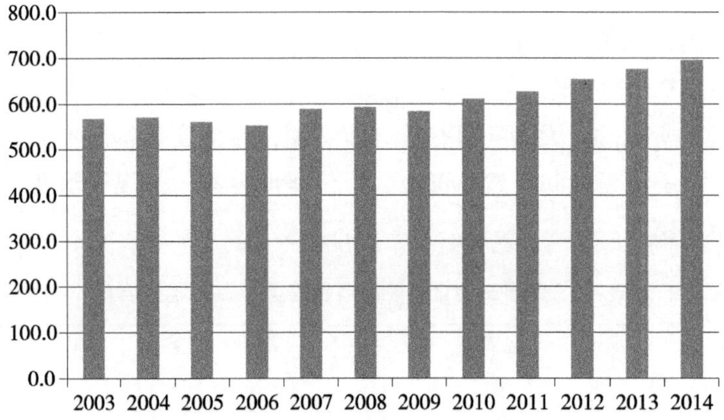

图3－4　美国天然气消费趋势（百万吨油当量）

① 数据来源：《BP世界能源统计年鉴2003－2015》

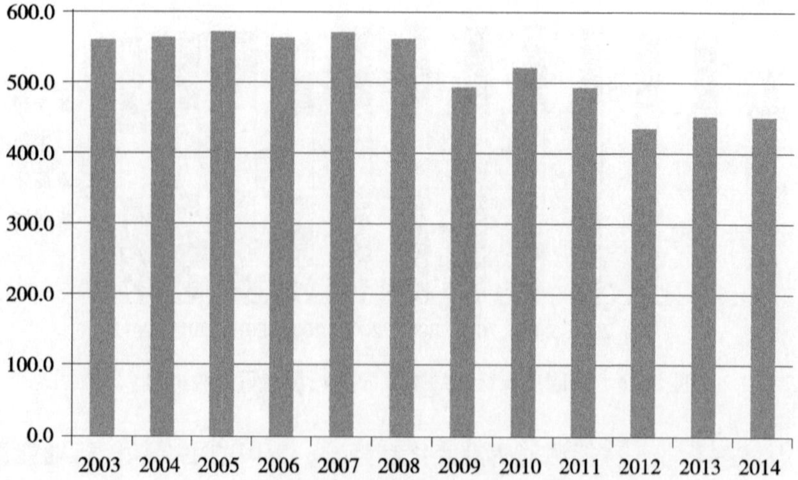

图 3-5　美国煤炭消费趋势（百万吨油当量）①

3.1.2.2　主要行业能源消耗量

根据 EIA（美国能源信息署）统计，近年来美国主要行业的能源消费量保持稳定并呈现略有降低的趋势，能源消费总量从 2002 年的 35.2 亿吨标煤增长为 2005 年的 36.2 亿吨标煤，之后略有降低，2012 年美国能源消费量降低为 34.3 亿吨标煤。2012 年美国一次能源分行业消耗构成中，工业、交通、居民和商业的能源消耗量分别为 11.1 亿吨标煤、9.7 亿吨标煤、7.2 亿吨标煤和 6.3 亿吨标煤，分别占一次能源消费总量的 33%、28%、21% 和 18%。其中，交通运输一次能源消费中，石油占 93%，天然气和可再生能源分别占 3% 和 4%；工业部门一次能源消费中，石油和天然气分别占 39% 和 43%，煤炭和可再生能源分别占 7% 和 11%；居民生活和商业消费的一次能源中，天然气占 75%，石油、煤炭和可再生能源分别占 16%、1% 和 8%。

① 数据来源：《BP 世界能源统计年鉴 2003-2015》

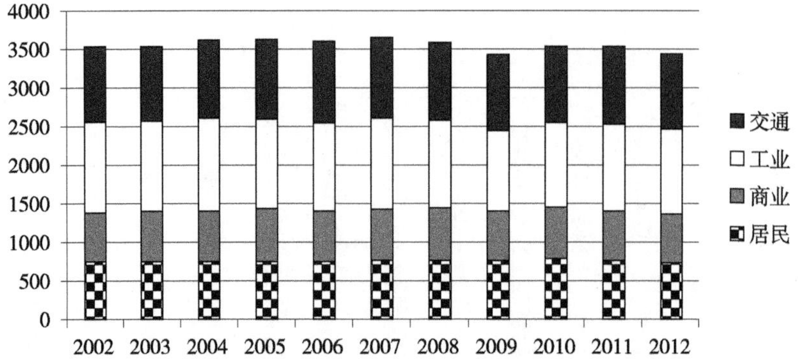

图 3-6　美国主要行业终端能源消耗量（百万吨标煤）①

从主要行业一次能源消费量变化趋势看，美国的主要耗能行业能源消费总量保持相对稳定，从分行业能耗构成比例来看，近年来变化不大，居民生活、商业、工业和交通运输比基本保持在 2∶2∶3∶3 的水平，一次能源消费行业构成相对稳定。

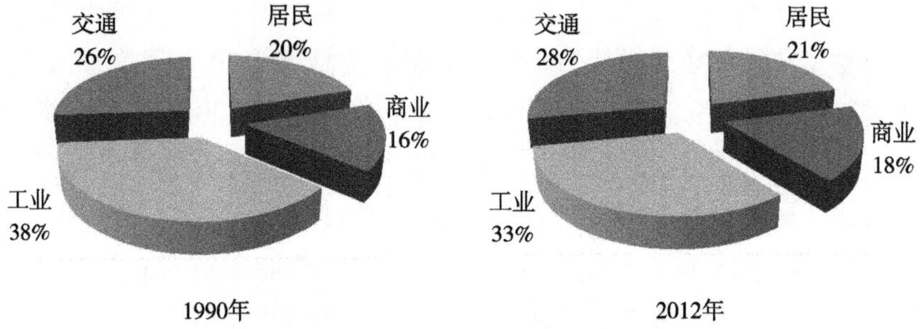

图 3-7　美国主要行业终端能源消费构成变化图

3.1.3　二氧化碳排放

3.1.3.1　碳排放总量

美国作为世界能源消费大国的同时，也是二氧化碳排放大国。1990 年美国二氧化碳排放总量 50.39 亿吨，2000 年二氧化碳排放总量 58.68 亿吨，2005 年达到 59.93 亿吨，之后二氧化碳排放总量略有降低，2014 年全年二氧化碳排放总量为 54.06 亿吨。从 1990 年至今的变化情况看，美国二

① 数据来源：EIA，《Annual Energy Review 2014》

氧化碳排放量增长了 8.8%，年均增速 0.44%，低于世界平均的增幅和平均增速，虽然美国二氧化碳排放总量增速放缓，占世界排放总量的比重有所降低，但仍占世界碳排放总量约五分之一的份额。

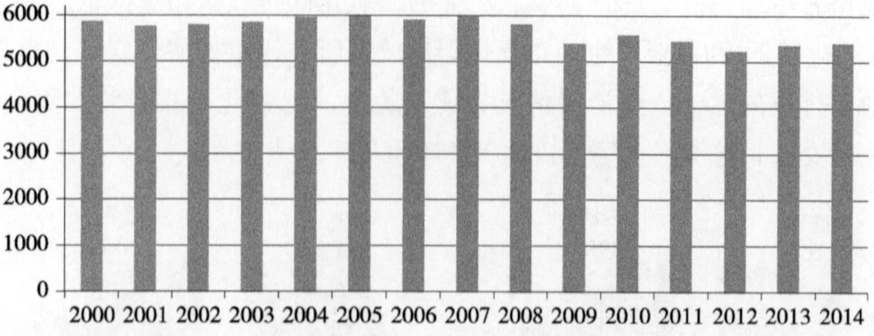

图 3－8　美国历年二氧化碳排放总量图（百万吨）①

3.1.3.2　主要行业二氧化碳排放量

从分行业的二氧化碳排放量来看，美国的二氧化碳排放主要集中在电力和热力供应业、交通运输业，各主要行业的二氧化碳排放量自 2000 年基本保持稳定的态势。2014 年交通运输业和工业的二氧化碳排放量分别为 18.31 亿吨、14.96 亿吨。

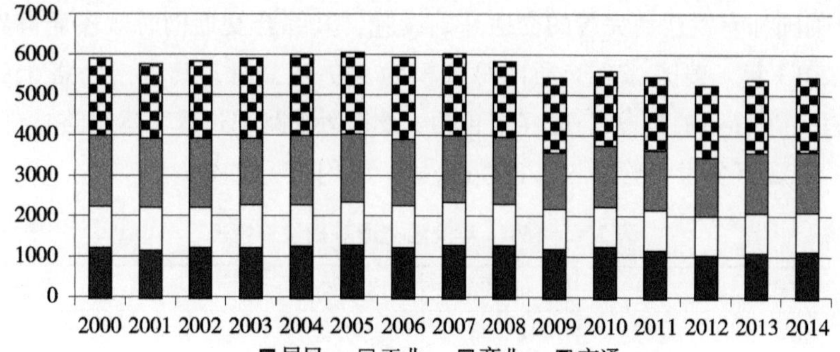

图 3－9　美国历年分行业二氧化碳排放量（百万吨）②

① 数据来源：EIA，《U. S. Energy－Related Carbon Dioxide Emissions，2014》

② 数据来源：EIA，《U. S. Energy－Related Carbon Dioxide Emissions，2014》

美国的二氧化碳排放主要集中在工业和交通运输业，1990 年交通运输业和工业的二氧化碳排放量占美国二氧化碳排放总量的 65%，居民和商业产生的二氧化碳排放量占 35%；2014 年交通运输业的二氧化碳排放量所占比重略有增加，占总量的 34%，工业的二氧化碳排放量略有降低，占总量的 28%，居民和商业产生的二氧化碳排放量所占比重保持稳定。与世界二氧化碳排放的主要行业消费情况相比，美国的二氧化碳排放相对更集中，特别是交通运输业，美国所占比例高于世界平均水平 8%。

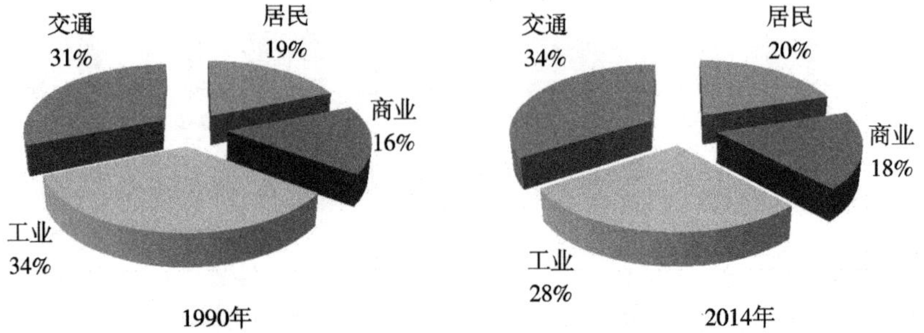

图 3-10 美国分行业二氧化碳排放变化图

3.1.4 交通基础设施

美国拥有发达而完善的交通基础设施，其综合交通网总规模居世界首位。2013 年，美国综合交通网总规模为 989 万公里，其中，公路 658.47 万公里、铁路 18.77 万公里（仅包括 I 级货运铁路和长途客运铁路）、内河航道 4.02 万公里、管道 307.87 万公里，民用机场 19457 个。

表 3-3 2014 年美国交通基础设施情况

运输方式	公路	铁路	内河航道	机场	管道
单位	万公里	万公里	万公里	个	万公里
数量	658.47	18.77	4.02	19453	307.87

数据来源：DOT（美国交通部），《National Transportation Statistics 2015》

美国的交通基础设施建设，在经历了上世纪七八十年代高速而无序的发展后，九十年代形成了比较完备的交通基础设施建设体系，交通基础设施建设稳步推进。自 1990 年至 2014 年，综合交通网规模以年均约 1% 的速度平稳增长，其中，公路年均增长 0.3%、管道年均增长 1.7%、民用机场年均增长 0.9%，而铁路则出现年均 0.8% 的负增长，内河航道里程保持恒定。

美国基于国土面积的综合交通网密度为 10271 公里/万平方公里；基于人口的综合交通网密度是 309 公里/万人。

3.1.5　旅客运输

从历年的美国旅客运输情况来看，美国旅客运输周转量 2000 年以前增长较快，1990 - 2000 年年均增长 2.6%，2000 年后，增速放缓，2000 - 2007 年年均增速 1.4%，从 2008 年开始回落，2013 年美国客运周转量为 80048 亿人公里。

表 3-4　美国旅客运输周转量及分方式构成（亿人公里）

年份	公路	铁路	水运	民航	总计
1990	57662	405	460	5566	64094
1995	62571	406	418	6500	69895
2000	73560	484	480	8346	82870
2001	74193	494	475	7830	82991
2002	75818	484	484	7782	84569
2003	76628	488	591	8136	85842
2004	78669	502	575	8983	88729
2005	79518	498	578	9395	89989
2006	80101	521	579	9470	90672
2007	80522	563	613	9778	91475
2008	79237	582	628	9387	89833
2009	68258	580	622	8879	78339
2010	68303	576	620	9088	78587
2011	68074	606	631	9264	78575
2012	68781	608	615	9342	79346
2013	69310	630	618	9490	80048

数据来源：DOT，《National Transportation Statistics 2015》

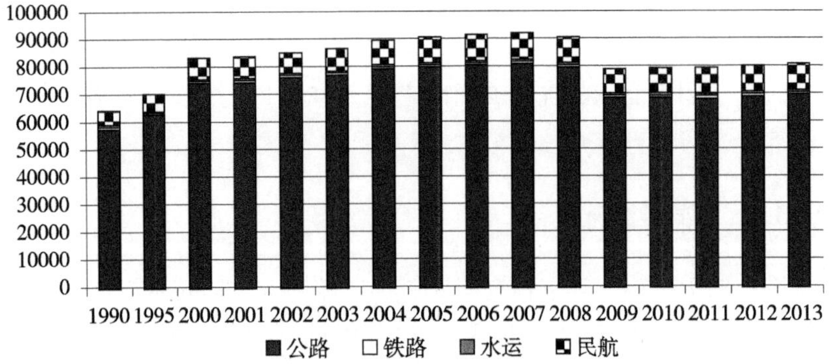

图 3-11 美国历年旅客运输周转量及分方式周转量（亿人公里）①

从运输方式分担看，美国旅客运输的格局是以公路为主导，民用航空为补充，铁路和水运承担的份额微乎其微。2013 年美国的客运周转量中公路承担了 86%，民航承担了 12%，水运和铁路分别承担了不足 1%。

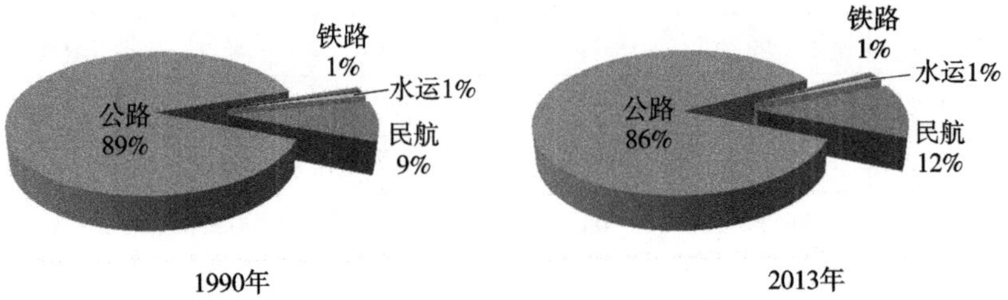

图 3-12 1990、2013 年美国各方式客运周转量比例图

3.1.6 货物运输

美国货物运输周转量 2011 年达到 94938 亿吨公里，从增长情况看，美国货运周转量自 1995 年后增速放缓，1990-1995 年的 5 年间年均增长 2.5%，而 1995-2011 年年均仅增长了不足 1%。

---

① 数据来源：DOT，《National Transportation Statistics 2015》

表 3－5　美国货物运输周转量及分方式构成（亿吨公里）

年份	公路	铁路	水运	民航	管道	总量
1990	27478	17130	13415	146	16754	74922
1995	33475	21195	12999	201	17242	85112
2000	37442	24886	10393	241	15576	88537
2001	38014	25739	10005	210	14873	88841
2002	39070	25839	9850	215	14170	89144
2003	39891	25807	9755	245	14091	89789
2004	39062	27100	9997	265	14012	90434
2005	39483	27895	9516	253	13932	91079
2006	38718	29868	9039	247	13853	91724
2007	40166	29284	8902	244	13773	92369
2008	44300	27837	8377	222	15793	96529
2009	39421	25461	7679	194	15245	87999
2010	40434	27464	8082	202	15385	91566
2011	42544	27771	8043	195	16384	94938

数据来源：DOT，《National Transportation Statistics 2015》

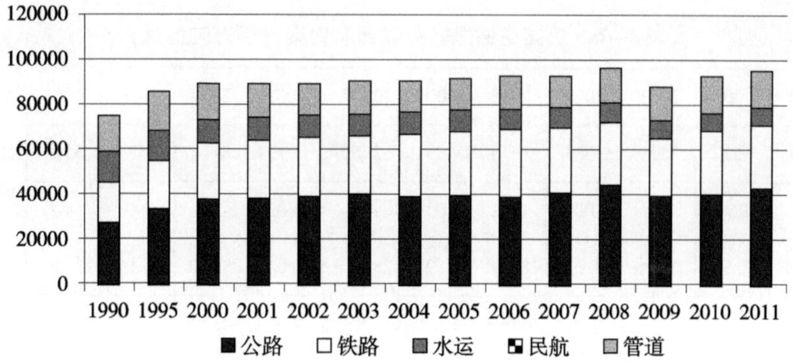

图 3－13　美国历年货物运输周转量及分方式周转量（亿吨公里）①

① 数据来源：DOT，《National Transportation Statistics 2015》

从运输方式分担看，美国货物周转量中铁路承担份额基本保持在40%；公路占25%左右；水运承担份额逐年降低，由1990年的18%下降到2007年的9%；管道一直保持在20%左右；民用航空在美国货物周转量中一直保持在0.2%。

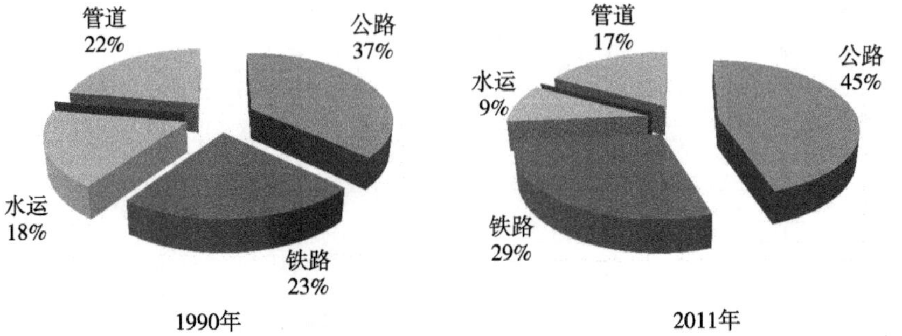

图3－14　1990、2011年美国各方式货运周转量比例图

3.1.7　交通运输业能源消耗

交通运输一直以来是美国能源消耗的第二大领域，2012年美国交通运输业能源消费量为965万吨标煤，占美国能源消耗总量的28.2%，2002年以来的年均增长速度仅为0.15%。从发展趋势来看，美国交通运输业的能源消耗增长速度正在逐年放缓，并从2008年以来出现负增长。

表3－6　美国交通运输业能源消费量（百万吨标煤）

年份	2002	2003	2004	2005	2006	2007	2008	2009	2010	2011	2012
总量	3520	3531	3611	3615	3591	3652	3579	3410	3533	3513	3427
交通	968	970	1006	1022	1039	1050	1003	977	993	982	965
比例	27.5%	27.5%	27.9%	28.3%	28.9%	28.7%	28.0%	28.7%	28.1%	27.9%	28.2%
增速	1.2%	0.3%	3.6%	1.6%	1.7%	1.0%	-4.4%	-2.6%	1.7%	-1.2%	-1.7%

数据来源：EIA，《Annual Energy Review 2014》

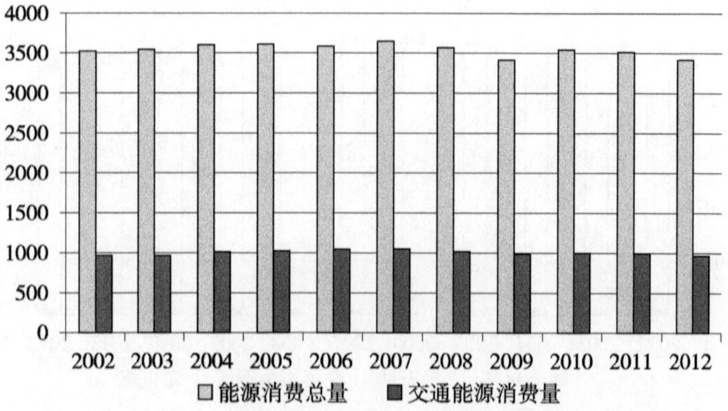

图 3－15　美国交通运输业能源消费量图（百万吨标煤）

3.1.8　分品类交通能源消耗

从交通运输业能源消耗的分品类构成来看，美国交通运输业的终端能源消耗不包含煤炭，石油在美国交通运输业的能源消耗中占了绝对比重，2013 年美国交通运输业的能源消耗中，石油消费为 90197 万吨标煤，约占交通运输业总能耗的 91.7%，其余 8.3% 为天然气、可再生能源和电能。

表 3－7　美国交通运输业分品类能源消费构成（万吨标煤）

年份	天然气		石油		可再生能源		电能		合计
2002	2520	2.6%	93409	96.5%	613	0.6%	220	0.2%	96758
2003	2260	2.3%	93676	96.5%	829	0.9%	267	0.3%	97035
2004	2170	2.2%	97057	96.5%	1045	1.0%	285	0.3%	100554
2005	2249	2.2%	98441	96.3%	1222	1.2%	292	0.3%	102204
2006	2253	2.2%	99674	95.9%	1712	1.6%	285	0.3%	103924
2007	2390	2.3%	100078	95.4%	2170	2.1%	317	0.3%	104955
2008	2494	2.5%	94552	94.3%	2974	3.0%	296	0.3%	100316
2009	2577	2.6%	91470	93.6%	3370	3.4%	296	0.3%	97717
2010	2592	2.6%	92580	93.2%	3875	3.9%	292	0.3%	99339
2011	2646	2.7%	91070	92.8%	4174	4.3%	288	0.3%	98178
2012	2812	2.9%	89220	92.5%	4178	4.3%	274	0.3%	96484
2013	3316	3.4%	90197	91.7%	4513	4.6%	281	0.3%	98308

数据来源：EIA，《Annual Energy Review 2014》；其中，电能包括电能损耗。

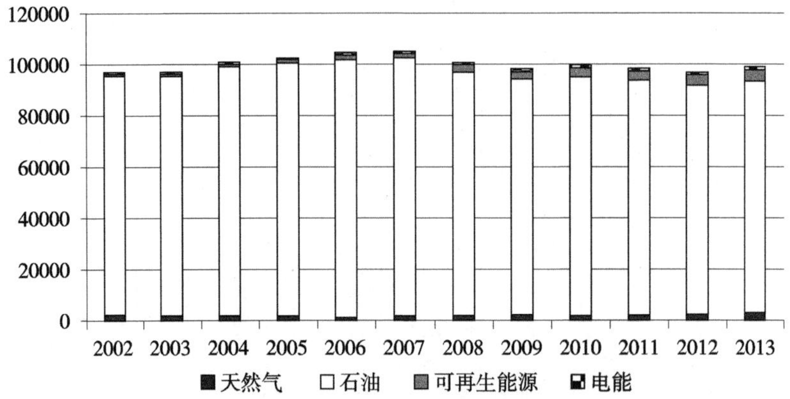

图 3－16　美国交通运输业分品类能源消费构成图

从变化趋势来看，美国交通运输能源消耗中，石油从 2008 年开始一改逐年增长的态势，出现负增长；而可再生能源迅速增长，2002 年以来年均增长近 50%；天然气和电能的消费一直相对稳定。

2013 年与 2002 年相比，石油在美国交通运输业能源消耗中的比重从 96.5%，降低到 91.7%，降低了 4.8%；天然气从 2.6%，增加到 3.4%，增长了 0.8%；电能变化不大，只增长了 0.1%；而可再生能源则从 0.6% 猛增到了 4.6%。可见，美国交通运输业的能源消费结构正在向降低化石能源消费，提高可再生能源利用的方向转变，尽管这种变化相对缓慢，但趋势较为明显。

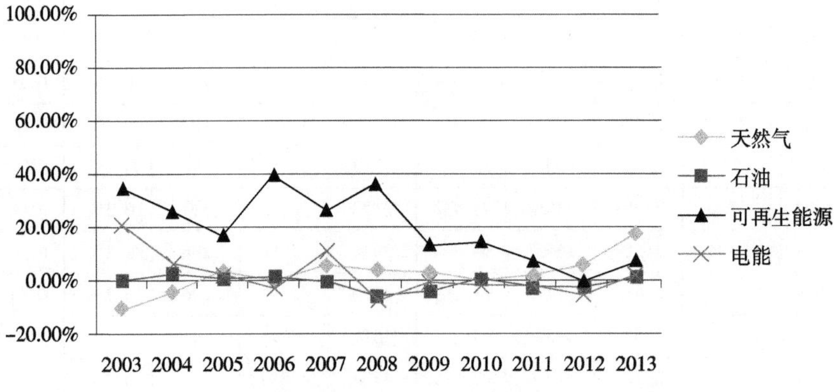

图 3－17　美国交通运输业能源消费构成变化趋势图①

① 数据来源：EIA，《Annual Energy Review 2014》

3.1.9　各运输方式能源消耗

从交通运输能源消耗的分方式构成看，公路运输能耗是美国交通运输总能耗的主力军，2012 年公路运输消耗能源 75659 万吨标煤，占美国交通运输总能耗的 84.1%。其余依次是民航、水运、管道、铁路运输，2012 年分别占交通运输总能耗的 6.5%、4.4%、3.0%、2.0%。

表 3－8　美国分运输方式能源消费构成（万吨标煤）

年份	民航	公路	铁路	水运	管道
1990	6411	65164	1660	5025	2448
1995	6624	69977	1840	4817	2599
2000	7372	78761	1966	5094	2383
2005	7332	86040	2156	4359	2167
2006	7250	87555	2203	4608	2167
2007	7160	88296	2142	4921	2307
2008	6994	85611	2059	3834	2405
2009	6225	75760	1637	3940	2491
2010	6178	76784	1788	4304	2505
2011	6074	75713	1882	4026	2556
2012	5807	75659	1838	3976	2707

数据来源：DOT，《National Transportation Statistics 2015》

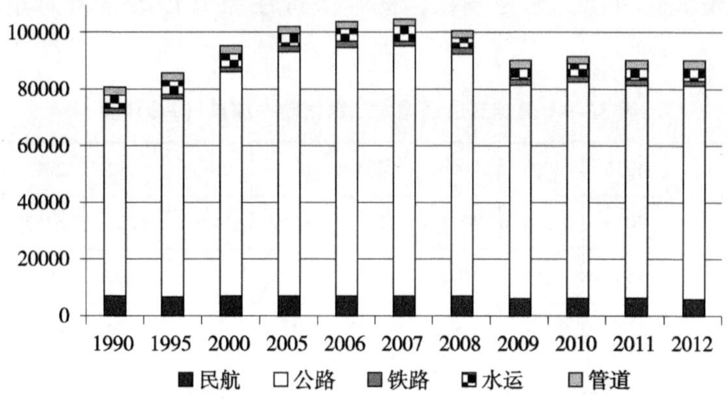

图 3－18　美国分运输方式能源消费量及构成图（万吨标煤）①

① 数据来源：DOT，《National Transportation Statistics 2015》

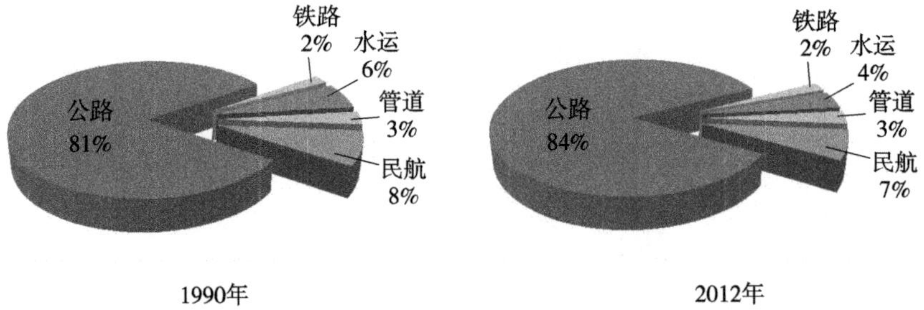

图 3-19　美国分方式能源消费构成变化图

从变化趋势分析，美国公路运输能耗呈现持续增长态势，2008 年开始有所回落，1990 年至 2012 年年均增长 0.7%，民航、铁路、水运、管道能源消耗则保持平稳，甚至个别年度出现负增长，1990 年至 2012 年的年均增长率分别为 -0.4%、0.5%、-1.8%、0.5%。

3.1.10　交通运输业二氧化碳排放总量

交通运输业二氧化碳排放量一直以来是美国二氧化碳排放总量的主要组成部分，2014 年美国交通运输业二氧化碳排放量为 18.07 亿吨，约占二氧化碳排放总量的 33.87%，交通运输业的二氧化碳排放量较 1990 年增长了 18.5%，比二氧化碳排放总量 11.8% 的增幅，多出了 6.7 个百分点。从变化趋势曲线可以看出，美国交通运输业二氧化碳排放与二氧化碳排放总量相比，更为平稳，基本保持在二氧化碳排放总量的 1/3 左右。

表 3-9　美国交通运输业二氧化碳排放量（百万吨）

年份	1990	1995	2000	2005	2010	2011	2012	2013	2014
总量	5039	5314	5761	5993	5576	5439	5227	5355	5406
交通运输业	1588	1681	1872	1986	1849	1818	1780	1807	1831
比重	31.5%	31.6%	31.9%	33.2%	33.16%	33.43%	34.05%	33.74%	33.87%

数据来源：EIA，《U. S. Energy - Related Carbon Dioxide Emissions, 2014》

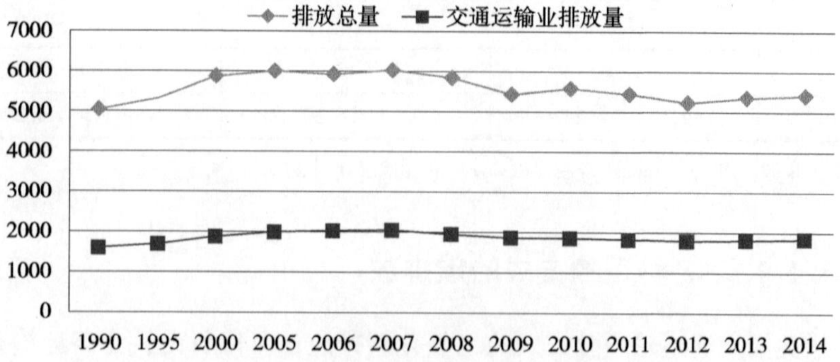

图 3－20　美国二氧化碳排放总量及交通运输业碳排放量（百万吨）

3.1.11　不同能源消耗产生的二氧化碳

从交通运输业不同能源消耗产生的二氧化碳排放构成来看，美国交通运输业排放的二氧化碳主要来自于石油消费，2013 年交通运输业因消耗石油产生的二氧化碳为 17.92 亿吨，约占美国交通运输业二氧化碳排放总量的 97.1%，天然气和其他能源消耗产生的二氧化碳为 2.2%。1990 年以来的数据显示，石油一直在美国交通运输业二氧化碳排放中处于主导地位。

表 3－10　美国交通运输业不同能源消耗产生的二氧化碳构成（百万吨）①

	天然气		石油		其他	
1990	36	2.3%	1548	97.5%	3	0.2%
1995	38	2.3%	1639	97.5%	3	0.2%
2000	36	1.9%	1833	97.9%	4	0.2%
2005	33	1.7%	1953	98.1%	5	0.3%
2006	33	1.6%	1984	98.1%	5	0.2%
2007	35	1.7%	1999	98.0%	5	0.2%
2008	37	1.9%	1895	97.8%	5	0.3%
2009	38	2.0%	1818	97.7%	5	0.3%
2010	38	2.0%	1836	97.7%	5	0.3%
2011	39	2.1%	1802	97.7%	4	0.2%
2012	41	2.3%	1774	97.5%	4	0.2%

① 其他指电力部门电力输送和分配过程消耗的电能和少量热量产生的二氧化碳。

续表

	天然气		石油		其他	
2013	49	2.7%	1792	97.1%	4	0.2%

数据来源：EIA，《Annual Energy Review》和能源统计报表

3.1.12 各种运输方式的碳排放

从美国交通运输业分方式的二氧化碳排放量可以看出，公路运输是美国交通运输业二氧化碳排放的主要来源，占交通运输业总排放量的80%以上，其次是航空运输，约占10%，水运、铁路和管道运输所占比例均较低。从变化趋势来看，1990－2012年，公路运输二氧化碳排放量的增幅最大，增长了约23.8%，其次是铁路运输，增幅约为14.5%，而水运和航空均出现不同程度的负增长。

表3－11 美国交通运输业分方式二氧化碳排放量（百万吨）

	公路	水运	航空	铁路	管道	合计
1990	1191	45	187	39	36	1497
占比	79.6%	3.0%	12.5%	2.6%	2.4%	100.0%
2012	1474	37	145	44	39	1739
占比	84.8%	2.1%	8.3%	2.5%	2.2%	100.0%
增幅	23.8%	-17.8%	-22.6%	14.5%	9.4%	16.2%

数据来源：DOT，《Transportation Energy Data Book Edition 33》

从份额构成看，公路由1990年的80%，增长到2012年的85%；而同期民航的份额则由12%降低到8%；铁路和水运的份额也有所下降。

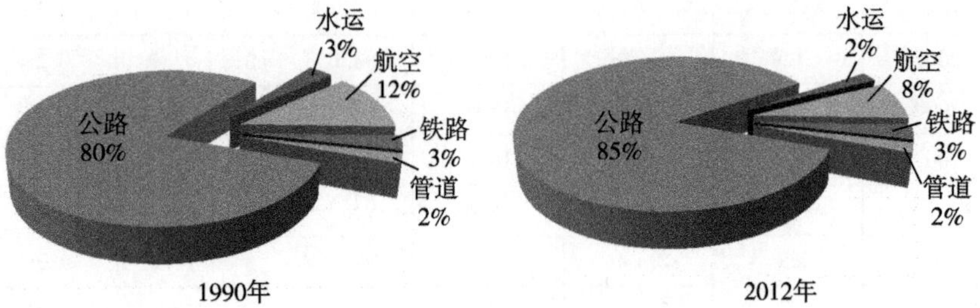

图3－21 1990、2012年美国分方式二氧化碳排放构成图

3.2　欧盟

3.2.1　欧盟概况

欧洲联盟（European Union）简称欧盟（EU），总部设在比利时首都布鲁塞尔，是由欧洲共同体发展而来的，欧盟是一个集政治实体和经济实体于一身、在世界上具有重要影响的区域一体化组织。自 2013 年克罗地亚加入欧盟后，目前欧盟成员国有 28 个[①]，（包括：奥地利、比利时、保加利亚、塞浦路斯、捷克、丹麦、爱沙尼亚、芬兰、法国、德国、希腊、匈牙利、爱尔兰、意大利、拉脱维亚、罗马尼亚、立陶宛、卢森堡、马耳他、荷兰、波兰、葡萄牙、斯洛伐克、斯洛文尼亚、西班牙、瑞典、英国、克罗地亚。

欧盟国土面积总计 438 万平方公里。2013 年，欧盟人口为 5.06 亿人，28 个成员国国内生产总值为 11.76 万亿欧元，人均国内生产总值为 23100 欧元。

2010 年 3 月，欧盟公布指引欧盟发展的“欧洲 2020 战略”，提出欧盟未来十年的发展重点和具体目标，同年 6 月，“欧洲 2020 战略”在欧盟峰会上通过，这是欧盟历史上第二份十年经济发展规划。

“欧洲 2020 战略”确定了欧盟未来发展的三个重点：即实现以知识和创新为基础的“智能增长”，以发展绿色经济、强化竞争力为内容的“可持续增长”以及以扩大就业和促进社会融合为基础的“包容性增长”。在该战略提出的五项核心目标中，明确提出到 2020 年将温室气体排放在 1990 年基础上削减 20%，将可再生能源使用比例提高至 20%，将能效提高 20%。

① 文中统计数据截止到 2012 年年底的统计口径为欧盟 27 国，部分 2013 年和 2014 年的数据统计口径为欧盟 28 国。

3.2.2 能源消费

3.2.2.1 消费总量及种类

1990 年至 2013 年间，欧盟终端能源消费量呈现相对稳定的趋势，从 1990 年的 15.41 亿吨标煤增长为 2013 年的 15.78 亿吨标煤，而自 2005 年起，能源消耗开始稍有降低，从整体来看，基本处于一个相对稳定的消费状态。1990 年至 2013 年欧盟终端能源消费总量及构成见图 3－22。

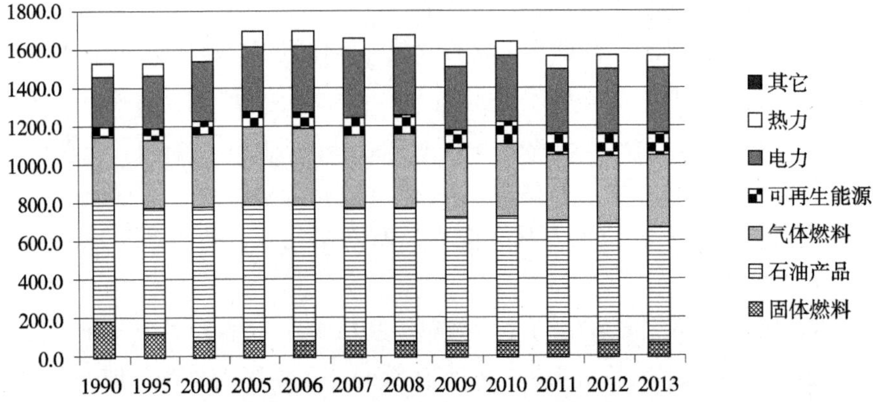

图 3－22 欧盟终端能源消费总量及分品类消费量（百万吨标煤）①

从能源消耗的燃料种类看，固体燃料的消耗自 1990 年的 1.79 亿吨减少为 2013 年的 0.68 亿吨，其中 1990 年至 2000 年之间降幅明显，相应的气体燃料和电力资源的消费分别从 1990 年的 3.27 亿吨、2.64 亿吨增加至 2014 年的 3.61 亿吨、3.44 亿吨。

从能源消费结构来看，自 2005 年起开始处于一个基本稳定的比例，石油是最主要的消费资源。2013 年石油燃料消费占能源消费总量的 39%，气体燃料消费占能源消费总量的 24%，电力消费占能源消费总量的 22%，可再生能源、固体燃料分别占 7%、4%。1990、2013 年各行业消费种类的比例关系见图 3－23。

① 数据来源：Eurostat（欧盟统计署），《EU energy in figures 2010－2015》

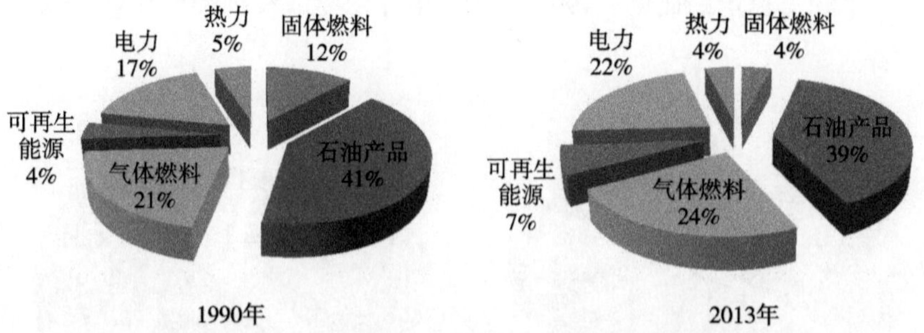

图 3－23　欧盟分品类能源消费比例变化图

3.2.2.2　按行业种类划分

从能源消耗的行业种类看，工业消耗的能源自 1990 年的 5.27 亿吨减少为 2013 年的 3.95 亿吨，减少了 25.0%，是各行业中能源消费降低最多的行业；而交通业的能源消费量从 1990 年的 4.02 亿吨增加至 2013 年的 4.98 亿吨，增加了 23.9%，是各行业中能源消费增量最多的行业，交通也成为目前能源消费最多的行业。

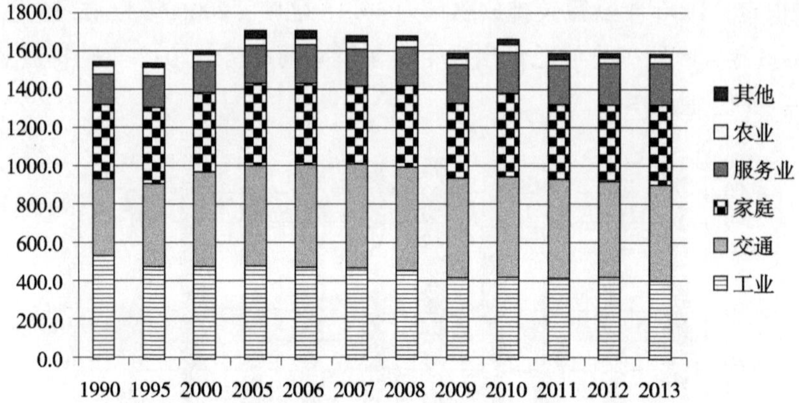

图 3－24　欧盟终端能源消费总量及分行业消费量（百万吨标煤）①

从行业能源消费的结构看，工业消耗的能源呈现降低的趋势，交通行业消耗的能源则上升较为明显，服务业耗能也有所增加，其他行业基本保持稳定。与分品类能源消费结构类似，分行业能源消费结构从 2005 年起也

① 数据来源：Eurostat（欧盟统计署），《EU energy in figures 2010－2015》

处于一个相对稳定的比例，1990、2013年各行业消费种类的比例关系见图3-25。

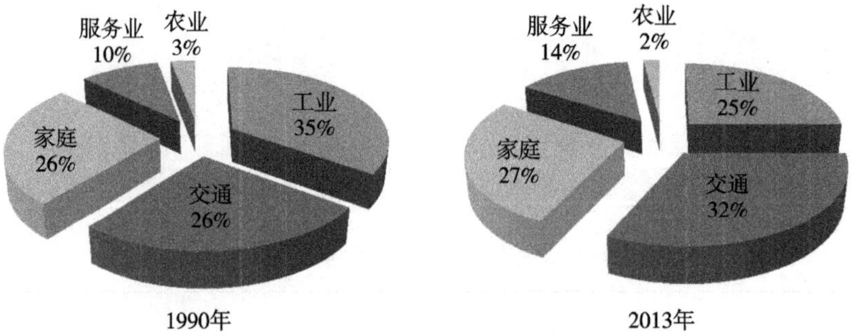

图3-25 欧盟分行业能源消费比例变化图

3.2.3 二氧化碳排放

3.2.3.1 碳排放总量

从二氧化碳排放总量看，欧盟碳排放总量自1990年至2012年间基本保持恒定，1990年欧盟碳排放总量为46.15亿吨，2006年为45.86亿吨，自2006年起欧盟碳排放总量出现了小幅下降的态势，2012年碳排放总量为39.95亿吨。

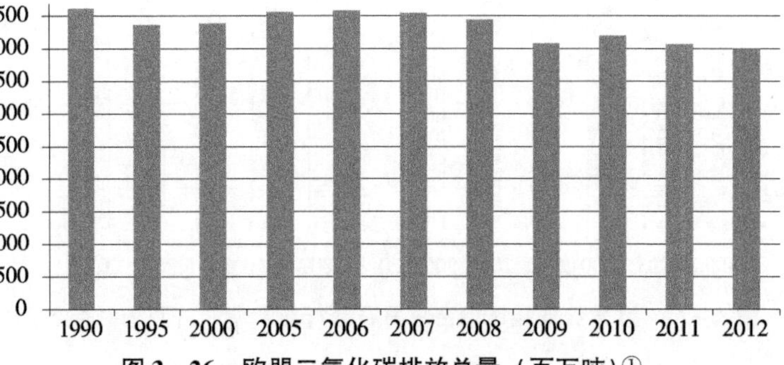

图3-26 欧盟二氧化碳排放总量（百万吨）①

---

① （1）数据来源：Eurostat（欧盟统计署），《EU energy in figures 2015》

（2）碳排放量不包括国际燃料排放的部分，该部分排放主要产生在交通运输行业涉及国际客货运输的部分。

3.2.3.2　分行业碳排放情况

从分行业的碳排放情况看，制造业和建筑业的碳排放总量下降最为显著，从 1990 年的 8.5 亿吨减少为 2012 年的 5.3 亿吨，降幅达 38%；交通运输业的碳排放增长则最为显著，从 1990 年的 7.7 亿吨增加为 2012 年的 8.8 亿吨，增幅达 15%，峰值曾达近 10 亿吨；其他行业的碳排放变化量相对较小。

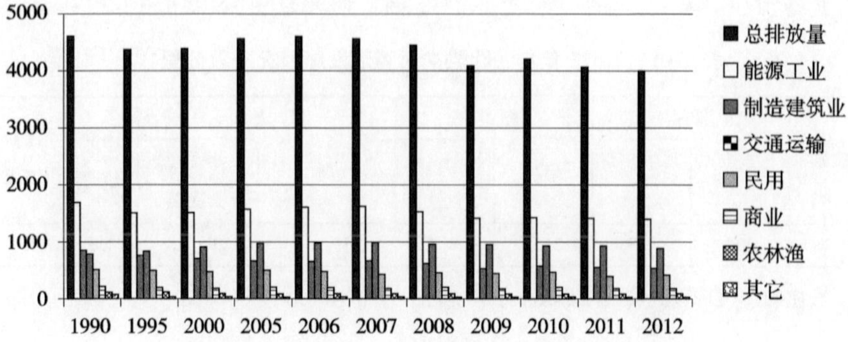

图 3－27　欧盟分行业二氧化碳排放量（百万吨）①

从碳排放的行业结构来看，自 2005 年起开始处于一个基本稳定的比例，能源工业和交通运输业是碳排放比重最大的两个行业，其次是制造业和建筑业。欧盟各主要行业的碳排放比例情况见图 3－28。

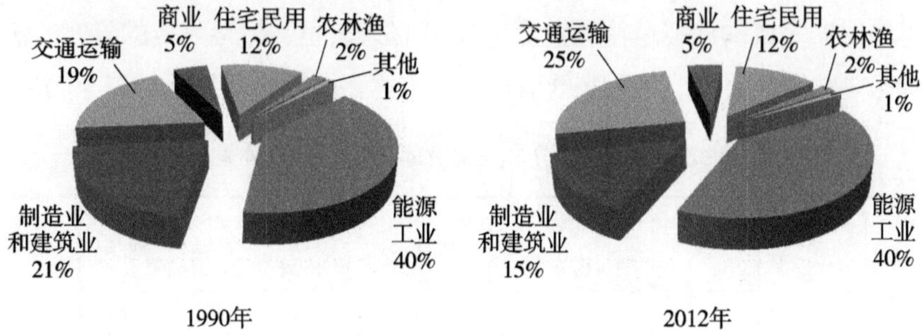

图 3－28　欧盟分行业碳排放比例变化图

① 数据来源：Eurostat，《EU energy and transport in figures 2014》、《EU transport in figures 2015》；其他里面包括燃料的散逸性排放和其他的碳排放较少的行业类型。

3.2.4 交通基础设施

截至2012年年底，欧盟共有公路合计500万公里，其中高速公路7.3万公里；铁路运营里程21.5万公里，其中电气化铁路11.6万公里，铁路电器化率53.7%；民用运输机场339个，其中年旅客吞吐量超过千万人次的有29个，年旅客吞吐量超过百万人次的有155个（含超过千万人次的29个机场）；内河航道总里程4.2万公里；输油管道总里程3.7万公里。

表3-12 2012年年底欧盟交通基础设施情况（万公里）①

类别	公路		铁路		民用机场		内河航道	输油管道
		其中：高速公路		其中：电气化铁路		其中：年吞吐量一千万人次以上		
	500	7.3	21.5	11.6	339	29	4.2	3.7

数据来源：Eurostat，《EU transport in figures 2015》（P33、81）

3.2.5 旅客运输

截至2013年年底，欧盟全社会旅客周转量为64650亿人公里，其中，小客车完成的旅客运输周转量为46720亿人公里，公共汽车和长途汽车完成的旅客运输周转量为5260亿人公里，铁路完成的旅客运输周转量为4240亿人公里，民航完成的旅客运输周转量为5830亿人公里，海运完成的旅客运输周转量为390亿人公里。近年来欧盟全社会旅客运输周转量情况见表3-13。

表3-13 欧盟分方式客运周转量（亿人公里）

	小客车	摩托车	公共汽车和长途客车	铁路	有轨电车和地铁	民航	海运	合计
1995	39350	1160	5030	3500	720	3480	440	53680
2000	43550	1080	5480	3720	780	4600	420	59630
2001	44540	1120	5470	3740	790	4550	420	60640
2002	45420	1140	5390	3660	800	4470	430	61320
2003	45860	1170	5430	3620	810	4660	430	61970

① Eurostat未统计欧盟输气管道数量。

续表

	小客车	摩托车	公共汽车和长途客车	铁路	有轨电车和地铁	民航	海运	合计
2004	46520	1210	5440	3690	830	4960	430	63070
2005	45910	1230	5410	3770	840	5300	420	62880
2006	46360	1230	5370	3890	860	5520	420	63660
2007	46900	1190	5490	3960	880	5750	430	64600
2008	46980	1240	5540	4110	910	5630	430	64860
2009	47740	1220	5340	4040	910	5250	430	64920
2010	47170	1230	5280	4050	920	5390	400	64450
2011	46980	1250	5300	4150	930	5800	390	64800
2012	46140	1260	5240	4200	950	5740	420	63940
2013	46720	1250	5260	4240	950	5830	390	64650
1995 - 2013	18.7%	7.8%	4.6%	21.1%	31.9%	67.5%	-11.4%	20.7%
年均	1.0%	0.4%	0.3%	1.2%	1.8%	3.8%	-0.6%	1.2%
2000 - 2013	7.3%	15.7%	-4.0%	14.0%	21.8%	26.7%	-7.1%	8.7%
年均	0.6%	1.2%	-0.3%	1.1%	1.7%	2.1%	-0.5%	0.7%
2012 - 2013	1.3%	-0.8%	0.4%	1.0%	0.0%	1.6%	-7.1%	-0.2%

数据来源：Eurostat，《EU transport in figures 2015》

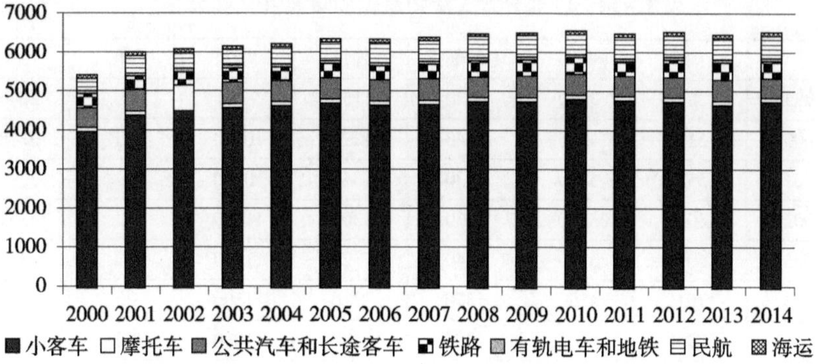

图 3－29　欧盟旅客运输周转量和分方式周转量（亿人公里）①

---

① 数据来源：Eurostat，《EU transport in figures 2015》

从各种运输方式的货物运输周转量所占的比重来看，小客车占据了很大比例的旅客运输市场份额，其次是民航、公共汽车和长途客车。1995、2013年各种运输方式的货物运输所占的比例见图3－30，总体上看，各种运输方式所占的份额变化不大。

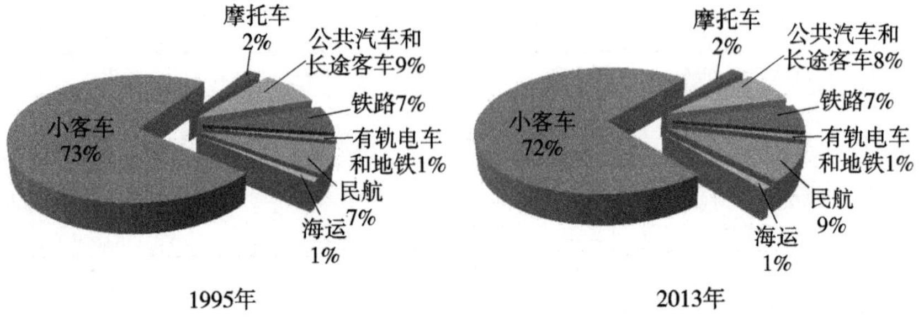

图3－30　1995、2013年欧盟各方式客运周转量比例图

3.2.6　货物运输

截至2013年年底，欧盟全社会货物周转量为34810亿吨公里，其中，公路货物运输周转量为17190亿吨公里，铁路货物运输周转量为4070亿吨公里，内河航道货物运输周转量为1530亿吨公里，管道货物运输周转量为1120亿吨公里，海运货物运输周转量为10890亿吨公里，民航货物运输周转量为20亿吨公里。近年来欧盟全社会货物周转量情况见表3－14。

表3－14　欧盟分方式货物运输周转量（亿吨公里）①

	公路	铁路	内河航道	管道	海运	民航	合计
1995	12890	3880	1220	1150	9300	20	28460
2000	15190	4050	1340	1270	10670	20	32450
2001	15530	3880	1330	1340	10830	20	32920
2002	16030	3860	1330	1300	11000	20	33530
2003	16080	3940	1240	1320	11190	20	33780
2004	17510	4190	1370	1330	11590	20	36010
2005	17950	4160	1390	1380	11980	20	36870

① 2015年的欧盟统计中海运的货物运输周转量进行了全面的修正，因为2015年欧盟对海域的距离等进行了更加精确的测量，导致海上运输的数据发生了比较大的变化。上面的数据是最新修正过的周转量。

续表

	公路	铁路	内河航道	管道	海运	民航	合计
2006	18580	4380	1390	1370	12240	20	37980
2007	19250	4520	1450	1280	11900	20	38430
2008	18910	4430	1460	1250	11640	20	37710
2009	17000	3640	1310	1220	10620	20	33800
2010	17550	3940	1560	1210	11180	20	35460
2011	17440	4220	1420	1180	11330	20	35620
2012	16930	4070	1500	1150	11130	20	34800
2013	17194	4063	1527	1118	10886	20	34810
1995 - 2013	33.4%	4.7%	25.2%	-2.8%	17.1%	0.0%	22.3%
年均	1.9%	0.3%	1.4%	-0.2%	0.9%	0.0%	1.2%
2000 - 2013	13.2%	0.3%	14.0%	-12.0%	2.0%	0.0%	7.3%
年均	1.0%	0.0%	1.1%	-0.9%	0.2%	0.0%	0.6%
2012 - 2013	1.6%	-0.2%	1.8%	-2.8%	-2.2%	0.0%	0.0%

数据来源：Eurostat，《EU transport in figures 2015》

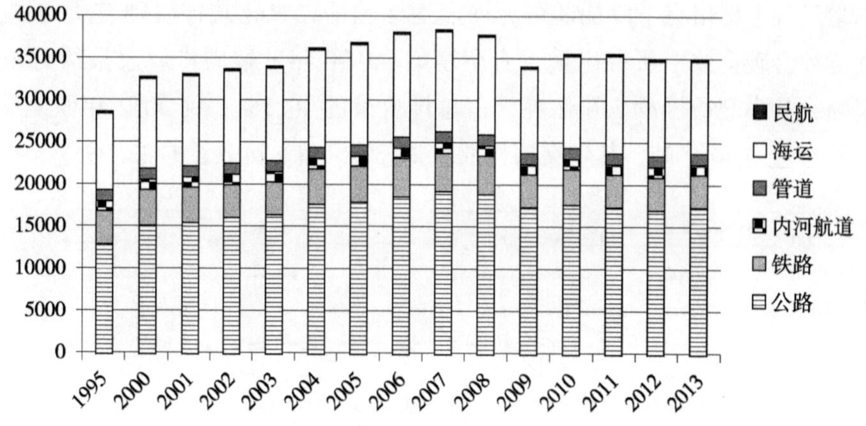

图 3－31　欧盟货物运输周转量和分方式周转量（亿吨公里）①

从各种运输方式的货物运输周转量所占的比重来看，公路运输和海运

① 数据来源：Eurostat，《EU transport in figures 2015》

占据了绝大部分的市场份额，铁路基本占据10%的市场份额，内河水运、管道和民航的货运市场份额相对较小。1995、2013年各种运输方式的货物运输所占的比例见图3-32。

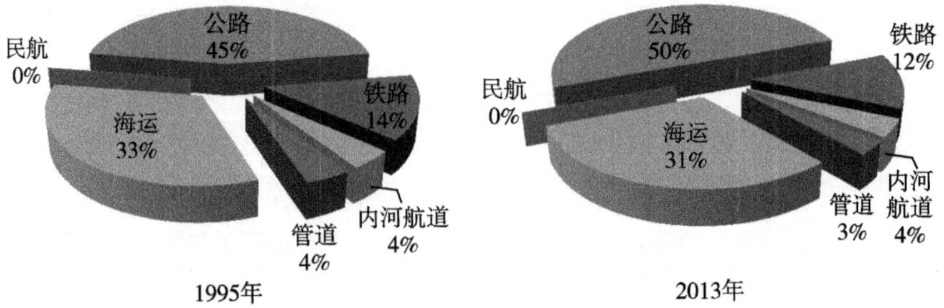

图3-32　1995、2013年欧盟各方式货运周转量比例图

3.2.7　交通运输业碳排放

从碳排放总量和分行业碳排放的统计数据来看，交通运输业在碳排放总量中占据了很大的比重，2012年欧盟交通运输业碳排放总量约8.8亿吨，在碳排放中占23.7%的份额（若包含国际运输部分，则交通运输业的碳排放总量占总排放量的29.0%）。1990至2012年间，欧盟二氧化碳排放总量呈现平稳略有下降的趋势，而交通运输的二氧化碳排放则有所增加，在全社会碳排放中所占比重也有所增加。1990年欧盟碳排放总量约为46亿吨，其中交通排放7.6亿吨，占总排放量的16.5%；到2012年欧盟碳排放总量约40亿吨，其中交通排放9.2亿吨，占总排放量的22.9%。

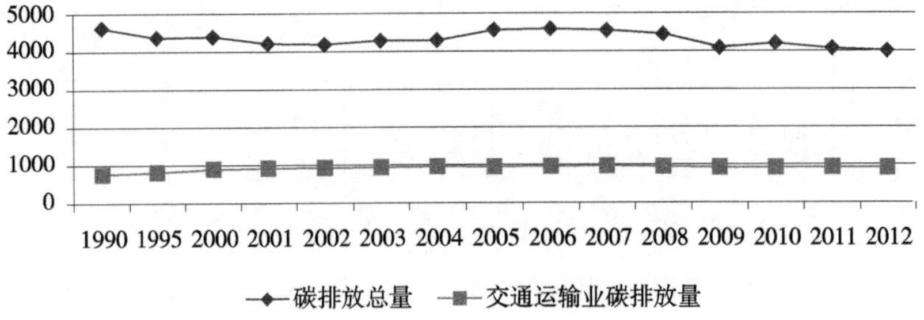

图3-33　欧盟二氧化碳排放情况

在交通运输行业中，不同的交通运输方式碳排放情况也不同，公路运输在欧洲占据客货运输的主要市场份额，相应的公路运输的碳排放量也占据交通运输业的首位。1990 年公路运输的碳排放量为 7.1 亿吨，2007 年一度增长为 9.2 亿吨，2012 年公路运输的碳排放量为 8.3 亿吨，比 1990 年增长了 17%。其他运输方式的碳排放量数值也有不同幅度的增长。交通运输业的总碳排放量和分运输方式的碳排放量及变化情况见图 3－34。

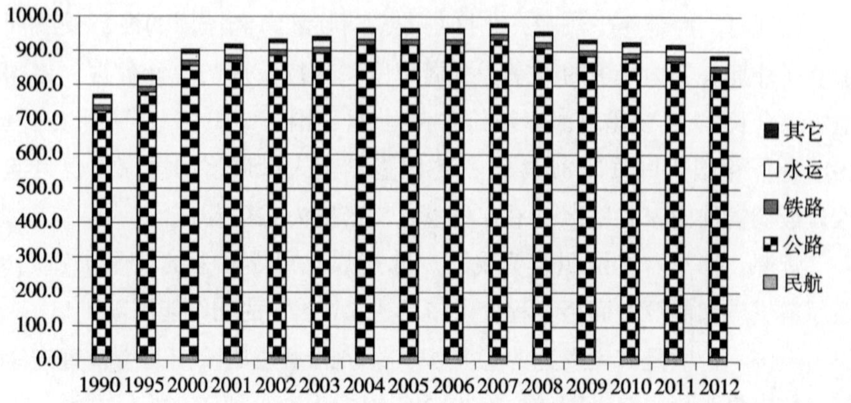

图 3－34　欧盟交通运输业碳排放总量和分方式排放量（百万吨）①

从交通运输方式碳排放结构来看，公路的碳排放占据了绝大部分的份额，其他运输方式碳排放所占比重均较小，1990、2012 年分交通运输方式碳排放比例变化见下图，从变化趋势看，公路运输排放有所下降，而民排放则有所增加。

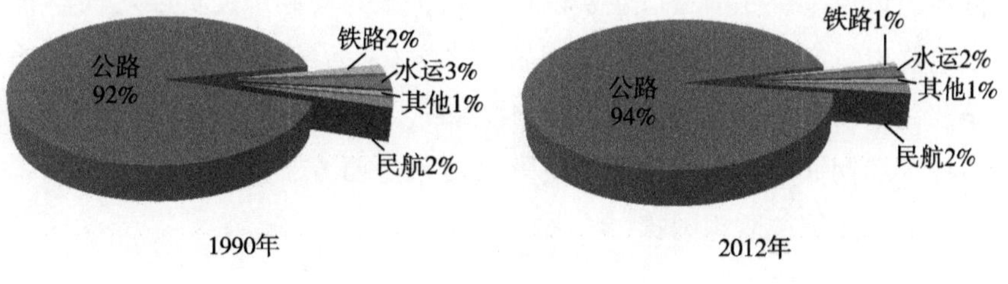

图 3－35　1990、2012 年欧盟分方式碳排放比例图

① 数据来源：Eurostat，《EU transport in figures 2015》备注：交通统计与能源统计数据略有差异；民航运输和水运均扣除了国际部分；其他包括管道运输、港口和机场的地面运输、非公路的运输行为等其他交通运输产生的碳排放。

3.3 德国

3.3.1 德国概况

德国位于欧洲中部，东邻波兰、捷克，南毗奥地利、瑞士，西接荷兰、比利时、卢森堡、法国，北接丹麦，濒临北海和波罗的海，是欧洲除俄罗斯外拥有邻国最多的国家。根据德国联邦统计局的统计数据，德国陆地边界全长3757公里，海岸线长2389公里，国土面积35.71万平方公里，2012年，德国人口总计8184万，德国是欧盟人口最多的国家，也是欧洲人口最稠密的国家之一，每平方公里人口密度为229人。

资源：德国自然资源较为贫乏，除硬煤、褐煤和盐的储量丰富之外，在原料供应和能源方面很大程度上依赖进口，2/3的初级能源需进口。

经济：德国是高度发达的工业国，经济总量位居欧洲首位，曾连续六年保持世界头号出口大国地位。2012年国内生产总值25926亿欧元；人均国内生产总值31679欧元。

对外贸易：德国是世界贸易大国，同世界上230多个国家和地区保持贸易关系，全国近1/3的就业人员从事出口工作。1986~1990年，德国的出口额曾为世界第一，从1991年起低于美国，自2003年起又成为世界第一，并连续六年保持世界第一出口大国的地位。2009年，中国取代德国成为世界出口冠军。德国出口业素以质量高、服务周到、交货准时而享誉世界。主要出口产品有汽车、机械产品、化学品、通信技术、供配电设备和医学及化学设备。主要进口产品有化学品、汽车、石油、天然气、机械、通信技术和钢铁产品。德国的主要贸易对象是西方工业国，其中进出口一半以上来自或销往欧盟国家。

3.3.2 能源消费

3.3.2.1 消费总量及种类

近年来，德国的能源消费量保持基本稳定，1990年德国能源消费总量约为3.3亿吨标煤，2006年达到峰值全国能源消费总量为3.3亿吨标煤，之后处于一个稳定略有下降的消费状态，2013年德国能源消费总量约为

3.1亿吨标煤，消费总量与上年相比基本恒定。

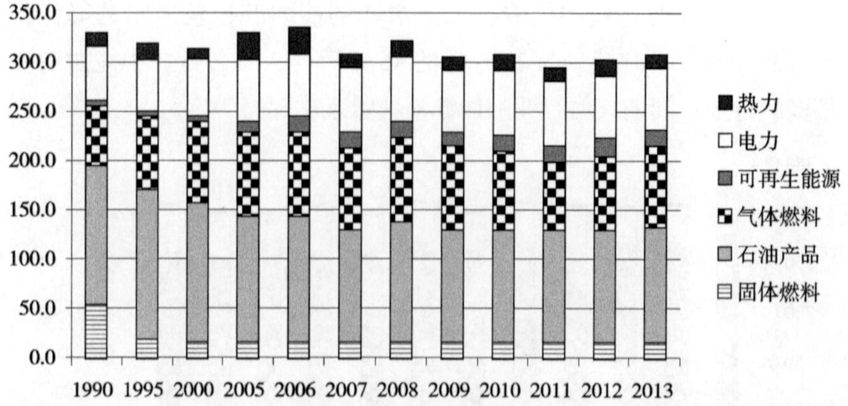

图3－36　德国终端能源消费情况（百万吨标煤）①

从能源消耗的燃料种类看，固体燃料的消耗自1990年的53.1百万吨减少为2012年的13.7百万吨，其中1990年至2000年之间降幅明显。气体燃料、可再生能源和电力资源的消费分别从1990年的61.3百万吨、4.3百万吨、55.9百万吨增加至2012年的75.5百万吨、18.8百万吨、64.6百万吨。

从能源消费结构来看，石油产品是消费量最大的能源种类，气体和电力的消费量基本保持平稳，其他能源消费所占比重较小。1990年、2013年分品类终端能源消费比例变化见图3－37。从变化趋势来看，固体燃料消费比例有一个较大幅度的减少，其他品类相对稳定。

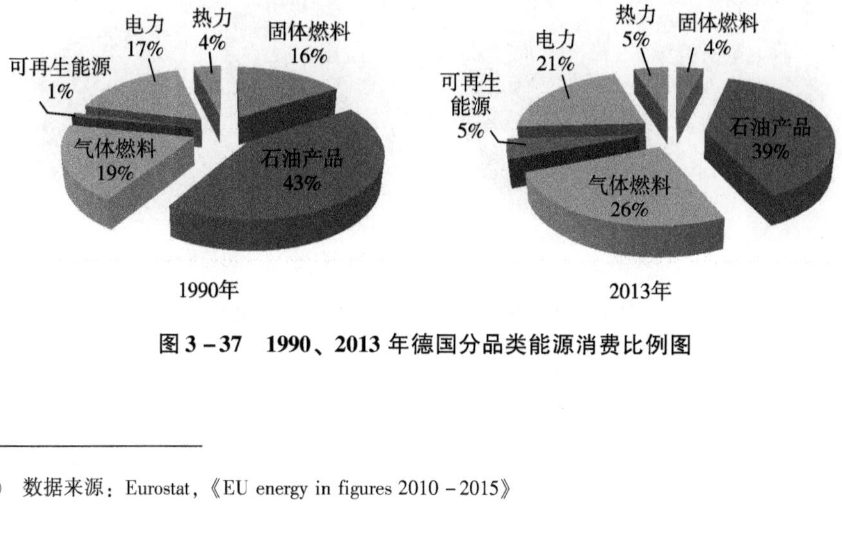

图3－37　1990、2013年德国分品类能源消费比例图

① 数据来源：Eurostat，《EU energy in figures 2010－2015》

3.3.2.2 按行业种类划分

从能源消耗的行业种类看，工业消耗的能源有比较大幅的降低，自1990年的10600万吨减少为2013年的8670万吨，是各行业中能源消费降低最多的行业；同期其他行业的能源消费量基本保持恒定。

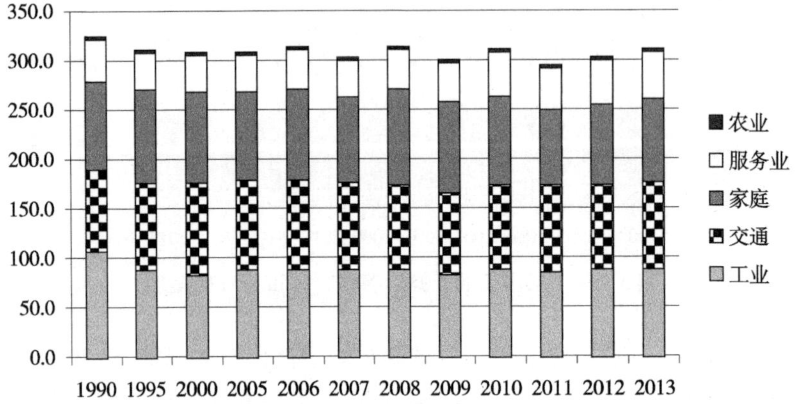

图3-38 德国能源消费情况（百万吨标煤）①

从行业能源消费的结构看，工业能源消耗比重呈现降低的趋势，交通行业的能源消耗比重则呈现上升的趋势，其他行业基本保持稳定，整体的消费结构从2005年起也处于一个相对稳定的比例，1990、2013年分行业消费比例见图3-39。

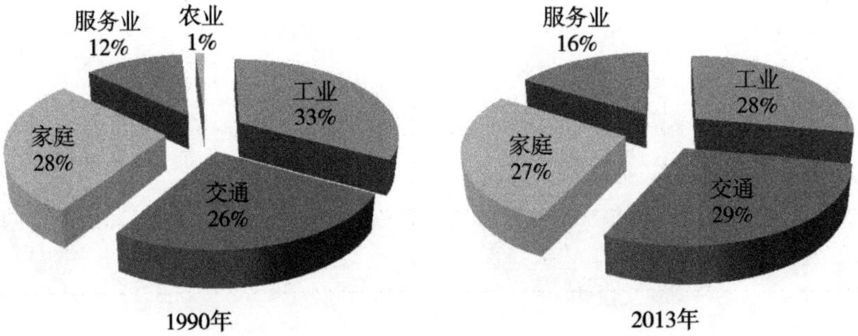

图3-39 德国分行业能源消费比例变化图

① 数据来源：Eurostat，《EU energy in figures 2010-2015》

3.3.3　二氧化碳排放

3.3.3.1　碳排放总量

近年来，德国的碳排放总量基本呈现逐步下降的趋势，1990 年德国碳排放总量为 10.55 亿吨，2012 年碳排放量降至 8.55 亿吨，降幅达 17%。

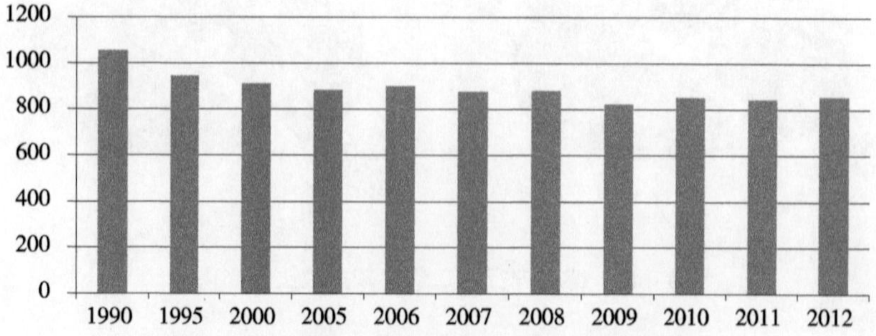

图 3-40　德国二氧化碳排放总量（百万吨）①

3.3.3.2　分行业碳排放情况

从分行业的碳排放情况看，制造业和建筑业的碳排放总量下降最为显著，从 1990 年的 1.5 亿吨减少为 2012 年的 1.1 亿吨，降幅达 26%，其他行业的碳排放变化量相对较小。

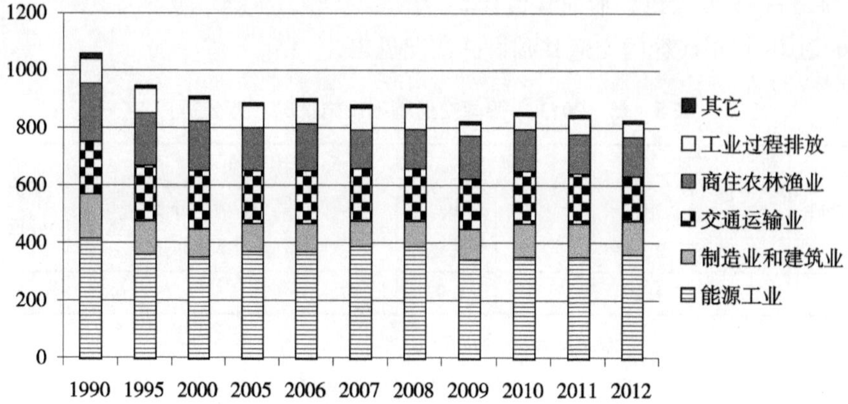

图 3-41　德国二氧化碳排放量（百万吨）②

① 数据来源：Eurostat，《EU energy in figures 2015》

② 数据来源：Eurostat，《EU energy and transport in figures 2014》、《EU transport in figures 2015》

从碳排放的行业结构来看，德国分行业的碳排放比例变化较小，能源工业和交通运输业是碳排放比重最大的两个行业，其次是制造业和建筑业，1990、2012 年分行业的碳排放比例关系见图 3 -42。

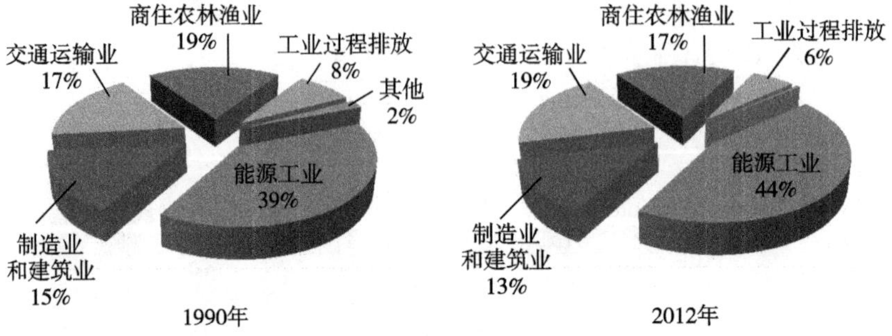

图 3 -42　德国分行业二氧化碳排放比例变化图

3.3.4　交通基础设施

截至 2013 年年底，德国拥有公路 23.05 万公里（其中高速公路 1.29 万公里，主要干线公路 3.96 万公里，支线或区域公路 17.80 万公里），铁路 3.34 万公里（其中电气化铁路 1.99 万公里，占铁路总里程的 59.4%），民用运输机场 27 个（其中年旅客吞吐量超过一千万人次的机场 5 个），内河航道 0.77 万公里，输油管道 0.24 万公里。

2013 年年底德国交通基础设施情况见表 3 -15。

表 3 -15　2013 年德国交通基础设施情况（万公里）

类别	公路		铁路		民用机场		内河航道	输油管道
		其中：高速公路		其中：电气化铁路		其中：年吞吐量一千万人次以上		
	23.05	1.29	3.34	1.99	27	5	0.77	0.24

数据来源：Eurostat，《EU transport in figures 2015》

备注：Eurostat 未统计德国输气管道数量，内河航道和输油管道的数据为 2012 年年底的调查数据。

3.3.5　旅客运输

截至 2013 年年底，德国全社会旅客周转量为 10655 亿人公里，其中，小客车完成的旅客运输周转量为 8993 亿人公里，公共汽车和长途客车完成的旅客运输周转量为 605 亿人公里，铁路完成的旅客运输周转量为 890 亿人公里，有轨电车和地铁完成的旅客运输周转量为 167 亿人公里。

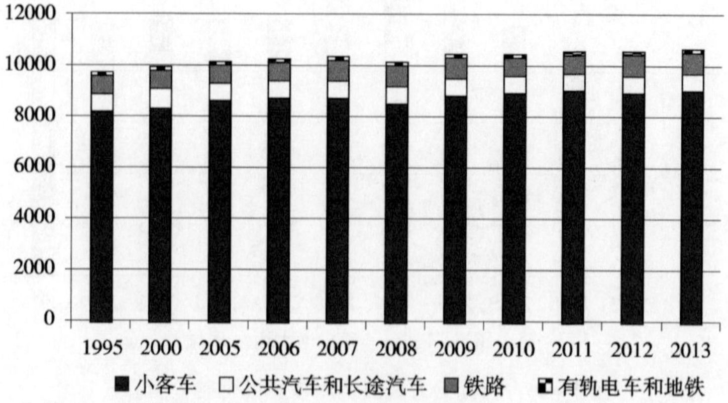

图 3－43　德国分方式客运周转量（亿人公里）①

从各种运输方式的货物运输周转量所占的比重来看，小客车占据了很大比例的旅客运输市场份额，其次是铁路、公共汽车和长途客车。1995、2013 年各种运输方式的货物运输所占的比例见下图，近十几年来，各种运输方式所占份额基本维持不变。

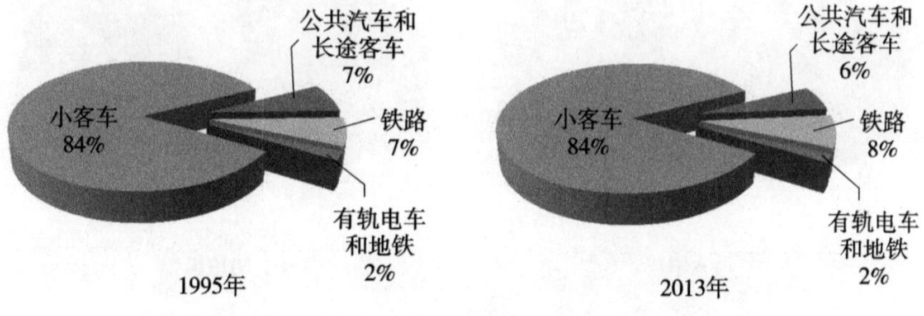

图 3－44　1995、2013 年德国各方式客运周转量比例图

3.3.6　货物运输

截至 2013 年年底，德国全社会货物周转量为 4966 亿吨公里，其中，公路货物运输周转量为 3057 亿吨公里，铁路货运周转量为 1126 亿吨公里，内河水

---

① 数据来源：Eurostat，《EU transport in figures 2013－2015》

运货物周转量为601亿吨公里，输油管道货物运输周转量为182亿吨公里。

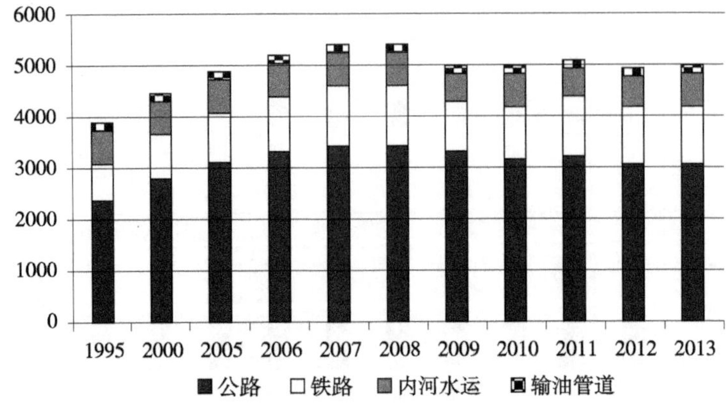

图3-45　德国分方式货运周转量（亿吨公里）①

从各种运输方式的货物运输周转量所占的比重来看，公路运输占据了绝大部分的市场份额，铁路约占大约20%的市场份额，内河水运约占10%的市场份额。1995、2013年各种运输方式的货物运输所占的比例见图3-46，其中铁路有所增加，水运有所下降，公路和管道运输所占份额基本保持稳定。

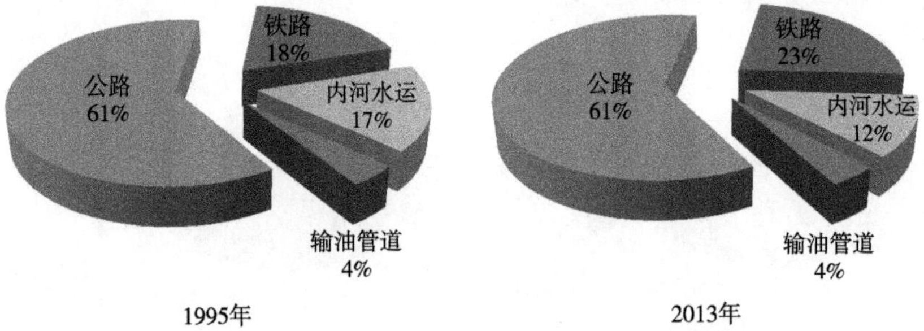

图3-46　1995、2013年德国各方式货运周转量比例图

3.3.7　交通运输业碳排放

从碳排放总量和分行业碳排放历年统计情况可以看出，交通运输业在德国的碳排放总量中占20%。自1990至2012年德国二氧化碳排放总量呈现稳步下降态势，1990年为10.55亿吨，到2012年下降为8.55亿吨，同

① 数据来源：Eurostat，《EU transport in figures 2013-2015》

期交通运输业碳排放则基本持平，1990 年为 1.82 亿吨，到 2012 年为 1.87 亿吨，交通运输业在总排放中的比例则由 1990 年的 17.3% 上升到 2012 年的 21.9%。

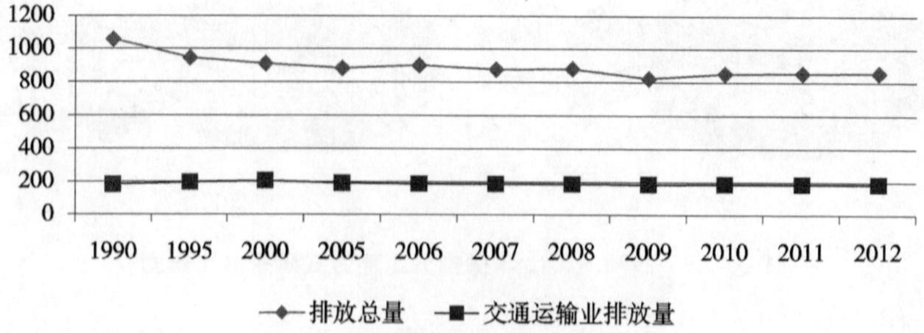

图 3-47　德国二氧化碳排放情况①

在交通运输行业中，不同的交通运输方式碳排放情况也不同，公路运输在德国占据客货运输的主要市场份额，相应的公路运输的碳排放量也占据交通运输业的首位，2012 年德国交通运输业碳排放总量为 1.87 亿吨，其中公路运输的碳排放量为 1.45 亿吨，民航运输的碳排放量为 0.27 亿吨。交通运输业的总碳排放量和分运输方式的碳排放量及变化情况见图 3-48。

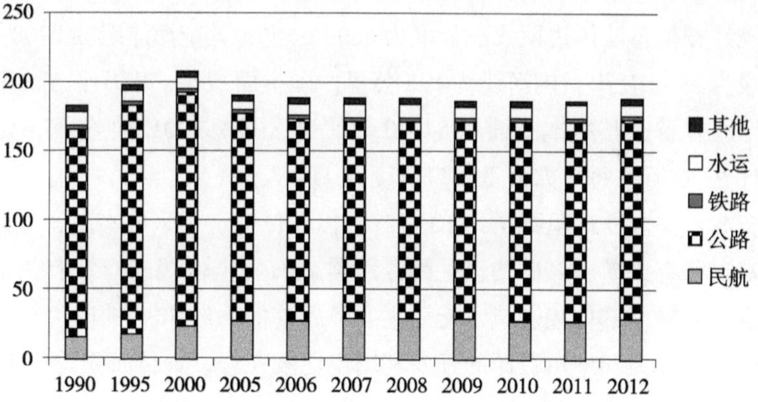

图 3-48　历年德国交通运输业二氧化碳排放量（百万吨）

从交通运输方式碳排放结构来看，公路的碳排放占据了较大的比重，其次是民航和水运，铁路和其他交通方式碳排放所占比重较小，从发展的

① 数据来源：Eurostat，《EU transport in figures 2010 - 2015》

过程来看，公路运输所占比重降低，同期民航运输比重增加。1990、2012年分运输方式碳排放比例关系见图3－49。

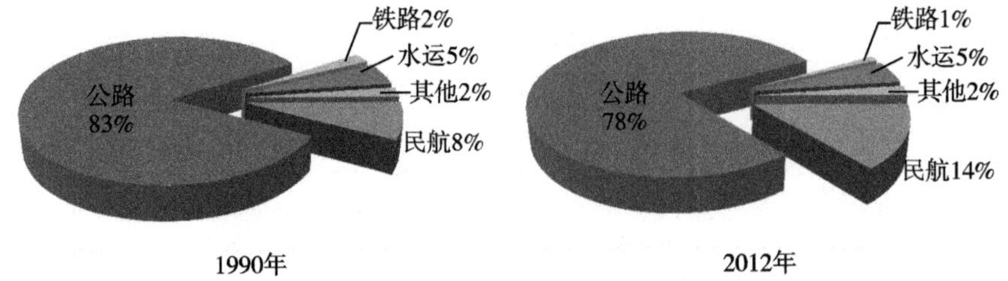

图3－49　1990、2012年德国分运输方式碳排放比例图

3.4　法国

3.4.1　法国概况

法国位于欧洲西部，与比利时、卢森堡、德国、瑞士、意大利、西班牙、安道尔、摩纳哥接壤，西北隔拉芒什海峡与英国相望。根据法国统计局的统计资料，法国边境线总长度为5695公里，其中海岸线为2700公里，陆地线为2800公里，内河线为195公里。国土面积63.28万平方公里（包括4个海外省，其中本土面积54.40万平方公里）。2012年年底，法国人口总计6346万，每平方公里人口密度为117人。

资源：法国铁矿蕴藏量约10亿吨，但品位低、开采成本高，煤储量几近枯竭，所有铁矿、煤矿均已关闭，所需矿石完全依赖进口。有色金属储量很少，几乎全部依赖进口。能源主要依靠核能，约78%的电力靠核能提供。此外，水力和地热资源的开发利用也比较充分。森林面积约1556.5万公顷，覆盖率28.6%。

经济：法国是最发达的工业国家之一，在核电、航空、航天和铁路方面居世界领先地位。2012年法国国内生产总值19966亿欧元，人均国内生产总值31462欧元。

对外贸易：法国与世界各大地区和100多个国家有贸易往来，是世界第五大出口国和第六大进口国。近年来，法政府把促进出口作为带动经济增长的重要手段，在保持和扩大原有国际市场的同时，积极开发拉美、亚太等地区的新市场。法国进口商品主要有能源和工业原料等，出口商品主要有机械、汽车、化工产品、钢铁、农产品、食品、服装、化妆品等，法国对外贸易的 70% 在欧洲国家内部进行，美国是法国在欧盟之外的最大贸易伙伴。

3.4.2　能源消费

3.4.2.1　消费总量及种类

近 20 余年来，法国的能源消费量呈现小幅增长的趋势，1990 年法国能源消费量约为 1.94 亿吨标煤，2013 年能源消费量约为 2.17 亿吨标煤。法国能源消费增长基本出现在 1990 ~ 2005 间，自 2001 年起法国的能源消费开始保持一个基本固定的数值范围，能源消费量基本不再增加，处于一个小幅下降的消费状态。

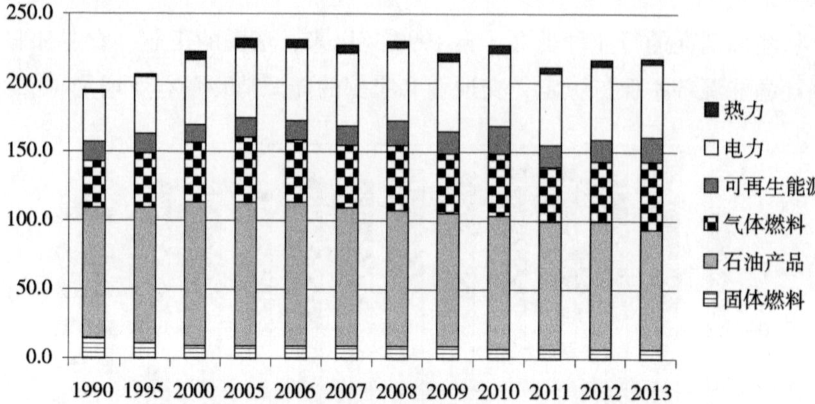

图 3 – 50　法国终端能源消费构成（百万吨标煤）①

从能源消耗的燃料种类看，固体燃料的消耗自 1990 年的 1230 万吨减少为 2013 年的 5.6 百万吨，其中 1990 年至 2000 年之间降幅明显。气体燃料、可再生能源和电力资源的消费分别从 1990 年的 33.7 百万吨、14.0 百万吨、37.1 百万吨增加至 2013 年的 47.2 百万吨、18.1 百万吨、54.1 百万吨。

① 数据来源：Eurostat（欧盟统计署），《EU energy in figures 2010 – 2015》；包含四个海外省数据，下同。

从能源消费结构来看，石油产品是消费量最大的能源种类，气体和电力的消费量基本保持平稳增长，其他能源消费所占比重较小。1990 年、2013 年分品类终端能源消费比例变化见图 3 - 51。从变化趋势来看，自 2005 年起，各类能源消费开始处于一个基本稳定的比例。

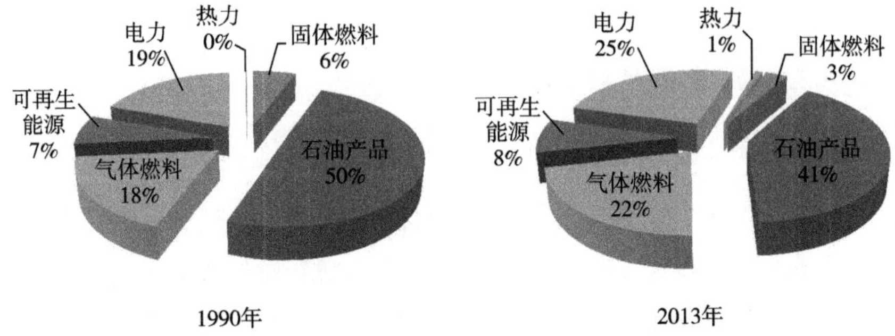

图 3 - 51　1990、2013 年法国分品类能源消费比例图

3.4.2.2　按行业种类划分

从能源消耗的行业种类看，自 1990 年以来，法国的工业、农业和服务业消耗的能源基本保持恒定；交通业和家庭的能源消费量有所增加。

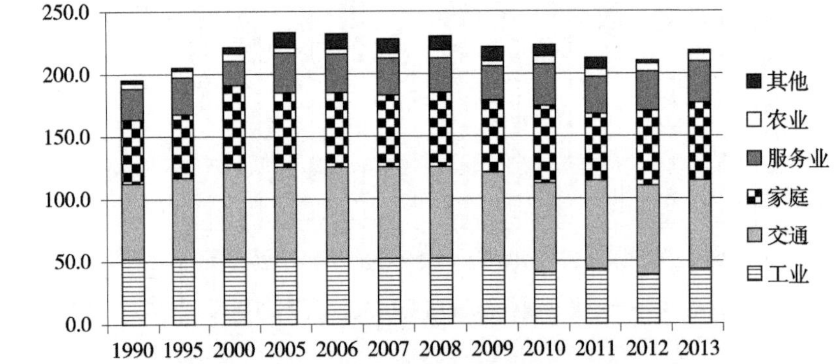

图 3 - 52　法国能源消费情况（百万吨标煤）①

从行业能源消费的结构看，由于交通业和家庭能源消费的增加，其在整个能源消费中所占的比例相对有所提升，其他消费量基本恒定的行业所占比例也略有降低，变化幅度不大，整体的消费结构从 2005 年起也

① 数据来源：Eurostat（欧盟统计署），《EU energy in figures 2010 - 2015》

处于一个相对稳定的比例，1990、2013年分行业能源消费比例关系见图3-53。

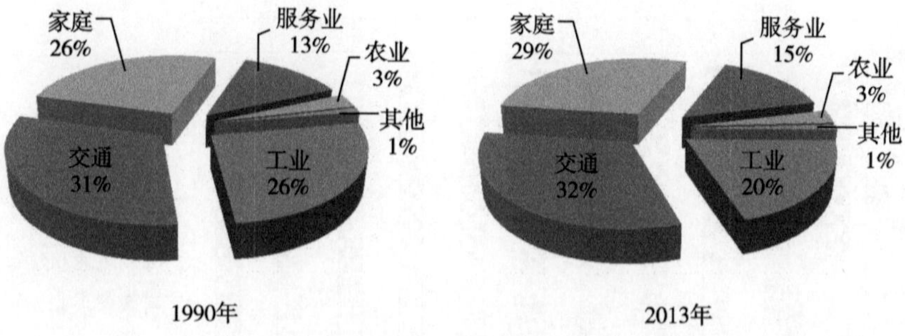

图3-53　法国分行业能源消费比例变化图

3.4.3　二氧化碳排放

3.4.3.1　碳排放总量

近年来，法国的碳排放总量呈现基本稳定的趋势，2012年碳排放量为3.87亿吨，自2005年达到峰值后逐年降低，2012年碳排放总量相比1990年降低了2530万吨。

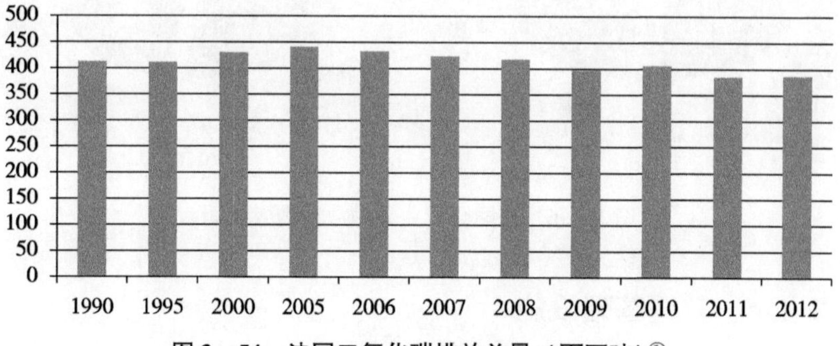

图3-54　法国二氧化碳排放总量（百万吨）[①]

3.4.3.2　分行业碳排放情况

从分行业的碳排放情况看，法国各行业的碳排放变化较小，其中交通运输业的碳排放在部分年度增加最为显著，从1990年的1.3亿吨增加为2010年的1.5亿吨，增幅达16%，但从2010年起，法国的总碳排放量有

① 数据来源：Eurostat,《EU energy in figures 2015》

所放缓，交通运输业的碳排放量也有了小幅回落。其他行业的碳排放变化量相对较小。

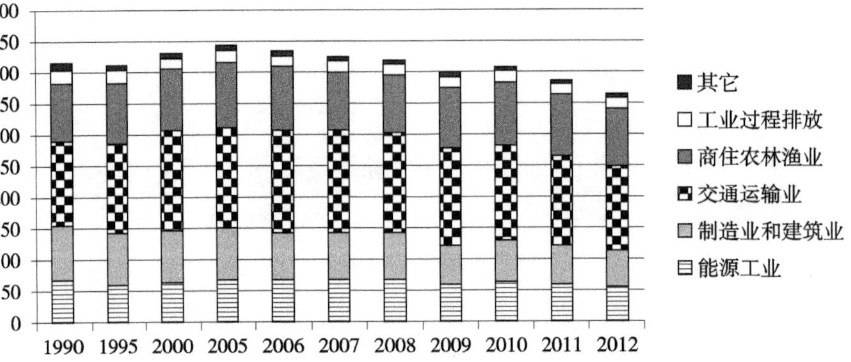

图3-55 法国二氧化碳排放量（百万吨）①

从碳排放的行业结构来看，法国分行业的碳排放比例变化较小，交通运输业是碳排放比重最大的行业，其次是能源工业、制造业和建筑业。

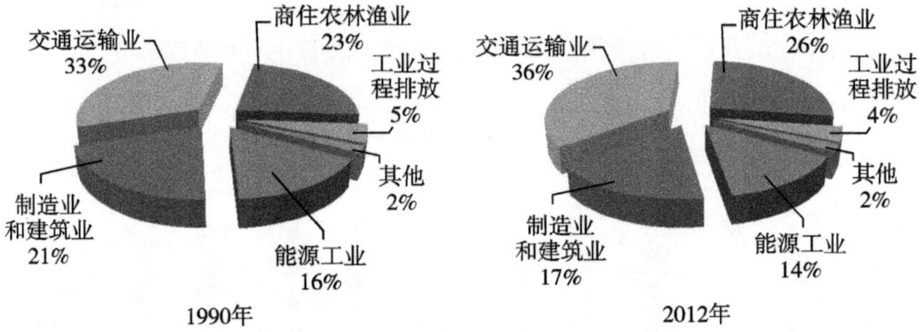

图3-56 法国分行业碳排放比例变化图

3.4.4 交通基础设施

截至2013年年底，法国拥有公路106.56万公里（其中高速公路1.15万公里，主要干线公路0.98万公里，支线或区域公路37.80万公里，其他公路66.63万公里），铁路3.06万公里（其中电气化铁路1.66万公里，占铁路总里程的54.2%），民用运输机场49个（其中年旅客吞

① 数据来源：Eurostat，《EU energy and transport in figures 2014》、《EU transport in figures 2015》

吐量超过一千万人次的机场3个），内河航道0.50万公里，输油管道0.75万公里。

2013年年底法国交通基础设施情况见表3－16。

表3－16　2013年法国交通基础设施情况（万公里）

类别	公路	其中：高速公路	铁路	其中：电气化铁路	民用机场	其中：年吞吐量一千万人次以上	内河航道	输油管道
	106.56	1.15	3.06	1.66	49	3	0.50	0.75

数据来源：Eurostat，《EU transport in figures 2015》；Eurostat未统计法国输气管道数量，内河航道和输油管道的数据为2012年年底的调查数据。

3.4.5　旅客运输

截至2013年年底，法国全社会旅客周转量为9604亿人公里，其中，小客车完成的旅客运输周转量为8055亿人公里，公共汽车和长途客车完成的旅客运输周转量为523亿人公里，铁路完成的旅客运输周转量为874亿人公里，有轨电车和地铁完成的旅客运输周转量为152亿人公里。

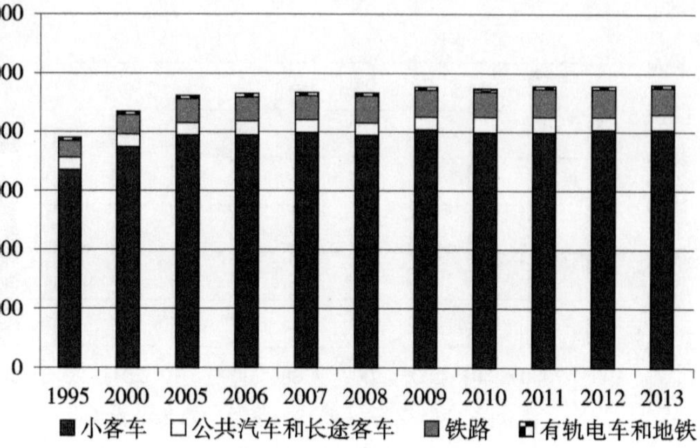

图3－57　法国分方式客运周转量（亿人公里）①

从各种运输方式的货物运输周转量所占的比重来看，小客车占据了很大

① 数据来源：Eurostat，《EU transport in figures 2013－2015》

比例的旅客运输市场份额，其次是铁路、公共汽车和长途客车。1995、2013年各种运输方式的货物运输所占的比例见图3－58，总体上看，各方式所占份额变化不大，其中小客车略有降低，而铁路所占份额则有所增加。

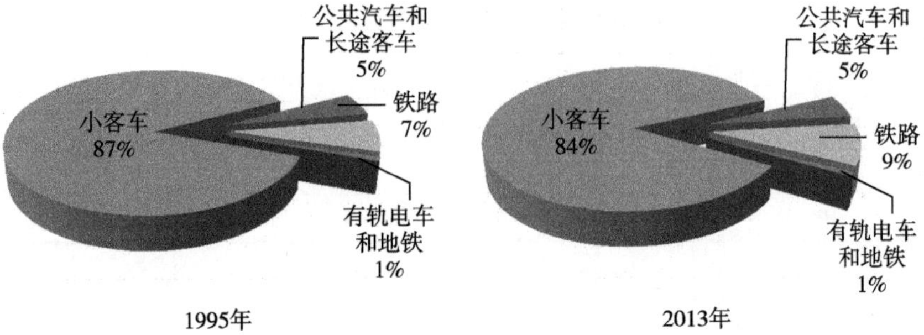

图3－58　1995、2013年法国各方式客运周转量比例图

3.4.6　货物运输

截至2013年年底，法国全社会货物周转量为2238亿吨公里，其中，公路货运周转量为1715亿吨公里，铁路货运周转量为320亿吨公里，内河水运货运周转量为92亿吨公里，输油管道货运周转量为111亿吨公里。

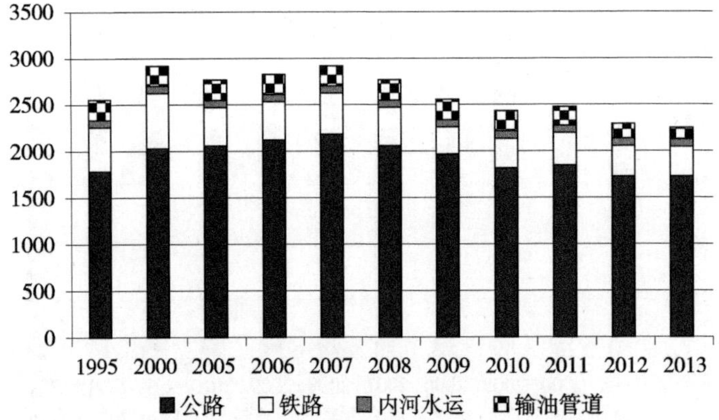

图3－59　法国分方式货运周转量（亿吨公里）①

从各种运输方式的货物运输周转量所占的比重来看，公路运输占据了

① 数据来源：Eurostat，《EU transport in figures 2013－2015》

绝大部分的市场份额，铁路占货物运输市场份额的 14%。1995、2013 年各种运输方式的货物运输所占的比例见图 3－60，从各种运输方式看，公路所占份额有所增加，而铁路所占份额降低。

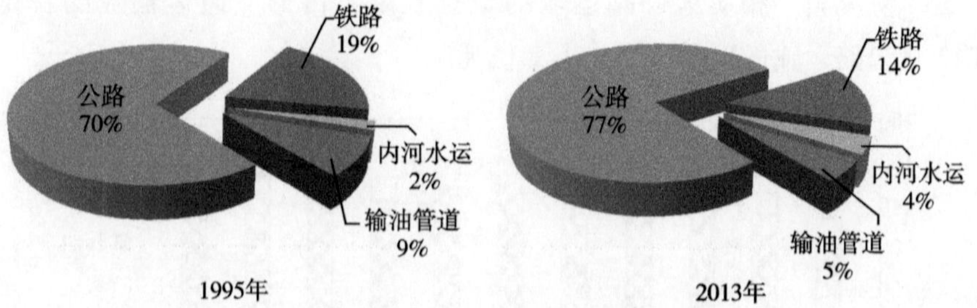

图 3－60　1995、2013 年法国各方式货运周转量比例图

3.4.7　交通运输业碳排放

从碳排放总量和分行业碳排放历年统计情况可以看出，交通运输业在法国的碳排放总量中占据百分之二十的比例。自 1990 至 2012 年法国二氧化碳排放总量呈现稳步下降态势，1990 年为 4.12 亿吨，到 2012 年下降为 3.87 亿吨，同期交通运输业碳排放则基本持平，1990 年为 1.34 亿吨，占总量的 32.5%，到 2012 年为 1.55 亿吨，占总量的 40.0%。

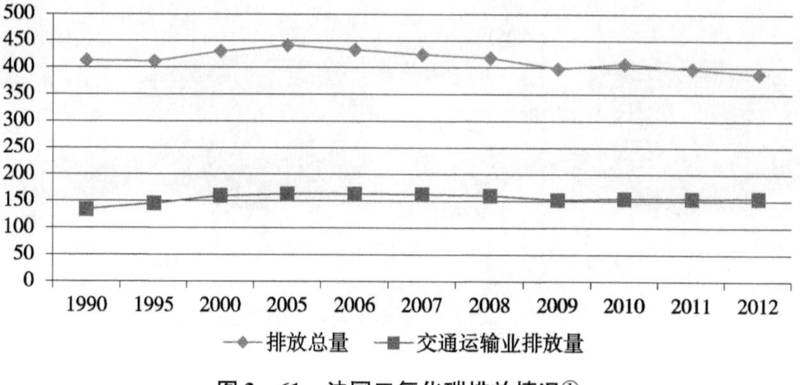

图 3－61　法国二氧化碳排放情况①

① 数据来源：Eurostat，《EU transport in figures 2010－2015》

从碳排放总量和分行业碳排放情况可以看出，交通运输业在法国的碳排放总量中位居各行业之首，占法国碳排放总量的近40%，在交通运输行业中，不同的交通运输方式碳排放情况也不同，公路运输占据客货运输的主要市场份额，相应地公路运输的碳排放量也占据交通运输业的首位，2012年公路运输的碳排放量为1.2亿吨。

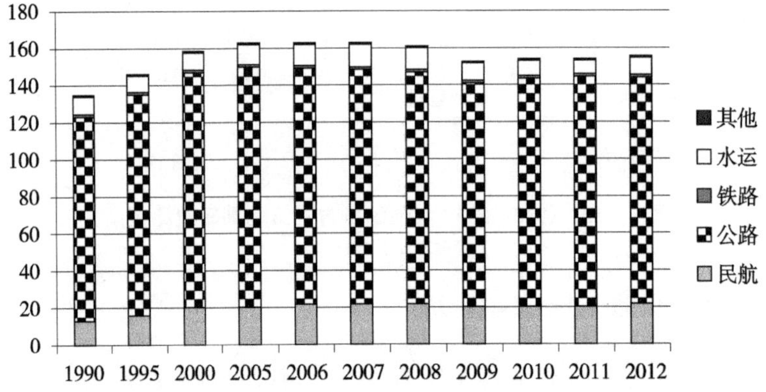

图3－62 历年法国交通运输业二氧化碳排放量（百万吨）①

从交通运输方式碳排放结构来看，公路的碳排放占据了较大的比重，其次是民航和水运，铁路和其他交通方式碳排放所占比重较小，1990、2012年分运输方式碳排放比例关系见图3－63。

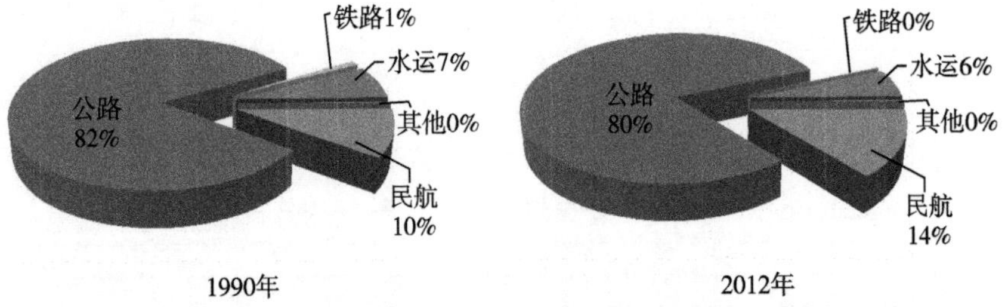

图3－63 1990、2012年法国分运输方式碳排放比例图

① 数据来源：Eurostat，《EU transport in figures 2010－2015》

3.5　瑞典

3.5.1　瑞典概况

瑞典位于北欧斯堪的纳维亚半岛东半部。西邻挪威，边境长1619公里；东北接芬兰，边境长586公里；东临波罗的海，西南濒北海，同丹麦隔海相望，海岸线长2181公里，领海12海里，国土面积45.0万平方公里。2012年年底，瑞典人口为948万。

资源：铁矿、森林和水力是瑞典三大资源。已探明铁矿储量36.5亿吨，系欧洲最大的铁矿砂出口国，铀矿储量25至30万吨，森林覆盖率为54%，蓄材26.4亿立方米，平均年可利用的水力资源有2014万千瓦（1760亿千瓦时），已开发81%，此外，北部和中部地区有硫、铜、铅、锌、砷等矿，储量不大。

经济：瑞典20世纪90年代初受世界性经济危机影响出现衰退，1994年经济开始回升，此后大力发展电子和信息技术产业，经济一直保持2%-4%的增长速度。2012年国内生产总值为3876亿欧元，人均国内生产总值40886欧元。

对外贸易：瑞典的外贸依存度较高，主要贸易伙伴为德国、挪威、丹麦、英国、美国。进出口商品主要有：各类机械、运输通信设备、化工及医药产品、纸张纸浆、造纸设备、铁矿石、家用电器、能源设备、石油制品、天然气和纺织品等。

3.5.2　能源消费

3.5.2.1　消费总量及种类

从能源消费总量看，瑞典的能源消费量从1990年的4430万吨增加为2013年的4514万吨，而1995年能源消费量已达4990万吨，从长期的过程来看，瑞典的能源消费量基本上保持在一个稳定的状态。

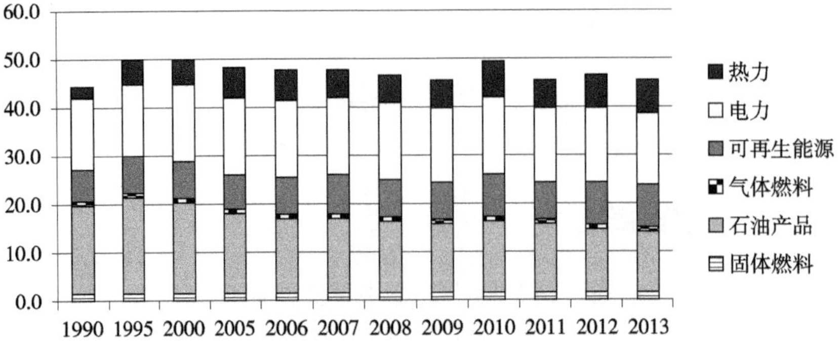

图 3－64　瑞典终端能源消费情况（百万吨标煤）①

从能源消耗的燃料种类看，固体燃料和石油产品的消耗有所降低，其他种类的燃料消耗均有不同程度的增加。

从能源消费结构来看，历年来瑞典的能源消费处于一个基本稳定的比例，1990 年、2013 年分品类终端能源消费比例变化见图 3－65。

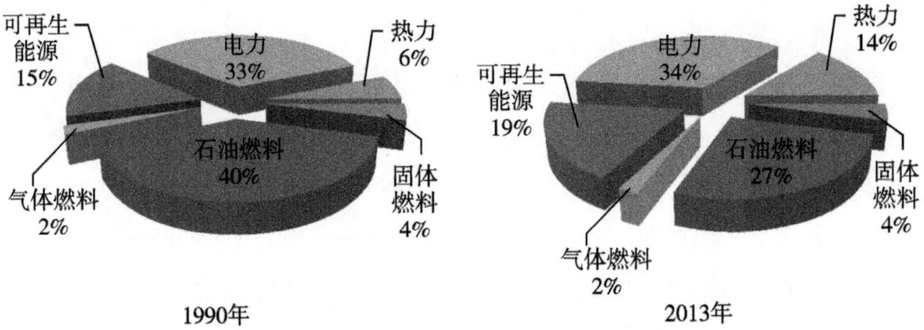

图 3－65　1990、2013 年瑞典分品类能源消费比例图

3.5.2.2　按行业种类划分

从能源消耗的行业种类看，工业、家庭和服务业消耗的能源基本保持恒定；交通业的能源消费量有所增加。

① 数据来源：Eurostat，《EU energy in figures 2010－2015》

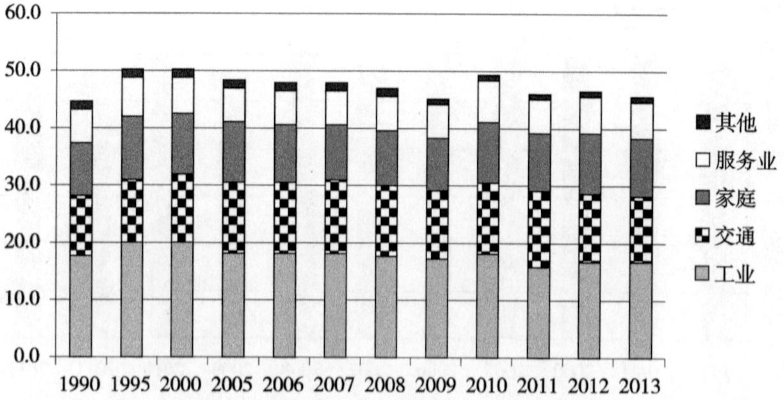

图 3－66　瑞典能源消费情况（百万吨标煤）①

从行业能源消费的结构看，由于交通运输业能源消费的增加，其在整个能源消费中所占的比例相对有所提升，其他消费量基本恒定的行业所占比例也略有降低，变化幅度不大，整体的消费结构从 2005 年起也处于一个相对稳定的比例。

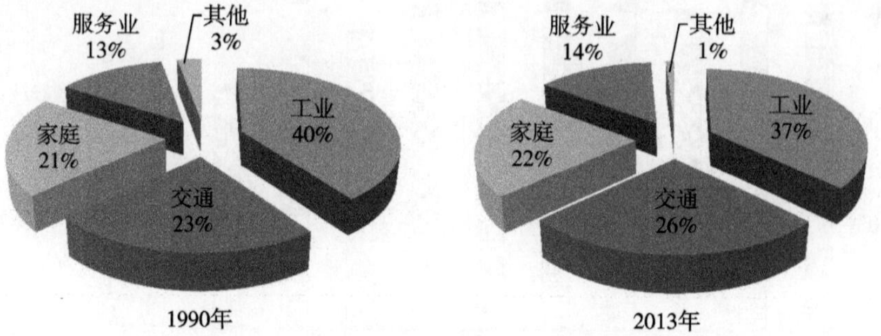

图 3－67　瑞典分行业能源消费比例变化图

3.5.3　二氧化碳排放

3.5.3.1　碳排放总量

从碳排放总量看，瑞典的碳排放总量呈现基本稳定的趋势，2012 年碳排放总量为 0.54 亿吨，比 1990 年略有降低。

① 数据来源：Eurostat（欧盟统计署），《EU energy in figures 2010－2015》

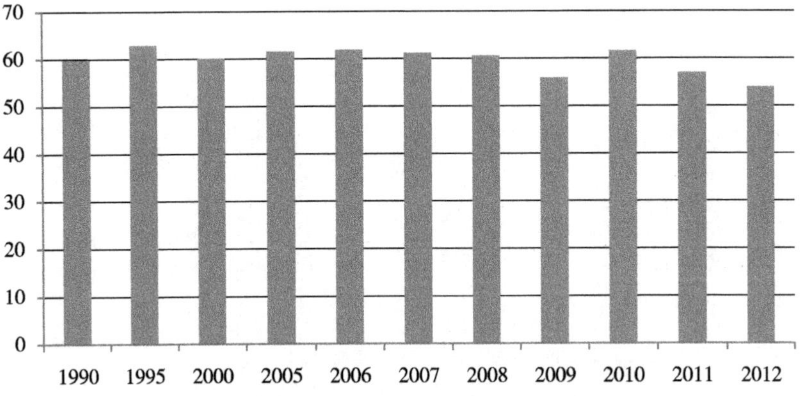

图 3-68　瑞典二氧化碳排放总量（百万吨）①

3.5.3.2　分行业碳排放情况

从分行业的碳排放情况看，瑞典各行业的碳排放变化量变化相对较小。

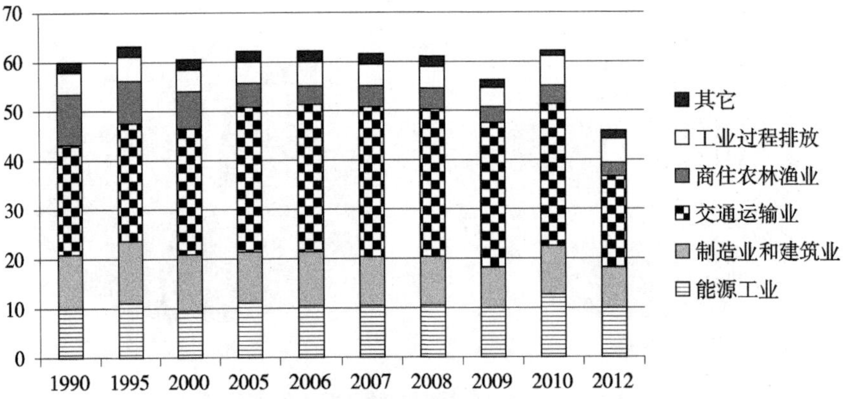

图 3-69　瑞典二氧化碳排放量（百万吨）②

从碳排放的行业结构来看，交通运输业是碳排放比重最大的行业，2012 年瑞典交通运输业的碳排放量占总排放量的近一半，其次是能源工业、制造业和建筑业。

① 数据来源：Eurostat,《EU energy in figures 2015》

② 数据来源：Eurostat,《EU energy and transport in figures 2014》、《EU transport in figures 2015》

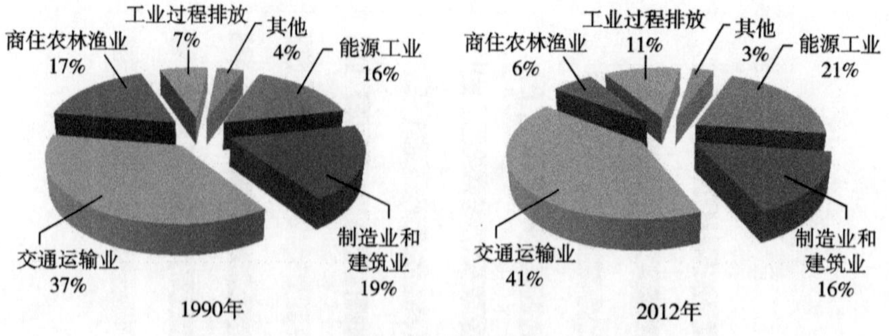

图 3－70　瑞典分行业碳排放比例变化图

3.5.4　交通基础设施

截至 2013 年年底，瑞典拥有公路 21.36 万公里（其中高速公路 0.20 万公里，主要干线公路 1.35 万公里，支线或区域公路 8.01 万公里，其他公路 11.80 万公里），铁路 1.10 万公里（其中电气化铁路 0.82 万公里，占铁路总里程的 75.0%），民用运输机场 19 个（其中年旅客吞吐量超过一千万人次的机场 1 个），内河航道 390 公里。

2013 年年底交通基础设施情况见下表。

表 3－17　2013 年瑞典交通基础设施情况（万公里）

类别	公路		铁路		民用机场		内河航道	输油管道
		其中：高速公路		其中：电气化铁路		其中：年吞吐量一千万人次以上		
	21.36	0.20	1.10	0.82	19	1	0.04	–

数据来源：Eurostat，《EU energy and transport in figures 2010》，《EU transport in figures 2015》

Eurostat 未统计瑞典输气、输油管道数量。内河航道的数据为 2008 年年底的调查数据。

3.5.5　旅客运输

截至 2013 年年底，瑞典全社会旅客周转量为 1307 亿人公里，其中，小客车完成的旅客运输周转量为 1076 亿人公里，公共汽车和长途客车完成的旅客运输周转量为 87 亿人公里，铁路完成的旅客运输周转量为 119 亿人公里，有轨电车和地铁完成的旅客运输周转量为 25 亿人公里。

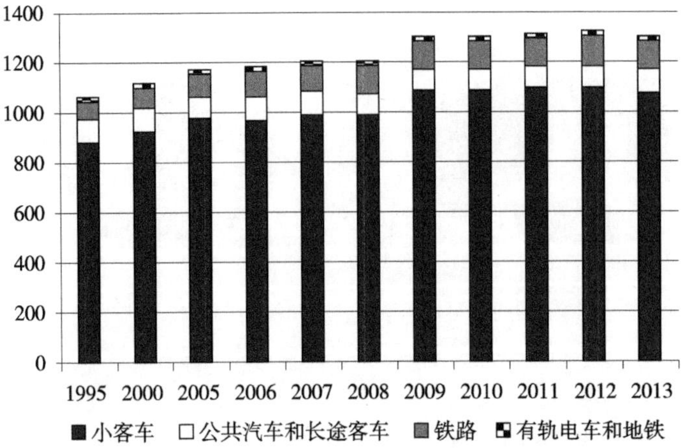

图 3-71 瑞典分方式客运周转量（亿人公里）[①]

从各种运输方式的货物运输周转量所占的比重来看，小客车占据了绝大部分的旅客运输市场份额，其次是铁路、公共汽车和长途客车。1995、2013 年各种运输方式的货物运输所占的比例见图 3-72。

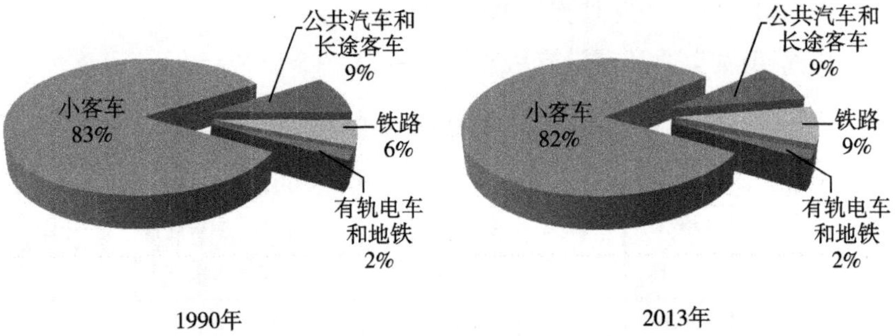

图 3-72 1995、2013 年瑞典各方式客运周转量比例图

3.5.6 货物运输

截至 2013 年年底，瑞典全社会货物周转量为 545 亿吨公里，瑞典的内河水运和管道对于货物运输的量极少，在统计数据中货物周转量主要是由公路和铁路完成的，其中公路货物运输周转量为 335 亿吨公里，铁路货物运输周转量为 210 亿吨公里。

① 数据来源：Eurostat，《EU transport in figures 2013-2015》

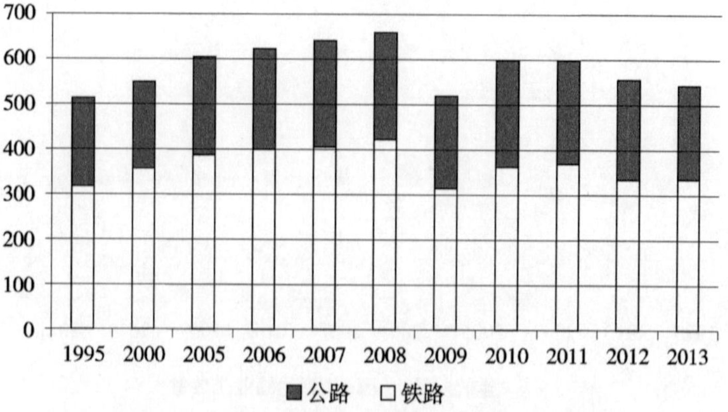

图 3－73　瑞典分方式货运周转量（亿吨公里）①

从运输方式的货物运输周转量所占的比重来看，公路运输占据了市场份额的 62%，铁路占据了市场份额的 38%，比例保持相对恒定。1995、2013 年各种运输方式的市场份额比例见图 3－74。

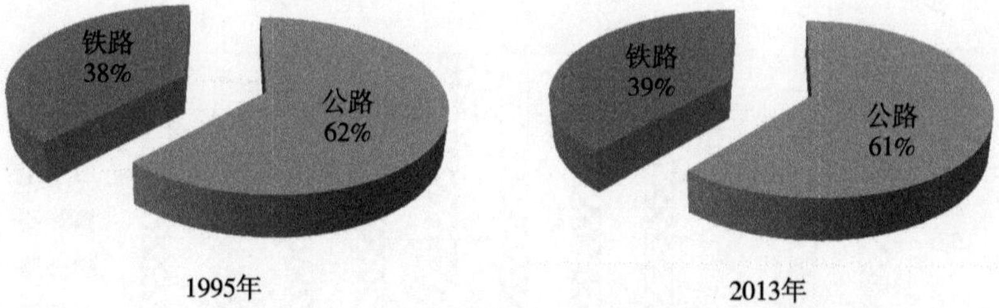

图 3－74　1995、2013 年瑞典各方式货运周转量比例图

3.5.7　交通运输业碳排放

从碳排放总量和分行业碳排放情况可以看出，交通运输业在瑞典的碳排放总量中位居各行业之首，占瑞典碳排放总量的近一半。从 1990 至 2012 年的变化趋势看，瑞典二氧化碳排放总量基本维持不变，但交通运输业二氧化碳排放则有所增加。1990 年瑞典二氧化碳排放总量为 0.598 亿吨，其中交通占 36.6%，到 2012 年碳排放总量为 0.536 亿吨，其中交通占 50%。

① 数据来源：Eurostat，《EU transport in figures 2013－2015》

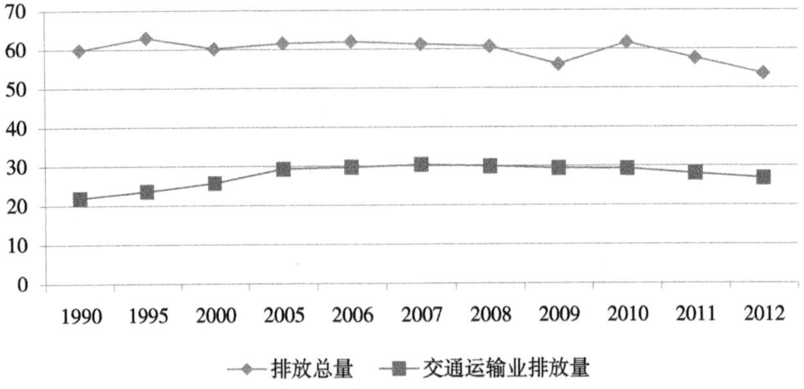

图 3-75　瑞典二氧化碳排放情况

在交通运输行业中，不同的交通运输方式碳排放情况也不同，公路运输占据客货运输的主要市场份额，相应地公路运输的碳排放量也占据交通运输业的首位，2012 年公路运输的碳排放量为 0.18 亿吨。

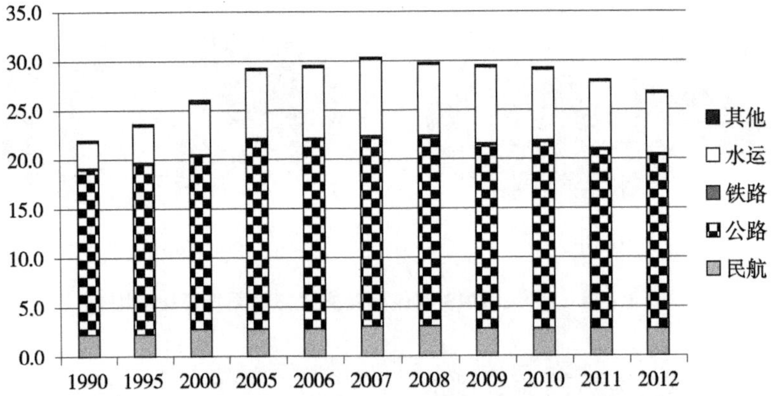

图 3-76　历年瑞典交通运输业二氧化碳排放量（百万吨）①

从交通运输方式碳排放结构来看，公路的碳排放占据了较大的比重，其次是民航和水运，铁路和其他交通方式碳排放所占比重较小，1990、2012 年分运输方式碳排放比例关系见下图。其中公路运输排放所占比例明显降低，由 1990 年的 78% 下降到 2012 年的 65%，与此同时水运所占比例增加，由 1990 年的 13% 增加到 2012 年的 25%。

① 数据来源：Eurostat，《EU transport in figures 2010-2015》

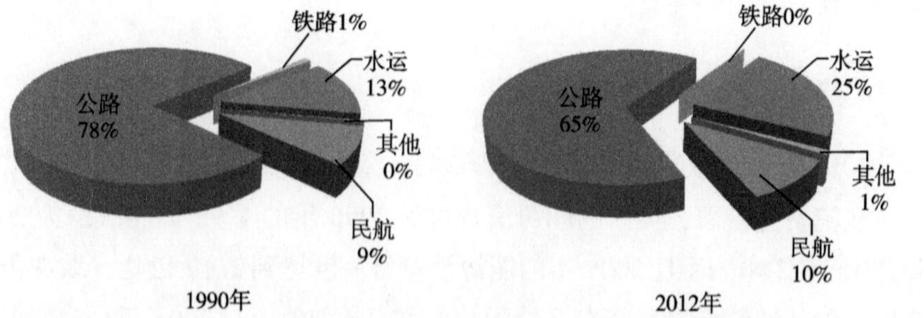

图3－77　1990、2012年瑞典分方式碳排放比例图

3.6　英国

3.6.1　英国概况

英国位于欧洲西部，由大不列颠岛（包括英格兰、苏格兰、威尔士）、爱尔兰岛东北部和一些小岛组成，隔北海、多佛尔海峡、英吉利海峡与欧洲大陆相望，海岸线总长11450公里。根据英国国家统计局的统计数据，英国国土面积24.41万平方公里（包括内陆水域），其中英格兰地区13.04万平方公里，苏格兰7.88万平方公里，威尔士2.08万平方公里，北爱尔兰1.41万平方公里。2012年，英国人口为6299万。

资源：英国是欧盟中能源资源最丰富的国家，主要有煤、石油、天然气、核能和水力等，能源产业在英国经济中占有重要地位。

经济：英国是世界上第六大经济体，欧盟内第三大经济体。私有企业是英国经济的主体，占国内生产总值的60%以上，服务业占国内生产总值的3/4，制造业仅占不到1/5。2012年国内生产总值为17504亿美元，人均国内生产总值27788美元。

对外贸易：英国与世界80多个国家和地区有贸易关系，主要贸易对象是欧盟、美国和日本。主要进口产品有：食品、燃料、原材料、服装、鞋业、电子机械设备、汽车等；主要出口产品有：石油及相关产品、化工产品（包括医药制品）、烟草、饮料、机械设备等。英国最大出口市场为：美国、德国、荷兰、法国、爱尔兰等；最大进口来源地为：德国、中国、美国、荷兰、法国等。

3.6.2 能源消费

3.6.2.1 消费总量及种类

从消费总量看，英国的能源消费量从1990年的1.95亿吨减少为2012年的1.91亿吨，而且2005年的能源消费量一度达到2.19亿吨，纵观历年来英国的能源消费量，基本上处于一个恒定的数值，自2005年后能源消费总量有了小幅降低。

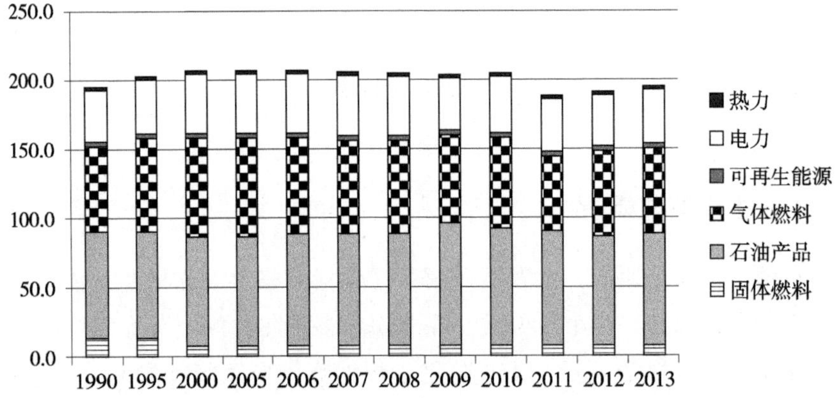

图3－78 英国终端能源消费情况（百万吨标煤）①

从能源消耗的燃料种类看，固体燃料的消耗有大幅降低，2000年比1990年固体燃料的消耗量有了一半的降幅，其他燃料的消耗量均有不同程度的增加。

从能源消费结构来看，固体燃料在能源消费结构中的比重有明显的降低，其他燃料的消费比重则有小幅的增加，其中，自2005年起，各种燃料的消费比例基本保持恒定，历年来燃料消费种类的比例关系见图3－79。

① 数据来源：Eurostat，《EU energy in figures 2010－2015》

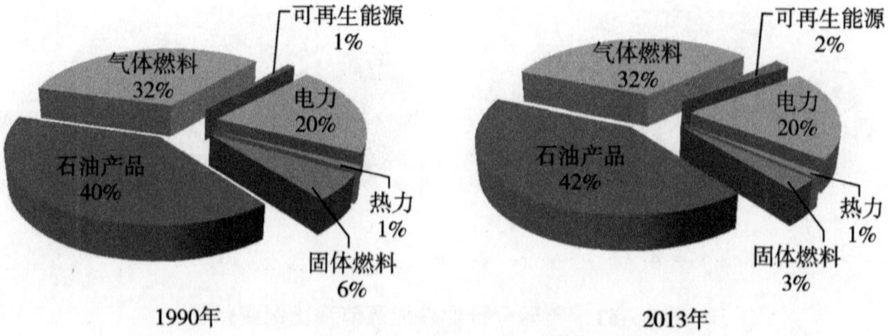

图 3－79　1990、2013 年英国分品类能源消费比例图

3.6.2.2　按行业种类划分

从能源消耗的行业种类看，工业消耗的能源稍有降低，交通业和服务业的能源消费量有所增加，其他行业的能源消费量基本保持稳定的数值。

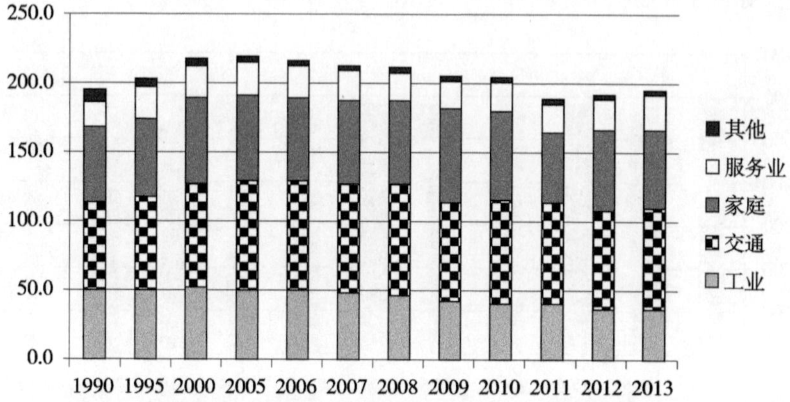

图 3－80　英国分行业能源消费情况（百万吨标煤）①

从行业能源消费的结构看，由于交通业和服务业能源消费的增加，其在整个能源消费中所占的比例相对有所提升，其他消费量基本恒定的行业所占比例也略有降低，变化幅度不大，整体的消费结构从 2005 年起也处于一个相对稳定的比例。

① 数据来源：Eurostat（欧盟统计署），《EU energy in figures 2010－2015》

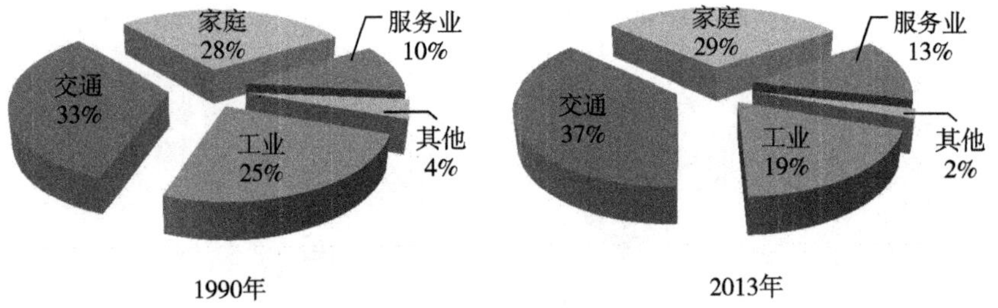

图3-81　英国分行业按能源消费比例变化图

3.6.3　二氧化碳排放

3.6.3.1　碳排放总量

从碳排放总量看，英国的碳排放总量呈现稳中有降的趋势，1990年碳排放量为6.1亿吨，2012年碳排放量为5.2亿吨，碳排放总量减少了0.9亿吨，降低了15%。

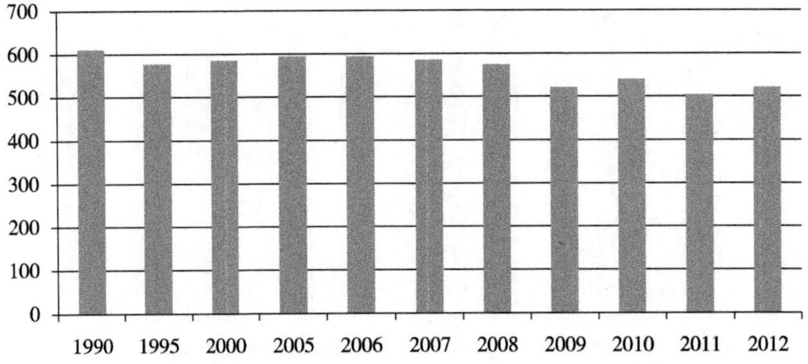

图3-82　英国二氧化碳排放总量（百万吨）①

3.6.3.2　分行业碳排放情况

从分行业的碳排放情况看，能源工业、制造业和建筑业的碳排放有所降低，而交通运输业的碳排放则有所增加，1990年英国的能源工业、制造业和建筑业、交通运输业碳排放分别为2.36亿吨、0.99亿吨、1.39亿吨，2012年分别为1.91亿吨、0.66亿吨、1.58亿吨，各行业的碳排放总量均

① 数据来源：Eurostat，《EU energy in figures 2015》

有不同幅度的调整。

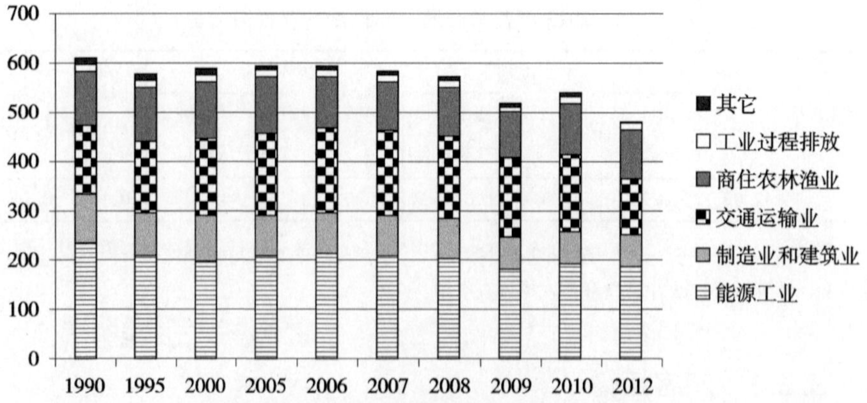

图 3－83　英国二氧化碳排放量（百万吨）①

从碳排放的行业结构来看，近 20 年来英国分行业的碳排放比例基本稳定，其中能源工业和交通运输业是碳排放比重最大的行业，这两个行业占全部排放的 60% 以上，其次是制造业和建筑业。

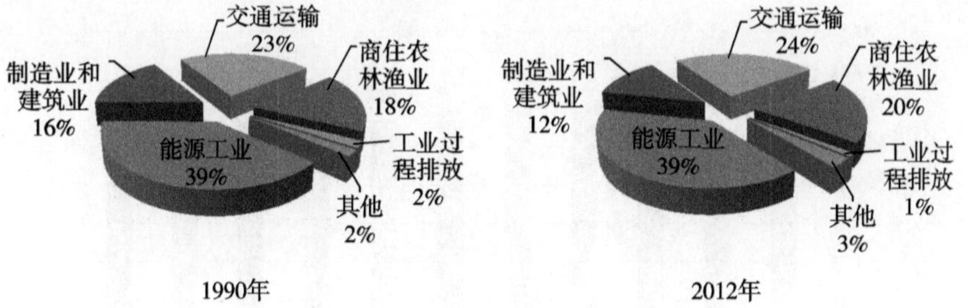

图 3－84　英国分行业碳排放比例变化图

3.6.4　交通基础设施

截至 2013 年年底，英国拥有公路 42.09 万公里（其中高速公路 0.38 万公里，主要干线公路 4.90 万公里，支线或区域公路 12.30 万公里，其他公路 24.52 万公里），铁路 1.64 万公里（其中电气化铁路 0.56 万公里，占铁路总里程的 34.1%），民用运输机场 40 个（其中年旅客吞吐量超过一千万人次的机场 4 个），内河航道 1050 公里，输油管道 0.44 万公里。

---

① 数据来源：Eurostat，《EU energy and transport in figures 2014》、《EU transport in figures 2015》

2013 年年底交通基础设施情况见下表。

表 3－18　2013 年英国交通基础设施情况（万公里）

类别	公路	其中：高速公路	铁路	其中：电气化铁路	民用机场	其中：年吞吐量一千万人次以上	内河航道	输油管道
	42.09	0.38	1.64	0.56	40	4	0.11	0.44

数据来源：Eurostat，《EU transport in figures 2015》；Eurostat 未统计英国输气管道数量，内河航道和输油管道的数据为 2012 年年底的调查数据。

3.6.5　旅客运输

截至 2013 年年底，英国全社会客运周转量为 7535 亿人公里，其中，小客车完成的客运周转量为 6377 亿人公里，公共汽车和长途客车完成的客运周转量为 419 亿人公里，铁路完成的客运周转量为 620 亿人公里，有轨电车和地铁完成的客运周转量为 119 亿人公里。

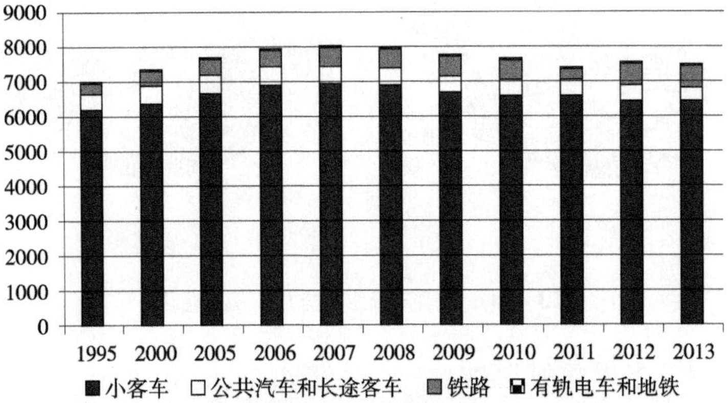

图 3－85　英国分方式客运周转量（亿人公里）[①]

从各种运输方式的客运周转量所占的比重来看，小客车占据了绝大部分的旅客运输市场份额，其次是铁路、公共汽车和长途客车。1995、2013 年各种运输方式的客运周转量所占的比例见图 3－86，其中铁路所占份额增加，由 4% 增加到 8%，而公路所占份额下降，由 88% 下降到 85%。

① 数据来源：Eurostat，《EU transport in figures 2013－2015》

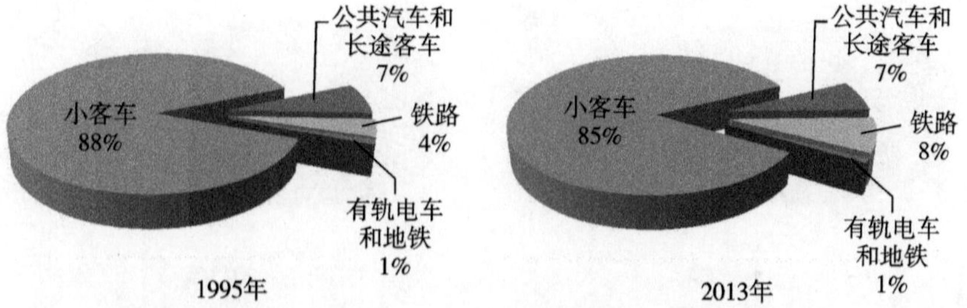

图3-86　1995、2013年英国分运输方式客运周转量比例图

3.6.6　货物运输

截至2013年年底，英国全社会货物周转量为1798亿吨公里，其中公路货运周转量为1472亿吨公里，铁路货运周转量为224亿吨公里，输油管道货运周转量为100亿吨公里。

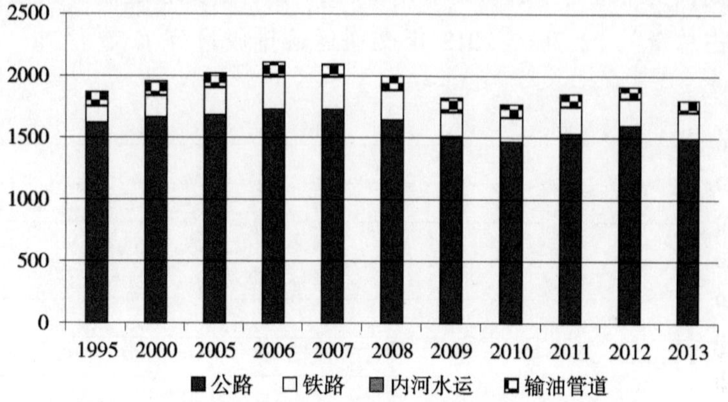

图3-87　英国分运输方式货运周转量（亿吨公里）①

从各种运输方式的货物运输周转量所占的比重来看，公路运输占据了绝大部分的市场份额，其次是铁路和输油管道。1995、2013年各种运输方式的货运周转量所占的比例见图3-88，在各运输方式中，铁路所占比例有所增加，由1995年的7%增加到2013年的12%，公路所占份额略有下降。

① 数据来源：Eurostat，《EU transport in figures 2013-2015》

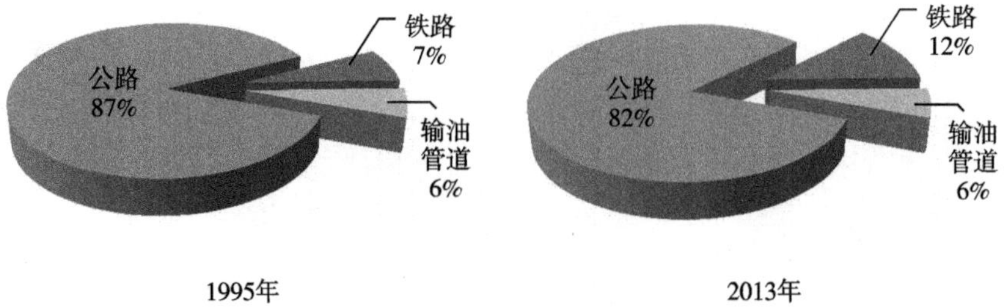

图 3-88　1995、2013 年英国分运输方式货运周转量比例图

3.6.7　交通运输业碳排放

从碳排放总量和分行业碳排放情况可以看出，交通运输业的碳排放量占英国碳排放总量的近三分之一。从变化趋势看，英国二氧化碳排放总量呈逐步下降态势，1990 年排放总量为6.11 亿吨，到2012 年下降为5.21 亿吨。同期，交通运输排放量则有所增加，1990 年交通运输排放量为 1.39 亿吨，占总量的 22.7%，2012 年交通运输排放量为 1.55 亿吨，占总量的 29.7%。

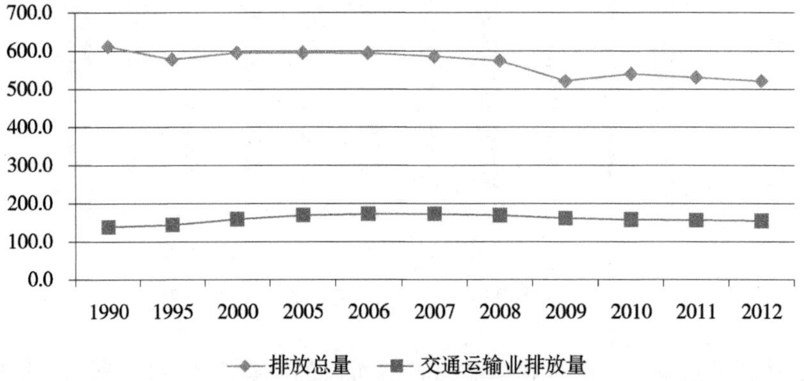

图 3-89　英国二氧化碳排放情况

在英国交通运输行业中，不同的交通运输方式碳排放情况也不同，公路运输占据客货运输的主要市场份额，相应的公路运输的碳排放量也占据交通运输业的首位，2012 年公路运输的碳排放量为 1.07 亿吨。

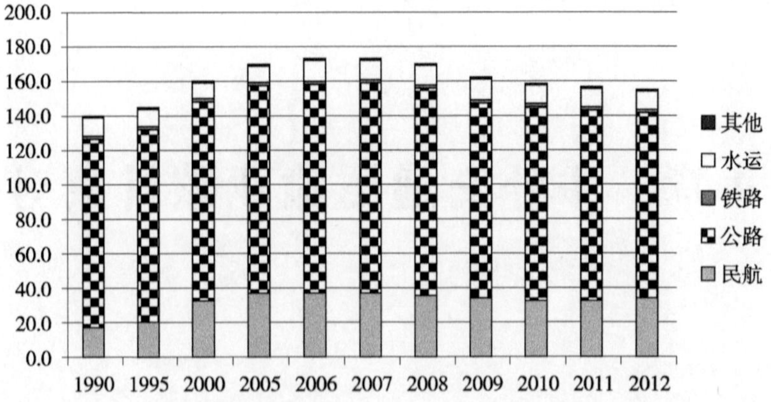

图 3-90　历年英国交通运输业二氧化碳排放量（百万吨）①

从分运输方式碳排放结构来看，公路的碳排放占据了较大的比重，其次是民航和水运，铁路和其他交通方式碳排放所占比重较小，1990、2012 年分交通运输方式碳排放比例关系见图 3-91，从各种运输方式的比例关系看，公路所占份额有所下降，而同时民航运输所占份额则有较大增加。

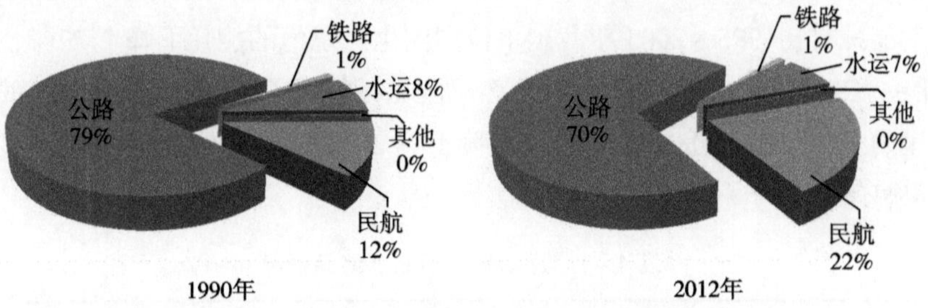

图 3-91　1990、2012 年英国分运输方式碳排放比例图

① 数据来源：Eurostat，《EU transport in figures 2010-2015》

第4章　中外交通运输业碳排放对比

4.1　中外能源消耗对比

4.1.1　能源消耗总量

我国是能源消费大国，2010年全国能源消费总量为32.49亿吨标准煤，较上年增长5.97%。近年来我国一直重视降低能源消耗，采取多种措施节能减排，1995~2005年我国单位国内生产总值的能耗下降了27%；在“十一五”期间，我国单位国内生产总值能耗降低了20%，由2005年的万元国内生产总值消耗1.28吨标准煤降低到2010年的1.03吨标准煤，节能效果显著。

表4-1　近年来我国能源消耗情况

项目	能源消耗总量（发电煤耗法）	能源消耗增长速度	国内生产总值增长速度	万元国内生产总值能耗（2005年价格）	人均能耗
单位	百万吨标准煤	%	%	吨标准煤/万元	千克标准煤
1995	1312	6.9	10.9	1.73	1071
2000	1455	3.5	8.4	1.26	1070
2001	1504	3.3	8.3	1.20	1131
2002	1518	6.0	9.1	1.17	1177
2003	1750	15.3	10	1.23	1334
2004	2032	16.1	10.1	1.29	1517
2005	2360	10.6	11.3	1.28	1658

续表

项目	能源消耗总量（发电煤耗法）	能源消耗增长速度	国内生产总值增长速度	万元国内生产总值能耗（2005 年价格）	人均能耗
2006	2587	9.6	12.7	1.24	1771
2007	2805	8.4	14.2	1.18	1876
2008	2914	3.9	9.6	1.12	1972
2009	3066	5.2	9.2	1.08	2063
2010	3249	6.0	10.4	1.03	2166

数据来源：《中国统计年鉴》、《中国能源统计年鉴》

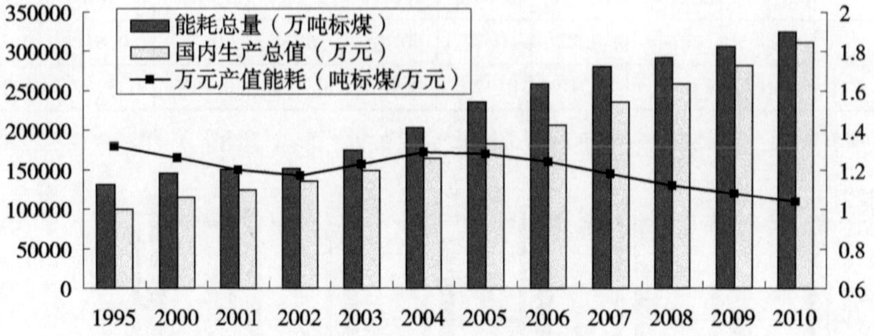

图 4-1　我国能源消耗趋势图

在世界能源消费总量中，我国占较大比例，而且近年来增长迅速。根据 IEA 统计，2010 年我国一次能源消费总量为 34.53 亿吨，占世界总消费量的 19.0%，位列第一。一次能源消费量第二的国家为美国，2010 年能源消费总量为 31.93 亿吨，占世界总消费量的 17.6%。

表 4-2　世界及部分国家一次能源消费量（亿吨标准煤）①

年份		1990	2000	2005	2006	2007	2008	2009	2010
世界		125.2	143.2	163.2	167.6	171.8	175.3	173.6	181.7
中国	总量	12.33	15.6	24.14	26.36	27.94	30.24	32.24	34.53
	比例	9.8%	10.9%	14.8%	15.7%	16.3%	17.3%	18.6%	19.0%

① 中国数据，《中国能源统计年鉴》中能源消费统计指标为能源消费总量，未统计一次能源消费量，为与其他国家对比，本表中国数据采用《能源数据手册 2012》。欧盟各国家数据，《能源数据手册 2012》统计为一次能源消费，欧洲统计署统计为终端能源消费，且两者间差异较大，为统一口径，本表采用《能源数据手册 2012》中数据进行对比。

续表

年份		1990	2000	2005	2006	2007	2008	2009	2010
美国	总量	27.33	32.62	33.46	32.9	33.43	32.63	31.03	31.93
	比例	21.8%	22.8%	20.5%	19.6%	19.5%	18.6%	17.8%	17.6%
德国	总量	5.02	4.82	4.87	4.73	4.73	4.79	4.74	4.39
	比例	4.0%	3.4%	3.0%	2.8%	2.8%	2.7%	2.73%	2.42%
法国	总量	3.21	3.62	3.95	3.82	3.77	3.81	3.61	3.77
	比例	2.56%	2.53%	2.42%	2.28%	2.19%	2.17%	2.08%	2.07%
英国	总量	2.96	3.20	3.35	3.13	3.02	2.98	2.82	2.92
	比例	2.36%	2.23%	2.05%	1.87%	1.76%	1.70%	1.62%	1.61%
瑞典	总量	–	0.77	0.77	0.72	0.74	0.74	0.67	0.72
	比例	–	0.54%	0.47%	0.43%	0.43%	0.42%	0.39%	0.40%

资料来源：瑞典数据自2013年BP世界能源统计年鉴折算而来，其余来自《能源数据手册2012》

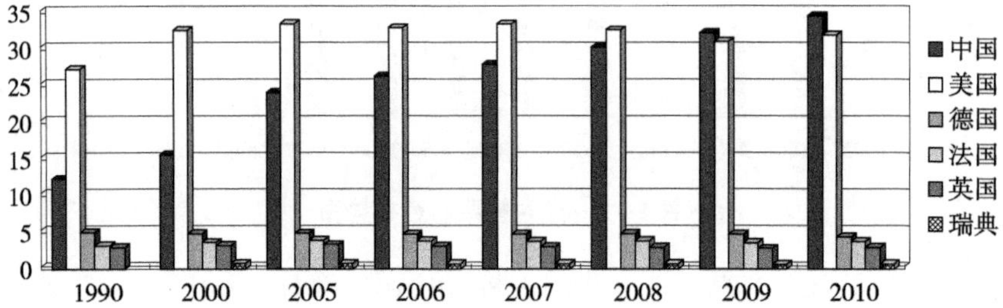

图4－2　部分国家能源消耗趋势图

表4－2中所列六个国家2010年一次能源消费总量占世界总量的43.1%，中美两国作为最大能源消费国，消费量占世界的36.6%。从增长情况看，世界一次能源消费总量自1990年的125.2亿吨增加到2010年的181.7亿吨，增长了40%，其中我国增长尤为迅速，由1990年的12.33亿吨增长到2010年的34.53亿吨，增长了176%，对全球增长的贡献率为39.3%；美国1990年至2000年略有增长，2000年以后能源消耗量基本保持稳定；其他国家2000年以来能源消耗基本保持稳定或缓慢增长。

4.1.2　分品类能源消耗量

我国能源消耗以煤炭为主，在总消费量中占70%左右，2010年消耗煤炭31.22亿吨；其次是石油，占总消费量的20%左右，2010年消耗石油

4.29 亿吨；天然气消费量近年来稳步上升，2010 年消费量为 1076 亿立方米，占总量的 4.4%；其余的 6%~8% 为水电、核电及其他能源发电。

表 4－3　我国分品类能源消耗实物量

项目	能源消费总量（发电煤耗法）	煤炭	石油	天然气	水电	核电	风电
单位	万吨标煤	万吨	万吨	亿立方米	亿千瓦时	亿千瓦时	-
1995	131175	137677	16065	177	1906	128	-
2000	145531	132000	22439	245	2224	167	-
2001	150406	135000	22838	274	2774	175	-
2002	151797	141601	24787	292	2880	251	-
2003	174990	169232	24269	339	2837	433	-
2004	203227	193596	31700	397	3535	505	-
2005	235997	216723	32535	467	3970	531	-
2006	258676	239217	34876	561	4358	548	-
2007	280508	258641	36570	695	4853	621	-
2008	291448	274000	37303	807	5852	684	-
2009	306647	295833	38345	895	6156	701	-
2010	324939	312237	42875	1076	7222	739	446

数据来源：《中国能源统计年鉴》

表 4－4　我国分品类能源消耗比例

项目	能源消费总量（发电煤耗法）	煤炭	石油	天然气	水电	核电	其他能发电
单位	万吨标煤	%	%	%	%	%	%
1995	131175	74.6	17.5	1.8	5.7	0.4	-
2000	145531	69.2	22.2	2.2	5.9	0.4	0.1
2001	150406	68.3	21.8	2.4	7.1	0.4	-
2002	151797	68.0	22.3	2.4	6.8	0.5	-
2003	174990	69.8	21.2	2.5	5.7	0.8	-
2004	203227	69.5	21.3	2.5	5.9	0.8	-
2005	235997	70.8	19.8	2.6	5.9	0.8	0.1
2006	258676	71.1	19.3	2.9	5.9	0.7	0.1
2007	280508	71.1	18.8	3.3	5.9	0.8	-

续表

项目	能源消费总量（发电煤耗法）	煤炭	石油	天然气	水电	核电	其他能发电
2008	291448	70.3	18.3	3.7	6.7	0.8	0.2
2009	306647	70.4	17.9	3.9	6.5	0.8	0.5
2010	324939	68.0	19.0	4.4	7.1	0.7	0.8

数据来源：《中国统计年鉴》

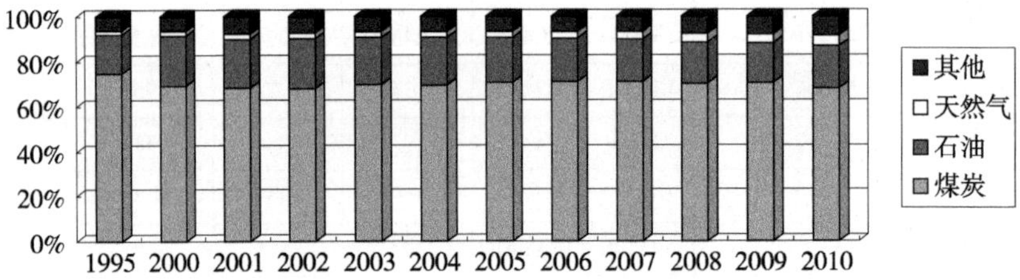

图 4-3　我国分品类能源消耗比例图

从我国能源消耗品种看，以煤炭为主的特征十分突出，其比例远高于世界平均水平。2010 年，世界煤炭消费占能源总消费量的 29.9%，远低于我国 68.5% 的比例，而天然气占 23.9%，远高于我国 4.7% 的比例。由于煤炭单位热值的碳排放量高于石油和天然气，我国碳排放占世界比例将高于能耗比例。美国、德国、英国能源消费结构与世界平均水平相当，而法国和瑞典能源消费中煤炭所占比例更低，其中瑞典煤炭消费只占 2.8%，水电、核电和可再生能源则占到了全部能源消费的 69.1%，能源消费结构的低碳特征十分明显。

表 4-5　2008 年世界及部分国家能源消耗结构①

能源品类	煤炭	石油	天然气	水电	核电	可再生能源
世界	29.9%	33.1%	23.9%	6.7%	4.5%	1.9%
中国	68.5%	17.7%	4.7%	7.1%	0.8%	1.2%
美国	19.8%	37.1%	29.6%	2.9%	8.3%	2.3%
德国	25.4%	35.8%	21.7%	1.5%	7.2%	8.3%

① 为统一口径，本表所列数据均采用 BP 数据。BP 统计中国数据与《中国能源统计年鉴》略有差异。

续表

能源品类	煤炭	石油	天然气	水电	核电	可再生能源
法国	4.6%	33.0%	15.6%	5.4%	39.2%	2.2%
英国	19.2%	33.6%	34.6%	0.6%	7.8%	4.1%
瑞典	2.8%	26.1%	1.9%	33.6%	27.6%	7.9%

资料来源：BP，《2013 BP 世界能源统计年鉴》

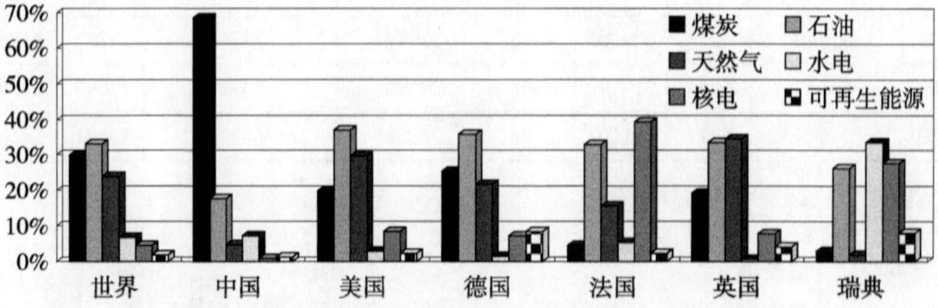

图 4-4　2009 年世界及部分国家能源消耗结构图

4.1.3　主要行业能源消耗量

从分行业能源消耗情况看，工业是我国能源消耗主要部门，占 2010 年总消耗量的 71.12%，其次是生活能源消耗，占总量的 11.06% 左右，交通运输、仓储和邮政业位列第三，占总量的 8.02%。各行业能耗构成的比例近年来变化不大，基本与能耗总量维持同步增长。

表 4-6　我国主要行业能源消耗量（万吨标煤）①

	总量（发电煤耗法）	农业	工业	建筑业	交通运输、仓储和邮政业	批发、零售业和住宿、餐饮业	其他行业	生活消费
1995	131175	5505	96191	1335	5863	2018	4519	15745
2000	138553	6045	95443	2143	10067	3039	5852	15965
2001	143199	6400	98273	2234	10363	3265	6096	16568
2002	151797	6612	104088	2544	11171	3520	6334	17527
2003	174990	6716	121770	2860	12819	4180	6819	19827

① 我国能源统计体系中交通运输与仓储和邮政业统计在一起，但其中不包含非营运车辆的能源消耗，非营运车辆的能源消耗统计在生活消费中。本次研究的几个其他国家交通运输业均单独统计，并且其中包含所有车辆的能源消耗。

续表

	总量（发电煤耗法）	农业	工业	建筑业	交通运输、仓储和邮政业	批发、零售业和住宿、餐饮业	其他行业	生活消费
2004	203227	7680	143244	3259	15104	4820	7839	21281
2005	235997	6071	168724	3403	18391	4848	9255	25305
2006	258676	6331	184945	3761	20284	5314	10276	27765
2007	280508	6228	200531	4128	21959	5689	11158	30814
2008	291448	6013	209302	3813	22917	5734	11771	31898
2009	306647	6251	219197	4562	23692	6412	12690	33843
2010	324939	6477	231102	6226	26068	6827	13681	34558

数据来源：《中国能源统计年鉴》

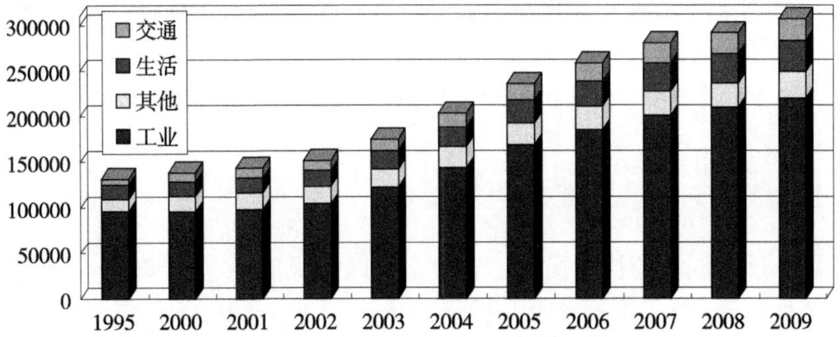

图 4－5　我国主要行业能源消耗图

中外情况对比，由于各国统计口径不同，很难做到准确对比，本研究依据收集的各国资料进行了大致的分类，将能源消费分为工业、交通、家庭、服务业、农业和其他等六类。依据这一分类，世界及各国情况对比见表4－7。

表 4－7　2008 年世界及典型国家主要行业能源消耗比例

	世界	中国	欧盟	德国	法国	瑞典	英国	美国
工业	36.6%	73.1% （71.8%）	26.9%	27.0%	22.4%	37.7%	22.0%	31.5%
交通	27.3%	7.9% （11.0%）	32.2%	27.4%	31.7%	27.0%	37.4%	28.2%

续表

	世界	中国	欧盟	德国	法国	瑞典	英国	美国
家庭	–	10.9% (10.2%)	25.3%	30.4%	26.5%	20.4%	28.7%	21.8%
服务业	–	2.0% (1.8%)	12.0%	13.1%	11.8%	12.7%	10.3%	18.5%
农业	–	2.1% (2.1%)	2.2%	0.5%	2.3%	–	–	0.0%
其他	36.1%	4.0% (3.1%)	1.5%	0.0%	5.2%	2.2%	1.7%	–

资料来源：

世界：资料来源为《能源数据手册 2010》，其他中包含家庭、服务业和农业；

中国：资料来源为《中国统计年鉴》，工业中包含工业和建筑业，交通中包含仓储和邮政业，服务业为批发、零售业和住宿、餐饮业；（）内为本研究测算值，其中交通的口径与其他国家相同，以便进行对比。

美国：资料来源为《Annual Energy Review 2010》，服务业为商业，农业包含在其他分类中；

欧盟、欧盟各国：资料来源为《EU energy and transport in figures 2010》。

2008 年我国交通及仓储、邮政业能耗占总能耗的 7.9%，与其他各国统计口径比，其中包含了仓储、邮政业的能源消耗，但未包含非营运车辆能源消耗。本次研究初步测算，按照其他各国统计口径，剔除仓储、邮政业能耗，增加非营运车辆能耗，交通运输业能耗占全国总能耗估计在 11% 左右，这一比例远低于 27.3% 的世界平均水平，而本研究涉及的几个典型发达国家，除瑞典交通能耗与世界平均水平相当外，其他国家均高于世界平均水平。此外我国工业能耗比例远高于世界平均水平，2008 年比例为 73.1%，是世界平均水平的 2 倍，而其他国家除瑞典与世界平均水平相当外，均低于世界平均水平。可以预见，随着未来我国产业结构的不断升级改造，工业所占能耗将逐步降低，而交通能耗则会随之上升。

4.1.4　能源消费强度

从能源消费强度看，我国人均能源消耗量为 2.28 吨标煤，低于世界平均水平的 2.61 吨标煤。本研究涉及的国家中，美国最高，为 10.72 吨标煤，是世界平均水平的4倍，其他几个国家也都高于世界平均水平。

从单位生产总值能耗看，我国单位生产总值能耗高于世界平均水平，而其他几个发达国家则低于世界平均水平。

表4-8　2008年世界及典型国家能源消费强度

项目	一次能源消费总量	人口	人均能源消费	GDP	单位生产总值能耗
单位	亿吨标煤	万人	吨标煤/人	当年价，亿美元	吨标煤/万美元
世界	175.3	670100	2.61	613054	2.86
中国	30.24	132465	2.28	45328	6.67
美国	32.63	30438	10.72	143690	2.27
德国	4.79	8222	5.83	36559	1.31
法国	3.81	4528	8.41	28542	1.33
瑞典	0.42	918	4.58	4876	0.86
英国	2.98	6118	4.87	26627	1.12

资料来源：

能源数据：瑞典自《2011年BP世界能源统计年鉴》折算而来；其他来自《能源数据手册2010》；

人口、GDP数据来自《国际统计年鉴》

4.2　中外二氧化碳排放量对比

4.2.1　二氧化碳排放总量

从世界范围看，二氧化碳排放量近年来持续增加，但增速相对较缓。图4-6是IEA计算的世界及分区域1971至2008年的二氧化碳排放情况。IEA测算1973年世界二氧化碳排放量为156.43亿吨，到2008年达到293.81亿吨，35年增长了87.85%，其中我国所占份额由5.7%增加到22.3%，增长迅速。OECD国家35年来二氧化碳排放量增加很少，其在世界排放中的比例由1973年的65.8%降低到2008年的43.0%。

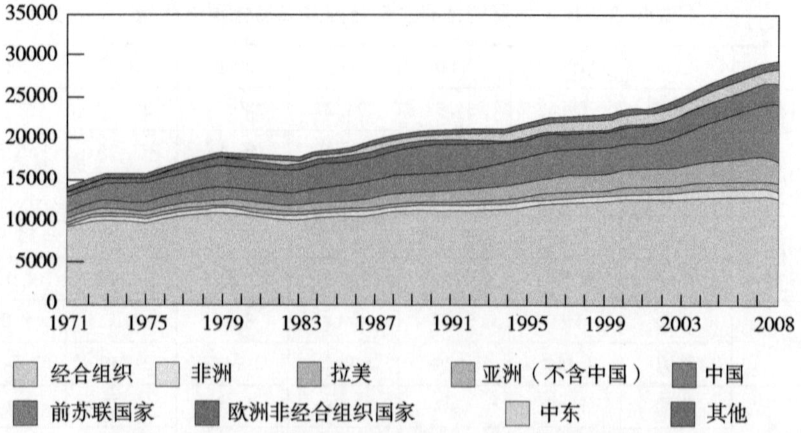

图 4-6　1971-2008 世界分区域二氧化碳排放变化图①

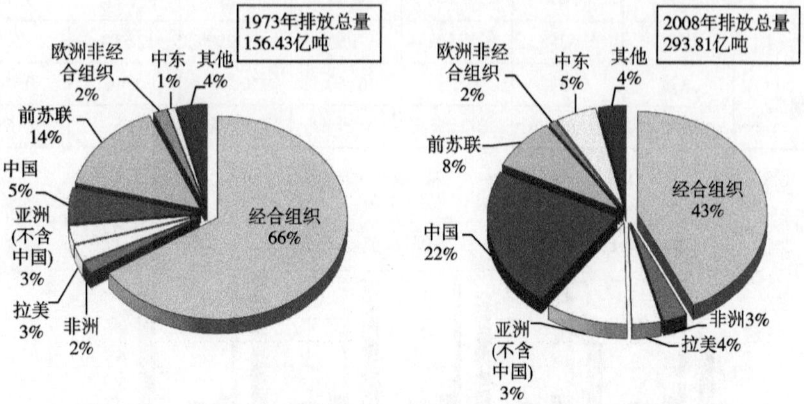

图 4-7　1973、2008 年世界二氧化碳排放区域构成图

IEA 估算的世界及主要国家二氧化碳排放量见表 4-9。自 2007 年起，我国二氧化碳排放量超过美国成为世界第一，2008 年我国排放量达到 65.51 亿吨，占世界总排放量的 22.3%，第二位的美国排放量 55.96 亿吨，占世界的 19.05%，中美两国的二氧化碳排放占世界总排放的 41.35%。从排放量的发展趋势看，近年来我国碳排放量持续增加，美国自 2000 年以来排放量基本保持不变，其在世界排放中所占比例不断减小，而表 4-9 中所列欧洲几个发达国家二氧化碳排放量则在缓慢降低。

① 资料来源：IEA，《key world energy statistics 2010》

表4-9　IEA估算的世界及部分国家二氧化碳排放量①

		1990	2000	2005	2006	2007	2008
世界	总量	209.65	234.97	271.29	280.24	289.45	293.81
中国	总量	30.22	30.78	51.08	56.49	60.76	65.51
	比例	14.41%	13.10%	18.83%	20.16%	20.99%	22.30%
美国	总量	51.39	56.98	57.72	56.85	57.63	55.96
	比例	24.51%	24.25%	21.28%	20.29%	19.91%	19.05%
德国	总量	8.69	8.27	8.11	8.24	8.01	8.04
	比例	4.15%	3.52%	2.99%	2.94%	2.77%	2.74%
法国	总量	3.52	3.77	3.88	3.80	3.73	3.68
	比例	1.68%	1.60%	1.43%	1.36%	1.29%	1.25%
英国	总量	5.49	5.24	5.32	5.33	5.21	5.11
	比例	2.62%	2.23%	1.96%	1.90%	1.80%	1.74%
瑞典	总量	0.53	0.53	0.50	0.48	0.46	0.46
	比例	0.25%	0.22%	0.19%	0.17%	0.16%	0.16%

资料来源：IEA，《CO_2 Emissions from Fuel Combustion 2010 edition》

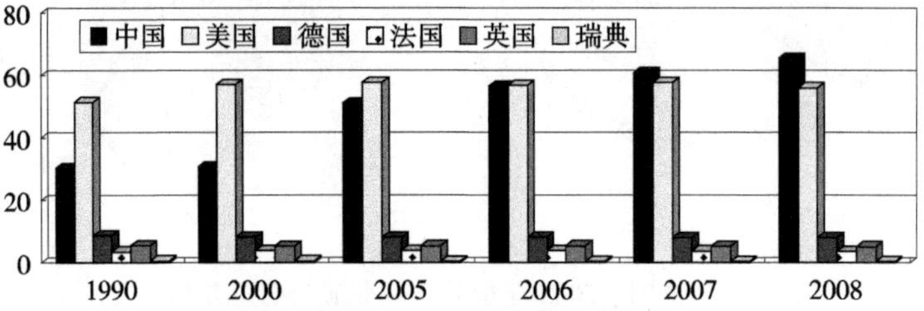

图4-8　典型国家二氧化碳排放变化图

4.2.2　二氧化碳排放强度

表4-10列出了世界及主要国家二氧化碳排放强度指标，可以看出我国的三个二氧化碳排放强度指标均高于世界平均水平，其中单位生产总值二氧化碳排放指标我国为1美元GDP排放2.3千克二氧化碳，而世界平均值为0.73，我国的排放强度是世界平均值的3倍。发达国家这一指标更

① 美国EIA和欧盟Eurostat的碳排放总量数据与IEA数据相差不大，为统一口径，本表均采用IEA数据。

低，美国为0.48，我国是美国的近5倍，而瑞典仅为0.15，我国是瑞典的15倍。

人均二氧化碳排放指标我国为4.92吨，也高于世界平均4.39吨的水平，但普遍低于发达国家的水平，美国人均二氧化碳排放量为18.37吨，是我国3.7倍，德国为9.79，是我国的2.2倍。

单位一次能源供应二氧化碳排放指标我国为73.4吨/太焦，也高于57.2吨/太焦的世界平均水平。其主要原因是我国以煤炭为主的能源消费结构，由于煤炭的碳排放系数大，而我国煤炭消费比例高，由此导致我国的一次能源供应二氧化碳排放指标高于世界平均水平。

表4-10　2008年世界及部分国家二氧化碳排放强度

项目	单位生产总值二氧化碳排放	人均二氧化碳排放	单位一次能源供应二氧化碳排放
单位	千克/美元（2000年价格）	千克/人	吨/太焦
世界	0.73	4.39	57.2
中国	2.30	4.92	73.4
美国	0.48	18.38	58.3
德国	0.38	9.79	57.3
法国	0.24	5.74	33.0
英国	0.29	8.32	58.5
瑞典	0.15	4.96	22.1

资料来源：IEA，《CO_2 Emissions from Fuel Combustion 2010 edition》

4.2.3　不同品类能源二氧化碳排放量

我国以煤炭为主的能源消费结构，导致了二氧化碳排放强度较高，2008年全国二氧化碳排放总量65.5亿吨，其中由煤炭产生的二氧化碳达到54.61亿吨占总排放量的83.4%，由石油产生的二氧化碳9.34亿吨，占14.3%，而由天然气产生的二氧化碳仅为1.55亿吨，占总量的2.4%。近年来，由于我国能源消费结构相对比较稳定，因此二氧化碳排放构成也相对稳定。

从世界范围看，世界二氧化碳排放构成中煤炭占42.9%，石油占

36.8%，天然气占19.9%，我国由煤炭产生的二氧化碳比例是全世界平均值的近2倍，而天然气产生的二氧化碳比例远远低于全世界平均值。美国及欧洲二氧化碳排放来源以石油和天然气为主，其中美国三分之二的碳排放来自石油和天然气，欧洲国家这一比例更高。

表4-11　2008年世界及部分国家二氧化碳排放构成（百万吨）

	总量	煤炭	石油	天然气	其他
世界	29381	12595.3	10821	5861.5	103.2
	100%	42.9%	36.8%	19.9%	0.4%
中国	6550	5460.8	934.8	154.9	0
	100%	83.4%	14.3%	2.4%	0.0%
美国	5596	2085.7	2227.3	1257.5	25.5
	100%	37.3%	39.8%	22.5%	0.5%
德国	804	328.3	283.3	180.8	11.6
	100%	40.8%	35.2%	22.5%	1.4%
法国	368.23	48.75	223.76	90.43	5.29
	100%	13.24%	60.77%	24.56%	1.44%
英国	510.63	135.87	178.65	194.17	1.94
	100%	26.61%	34.99%	38.03%	0.38%
瑞典	45.87	8.91	33.18	1.81	1.97
	100%	19.42%	72.33%	3.95%	4.29%

资料来源：IEA，《CO_2 Emissions from Fuel Combustion 2010 edition》

从全世界近二十几年二氧化碳排放构成看，煤炭和天然气排放所占比例在逐步上升，而石油所占比例在逐步下降，1971年煤炭、石油、天然气排放二氧化碳的比例为34.9%、50.6%、14.4%，到2008年这一比例变化为42.9%、36.8%、19.9%。

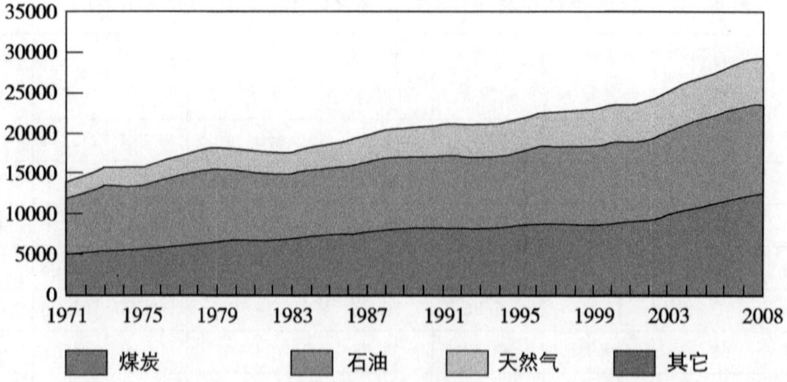

图 4 – 9　1971 – 2008 年世界分品类能源二氧化碳排放变化图①

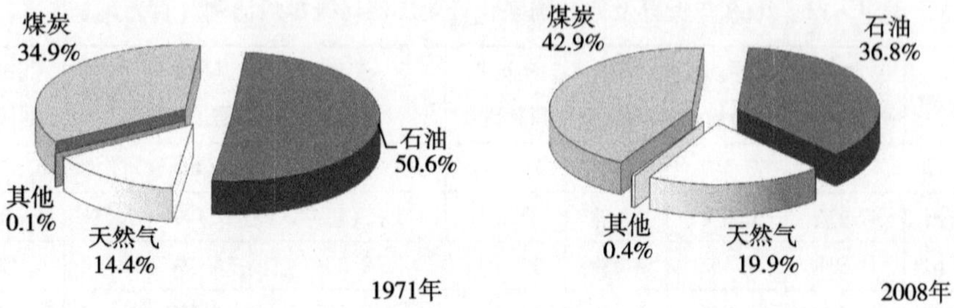

图 4 – 10　1971、2008 年世界分品类能源二氧化碳排放构成图②

4.2.4　主要行业二氧化碳排放量

从世界范围看，二氧化碳排放量最大的行业是电力和热力供应业，2008 年排放 109.63 亿吨，占总排放的 37.3%，其次则是交通运输业，排放达到 66.05 亿吨，占总排放的 22.5%。根据 IEA 的统计，我国交通运输业的碳排放仅占我国总排放的 7%，远低于世界平均水平，同时我国电力和热力供应业、建筑业和制造业的排放比例则高于世界平均水平。

---

① 资料来源：IEA，《key world energy statistics 2010》

② 资料来源：IEA，《key world energy statistics 2010》

表 4-12　2008 年世界及部分国家二氧化碳排放行业构成（百万吨）①

	电力和热力供应业	交通运输设备制造	其他能源业	建筑业和制造业	交通运输业	其中道路运输	其他	其中居民
世界	10963.1	1024.7	1491.9	5943.6	6604.7	4848.4	3353.4	1905.1
中国	3087.2	49.8	268.6	2174.5	456.9（690）	334.4	513.5	285.9
美国	2344.4	59.0	268.3	633.1	1691.6	1455.9	599.5	332.7
德国	298.23	39.05	26.0	118.14	148.36	139.86	174.08	121.43
法国	31.86	18.93	18.86	70.53	124.70	118.67	103.35	58.54
英国	165.72	29.15	32.49	58.78	124.80	114.93	99.70	76.46
瑞典	7.12	0.84	2.52	9.64	23.26	22.02	2.49	0.42

资料来源：IEA，《CO_2 Emissions from Fuel Combustion 2010 edition》

表 4-13　2008 年世界及部分国家各行业二氧化碳排放比例（百万吨）②

	电力和热力供应业	交通运输设备制造	其他能源业	建筑业和制造业	交通运输业	其中道路运输	其他	其中居民
世界	37.3%	3.5%	5.1%	20.2%	22.5%	16.5%	11.4%	6.5%
中国	47.1%	0.8%	4.1%	33.2%	7.0%（10.4%）	5.1%	7.8%	4.4%
美国	41.9%	1.1%	4.8%	11.3%	30.2%	26.0%	10.7%	5.9%
德国	37.1%	4.9%	3.2%	14.7%	18.5%	17.4%	21.7%	15.1%
法国	8.7%	5.1%	5.1%	19.2%	33.9%	32.2%	28.1%	15.9%
英国	32.5%	5.7%	6.4%	11.5%	24.5%	22.5%	19.5%	15.0%
瑞典	15.5%	1.8%	5.5%	21.0%	50.7%	48.0%	5.4%	0.9%

资料来源：IEA，《CO_2 Emissions from Fuel Combustion 2010 edition》

4.3　中外交通情况对比

4.3.1　基础设施

随着经济的飞速发展，我国的交通基础设施建设也取得了显著成就。

① （）内中国交通运输业碳排放为本研究测算值，口径与其他国家相同。

② （）内中国交通运输业碳排放为本研究测算值，口径与其他国家相同。

2010 年，我国公路里程为 400.82 万公里、铁路为 9.12 万公里、内河航道为 12.42 万公里、管道为 7.85 万公里，拥有民用机场 175 个。1990 年以来，我国公路年均增长 12.8%、铁路年均增长 3.6%、内河航道年均增长 1.1%、管道年均增长 14.3%、民用机场年均增长 5.2%。

表 4-14、15 列出了我国与典型发达国家基础设施的对比情况，可以看出，我国交通基础设施经过近年来的大规模建设成效显著，已经具有相当的规模。但从基础设施密度和人均占有情况看，我国都远低于其他国家水平。我国每万平方公里国土有公路 4175 公里，为美国的 62%，为欧盟的 38%；我国每万平方公里国土有铁路 95 公里，为美国的 49%，为欧盟的 19%；我国每万平方公里国土仅有机场 0.2 个，为欧盟的 22%，更远远低于美国 21 个的水平。我国的人均交通基础设施与其他国家的差距更大。

表 4-14　我国与典型国家基础设施情况对比①

运输方式	公路	铁路	内河航道	机场	管道
单位	万公里	万公里	万公里	个	万公里
中国	400.82	9.12	12.42	175	7.85
美国	650.60	18.50	4.10	19930	274.0
欧盟	471.10	21.30	4.30	400	3.40
德国	23.12	3.38	0.73	40	0.24
法国	102.72	2.99	0.54	60	0.57
瑞典	42.54	1.10	0.04	31	-
英国	42.00	1.62	0.11	46	0.44

表 4-15　我国与典型国家基础设施密度及人均情况对比

运输方式	单位国土面积公路里程	单位国土面积铁路里程	单位国土面积机场个数	人均公路里程	人均铁路里程	人均机场个数
单位	公里/万平方公里	公里/万平方公里	个/万平方公里	公里/万人	公里/万人	个/百万人
中国	4175	95	0.2	30	0.6	0.12
美国	6768	192	21.0	212	6	64.20
欧盟	10880	492	0.9	94	4	0.80

① 我国为 2010 年数据。其他国家为 2008 年数据，但近年来变化不大。

续表

运输方式	单位国土面积公路里程	单位国土面积铁路里程	单位国土面积机场个数	人均公路里程	人均铁路里程	人均机场个数
德国	6474	947	1.1	28	4	0.49
法国	16232	472	0.9	158	5	0.92
瑞典	9454	244	0.7	452	12	3.29
英国	17206	664	1.9	67	3	0.74

4.3.2 旅客运输

我国自1995年至2010年的15年时间里，旅客运输量持续增长，由1995年的9002亿人公里，增长到2010年的27894亿人公里，增长了2.1倍。在此期间，美国和欧盟的旅客运输也在持续增长，美国的旅客运输周转量由1995年的69895亿人公里，增长到2007年的91475亿人公里，之后受金融危机影响有所下降，2008年为89833亿人公里；欧盟的旅客运输也保持持续增长态势，欧盟1995年旅客运输周转量为53270亿人公里，到2008年达到65270亿人公里。从增长速度看，我国增长速度明显高于其他国家；从增长量看，由于其他国家基数较大，虽然增长量仍小于我国，但差距并不明显，尤其是美国在1995至2007年间的增长量要大于我国。

表4-16 我国客运周转量及分方式构成（亿人公里）

年份	总计	公路	铁路	水运	民航
1995	9002	4603	3546	172	681
2000	12261	6657	4533	101	971
2001	13155	7207	4767	90	1091
2002	14126	7806	4969	82	1269
2003	13811	7696	4789	63	1263
2004	16309	8748	5712	66	1782
2005	17467	9292	6062	68	2045
2006	19197	10131	6622	74	2371
2007	21593	11507	7216	78	2792
2008	23197	12476	7779	59	2883

续表

年份	总计	公路	铁路	水运	民航
2009	24835	13511	7879	69	3375
2010	27894	15021	8762	72	4039

资料来源：《中国统计年鉴》

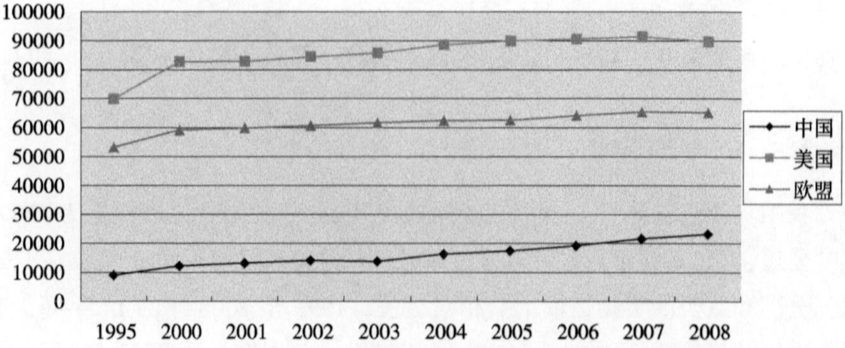

图 4－11　中国、美国及欧盟客运周转量增长趋势图

从旅客运输的方式构成看，我国铁路旅客运输完成量明显高于美国和欧盟，2008 年我国铁路完成周转量 7779 亿人公里，占总量的 34%，同年美国铁路完成客运周转量 582 亿人公里，仅占其总量的 0.64%，欧盟铁路客运周转量为 4980 亿人公里，占总量的 8%。与此对应的是我国公路旅客运输完成量所占比例远低于美国和欧盟，2008 年我国公路旅客运输占总量的 54%，低于美国的 88% 和欧盟的 83%。我国、美国和欧盟的民航运输所占份额相差不大。

表 4－17　2008 年我国与典型国家客运周转量及分方式构成（亿人公里）

年份	总计	公路	铁路	水运	民航
中国	23197	12476	7779	59	2883
美国	89833	79237	582	628	9387
欧盟	65270	54270	4980	410	5610
德国	1014	916	98	-	-
法国	867	769	98	-	-
瑞典	120	107	13	-	-
英国	794	731	63	-	-

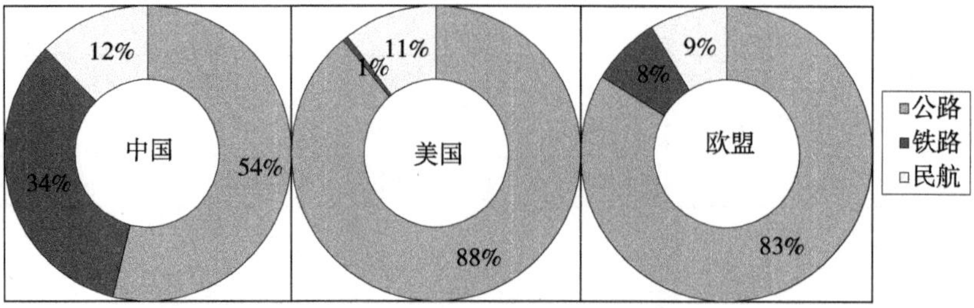

图 4－12　2008 年中国、美国及欧盟客运周转量方式构成图

4.3.3　货物运输

我国货物运输在近 15 年来迅速增长，1990 年我国货运周转量为 23971 亿吨公里，到 2010 年达到 95838 亿吨公里，15 年间增长了 3 倍。在此期间，美国和欧盟的货物运输增长相对缓慢，1995 至 2008 年的 13 年间，我国货物周转量绝对值增加了 51729 亿吨公里，美国增长了 8500 亿吨公里，欧盟增长 10300 亿吨公里。1995 年我国的货运周转量低于美国和欧盟，2005 年我国超过了欧盟，2008 年超过了美国。

表 4－18　我国货运周转量及分方式构成（亿吨公里）

年份	总量	公路	铁路	水运①	民航	管道
1995	23971	4695	13050	5614	22	590
2000	27247	6129	13771	6661	50	636
2001	26837	6330	14694	5116	44	653
2002	28953	6783	15658	5778	52	683
2003	31554	7100	17247	6411	58	739
2004	37190	7841	19289	9174	72	815
2005	41706	8693	20726	11120	79	1088
2006	46263	9754	21954	12909	94	1551
2007	52733	11355	23797	15599	116	1866
2008	75700	32868	25106	17412	120	194
2009	82609	37189	25239	18033	126	2022
2010	95838	43390	27644	22429	179	2197

数据来源：《中国统计年鉴》

① 水运不含远洋。

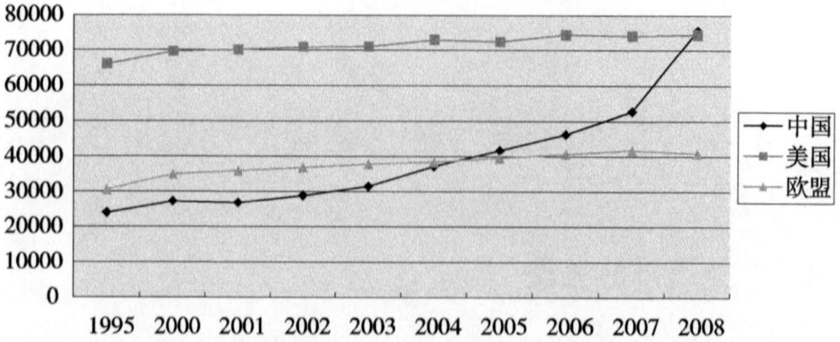

图 4-13　中国、美国及欧盟货运周转量增长趋势图

从运输方式构成看，我国公路运输占 44%，铁路仅次于公路占 33%，水运在货物运输中也发挥了重要作用，占 23%，管道所占份额很小。美国的货物运输中铁路占 39% 大于公路的 29%，与旅客运输相反，反映了美国铁路以货运为主的特征，管道运输占 20%，远高于中国的水平，管道运输在美国也发挥着重要作用。欧盟货物运输以公路为主，占 72%，其次是铁路占 17%，管道运输和水运相对较小。

表 4-19　2008 年我国与典型国家货运周转量及分方式构成（亿吨公里）①

	总计	公路	铁路	水运	民航	管道
中国	75700	32868	25106	17412	120	1944
美国	74176	21196	29284	8902	244	14550
欧盟	25927	18780	4430	1450	27	1240
德国	538	342	116	64	-	16
法国	277	206	41	9	-	21
瑞典	65	42	23	-	-	-
英国	198	163	25	-	-	10

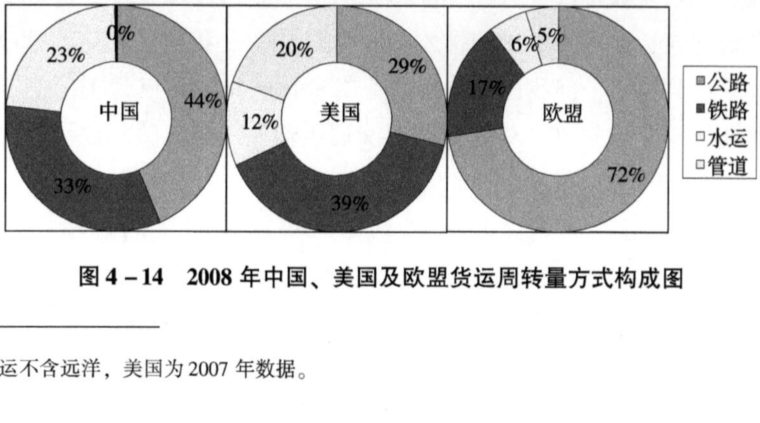

图 4-14　2008 年中国、美国及欧盟货运周转量方式构成图

① 水运不含远洋，美国为 2007 年数据。

4.4 中外交通运输业碳排放情况对比

4.4.1 交通排放总量

根据IEA测算，2008年我国交通运输业碳排放4.57亿吨，占我国总排放的7%。依据中国统计年鉴，我国交通运输及仓储、邮政业能源消耗占总能耗的7.9%，其中包含了仓储、邮政业，但并不包含非营运车辆的能源消耗，该部分能耗分散在生活消费等其他行业中。为与其他国家进行对比分析，本研究测算了我国交通运输业的能耗比例，见表4-7，2008年我国交通运输业的能耗约占总能耗的11%。在此基础上，本研究还测算了我国交通运输业碳排放总量及分方式排放量，具体见表4-20。

表4-20 2008年我国交通运输业二氧化碳排放量（百万吨）

	公路	铁路	水运	民航	管道	合计
二氧化碳排放量	506	63	67	43	11	690

2007年我国二氧化碳排放量超过美国，成为世界上二氧化碳排放最多的国家。2008年我国二氧化碳排放量占世界总排放量的22.3%，仍位居世界第一，美国以占世界总排放量19.0%的份额，位居世界第二。

美国交通运输业二氧化碳排放作为本国二氧化碳排放总量主要组成部分的同时，也是世界交通运输业二氧化碳排放的主要来源，2008年美国交通运输业二氧化碳排放量占到了世界交通运输业二氧化碳排放量的1/4以上。欧盟交通运输业二氧化碳排放占世界的19%。我国二氧化碳排放量虽然已位居世界第一，但我国交通运输业二氧化碳排放量仅为美国交通运输业二氧化碳排放量的30.8%，占世界交通运输业二氧化碳排放量的比例在10.4%左右。

2008交通运输业占全行业二氧化碳排放量的比例显示，美国为30.2%，高于世界平均水平近8%，欧盟为28.4%，也高于世界平均水平，欧盟国家中瑞典交通运输业碳排放占到总量的50.7%，而我国仅为10%左右，远低于世界平均水平。

尽管我国交通运输业二氧化碳排放在本国和世界的构成中比例较低，与美国相比也具有较大差距，但不容忽视的是其惊人的增速。根据国际能源署统计，1990 至 2008 年，我国交通运输业二氧化碳排放量增幅高达 227.4%，远高于世界 44.1% 的增长幅度，而美国和欧盟的增幅仅分别为 19.1% 和 33.2%，均低于世界平均增长水平。

表 4－21　2008 年中外交通运输业二氧化碳排放量对比（百万吨）

	二氧化碳排放总量		交通运输业二氧化碳排放量			1990－2008 年
	排放量	占世界碳排放总量比例	排放量	占世界交通碳排放量比例	占其国家碳排放量比例	交通碳排放增幅
世界	29381	100%	6605	100%	22.5%	44.1%
中国	6550	22.3%	690	10.4%	10.4%	227.4%
美国	5596	19.0%	1692	25.6%	30.2%	19.1%
欧盟	4417	15.0%	1254	19.0%	28.4%	33.2%
德国	804	2.7%	148	2.2%	18.5%	3.1%
法国	368	1.3%	125	1.9%	33.9%	19.2%
英国	511	1.7%	125	1.9%	24.5%	22%
瑞典	46	0.2%	23	0.4%	50.7%	38.3%

数据来源：

欧盟（整体）数据来自《Eurostat，EU energy and transport in figures 2010》；

其余来自 IEA，《CO_2 Emissions from Fuel Combustion 2010 edition》；

中国交通碳排放为本研究测算值，含非营运车辆。

4.4.2　分方式排放量

从交通运输业分方式二氧化碳排放构成看，本研究涉及的几个国家及组织公路运输均占绝大部分比重，其中美国高达 85.7%，我国、欧盟也都在 70% 以上。从世界范围看，根据 IEA 测算，2008 年世界交通运输碳排放总量为 66.05 亿吨，其中道路运输为 48.48 亿吨，占总量的 73.4%。

由于我国铁路完成的运输量较大，铁路运输碳排放占总排放的 9.1%，远高于其他国家水平。

由于统计口径不同，欧盟水运排放中包含了远洋部分，民航排放中包含了国际航线部分，使得欧盟的水运和民航所占碳排放比例较大。

由于公路运输对二氧化碳排放的主导作用，未来降低交通运输业碳排放应重点从公路运输着手。优化运输结构，开发以新能源为动力的交通工具等，将是降低交通运输业二氧化碳排放的有效手段。

表 4－22　2008 年交通运输业分方式二氧化碳排放对比（百万吨）

	其中				
	公路	铁路	水运	民航	管道
中国	73.3%	9.1%	9.7%	6.3%	1.6%
美国	85.7%	2.4%	1.7%	8.2%	2.0%
欧盟	70.9%	0.6%	15.3%	12.5%	0.7%
德国	77.0%	0.7%	5.6%	14.8%	1.9%
法国	66.9%	0.3%	6.5%	11.4%	0.3%
瑞典	64.0%	0.3%	26.1%	9.2%	0.1%
英国	70.2%	1.3%	6.9%	21.4%	0.2%

数据来源：

中国数据为本研究测算，公路含非营运车辆；水运不含远洋；民航不包含国际。

美国数据来源于《Transportation Energy Data Book 36th Edition》，水运不含远洋；民航不包含国际。

欧盟国家数据来源于：《EU energy and transport in figures 2010，2010－country－factsheets》，民航运输包含国内和国际；水运包含远洋；其他包括管道运输、港口和机场的地面运输、非公路的运输行为等其他交通运输产生的碳排放；瑞典为 2007 年数据。

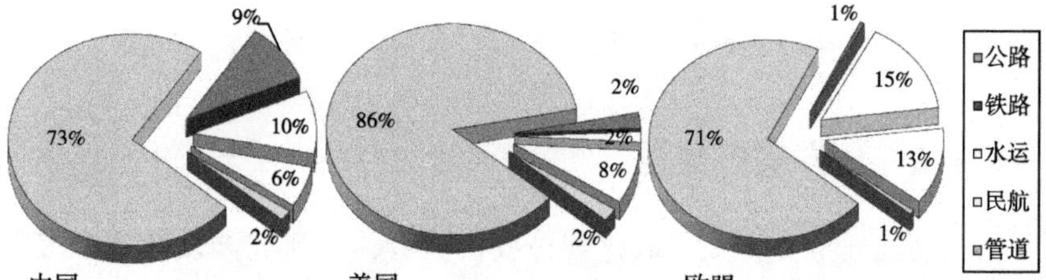

图 4－15　2008 年中国、美国、欧盟分方式二氧化碳排放构成图

4.4.3　单位运输产品碳排放量

在本系列研究之“低碳经济与交通发展研究”① 中提出了“单位运输

① 北京华协交通咨询公司，2011 年。

产品碳排放量”指标，该指标计算是用完成某一运输任务的碳排放量除以该运输任务的运输周转量。单位运输产品碳排放量是从二氧化碳排放角度衡量运输效率的指标，利用该指标可以横向比较不同运输方式间的运输效率，也可以衡量综合运输体系的合理性。

由于统计的原因，本研究面向的几个国家，对于交通运输的碳排放及燃料消耗均未按客货分列。计算单位运输产品碳排放量必须对客货运输量进行折算，折算成统一的换算周转量。按照我国换算周转量的折算方法，一般是：铁路和水运旅客周转量以 1 人公里换算成 1 吨公里，道路旅客周转量以 10 人公里换算成 1 吨公里，航空旅客周转量以 13.89 人公里换算成 1 吨公里。从碳排放角度看，上述系数值须进一步商榷，如公路 10 人公里换算成 1 吨公里，大客车可能比较接近这一数值，但小客车则相差较大；铁路采用 1 人公里换算成 1 吨公里，高速铁路由于能耗较高，可能比较接近甚至高于这一数值，但普速铁路可能会低于这一数值。由于客货构成结构不同，准确对比难以进行。为简化计算，本研究对各种运输方式均采用 1 人公里换算成 1 吨公里，计算得出我国、美国和欧盟单位运输产品碳排放对比，结果见 4 - 23。

表 4 - 23　2008 年单位运输产品碳排放对比（吨/换算吨公里）

	交通运输业平均值	公路	铁路	水运	民航	管道
中国	0.69	1.12	0.19	0.38	1.43	0.57
美国	1.05	1.47	0.14	0.30	1.46	0.24
欧盟	1.38	1.22	0.09	-	-	0.69

由于换算周转量系数将直接影响到计算结果，因此本研究计算数据仅能进行大致的比较。通过对比可以看出，我国交通运输业平均碳排放为 0.69 吨/换算吨公里，低于美国和欧盟的水平，其主要原因是我国铁路运输所占比重较大，而铁路运输碳排放量相对较小。从分运输方式碳排放量看，各国间相差不大。

第5章　我国交通运输业碳排放控制目标

5.1　交通运输业碳排放趋势判断

5.1.1　全球交通运输业碳排放发展趋势

5.1.1.1　全球交通运输业主要能源消耗现状

按照能源品类划分，交通运输业消耗的主要能源包括煤炭、石油和天然气等能源。

(1) 交通运输业煤炭消费

在全球煤炭消费中，交通运输业煤炭消费所占比重一直较低，1973年交通运输业煤炭消费约33.00百万吨标油，占全球煤炭消费总量的5.2%，随着交通工具的发展和技术的进步，2012年交通运输业煤炭消费下降到了3.28百万吨标油，占全球煤炭消费的比重仅为0.4%，年均下降6.1%。

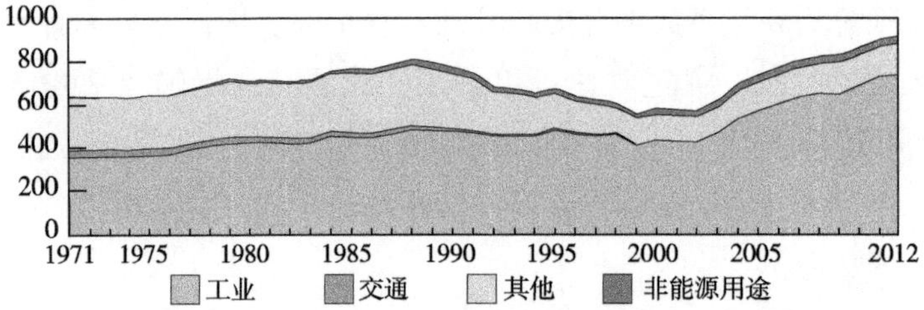

图5-1　1971-2012年全球分行业煤炭消费情况①

---

① 数据来源：IEA《key world energy statistics 2014》；其他包括农业、商业、公共服务和住宅等。

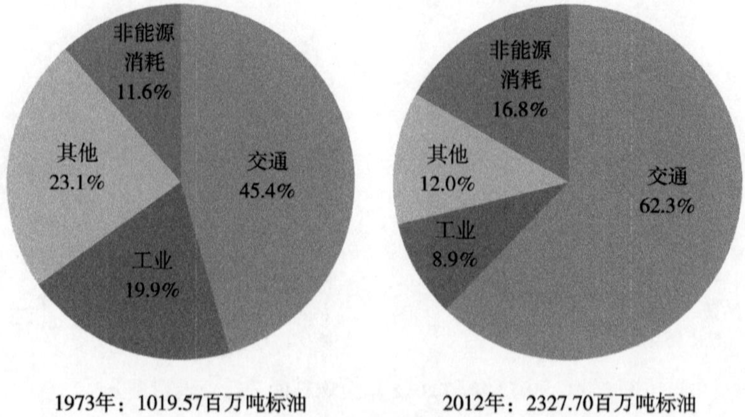

图 5-2　1973 年和 2012 年全球煤炭分行业消费量①

（2）交通运输业石油消费

在全球石油消费中，交通运输业所占比重一直较高，1973 年交通运输业石油消费约 1019.57 百万吨标油，占全球石油消费总量的 45.4%，2012 年这一比例提高到了 63.7%，达到 2327.70 百万吨标油，年均增长 2.1%。

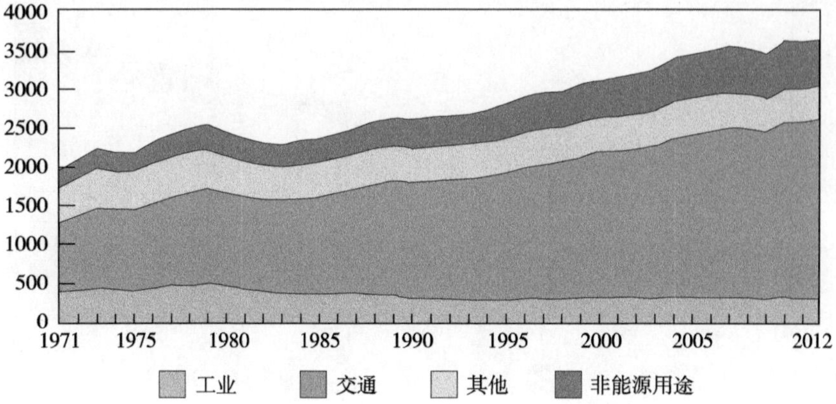

图 5-3　1971-2012 年全球分行业石油消费情况

① 数据来源：IEA《key world energy statistics 2014》其他包括农业、商业、公共服务和住宅等。

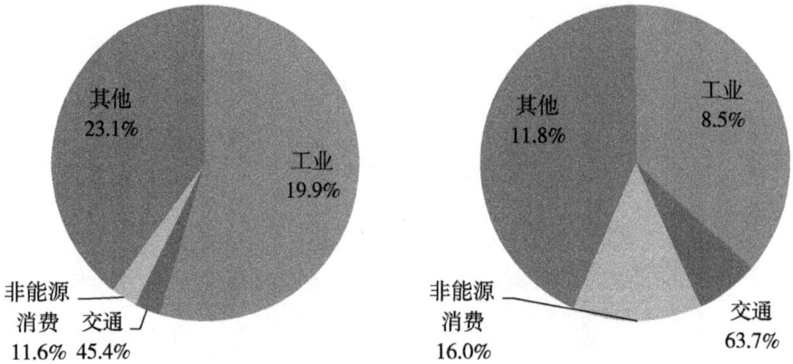

图 5－4　1973 年和 2012 年全球石油分行业消费量①

（3）交通运输业天然气消费

交通运输业天然气消费在全球天然气消费构成中虽然所占比重较低，但呈现逐年上升的趋势，1973 年交通运输业天然气消费约 17.72 百万吨标油，占全球天然气消费总量的 2.4%，随着天然气汽车数量的增加，交通运输业天然气消费的数量也明显增长，2012 年交通运输业天然气消费达到 90.37 百万吨标油，占全球天然气消费总量的 6.6%。

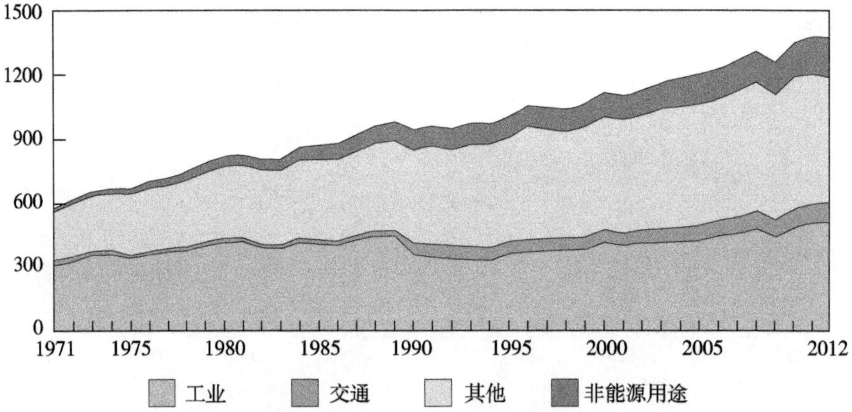

图 5－5　1971－2012 年全球分行业天然气消费情况

① 数据来源：IEA《key world energy statistics 2014》；其他包括农业、商业、公共服务和住宅等。

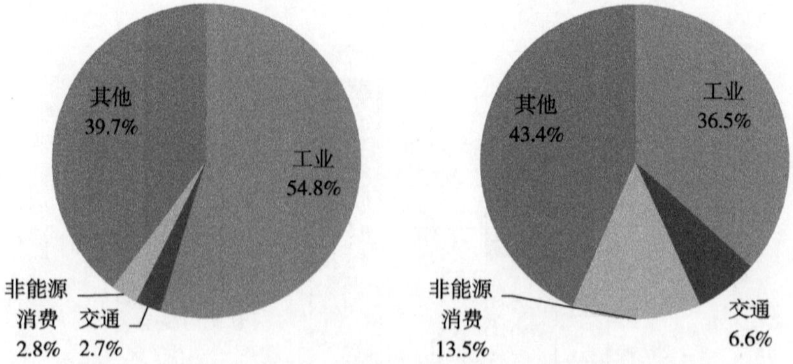

图 5-6　1973 年和 2012 年全球天然气分行业消费量①

5.1.1.2　全球交通运输业碳排放现状

交通运输业的二氧化碳排放近二十年来呈现快速增长的趋势，1973－2013 年增长了 165%，且近年来已超过工业行业的二氧化碳排放量。从全球二氧化碳排放分部门构成来看，电力和供暖、交通运输业两大部门的二氧化碳排放量占到了全球的三分之二，交通运输业仅次于电力和供暖。2013 年，电力和供暖占全球二氧化碳排放量的 42%，交通运输业占到了 23%。

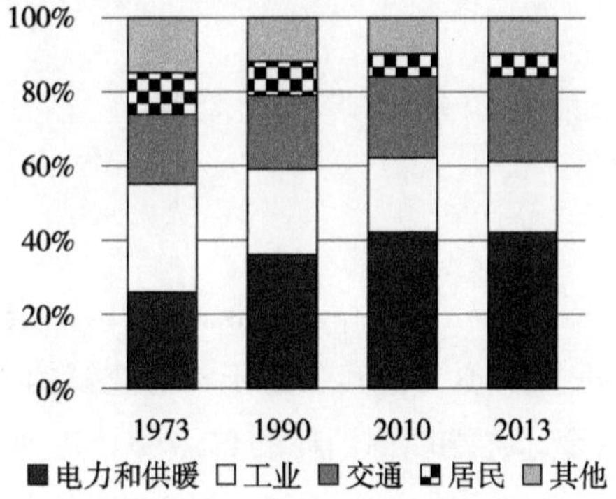

图 5-7　全球近年分部门 CO_2 排放比例变化②

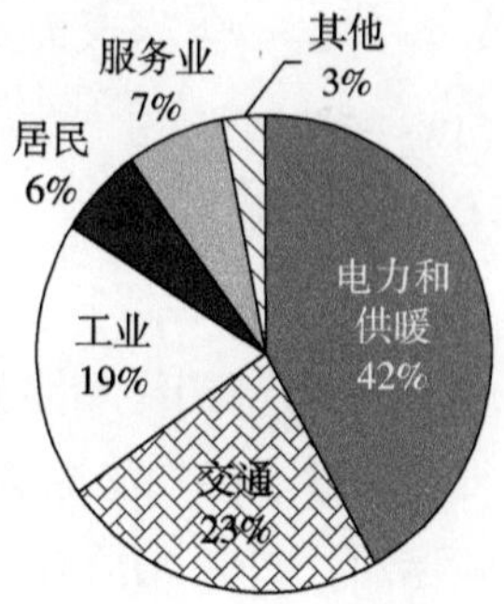

图 5-8　全球 2013 年分部门 CO_2 排放比例

① 数据来源：IEA《key world energy statistics 2014》

② 数据来源：IEA《2012 CO_2 emissions from fuel combustion》；其他包括商业/公共服务、农业、林业、渔业等。

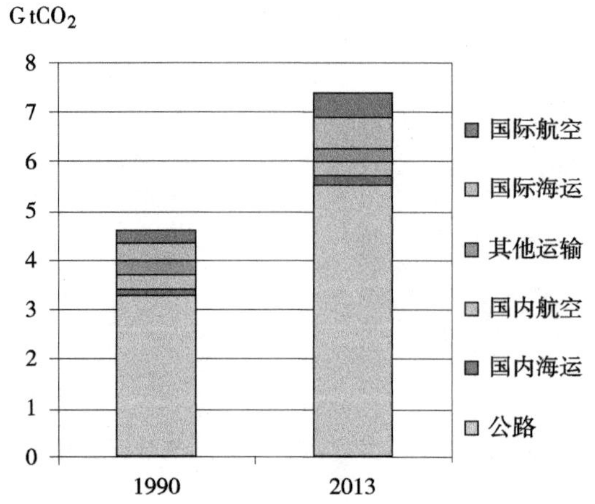

图 5-9 1990 年和 2013 年全球交通运输业碳排放分方式构成①

根据 IEA 统计，交通运输业二氧化碳排放的快速增长主要是由公路运输引起的，公路运输碳排放自 1990 年以来增长了 68%，2013 年占整个交通行业碳排放总量的四分之三。此外，值得注意的是，尽管采取各种措施限制来自于国际运输的碳排放，2013 年国际海运和国际航空碳排放量比 1990 年分别增长了 64% 和 90%，其中国际航空的碳排放增长甚至超过了公路增长速度。

5.1.1.3 全球交通运输业能源消耗和碳排放趋势

（1）能源消耗

① IEA 预测

IEA（国际能源署）发布的《Key World Energy Statistics 2014》报告中对 2035 年的各部门终端能源消费进行了预测，其中基于常规政策的考量，未来交通运输业终端能源消耗将占全球终端能源消耗的 27.7%，达到 3324 百万吨标油；基于 2013 年后全球温室气体浓度稳定在 450PPM 二氧化碳当量的气候政策框架下，交通运输业终端能源消耗将占全球终端能源消耗的 25.5%，达到 2663 百万吨标油。

① 数据来源：IEA《2015 CO_2 emissions from fuel combustion highlights》

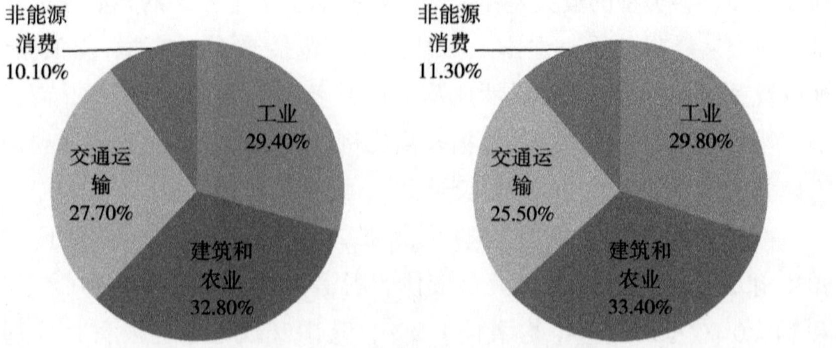

图 5－10　2035 年全球终端能源分部门消费量预测①

② EIA 预测

根据 EIA（美国能源信息署）发布的 2014 国际能源展望的分析，世界石油和其他液体燃料市场无论是需求还是供给，都进入了一个动态发展的阶段。

页岩等潜在的新的石油资源供给成为全球液体能源资源供给的新的增长点。对液体燃料的潜在需求增长主要是集中在我国、印度、中东地区等新兴经济体的需求增长，而美国、欧洲和其他地区的石油市场似乎已经见顶。在长期持续的高油价后，环境保护和效率的提高使成熟的石油消费国已经开始减少或者放缓了对液体燃料消费的增长。

自 1973 年起，全球交通部门燃料消费量年均速度稳定在 2%~2. 5% 之间，增长趋势和全球经济增长速度近乎平行，2012 年交通部门燃料消费量为 1973 年的 2. 5 倍。道路客运和道路货运的增长速度很快，绝对增长量位居第一，并且始终占据交通燃料消费的主体。航空运输（含国内和国际）是第二大燃油消费的交通模式，并且是增长速度最快的交通模式。

尽管全球交通燃料消费在不断增长，不同的国家和地区，人均交通燃料消耗水平以及燃料类型组合差异依然很大，从而导致不同地区和国家的人均交通二氧化碳排放水平有较大差异。北美地区的人均交通燃料消费水平最高，2007 年达到 2300 吨标准油/千人，而其他地区例如非洲部分地区，人均交通燃料消费仅为 100 吨标准油/千人。不同地区交通周转量、交

① 数据来源：IEA《key world energy statistics 2014》

通模式和燃料类型的较大差异是交通燃料消费水平差异的核心原因。石油是全球交通燃料的绝对主体，占据95%，包括汽油、柴油、煤油/航空煤油以及重油。一些国家如俄罗斯及东欧国家较多使用的天然气，南美地区的生物质燃料如生物乙醇也占据较高比例。但整体而言，汽油和柴油是交通燃料的主体，主要用于道路交通和水运，而煤油则主要运用于航空。

根据EIA发布的《2014 国际能源展望》，未来在高油价情况下，2020、2030和2040年世界石油和其他液体燃料消费中将分别达到191.5、215.5和248.0亿亿 Btu[①]，年均增长1.2%，其中交通运输业消费将分别达到109.7、125.6和148.8Btu，分别占世界石油和其他液体燃料消费的57%、58%和60%，年均增长1.5%，高于世界平均增长水平0.3个百分点；在低油价情况下，2020、2030和2040年世界石油和其他液体燃料消费中将分别达到200.7、223.9和250.1亿亿 Btu，年均增长1.2%，其中交通运输业消费将分别达到112.1、125.0和140.4亿亿 Btu，均占世界石油和其他液体燃料消费的56%，年均增长1.3%，高于世界平均增长水平0.1个百分点；推荐方案，2020、2030和2040年世界石油和其他液体燃料消费中将分别达到197.2、217.9和243.1亿亿 Btu，年均增长1.1%，其中交通运输业消费将分别达到111.7、125.3和142.1亿亿 Btu，分别占世界石油和其他液体燃料消费的57%、58%和58%，年均增长1.3%，高于世界平均增长水平0.2个百分点。从其预测结果可以看出，无论哪种方案，交通运输业的石油及其他液体能源消费占全世界该消费的比例都在60%左右，且增速也均高于世界平均增长速度。

表5-1　交通运输业石油及其他液体能源消费预测（亿亿 Btu）

		2020	2030	2040
全世界	高油价下	191.5	215.5	248.0
	低油价下	200.7	223.9	250.1
	推荐值	197.2	217.9	243.1
交通运输业	高油价下	109.7	125.6	148.8
	低油价下	112.1	125.0	140.4
	推荐值	111.7	125.3	142.1

① British Thermal Unit 英国热量单位，1BTU 约等于1.055千焦（kJ）。

续表

		2020	2030	2040
占世界百分比	高油价下	57%	58%	60%
	低油价下	56%	56%	56%
	推荐值	57%	58%	58%

注：数据来源，EIA《International energy outlook 2014》

（2）二氧化碳排放

不同交通模式组合，会导致不同燃料消耗和二氧化碳排放水平，OECD 国家在客运交通上比非 OECD 国家更加依赖轻型载客汽车（例如轿车、SUV、运动型汽车等）。同时，OECD 国家的人更多地使用航空，而发展中国家的公交比例较高，同时两轮（摩托车等）和三轮的机动车比例也较高。

全球轻型载客汽车的保有量增速很快，据美国汽车行业权威杂志 Wardsauto 公布：根据各国和地区政府公布的汽车注册量及历史上汽车保有量，截至 2011 年 8 月，全球处于使用状态的各种汽车，包括轿车、卡车以及公共汽车等的总保有量已突破 10 亿辆，其中我国增速世界第一。Wardsauto 分析，1950 – 1970 年，全球汽车保有量每 10 年翻一番，1970 年达到 2. 5 亿辆。自 1970 年以来，全球汽车数量几乎每隔 15 年翻一番，1986 年，全球汽车保有量再次翻一番达到 5 亿辆。据预计，到 2050 年这一数字将升至 25 亿辆。美国是目前最大的汽车拥有国，其汽车注册量达 2. 4 亿辆；我国次之，汽车拥有量为 7800 万辆；日本的汽车拥有量为 7400 万辆。2010 年全球汽车平均拥有量为 1∶6. 75，即每 6. 75 个人拥有 1 辆汽车。在美国和意大利，这个比例分别是 1∶1. 3 和 1∶1. 45；在法国、日本以及英国，该比例大约为 1∶1. 7；在我国，2010 年汽车平均拥有量为 1∶17. 2；印度是 1∶56。从 1990 年到 2010 年，轻型载客汽车保有量翻了一番，平均每年增加 4%，绝大部分都是使用汽油作为燃料。而同一期间，全球人口增加了 33%，从 53 亿人增加到 69 亿人，年均增长了 1. 3%。这从某种意义上反映出人均汽车拥有量的提高。

整体来看，全球交通部门二氧化碳排放从 1973 年以来一直呈现快速增长状态，1973 – 2013 年期间，交通部门的二氧化碳排放增长了 165%，其中道路交通增长了 189%，是交通部门内部增长最快的交通方式；其次是国际航空，增长了 172%；国际海运增长了 57%，国内水运增长了 5%；铁路交通相比 1970 年出现了较大幅度的下降，下降了约 50%。交通运输业内部各方式之间的碳排放比例变化不大，依然是道路交通占排放的主体，其次是国际海运、国际航空和国内航空。

交通部门的二氧化碳排放是绝大部分国家二氧化碳排放保持较高增长速度的部门，全球交通部门的能源消耗和二氧化碳排放受到国际各国未来不同政策措施的影响，考虑到国际社会对于控制全球升温和碳排放的紧迫性，IEA（国际能源署）结合各国公开承诺的二氧化碳减排目标和低碳发展设想，对全球交通部门的能源需求进行了预测，预测 2013 年 – 2040 年期间，全球交通部门的能源需求将增加 32%，在 2040 年将达到 256.2 亿吨标煤，相比较过去交通能源消费的增长速度已经大为降低，这主要得益于燃油经济性标准的提高。届时交通部门的能源消耗将超过建筑部门，接近工业部门，成为除电力之外的最大能源消耗部门。多个国际组织对全球的二氧化碳排放进行了预测，其中根据 IEA 测算，全球二氧化碳排放总量 2020 年为 331 亿吨、2030 年为 348 亿吨、2040 年为 367 亿吨；其中交通运输业二氧化碳排放量 2020 年为 77 亿吨、2030 年约为 83 亿吨、2040 年为 87 亿吨。根据 EIA 测算，全球二氧化碳排放总量 2020 年为 364 亿吨、2030 年为 415 亿吨、2040 年为 455 亿吨。IEEJ 测算全球二氧化碳排放总量 2020 年为 357 亿吨、2030 年为 395 亿吨、2040 年为 427 亿吨。综合各测算结果，预测全球二氧化碳排放总量 2020 年为 350 亿吨、2030 年为 385 亿吨、2040 年为 400 亿吨；其中交通运输业二氧化碳排放总量 2020 年为 75.5 亿吨、2030 年为 87.5 亿吨、2040 年为 90.0 亿吨。

表 5 – 2　全球二氧化碳排放量预测（亿吨）

	2020 年	2030 年	2040 年
排放总量	350	385	400
煤炭	162	181.5	185.5
石油	117	124.5	131
天然气	71	79	83.5
交通运输业	75.5	87.5	90.0

5.1.2　我国交通运输业发展趋势分析

5.1.2.1　运输需求预测

改革开放以来，我国经济持续快速增长，综合国力大大提高，人民的生活水平有较大改善，居民消费结构发生了显著变化。从世界典型国家经济发展的历程看，在经济上达到中等发达水平之前，经济高速增长，我国目前正是处于这一经济高速增长期，运输基础设施、装备水平、规模保持扩张的趋势，客货运输也保持旺盛的需求。这一阶段，正处于工业化进程中期发展阶段，经济资源流动的规模越来越大，同时，人民生活水平将会进一步改善，人们用于旅行的费用将不断增加，出行的次数也在不断增多。经济社会生活中人与物在空间的位移总量将急剧增加，由此带来对客货运输的巨大需求，要求交通运输的发展与经济社会发展的步伐相适应。

本研究采用时间序列法、回归分析法对未来我国客、货运输需求进行预测后结合专家判断得到需求预测结果。

（1）货物运输需求预测

货物运输需求指标主要和国内生产总值，特别是第一、第二产业的国内生产总值关系密切。货运量及货物周转量的预测模型包括：时间序列模型，相应指标与第一、第二产业国内生产总值的回归模型以及二元回归模型。

时间序列模型：$y_1 = a_0 + a_1 x_1$

一元回归模型：$y_2 = b_0 + b_1 x_2$

二元回归模型：$y_3 = c_0 + c_1 x_3 + c_2 x_4$

其中：

y_i 预测指标（总货运量或货物周转量）预测值；

x_1 年份数值；

x_2 相应年份的国内生产总值；

x_3、x_4 相应年份第一、第二产业的国内生产总值；

a_i，b_i，c_i 模型常数项及各自变量系数。

将每个预测指标的三个不同的模型得到的预测值加以分析后，预测我国 2030 年货物运输需求如表 5－13。

表 5－3　2030 年我国货物运输需求预测

运输方式	总计	铁路	公路	水运	民航	管道
货运量（亿吨）	1100	104	860	122	0.2	14
货物周转量（亿吨公里）	468000	78890	162200	217980	430	8500

（2）旅客运输需求预测

客运需求指标主要受人均国内生产总值和总人口数量的影响。客运量及旅客周转量的预测模型包括：时间序列模型，相应指标与人口数及人均 GDP 的一元和二元回归模型。

一元回归模型：$y_1 = a_0 + a_1x_1$

一元回归模型：$y_2 = b_0 + b_1x_2$

二元回归模型：$y_3 = c_0 + c_1x_3 + c_2x_4$

其中：

yi 各方式客运量（或旅客周转量）预测值；

x_1 年份数值；

x_2 相应年份的国内生产总值；

x_3、x_4 相应年份人口数及人均国内生产总值；

a_i，b_i，c_i 模型常数项及各自变量系数。

将每个预测指标的三个不同的模型得到的预测值加以分析后，预测我国 2030 年旅客运输需求如下表。

表 5－4　2030 年我国旅客运输需求预测

运输方式	总计	铁路	公路	水运	民航
客运量（亿人）	1080	54	1010	7	9
旅客周转量（亿人公里）	99200	29170	54900	230	14900

5.1.2.2　公路运输需求变化特征

近年来，我国交通基础设施和运输装备不断改善，为公路运输市场的快速发展创造了有利条件，也使公路客货运输的平均运距不断增加。目前，我国公路运输行业正处于快速发展的成长期，在国民经济运行和增长中发挥着日益重要的作用。随着我国经济的进一步发展，公路运输需求将继续保持增长的态势。在公路货运中大宗货物、初级产品所占的份额呈下降趋势，对运输服务质量和服务水平的要求日益提高。

（1）小汽车出行比例大幅增加

2008 年，我国人均 GDP 突破 3000 美元，2012 年人均 GDP 达 6100 美元。根据世界各国的情况，按照一般发展规律，这一发展阶段汽车需求将迅速上升，私人购车将出现爆发性增长，人均汽车拥有量大幅度提高。自 2009 年起，我国汽车产销量超过美国连续保持世界第一，2012 年我国全年累计生产汽车 1927.18 万辆，销售汽车 1930.64 万辆。2012 年年末我国民用汽车保有量达到 12089 万辆，比上年末增长 14.3%，其中私人汽车保有量 9309 万辆，增长 18.3%。随着小汽车快速进入家庭，未来小汽车出行比例将会大幅度增加，公路小汽车交通量也将大幅度增加。

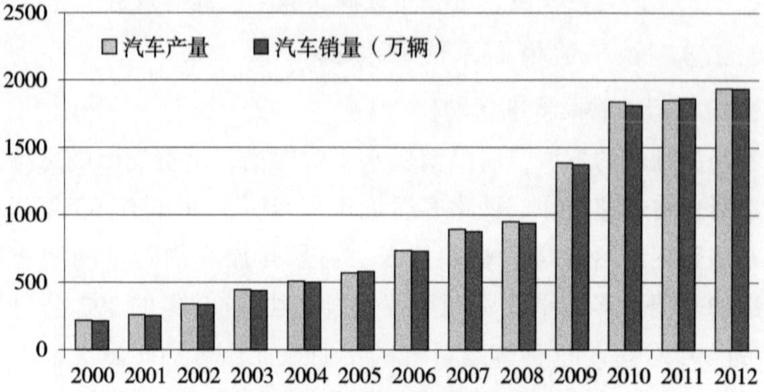

图 5－11　近年我国汽车产销量①

（2）公路客运向集约化和规模化发展

公路客运是为经济社会发展和人民出行提供最广泛服务的重要产业，在综合运输体系中起着基础性作用。随着国民经济持续发展和人民生活水平不断提高，公路客运市场需求发生了转折性的变化，从要求“走得了”向“走得好”转变。同时，随着公路基础设施建设的大规模投入、高等级公路尤其是高速公路的快速发展，为提高公路客运营运质量提供了条件。社会经济发展的大环境以及通达能力、运行条件改善的小环境，都对公路客运发展方向提出了战略性转变的要求，集约化经营、规模化发展成为现阶段我国公路客运发展战略的主要取向。旅客运输将向着更加便捷、舒适的方向发展，通过线路和运力的合理调配，在满足旅客运输需求的基础

① 数据来源：《中国统计年鉴》

上，进一步提高运输效率。

（3）公路货运将向快速、长途专重载发展

随着区域经济的发展以及公路基础设施和车辆的不断改进，中长距离公路运输需求增加，公路货运向快速、长途、重载方向发展。大吨位、重型专用运输车因高速安全、单位运输成本低而成为我国未来公路运输车辆的主力。专用车产品向重型化、专用功能强、技术含量高的方向发展。厢式运输车、罐式运输车、半挂汽车列车、集装箱专用运输车、大吨位柴油车及危险品、鲜活、冷藏等专用运输车辆将围绕提高运输效率、降低能耗、确保运输安全大目标发展。货物运输将向着专业化、重载化方向发展，通过专业化的运输调度，进一步提高实载率，提升效益。

5.1.2.3 铁路运输需求变化特征

（1）旅客运输需求将迅猛增长

随着经济社会的发展，居民消费水平的提高，消费支出随之增加，居民人均出行也将快速增加。铁路客运近年来经历了20世纪90年代中期短暂的小幅回落，1998年以后稳步增长，特别是旅客周转量的增长更为显著，突出的表现是客运平均运距明显增加，由1998年的397公里增加到2014年的492公里。这种客运量增幅不明显而旅客周转量大幅上升的现象，显示出目前铁路客运能力难以满足社会客运需求，尤其是大量中距离的旅客实际上因买票难不得不选择其他运输方式，有限的铁路能力只能被用来优先满足长距离的客运需求。因而客运量增幅较小，反映的是一种被压抑了的客运需求。铁路运输由于运价低、舒适、安全等特征仍是大多数人中、长距离出行首选的运输方式。随着国家经济增长，居民收入水平的提高，铁路客运需求潜力有待开发。

（2）旅客运输高速化，乘坐更加舒适

高速铁路与汽车和民航等运输方式相比，具有输送能力大，安全可靠，在一定的旅行距离内可节省时间，旅行舒适度高，较少受气候变化的影响，又具有节省石油和土地资源，保护生态环境，摆脱交通堵塞等优势，是解决大通道上大量旅客快速输送问题的最有效途径，已成为世界各国铁路的普遍发展趋势。高速铁路是高新技术在铁路上的集中反映，它使交通运输结构发生了新的重大变化，是当代经济、社会、科技、交通发展的必然产物。近年来，我国加快铁路现代化建设步伐，取得了显著成绩，高速铁路发展成就尤为突出。高速铁路作为现代社会的一种运输方式，具有一定的技术优势，成为我国综合运输体系的重要组成部分，高速铁路的发展将使铁路旅客逐步向高速化、舒适化方向发展，铁路客运吸引力进一步增加。

（3）货物运输需求稳步发展

未来随着经济发展，铁路货运还将有巨大的发展潜力。一是我国正进入重化工业阶段，住宅、汽车、电子通信等需求的巨大增长和大规模基础设施建设仍将持续拉动钢铁、有色金属、机械、建材、化工等投资品性质行业和电力、煤炭、石油等能源行业的快速增长，而能源、矿建材料、矿石、粮食等大宗物资的运输仍主要由铁路承担，未来随着我国重化工业的发展，大宗物资运输需求将会持续增长，铁路运输作为这些大宗物资运输的主力作用将会继续保持。二是我国国土面积辽阔，而由于历史和自然等因素，造成我国资源分布与工业布局不均衡，大量能源、原材料远距离调运不可避免，而铁路运输具中长距离运输的比较优势，在今后相当长的时期，这种中长距离的大宗物资运输需求将是铁路货运量增长的基本保证和潜力所在。三是随着我国改革开放的不断深化以及对外贸易的发展，外贸物资的运输需求将会有较大幅度增长，必然带来更大的集装箱运输需求，目前我国铁路集装箱运量还比较少，其中国际标准集装箱的运量更低，未来随着适箱货物的比重逐步增加，集装箱运输将会成为铁路运量新的增长点。

5.1.2.4　水路运输需求变化特征

（1）水运发展受到重视

水运具有运量大、成本低、占地少、污染小的优点，是综合运输体系的重要组成部分，特别是随着经济社会不断发展，资源及环境制约越来越大，经济增长方式转变要求交通运输系统降低资源消耗，减少环境污染。在此背景下，水运的优势更加突出，是未来发展的重要方向。

（2）船舶向大型化、专业化方向发展

随着水运航道和码头条件的改善，水运船舶将逐渐向着大型化专业化方向发展，水运效率进一步提高。以集装箱船为例，随着世界经济不断趋于全球化和一体化，全球集装箱运输网络正在逐步形成。特别是近年来，全球货运需求量的强势增长，运输干线和集装箱枢纽港的出现以及航运技术的不断发展，使超巴拿马型集装箱船及比其更大的船型受到越来越多承运人的青睐，集装箱船大型化的趋势日益明显。

5.1.2.5 民航运输需求变化特征

（1）运输量迅速增长

随着经济的发展，人民生活水平不断提高，旅行支付能力不断增强，民航运输需求将持续快速增长。2005年以来，民航运输机场旅客吞吐量、货邮吞吐量和飞机起降架次均出现较大幅度的增长。2014年民航客运量达39195万人，是2005年的2.83倍；货运量达594.1万吨，是2005年的1.94倍；飞机起降架次达731.5万次，是2005年的2.39倍。预计未来民航将继续保持快速发展，航空运输在综合交通运输体系中的作用日益重要。

（2）支线航空发展

我国民航市场主要以干线运营为主，支线航空运输只占很小份额。目前，支线飞机数量不到飞机总量的10%，运力和运量不到总量的5%。而欧美发达国家，支线飞机数量约占总量的30%，运量占总量的15%至20%。我国支线航空的发展现状与经济社会发展速度不成比例，也不适应国土幅员辽阔、人口居住分散的国情。与世界航空先进国家相比，我国支线航空发展还处于起步阶段，占全部航空运输时长总量的比例偏低，70座级以下飞机数量发展缓慢，机队规模偏小，小型机场数量不足。构建一个成熟和完备的国内航线网络，支线航空是不可或缺的一环。干线航空和支线航空之间存在一个相互喂给的关系：即支线飞机从国内各非枢纽机场将旅客输送到枢纽机场，为国际航线提供足够的客源以支撑大飞机的运营；国际到港航班的旅客则可通过完备的国内支线网络方便地转机到达二、三线国内城市。随着我国民用航空运输的逐渐发展完善，支线航空将得到大力发展。

（3）通用航空发展

通用航空的发展水平是一个国家科学技术水平、经济发展水平、人民生活水平高低的重要标志。通用航空具有机动灵活、快捷高效、环境适应能力强等特点，直接为农、林、牧、渔业、工业、建筑、交通、能源等国民经济建设基础行业提供服务；在应急救援方面，通用航空通过货物运送、难民转移，向面临自然灾害、饥饿和战争的人们提供必要的人道主义救援。通用航空还可以为环境保护与综合治理、科学研究等社会公共服务领域提供有力的保障，为私用、自用飞行、娱乐飞行、游览观光飞行、航空教育培训等航空消费领域提供有效的供给，为民航专业技术人才储备、保障服务设施建设提供坚实的基础。由于受各种外在环境的影响，几十年来，我国的通用航空产业一直在挫折中徘徊缓慢成长。自 2010 年以来，我国加大了低空空域管理改革的进程，制约通用航空发展的因素将逐渐消除，我国通用航空产业面临着新的发展机遇。

5.1.3　我国交通运输业碳排放趋势分析

5.1.3.1　驱动因素分析

交通领域的能源消耗和碳排放水平受到运输量、运输结构和运输能耗强度三方面的影响。

运输量是决定交通运输能源消耗和碳排放的主要因素，交通运输的能源消耗和碳排放随着运输量的增长而增加。货运量主要与国内生产总值，特别是第一、第二产业的国内生产总值关系密切，国民经济发展速度、经济发展方式和经济结构对货物运输量和周转量具有显著影响，货物周转量变化幅度与第二产业发展具有相同的趋势，其增速随着第二产业比重提高而加速提高，随着第二产业比重下降而加速下降。客运量主要受人均国内生产总值和总人口数量的影响，旅客周转量与人均 GDP 正相关，随着人均 GDP 增长而不断增加。一直以来，我国的货物运输能源消费都远高于旅客运输能源消费，是交通运输能源消费的主要方面，这种局面还将长期持续下去，但是从发展趋势上看，旅客运输能源消费增速和比重上升显著。

交通运输结构与交通能源消耗和碳排放密切相关。五种运输方式的技术经济特点各不相同，相应地每种运输方式单位运输周转量的能源消费水平差异较大，由此造成不同运输结构的能源消费量和碳排放情况各异，在运输结构及其相应的运输能耗强度的共同作用下，交通运输不同方式的能源消费量不同。与美国、欧洲等发达国家和地区相比，目前我国的交通运输结构是相对节能的，因为节能型运输方式如铁路、水运的比重相对比较大，但从发展趋势上看，随着经济发展和人们对出行要求的提高等，高耗能运输方式如公路和民航快速发展，铁路、水运比重日益下降，我国交通运输的结构面临恶化的风险。

运输能耗强度是影响交通运输能源消费和碳排放的重要因素。运输能耗强度主要取决于技术水平，与舒适程度和服务质量也有较大关系。从国际情况看，随着技术水平的提高，货物运输能耗强度呈不断下降态势，而且普遍降幅较大；旅客运输能耗强度经历了降低、恒定、呈现上升态势的变化过程。由于技术水平存在差异，我国货物运输能耗强度比美国和日本高出10%~20%，但旅客运输能耗强度低于欧美，主要是因为我国旅客运输上座率相对较高，舒适度较低。随着未来对旅客运输舒适度和服务质量的要求不断提高，旅客运输能耗强度存在上升因素，从而会部分抵消因技术进步降低能耗强度的效果。

5.1.3.2 有利因素

（1）经济发展方式的转变和环保意识的提高有利于减少过度运输

一方面，粗放型经济增长方式的单位GDP货物周转量较高，集约型经济增长方式的单位GDP货物周转量较低。与发达国家相比，我国的单位GDP货物周转量偏大，过度运输是粗放型经济增长方式的必然结果，与我国经济和产业结构不合理密切相关，突出表现在重化工业比重过高，重工业特别是采矿、原材料、能源、化工、机械制造和建筑业发展过快，给交通运输造成很大压力，实现同样的经济增长速度和发展水平，粗放型经济要付出更大的运输成本和能源消费。预计未来随着我国经济增长方式的转变、产业结构的调整，由于过度运输导致的能源消费量和碳排放量将呈现快速下降趋势。

另一方面，人们逐渐认识到交通运输是碳排放的重要来源之一，为减少碳排放，部分必要性不大的交通运输需求将被外界抑制或自我取消。随着经济社会发展，交通运输需求必然持续增长，但同时也应注意到随着环保意识的提高及相关政策的限制，将有部分运输需求受到抑制，进而取消，这一趋势也有利于减少交通运输系统的碳排放量。

（2）运输需求调整，促进高碳运输需求比例降低

二氧化碳排放带来的环境问题越来越受到重视，世界各国都高度关注二氧化碳排放问题，这必然会引起人们对碳排放问题的关注，相应地，各项管理制度及人们的思想认识也会随之发生变化，降低碳排放，减少高碳需求将逐渐成为人们追求的一种行为方式。体现在交通运输系统上，二氧化碳排放量大的运输需求将受到外界抑制和自我行为规范的约束，进而所

占比例减少，引起交通运输结构的改变，碳排放量大的运输需求在总需求中所占比例逐步降低，碳排放小的需求比例逐渐增加。这一发展模式将有利于减少交通运输系统的碳排放量。

（3）运输工具技术进步，促进单位运输产品碳排放量降低

随着科学技术的发展，运输工具将不断进行技术革新，如改进发动机设计，提高燃油效率；运输工具大型化、专业化，提高运行效率和管理效率；采用电力、混和动力、新能源等其他动力驱动方式等，都可以显著降低单位运输产品碳排放。另外，采用不同燃料作为发动机动力来源，二氧化碳排放差别巨大，采用节能型燃料比传统汽油的减排效果显著，运输工具采用代用燃料特别是生物燃料技术是实现运输业二氧化碳减排的重要手段，运输工具的技术革新对降低二氧化碳排放具有重要意义。

（4）交通基础设施改善，减少运输业碳排放

交通基础设施的改善，对降低碳排放具有重要作用，体现在：网络规模增加，减少拥堵和排队等待时间，进而减少发动机运行时间，减少碳排放；路网等级提高，运输工具运行阻力减小，降低能耗，减少碳排放；路网布局优化，形成合理出行路径，减少绕行，减少客货物资在途距离，减少碳排放；运输方式间衔接协调，减少旅客换乘和货物换装，提高运行效率，减少碳排放等。未来随着碳排放问题越来越受到重视，基础设施规划建设时，必然考虑如何优化布置以降低碳排放，因此基础设施的改善将有利于降低交通运输系统的碳排放量。

（5）管理制度变革，促进交通运输业降低碳排放

随着经济社会的发展，对运输要求越来越高，物流业将得到大力发展。随着物流业发展水平的不断提高，客货物资流转将更加便捷、流畅，大大减少空驶运输、迂回运输和重复运输等不必要的运输，随之而来的是能源消耗的减少和碳排放的降低。此外，为了保护环境，完成国家宏观减排目标，各行业未来预计会出台一系列鼓励节能减排，限制高耗能、高排放的政策措施，引导各行业绿色发展。交通运输系统同样会受到相关政策的规范，必将引导交通运输业的节能降排。

5.1.3.3　不利因素

（1）交通运输业客货运输总量的增长将导致碳排放的增加

未来的很长时间内，我国国民经济仍将处于一个高速发展的阶段，工

业化程度进一步加强，人均 GDP 和居民收入水平持续增长。经济资源流动的规模越来越大，同时，人民生活水平将会进一步改善，人们用于旅行的费用将不断增加，出行的次数也在不断增多，经济社会生活中人与物在空间的位移总量将急剧增加，由此带来对客货运输的巨大需求，交通运输基础设施、装备水平、规模保持扩张的趋势，交通运输业的客货运输总量的增长是必然趋势，运输总量的增长将导致碳排放的增加。

（2）对运输服务质量要求的提高，将使运输结构发生调整，有可能增加碳排放

改革开放以来，在经济社会全面发展的基础上，我国居民生活水平有了显著提高，城镇居民温饱型消费需求基本满足，开始进入小康型消费阶段。居民消费需求特点相应地发生了重要变化，旅行支付能力亦不断增强。另外，随着经济社会的不断发展，产业和产品结构更加优化，知识、技术密集型产业迅速发展，高科技、高附加值、时效性强的产品将快速增长，农副产品、鲜活货物的供求范围不断扩大，适箱货物的比重逐步增加，国际多式联运、集装箱运输发展速度加快，大宗和特种货物专用化运输系统分工越来越细。因此，随着运输能力与运输数量需求间的矛盾逐步缓解，将逐步从单纯地追求运输数量满足而转向注重运输质量方面的适应，对交通运输的服务质量将日益提出更高更新的要求，由此带来运输结构的调整。

运输结构的调整有可能带来碳排放的增加，旅客运输方面：一是运输需求由低碳运输方式转向高碳运输方式，如为追求便捷舒适铁路旅客转乘民航，公共汽车乘客转乘私人小汽车，这种转变将导致单位运量碳排放的增加；二是由步行、非机动车转向机动车出行，如随着交通条件的改善和生活水平的提高，步行或非机动车出行转为公共交通或私人汽车，这种转变将产生新的二氧化碳排放。货物运输方面：一是对货物运输时效性要求提高，货物运输速度提高，而速度的提高有可能使得碳排放增加；二是高科技、高附加值及农副产品、鲜活货物等比例增加，相较普通货物，这些货物的运输碳排放较大。

（3）现行运输节能政策存在较多问题

近年来我国对交通运输节能问题越来越重视，但从目前的节能法律法规建设来看，交通运输领域相对滞后，权威的法律法规缺失是交通运输节

能的主要问题之一。从节能目标来看，道路运输节能缺乏明确目标和规划，全社会节能目标提出后，作为重点领域的工业、建筑业等都提出了明确的节能目标，铁路和民航业提出了具体目标，但作为交通运输领域的重要组成，道路交通缺乏具体可操作的整体节能规划和节能目标。从中央财政资金投入上看，直接用于交通运输节能的部分不足，对交通运输节能的重视度有待进一步提高。

交通运输行业内部的管理体制不明确，也制约了节能标准、节能政策的制定和落实。交通运输节能特别是道路节能存在着涉及面广、节能主体分散等特点，主管部门缺失，不利于交通运输节能工作的有效开展，也不利于各项工作的协调和沟通，已经制定的部分国家标准实施机制不健全，无法达到应有的效果。

现行税制无法起到引导节能的作用。从企业所得税对节能项目的优惠目录看，主要针对的是工业和建筑项目，对交通节能的激励促进作用较小。汽车消费税在按照排气量越大税负越高的原则进行调整的同时，对混合动力汽车、电动汽车等新能源汽车并未明确优惠政策，削弱了国家对新能源汽车发展的引导和调控作用。车船税目前还是按照车辆数或车船自重、载重吨位等从量计征，而对车船由于性能、油耗、尾气排放量不同造成对能源的消耗和对环境的污染程度差异未予考虑，不利于节能减排。此外，由于车船税是按时期征收，使用程度不同的同类车船在税负上并无差别，因此并不是真正意义上对车辆征收的使用税，而是对车辆保有的征税。在与能源消费关系最密切的机动车使用环节，虽然推出了燃油税，但力度有待提高。对新能源汽车的推广给予财政补贴主要集中在公交客车和政府推广项目上，对私人购买新能源汽车的补贴，在研发、生产等环节的税收优惠则体现不够。

5.1.3.4　总体趋势判断

目前，我国进入了全面建设小康社会的关键时期和深化改革开放、加快转变经济发展方式的攻坚时期，科学发展、和谐发展的总体要求以及新型工业化、信息化、城镇化、农业现代化的宏观形势决定了未来的一段时期内，我国国民经济发展将继续保持稳定增长，居民收入水平进一步提升，迫切需要加快交通运输发展。另外，建设资源节约型、环境友好型社会迫切要求加快构建节能型综合交通运输体系。

发达国家工业化的实践表明，交通先行是工业化发展的重要基础，我国是一个大陆型国家，幅员辽阔、内陆深广，资源分布与工业布局具有明显的不对称性、不均衡性。我国能源和矿产资源以及产成品跨区域的大量流动，离不开强大的交通运输保障。我国当下的发展阶段也决定了重化工产品产量仍将保持一个阶段的增长，交通运输需求也将随之急剧增加。发达国家的城市化进程表明，交通运输是促进城市群快速形成的重要因素。我国正处在城镇化加快形成的重要时期，随着城镇化进程的加快，城际、城乡客运需求都将急剧增长，无论是城市群的快速发展，还是农村富余劳动力的不断转移，都要求交通运输必须提供强大的服务保障能力。从消费结构的变化看，随着人们收入水平的不断提高，消费结构不断升级，用于交通运输的消费将大量增加，出行次数也普遍增多，带来旅客运输量的增加。统筹区域和城乡协调发展，实现人流、物流的快速流动，将欠发达地区的资源优势转化为经济优势，充分发挥发达地区的辐射带动作用，加速地区间产品、人员、技术的流动，要求在各区域之间和区域内部构建运力强大、方便快捷的运输通道。因此，我们判断，未来我国交通运输行业的基础设施建设将逐步完善和加强，运输量将持续增加。

21 世纪能源环境问题是全球共同面临的挑战，日益凸显的全球性能源紧张以及由此衍生的以石油安全为核心的能源安全、以气候变暖为主要特征的全球性气候变化已经成为国际社会普遍关注的全球性问题，节能与减排已经成为国际社会的共同责任。我国作为世界上最大的发展中国家，是世界石油进口和温室气体排放的大国之一，因此，我国的节能减排工作已经为全球越来越多的国家所关注。交通运输是全社会中仅次于制造业的油品消费第二大行业，未来交通运输业能源消费增长将成为拉动我国石油消费的主要行业。当前我国的能源消费强度较高，经济发展和资源环境保护之间的矛盾突出，交通运输业作为资源密集型行业，对能源资源依赖性强，对生态环境影响较大，是控制碳排放的重点行业。加强交通运输节能减排将成为缓解我国能源约束和环境压力的有效途径，加快建设节能型交通运输体系，实现节能降耗是未来交通运输行业的发展方向。

伴随着经济的增长和交通运输需求的增加，交通运输行业的能源消费和二氧化碳排放总量将持续增长，其增长速度与我国工业化发展阶段及城市化进程密切相关。经济发展、技术进步会带来运输工具节油和节能，但由于经济发展同时也会带来交通运输量的增加；低碳发展意识的提高会一定程度上促进碳排放强度较低的运输方式发展，但工业化进程也会对运输质量与运输速度提出更高的要求，私人汽车、高速铁路和航空运输的需求会进一步增长，使得运输结构向着不节能的方向发展；现有政策的不断完善也会逐步推动低碳交通的发展。因此综合作用之下，我们判断，未来的一段时期之内，交通运输行业的能源消费总量和碳排放总量将逐年增加，但单位 GDP 的能耗和碳排放以及单位运输周转量的能耗和碳排放将逐步降低。

5.2　碳排放总量控制要求

5.2.1　各国碳排放总量控制要求

虽然低碳经济发展方式在国际范围内形成广泛的共识，但低碳经济转型不是一朝一夕能够完成的，需要通过公共政策的引导，才能更好地实现低碳经济，目标是政策的出发点和归宿，制约着政策从制定到实施的全过程，因此，目标的设定对制定政策起着决定性作用。目前，许多发达国家已经着手制定了各种减排目标，并且取得了一定的成效，作为世界排放大国和最大的发展中国家，我国应该认清自身低碳经济发展现状，根据发达国家的成功经验，合理确定我国的碳排放控制目标。

5.2.1.1　《联合国气候变化框架公约》提出的各国碳排放总量控制目标

《联合国气候变化框架公约》是由联合国总部通过，1992 年 6 月在巴西里约热内卢召开的有世界各国政府首脑参加的联合国环境与发展会议期间开放签署的一个国际公约。1994 年 3 月 21 日，该公约生效。《公约》是联合国环境与发展大会通过的世界第一个为全面控制温室气体排放，以应对全球气候变暖给人类经济和社会带来不利影响的国际公约，也是国际社会在应对气候变化问题上进行国际合作的基本框架。

《公约》由序言及 26 条正文组成，具有法律约束力。其核心内容主要包括：明确应对气候变化的最终目标，即将大气中温室气体的浓度稳定在防止气候系统受到危险的人为干扰的水平上；确定国际合作应对气候变化的基本原则，即"共同但有区别的责任"原则、公平原则、各自能力原则和可持续发展原则；明确发达国家应承担率先减排和向发展中国家提供资金技术支持的义务以及承认发展中国家有消除贫困、发展经济的优先需要。《公约》规定缔约方应采取措施限制温室气体排放，同时向发展中国家提供资金以支付发展中国家履行《公约》所需增加的费用，并采取一切可行的措施促进和方便有关技术转让的进行。

截至目前，《公约》共有近200个缔约方，其中，欧盟作为一个整体也是《公约》的一个缔约方。《公约》常设秘书处在德国波恩。我国于1992年6月11日签署该《公约》。缔约方会议是《公约》的最高决策机构，自1995年3月首次在柏林举行以来，每年召开一次，并达成一系列成果。迄今，缔约方会议已举行20次。

1997年在日本京都举行的《联合国气候变化框架公约》缔约方第三次大会上，通过了著名的《京都议定书》，为发达国家设定了第一承诺期的减排指标，旨在限制发达国家温室气体排放量，以抑制全球变暖。《京都议定书》首次为发达国家设立了强制减排目标，也是人类历史上首个具有法律约束力的减排文件。该文件指出，在2008年至2012年的《京都议定书》第一承诺期内，发达国家的温室气体排放量应在1990年的基础上平均减少5.2%。

《京都议定书》虽已对2008年到2012年第一承诺期发达国家的减排目标做出了具体规定，但不同国家有所不同。比如，欧盟作为一个整体要将温室气体排放量削减8%，日本和加拿大各削减6%，而美国削减7%。

我国于1998年5月签署并于2002年8月核准了该议定书。2013年11月，在《联合国气候变化框架公约》第19次缔约方会议暨《京都议定书》第9次缔约方会议上。由国家发改委、财政部、农业部等9部门历时两年多联合编制完成的中国《国家适应气候变化战略》正式对外发布。这是我国第一部专门针对适应气候变化方面的战略规划。

欧盟及其成员国于2002年5月31日正式批准了《京都议定书》。《京都议定书》于2005年2月生效。2001年美国政府宣布退出《京都议定书》。2011年难以完成减排任务的加拿大政府为避免支付巨额罚款，也正式宣布退出《京都议定书》。

2007 年在印尼巴厘岛举行的第 13 次缔约方会议，确立了“巴厘路线图”，建立了双轨谈判机制，即以《京都议定书》特设工作组和《公约》长期合作特设工作组为主进行气候变化国际谈判。

2011 年在南非德班举行的第 17 次缔约方会议上，设立了“加强行动德班平台特设工作组”（简称“德班平台”），负责 2020 年后减排温室气体的具体安排。

2012 年在卡塔尔首都多哈举行的《联合国气候变化框架公约》缔约方第 18 次会议上通过了《京都议定书》第二承诺期修正案，为相关发达国家设定了 2013 年至 2020 年的温室气体量化减排指标。欧盟、澳大利亚等国家和地区宣布加入第二承诺期，日本、加拿大等国宣布不加入第二承诺期。其中，欧盟承诺了比 1990 年减排 20% 的目标。

2014 年 12 月 1 日，《联合国气候变化框架公约》第 20 次缔约方会议暨《京都议定书》第 10 次缔约方会议在秘鲁首都利马开幕，共有 190 多个国家和地区的官员、专家学者和非政府组织代表参加。本次会议是气候谈判多边进程的重要节点，将对 2015 年巴黎气候大会能否达成新的全球气候协议产生重要影响。各国政府、国际投资方以及金融机构共同就投资发展中国家的低碳项目作出承诺，宣布计划到 2015 年年底为此筹集 2000 亿美元资金。

2015 年 12 月 12 日，《联合国气候变化框架公约》第 21 次缔约方会议（即巴黎气候变化大会）在巴黎北郊的布尔歇展览中心举行。巴黎气候变化大会通过了全球气候变化新协定。《巴黎协定》共 29 条，包括目标、减缓、适应、损失损害、资金、技术、能力建设、透明度、全球盘点等内容。根据协定，各方以自主贡献的方式参与全球应对气候变化行动；发达国家继续带头减排，并加强对发展中国家的资金、技术和能力建设支持以帮助它们减缓和适应气候变化；从 2023 年开始，每 5 年将对全球行动进展进行一次盘点，以帮助各国提高力度、加强国际合作，实现长期目标。预计这份协定将于 2016 年 4 月由各国领导人正式签署。

5.2.1.2　发达国家提出的碳排放总量控制目标

在限控温室气体排放的控制目标问题上，尽管世界各国表现出了不同的态度，但随着世界各国对气候变化问题关注程度的加深，发达国家也掀起了一场以高能效、低排放为核心的“新工业革命”，一方面，由于联合国环境与发展大会通过的《联合国气候变化框架公约》要求发达国家应率先采取行动对付气候变化及其不利影响，随后通过的《京都议定书》、《巴厘岛路线图》等重要文件为全球应对气候变化行动提出政治框架、法律制度和减排目标；另一方面，也与发达国家意在占领新时期的产业制高点，为自身经济发展寻求新的增长源泉和动力密切相关，因此，也都先后提出了本国的碳排放控制目标。

（1）欧盟

“欧盟 2020 战略”提出了三大经济增长方式，分别为可持续增长、明智增长、有凝聚力增长。其中可持续增长是指通过开发使用低排放能源和节能减排来建设“绿色经济”，也即发展低碳经济。其中包括三个要素，即减少温室气体排放、开发可再生能源、提高能源利用率。欧盟在其“欧盟 2020 战略”中对这三个方面都提出了雄心勃勃的目标：将温室气体排放量在 1990 年的基础上削减 20%，可再生能源在最终能源消费中的比例提高到 20%，将能源利用效率提高 20%。同时欧盟还表示愿与其他发达国家一道将中期减排目标提高到 30%。根据联合国政府间气候变化专门委员会（IPCC）的科学估计，发达国家的中期减排目标应该达到 25%~40%，才能避免全球变暖至危险水平。显然，欧盟的承诺距此目标尚有差距。

欧盟于 2014 年提出了欧盟 2030 新碳排放目标：一是与 1990 年的温室气体的排放水平相比减少 40%；二是在保持目前的排放情况不变的情况下将能源效率能提升 27%；三是将可再生能源在能源组合中的份额提升至 27%。同时，他们还致力于在 2050 年将减少碳排放目标由现在的 80% 增加至 95%。

2015 年欧盟委员会在一份政策草案中提议，到 2050 年达到全球温室气体排放量比 2010 年减少 60% 的长期目标。欧盟委员会请求成员国和欧洲议会批准这一计划。这一提议被看作欧洲围绕在第 21 届联合国气候变化大会上达成协议而制定的一份应对全球变暖的新框架。欧盟 28 个成员国在《能源与气候协定》中明确到 2030 年前减排 40%、可再生能源占比提升至 27% 等内容达成一致意见。此次的文件显然又在上述基础上向前迈进了一大步。新提案沿用了此前欧盟的长期目标数值，但对尚未提交 2020 年以后中期目标的国家来说或将形成压力。

欧盟在温室气体减排方面成绩显著。根据欧洲环境署官方数据，2012 年欧盟温室气体排放量继续下降 1.3%，比 1990 年减少 1082 吨，降低 19.2%，2020 年实现减排 20% 的目标完全没有问题。如果按照该速度执行，到 2030 年将欧盟温室气体排放减少 40% 也并非可望不可即。此外，从统计数据看，1990 年以来，欧盟的 GDP 上升 45%，但温室气体排放量降低 19%，这使得欧盟的排放强度（即每创造一欧元 GDP 所排放的温室气体）下降了 50%，与此同时，欧盟人均碳排放量也从 1990 年的 12 吨下降到 9 吨。

（2）美国

在减排问题上，美国政府拒绝接受具有法律约束力的《京都议定书》，力主各国自主减排，并坚持要求一些发展中国家参与强制减排。尽管如此，美国基于其自身经济发展和环境保护意识，为维护美国利益满足其政策和外交需要，美国政府提出了《京都议定书》的替代方案——《晴空与气候变暖行动》，替代方案的目标是到 2012 年将温室气体排放强度降低 18%，不断加强气候变化不确定性研究，积极开发新能源技术，实施低碳发展战略，大力开发碳捕集和封存技术，减少温室气体排放，推动国标合作。此后，美国政府提出到 2020 年在 2005 年基础上减排 17%，这仅相当于在 1990 年基础上减排 4%。这个目标比欧盟提出的目标相差甚远，甚至低于《京都议定书》规定的第一承诺期 7% 的目标。

2014 年 11 月 12 日，中美共同发表《中美气候变化联合声明》。中美两国元首重申坚定推进落实国内气候政策、加强双边协调与合作并推动可持续发展和向绿色、低碳、气候适应型经济转型的决心。美国计划于 2025 年实现在 2005 年基础上减排 26%~28%，全经济范围减排目标并将努力减排 28%。

自发表联合声明以来，美国采取了重要的减排步骤，并宣布了进一步的重要实施计划。2015 年 8 月，美国制定完成“清洁电力计划”，该计划将使电力行业二氧化碳排放到 2030 年比 2005 年减少 32%。2016 年美国将制订完成一项联邦计划，在那些选择不按清洁电力计划制订自己实施计划的州实施电厂碳排放标准。美国承诺将于 2016 年制定完成其下一阶段、世界级的载重汽车燃油效率标准，并于 2019 年实施。2015 年 8 月，美国针对垃圾填埋和油气行业的甲烷气体排放草拟了专门的标准，并承诺将于2016年制定完成上述标准。2015年7月，美国制定完成了通过“重要新替代品政策（SNAP）”减少氢氟碳化物（HFCs）使用和排放的重大新举措，并承诺在2016年继续采取新行动减少氢氟碳化物的使用和排放。在建筑领域，美国承诺到2016年年底制定完成20多项电器和设备能效标准。

（3）英国

2003年3月英国政府发布的能源白皮书——《我们能源的未来：创建低碳经济》（“our energy future—creating a low carbon economy”）。该白皮书从国家发展战略层面提出：英国2050年将比1990年减排60%的二氧化碳，创建低碳经济。并根据自身国家的挑战，列出了能源政策的目标：为自己约在2050年之前将英国的二氧化碳排放量减少60%左右，并在2020年之前取得切实的进展；保证可靠的能源供应；在英国和更广泛的范围内促进有竞争力的市场，提高可持续发展的经济增长率，提高生产力；确保每个家庭都能充分获得经济能力可承受的供暖。

2009年英国能源与气候变化部公布了能源与气候变化白皮书《英国低碳转换计划》，该计划标志着英国正式启动向低碳经济转型，这是主要发达国家中应对气候变化最为系统的政府白皮书。计划承诺，到2020年英国将在1990年的基础上减排温室气体34%，目前已经实现减排21%。《英国低碳转换计划》指出，英国经济发展的核心目标是把英国建设成为更干净、更绿色、更繁荣的国家。为此，英国将抓住机遇，力争到2020年实现以下5个具体目标：创造120万个绿色就业机会；整体改建700万户民宅，并支持150万户家庭生产自己的清洁能源；全国40%电力来自可再生、核能、清洁煤等低碳能源；削减一半天然气进口量；小轿车平均碳排放量比现在降低40%。该计划将以低成本方式实现降低碳排量的目标，从而把减排对消费者的影响控制在最低水平。该计划指出，2015年前消费者的能源支出不会增加，到2020年所有新老气候变化政策对消费者的影响也将控制在最低水平，即平均每户能源支出将在目前水平上增加8%，即92英镑。自2000年以来，英国政府已投入200亿英镑，帮助数百万户家庭应对能源贫困问题。与此计划同时公布的还有3个配套计划，《英国低碳工业战略》、《可再生能源战略》及《低碳交通计划》。《英国低碳工业战略》旨在扶持关键企业应对气候变化，这些关键企业来自英国有竞争力和比较优势的行业及地区，包括海上风力发电、水力发电、碳捕获及储存。英国政府在今年的预算中专门拨出 4.05 亿英镑，支持绿色产业和绿色技术。《可再生能源战略》提出，到 2020 年英国 15% 的能源（包括发电、取暖、交通等）来自可再生能源。《低碳交通计划》指出，未来 10 年英国国内交通行业碳排量将减少 14%。

（4）日本

20 世纪 70 年代以来，日本开始致力于能源结构多元化和能源清洁化，以期确保能源安全和环境改善。在应对气候变化挑战中，就在英国提出创建低碳经济第二年，日本环境省即牵头组织国内有关研究单位和大学等数十家机构，着手进行日本 2050 年建设低碳社会的战略研究。2008 年 5 月，该研究小组发布了《面向低碳社会的 12 大行动》，对住宅、工业、交通、能源等都提出了预期减排目标，并提出了相应的技术与制度支撑。2008 年日本首相福田康夫在 G8 峰会上宣布，2050 年日本比 1990 年减排 70%，以建设低碳社会。

（5）其他发达国家

澳大利亚政府承诺到 2020 年在 2000 年基础上减排 5%~25%，后一个数字均是有条件承诺，但这个目标已被议会两次否决。

新西兰政府承诺到 2020 年在 1990 年基础上减排 10%~20%。

俄罗斯承诺到 2020 年在 1990 年基础上减排 20%~25%。

加拿大承诺到 2020 年在 2006 年基础上减排 20%，仅相当于在 1990 年基础上减排 2%。

有关计算表明，发达国家的无条件中期减排承诺仅相当于在 1990 年基础上减排 8%，而有条件承诺仅相当于减排 12%。这两个数字比《京都议定书》第一承诺期对发达国家提出的 5.2% 减排要求并不高出多少，而远远低于 IPCC 报告所指明的 25%~40%。由此可见，应对气候变化，发达国家的承诺还远远不够。

5.2.1.3　发展中国家提出的碳排放总量控制目标

与发达国家相对应的是发展中国家。按照《联合国气候变化框架公约》及其《京都议定书》确定的“共同但有区别的责任”原则，发达国家承担量化减排义务，而发展中国家无须承担这种义务。

不过，一些发展中国家近来纷纷宣布要采取自主行动。比如，巴西计划到2020年在预期基础上减排36.1%~38.9%；印度决定到2020年实现单位国内生产总值二氧化碳比2005年下降20%~25%；印度尼西亚力争到2020年在预期基础上减排26%；韩国宣布到2020年在2005年基础上减排4%；南非表示将在2020年至2025年间达到排放峰值。

5.2.2 我国碳排放总量控制目标

2007年以来，我国相继实施了《中国应对气候变化科技专项行动》和《"十二五"国家应对气候变化科技发展专项规划》，推动了我国应对气候变化科技创新能力的显著提升和低碳产业的快速发展。

2009年12月25日我国召开的国务院常务会议研究部署了应对气候变化工作，会议提出面对气候变化的严峻挑战，我们必须深入贯彻落实科学发展观，采取更加强有力的政策措施与行动，加快转变发展方式，努力控制温室气体排放，建设资源节约型和环境友好型社会。会议决定，到2020年我国单位GDP二氧化碳排放比2005年下降40%~45%，作为约束性指标纳入国民经济和社会发展中长期规划，并制定相应的国内统计、监测、考核办法。会议还决定，通过大力发展可再生能源、积极推进核电建设等行动，到2020年我国非化石能源占一次能源消费的比重达到15%左右；通过植树造林和加强森林管理，森林面积比2005年增加4000万公顷，森林蓄积量比2005年增加13亿立方米。这是我国根据国情采取的自主行动，是我国为全球应对气候变化做出的巨大努力。

2013年11月，我国《国家适应气候变化战略》正式对外发布。这是我国第一部专门针对适应气候变化方面的战略规划。

2014年9月，张高丽副总理在联合国气候峰会上宣布，从2015年开始在现有基础上把每年的资金支持翻一番，建立气候变化南南合作基金。我国还将提供600万美元，支持联合国秘书长推动应对气候变化南南合作。

2014年11月，中美共同发表的《中美气候变化联合声明》提出，我国计划2030年左右二氧化碳排放达到峰值且将努力早日达峰，并计划到2030年非化石能源占一次能源消费比重提高到20%左右。

2015年7月，我国向《联合国气候变化框架公约》秘书处提交了《强化应对气候变化行动——中国国家自主贡献》文件。根据文件，到2030年，我国单位国内生产总值二氧化碳排放比2005年下降60%~65%。这既是我国作为联合国气候变化框架公约缔约方完成的规定动作，也是我国政府向国内外宣示我国走绿色、低碳、循环发展道路的决心和态度。我国计划 2030 年左右二氧化碳排放达到峰值且将努力早日达峰，并计划到 2030 年非化石能源占一次能源消费比重提高到 20% 左右。

2015 年 9 月，中美发表《中美元首气候变化联合声明》，我国宣布拿出 200 亿元人民币建立“中国气候变化南南合作基金”，支持其他发展中国家应对气候变化，包括增强其使用绿色气候基金资金的能力。

我国正在大力推进生态文明建设，推动绿色低碳、气候适应型和可持续发展，加快制度创新，强化政策行动。到 2030 年森林蓄积量比 2005 年增加 45 亿立方米左右。推动绿色电力调度，优先调用可再生能源发电和高能效、低排放的化石能源发电资源。还计划于 2017 年启动全国碳排放交易体系，将覆盖钢铁、电力、化工、建材、造纸和有色金属等重点工业行业。承诺将推动低碳建筑和低碳交通，到 2020 年城镇新建建筑中绿色建筑占比达到 50%，大中城市公共交通占机动化出行比例达到 30%。将于 2016 年制定完成下一阶段载重汽车整车燃油效率标准，并于 2019 年实施。将继续支持并加快削减氢氟碳化物行动，包括到 2020 年有效控制三氟甲烷（HFC－23）排放。

5.3　交通运输业碳排放控制目标

5.3.1　欧盟及美国的交通运输业碳排放控制目标制定情况

5.3.1.1　欧盟

（1）政府间气候变化专门委员会（IPCC）发布信息

根据政府间气候变化专门委员会（IPCC）发布的信息，未来欧洲交通运输行业减排目标为：2050 年较 1990 年行业基准排放量减少 80%。为了实现这一目标，欧盟制定了“抑制交通运输碳排放的政策措施相应体系”。

（2）欧盟发布 2011 交通运输白皮书提出的目标

2011 年 3 月，欧盟委员会颁布了面向 2050 年，题为《迈向统一欧洲的交通发展路线图——构建竞争力强、高效节能交通系统》的白皮书，作为欧盟指导性文件。该文件提出的总体发展目标是：建立面向统一欧洲的、竞争力强、便捷高效、可持续发展的交通运输体系，2050 年交通运输领域碳排放量比 2008 年减少 60%。

为实现这一目标，白皮书中还制定了具体目标，其中涉及碳排放的有关目标为：

——2030 年，城市中传统燃料汽车占全部车辆的比例较 2008 年减少 50%，2050 年传统燃料汽车全部退出城市。2030 年主要城市中心城物流配送基本实现零碳排放。

——2050 年航空业使用低碳燃料比例达到 40%，海运的二氧化碳排放量比 2008 年减少 40% ~50%。

这一目标意味着到 2050 年，所有欧盟国家城市全面禁驾传统汽油燃料汽车，以减少对传统能源依赖，同时提出了建设“单一欧洲交通区”，为公路、铁路、海上以及空中运输制定出目标明确的减排措施的新提案。这项针对欧盟运输行业的提案预计将耗资 1.5 万亿欧元，足以让该行业在 2050 年时减少 60% 的碳排放。但是这个雄心勃勃的提案出台后并未在第一时间赢得共识，反而在欧盟内部引发巨大争论，英国第一个站出来反对欧盟“一刀切”的做法，欧洲汽车制造商协会等行业组织也纷纷指责欧盟的政策制定者不切实际。

尽管这项大胆而耗资昂贵的提案并未达成共识，但白皮书还是将其作为附件附于其后，以供参考和研究。

（3）欧洲议会通过法律草案提出的有关交通碳排放目标

2013 年 4 月，欧洲议会通过一项法律草案，要求到 2020 年在欧盟出售的新汽车平均每千米二氧化碳排放量由目前的 130 克减少到 95 克，欧盟环境委员会已批准该草案。据统计，欧洲 1/5 的二氧化碳排放量来自汽车尾气排放，道路运输的二氧化碳排放量在 1990 年至 2008 年之间增加了 26%。照此法案，预计到 2050 年，欧盟道路运输的二氧化碳排放量将减少 50%。

5.3.1.2 美国

美国尚未为二氧化碳排放设立排放总量标准。在温室气体减排问题上，美国联邦政府一直坚持“自愿”而不是强制减排的立场。尽管如此，美国却是世界上最早执行排放标准的国家，也是排放控制指标种类最多、排放法规最严格的国家。美国的汽车排放标准分为联邦排放法规即环境保护局（EPA）排放标准和加利福尼亚州排放标准，后者较前者更为严格。

1975 年美国通过并实施了《能源政策与节约法》，为提高交通工具的燃油效率，该法案建立了针对小轿车和轻型卡车的公司平均燃油经济性标准，以其所占总销售量的百分比作为加权系数，乘以该型车辆的燃油经济性，再将各车型的加权燃油经济性加起来，得到该厂的总平均燃油经济性值，即公司平均燃油经济性。美国通过对达不到燃油经济性标准的汽车生产商或车主进行罚款和征收高油耗税来保证燃油经济性标准的实施。

2007 年时任美国加州州长的施瓦辛格签署 S－01－07 执行指令，建立了低碳燃料标准，该标准旨在通过减少交通运输燃料生命周期内的碳强度来削减加州温室气体的排放，实现到 2020 年加州由交通运输产生的温室气体排放强度减少 10% 的目标。

除了实施汽油超标税以外，美国还通过税收优惠的政策来促进新能源交通工具的发展，美国政府在 2005 年颁布的《能源政策法案》中为新型混合动力轻型车提供了高达 3400 美元的税收抵免。

为促进物流业的进一步发展，提高运输效率，减少能耗，美国政府高度重视交通设备的标准化和各种交通方式的联合运作。目前，美国已拥有世界上最完善的综合运输体系，形成全国统一、职能明确、权责清晰的综合运输管理体制。在规划、设计和建设的各个环节，高度重视综合枢纽和大型换乘中心的建设，解决好各种交通方式之间、综合交通网点与线之间、城市对外交通与内部交通之间的协调与连接，实现各种交通方式的立体、无缝、便捷连接。

在低碳交通领域，美国实施了多种政策法律措施，制定包括低碳交通在内的低碳经济发展战略和规划、制定严格的排放标准、实施积极的环境经济政策以及建立综合运输体系等，对本国实现交通的可持续发展起到了重要作用。

美国目前有 22 个州已经效仿欧盟提出了强制性的减排目标或者已通过相关法律。美国人口最多的加利福尼亚州率先通过包含强制性减排措施的法律，新泽西和夏威夷也已通过了相关法律法规，其他 19 个州也提出了减排目标。2007 年 10 月，纽约等 10 个州还与欧盟开会，共同探讨减排问题。

美国皮尤全球气候变化研究中心国际战略主任迪林格指出，发达国家设立强制减排目标不仅是国际共识，也逐步成为美国各州共识。他认为，随着美国各州的“减排同盟”逐步扩大，将自下而上地推动联邦政府提出全国性的强制减排目标。

5.3.2 我国交通运输业碳排放控制目标

我国交通运输业碳排放控制目标的确定，要建立在对我国交通运输业发展现状和趋势、碳排放现状及趋势分析的基础上，既要满足经济社会发展对交通运输的需求，同时又要兼顾实现环境保护，减缓气候变化的目标；既要考虑交通运输需求增长所带来的碳排放合理增长，又要坚持依靠科技进步和创新，提高低碳交通的发展水平；既要有一定的约束性，又要有合理性和可行性。

5.3.2.1 我国交通运输业碳排放总量控制目标

（1）基于当前构成下的交通运输业碳排放目标

根据 IEA（国际能源署）预测，2030 年世界二氧化碳排放量将达到 348.37 亿吨，其中我国为 94.54 亿吨，约占世界二氧化碳排放总量的 27.1%；根据 EIA（美国能源信息署）预测，2030 年世界二氧化碳排放量将达到 414.64 亿吨，其中我国为 140.28 亿吨，约占世界二氧化碳排放总量的 33.8%；另根据日本能源经济研究所（IEEJ）预测，2030 年世界二氧化碳排放量将达到 394.98 亿吨，其中我国为 111.96 亿吨，约占世界二氧化碳排放总量的 28.3%。

根据我国国民经济和社会发展第十三个五年规划纲要，2020 年我国国内生产总值将比 2010 年翻一番。若按 2020 年后我国国内生产总值以年均 4%~6% 的速度增长，并结合我国向《联合国气候变化框架公约》秘书处提交的《强化应对气候变化行动——中国国家自主贡献》文件中提出的，到 2030 年我国单位国内生产总值二氧化碳排放将比 2005 年下降 60%~65%，推算 2030 年我国二氧化碳排放总量将控制在 125 亿吨左右。

表5-5　2030年我国二氧化碳排放总量（亿吨）

	IEA	EIA	IEEJ	国家规划
我国排放量	94.54	140.28	111.96	125
世界排放量	348.37	414.64	394.98	—
所占比例	27.1%	33.8%	28.3%	—

数据来源：能源数据手册2015

从上述数据可以看出，我国提出的2030年二氧化碳排放总量控制目标高于EIA和IEEJ预测的二氧化碳排放总量，但低于EIA预测的数据规模，鉴于目标的控制和约束作用，本研究以我国提出的2030年我国二氧化碳排放总量控制目标为依据，在此基础上研究确定我国交通运输业的二氧化碳排放控制目标。

表5-6　2013年我国与世界及欧美交通运输业二氧化碳排放量对比（百万吨）

	碳排放总量	占世界碳排放总量的比例	交通运输业碳排放量	占世界交通碳排放量比例	占其国家碳排放量比例	1990-2013年交通碳排放增幅
世界	32190	100%	7385	100%	22.9%	61.12%
中国	9023	28.0%	760	10.3%	8.4%	444.47%
美国	5120	15.9%	1701	23.0%	33.2%	19.73%
欧盟	3340	10.4%	861	11.7%	25.8%	14.77%

数据来源：IEA，《CO_2 Emissions from Fuel Combustion 2015 edition》

从交通运输业碳排放的发展情况来看，虽然我国从2007年超过美国成为世界二氧化碳排放第一大国，但交通运输业的二氧化碳排放量占我国二氧化碳排放总量的比例一直保持在8%左右，远低于美国1/3和欧盟1/4的行业构成水平，也远低于世界1/5的平均水平。如果从控制交通碳排放的角度考虑，假设未来一段时期内我国能源消费行业构成不发生较大变化，即交通运输业产生的二氧化碳排放在全行业排放构成中的比例增幅不大，2030年占全行业碳排放比例约为10%，我国交通运输业二氧化碳排放量将控制在12.5亿吨左右。

从世界交通运输业碳排放构成来看，2013年我国交通运输业二氧化碳排放量约占世界交通运输业二氧化碳排放量的10.3%左右，较2008年增长了3.4%，与占23.0%的美国和11.7%的欧盟相比，所占份额仍然较低。如果同样从控制交通运输业碳排放的角度考虑，假设我国交通运输业碳排放在世界交通运输业碳排放量中的份额保持低速增长，2030 年所占份额控制在 15% 左右，另根据 IEA（国际能源署）的预测，2030 年世界交通运输业二氧化碳排放量将达到 82.89 亿吨，则届时我国交通运输业碳排放总量将控制在 12.4 亿吨左右。

表 5－7　2030 年我国交通运输业碳排放总量（基于当前构成）（亿吨）

	国内行业构成变化不大	世界份额增速较缓
比例构成	10.0%	15.0%
控制目标	12.5	12.4

（2）从交通运输业碳排放需求增长角度提出的控制目标

尽管我国交通运输业碳排放在本国和世界构成中的比例均较低，与美国、欧盟等国家和地区相比也具有较大差距，但不容忽视其惊人的增速。自 1995 年以来，我国能源消费以年均近 6% 的速度增长，而交通运输业能源消费年均增速却高达 11%，交通运输业能源消费增长明显高于各行业平均水平，这也就意味着交通运输业碳排放在我国碳排放总量构成中的比例呈现不断增长的态势。

根据 IEA（国际能源署）统计，1990 年至 2013 年，我国交通运输业二氧化碳排放量增幅高达 444.5%，远高于世界 61.1% 的增长幅度，而美国和欧盟的增幅分别仅为 19.7% 和 14.8%；从年均增长速度来看，1990 至 2013 年我国交通运输业二氧化碳排放量年均增长 7.6%，高于世界 2.1% 的平均水平，更高于美国 0.8% 和欧盟 0.6% 的年均增长速度。2012 年我国交通运输业二氧化碳排放量再创新高，达到了 7.8 亿吨，与 2005 年相比年均增长 8.7%，而 2008 年至 2012 年的年均增长速度达到了 9.9%，可见我国交通运输业碳排放呈现加速增长的趋势。

对于我国快速增长的交通运输业碳排放需求现象，我们应该从两个方面加以认识：一方面，我国是发展中国家，而且是发展中大国，在经济社会快速发展的时期，必然产生激增型的交通运输需求，加之交通运输业碳排放初始基数小，较高的增长速度是符合我国当前的发展阶段和国情的；另一方面，我们也应该清醒地认识到发展低碳交通、注重可持续发展的重要性，从负责任大国的角度出发，对交通运输业二氧化碳排放量加以控制。

根据对我国交通运输业和碳排放发展趋势的研究，结合上述分析，同时既要为未来我国交通运输需求增长留有一定的空间，又要充分考虑控制目标实现的可行性和合理性，本次研究提出，从交通运输业碳排放需求增长角度出发，未来我国交通运输业碳排放的年均增长速度将控制在 3%～5% 左右，则 2030 年我国交通运输业二氧化碳排放量将控制在 13.3～18.8 亿吨之间。

表 5－8　2030 年我国交通运输业碳排放总量（基于交通需求增长）（亿吨）

	增速控制低目标	增速控制高目标
增长速度	3%	5%
控制目标	13.3	18.8

（3）基于交通运输发展方式发生转变可能实现的控制目标

随着工业化、城镇化进程加快和消费结构持续升级，我国能源需求呈刚性增长，应对气候变化的责任压力越来越大。与此同时，交通运输领域的基础设施建设需求持续增长，能源消费快速增加，资源环境约束不断加大，节能减排任务艰巨，对交通运输提出了加快转变交通运输发展方式，优化运输结构，提升装备技术水平，改善运输组织，实现节约集约发展的更高要求。

“十二五”以来，我国交通运输业以转变发展方式为主线，努力实现各种运输方式从分散、独立发展转向一体化发展，大力发展循环经济，推进绿色交通系统建设，加大节能减排力度，努力控制交通运输领域温室气体排放，综合交通运输体系可持续发展能力进一步提高。

铁路部门坚持减量化、再利用、低碳化原则，加快内燃机车向电力机车转换，大力采用新技术、新材料，减少资源消耗，降低污染物排放，节约、集约使用土地资源和保护生态环境，建设资源节约、环境友好的绿色铁路。2012 年，国家铁路单位运输工作量综合能耗 4.72 吨标准煤/百万换算吨公里，比 2010 年降低 0.29 吨标准煤/百万换算吨公里；国家铁路化学需氧量 2149.6 吨，比 2010 年降低 130.1 吨；二氧化硫排放量为 3.79 万吨，比 2010 年减少 0.24 万吨；国家铁路绿化里程为 4.40 万公里，比 2010 年增加 0.39 万公里。

公路行业在运输节能和控制温室气体排放方面，通过严格实行营运车辆燃料消耗量准入制度、实施客运运力调控、开展公路甩挂运输试点工作等措施，取得显著成效。“十二五”前两年，通过实行营运车辆燃料消耗量准入制度，共减少燃油消耗 299 万吨，相应减少二氧化碳排放 964 万吨；通过公路甩挂运输模式，单位运输周转量能耗下降 15%~20%，单位运输成本下降 10%~20%，共累计为全社会节约燃油 16.2 万吨，减少二氧化碳排放 49.7 万吨。在建设项目上，公路行业大力推进路面材料循环利用，发布《交通运输部关于加快推进公路路面材料循环利用的指导意见》；开展绿色低碳公路主题性试点建设项目，重点对温拌沥青技术、沥青路面冷再生、智能化等多项目技术应用领域优先支持，公路建设和运营节能减排技术推广工程取得初步成效。在节能减排新技术、新工艺、新装备的研发和推广应用上，发布“隧道照明综合节能技术应用”等 20 个交通运输行业等五批节能减排示范项目。组织开展“十二五”期间两批全国重点推广公路水路交通运输节能产品（技术）的推选工作；组织推进隧道半导体照明产品应用示范工程，大力推进太阳能、风能、地热等可再生能源在公路建设运营中的应用；积极推进部分地区及相关企业开展天然气汽车应用试点。在引导运输需求，降低单位能耗方面，积极建设公路重点企业在线检测平台，开展交通运输能耗统计监测试点工作，初步建立部级公路水路交通运输能耗统计监测网络和分析系统。

水运行业在运输节能和控制温室气体排放方面，发布并实施了《“十二五”水运节能减排总体推进实施方案》、《交通运输部关于港口节能减排工作的指导意见》、《交通运输部办公厅关于促进航运业转型升级健康发展的若干意见等》，强化水路运输节能减排。严格实行营运船舶燃料消耗量准入制度，加快淘汰高耗能、高排放的老旧工程机械和工程船舶，发布营运船舶燃料消耗量和二氧化碳排放限值标准。加快推进水铁联运等高效节能运输组织方式，开展水铁联运节能减排示范工作。积极开展绿色低碳港口主题性试点工作，深入推广靠港船舶使用岸电技术和港口装卸机械“油改电”，打造绿色低碳港区。在建设项目方面，深入推广应用靠港船舶使用岸电技术、港口轮胎式集装箱门式起重机“油改电”技术改造和港口机械节能运行控制技术等能源资源节约技术。在节能新技术、新工艺、新装备的研发和推广应用上，推进码头船舶岸电技术的应用。鼓励、支持试点采用 LNG 清洁能源驱动港作船舶、港作车辆及其他流动机械，研究制定《关于推进水运行业应用液化天然气的指导意见》，在内河普通货船进行试点运营。鼓励利用太阳能、风能等清洁能源为港口提供照明、生产、生活用能等服务。鼓励采用地热能、海洋能等可再生能源为港口提供制冷、供暖等服务，大力推广港口可再生能源。在引导运输需求，降低单位能耗方面，积极建设水运重点企业在线监测平台，开展交通运输能耗统计监测试点工作，初步建立部级公路水路交通运输能耗统计监测网络和分析系统。大力推进多式联运，积极发展集装箱运输，提高水路运输在综合运输中的承运比重，降低运输能耗强度。淘汰老旧运输船舶，优化运力结构的同时，调控国内运力增量，鼓励建造满足国际新规范、新公约、新标准的节能安全环保船舶。

民航行业加强绿色民航工作体系建设，逐步建立节能减排目标责任考核体系；出台《民航局关于加快推进行业节能减排工作的指导意见》，积极启动节能减排项目，推动飞机节油改造。推进生物燃油研究和应用，制定实施绿色机场建设标准，建立大型机场噪音检测系统。制定应对气候变化对航空硬性的对策措施。民航系统吨公里燃油消耗指标由 2010 年的 0. 306 公斤减少到 2012 年的 0. 293 公斤。此外，民航加强与国内相关部门的协调，积极参与《联合国气候变化框架公约》、国际民航组织等“国际航空与气候变化”谈判和磋商，加强航空碳排放交易机制等问题的研究，务实开展国际交流合作，不断提高我国民航应对全球气候变化的能力。

未来时期，我国将继续采取各种有力措施，大力推进低碳交通的发展：积极发展城市公共交通，科学合理配置城市各种交通资源，有序推进城市轨道交通建设；继续提高铁路电气化比重；实施低碳交通运输体系建设城市试点工作，深入开展“车船路港”千家企业低碳交通运输专项行动，推广公路甩挂运输，全面推行不停车收费系统，实施内河船型标准化，优化航路航线，推进航空、远洋运输节能减排；开展机场、码头、车站节能改造；加速淘汰老旧汽车、机车、船舶，加快提升车用燃油品质；实施更高阶段的机动车排放标准；积极推广节能与新能源汽车。这些措施的有效实施，将使减排措施在交通运输各个领域得到应用，交通运输需求得到合理引导，运输工具能源结构得到优化，节能减排技术取得进步并广泛应用，进而在很大程度上控制我国交通运输业碳排放的增长速度。

如果说基于当前构成下确定的交通运输业碳排放控制目标，没有充分考虑未来我国经济社会发展过程中，交通运输需求迅猛增长所带来的行业碳排放结构性变化，且其中也未包括道路运输业中非营运车辆产生的碳排放；再如果说从交通运输业碳排放需求增长角度提出的控制目标，只是片面强调了交通运输需求的数量增长，而忽视了交通运输质量的提高和结构的优化。那么在这两种方法确定的控制目标的基础上，充分考虑我国低碳交通发展措施采取后可能取得的成效，综合研判后提出的控制目标应该是更为科学、合理和可行的。

综上所述，本研究提出 2030 年我国交通运输业二氧化碳排放总量将控制在 18 亿吨左右。

5.3.2.2 我国交通运输业分方式碳排放控制目标

(1) 交通运输分方式碳排放总量控制目标

从近年来我国交通运输业碳排放的分方式构成来看：道路运输业在我国交通运输业碳排放构成中，长期占据绝对比重，且保持持续增长的态势，2012 我国道路运输业碳排放占交通运输业碳排放总量的比例达到了 76%；其次是水上运输业，约占我国交通运输业碳排放总量的 1/10 以上，且呈微弱递减趋势，2012 年水上运输业碳排放约占我国交通运输业碳排放总量的 12%；铁路运输业由于近年来大力发展电气化铁路，其二氧化碳排放量大幅度降低，在我国交通运输业碳排放总量中的比重从 2005 的 11% 下降到 2012 年的 4%，减排效果明显；航空运输业碳排放所占比例则相对稳定，基本保持在 8% 左右，2012 年航空运输业碳排放占我国交通运输业碳排放总量的 8%；管道运输业碳排放在五种运输方式中所占比重最低，只占我国交通运输业碳排放总量的 1%。

表 5-9 近年来我国交通运输业碳排放的分方式构成

	2005	2006	2007	2008	2009	2010	2011	2012
铁路运输业	11%	10%	10%	7%	6%	5%	4%	4%
道路运输业	67%	67%	67%	72%	73%	74%	76%	76%
水上运输业	14%	14%	14%	13%	13%	12%	12%	12%
航空运输业	7%	7%	8%	8%	8%	8%	8%	8%
管道运输业	1%	1%	1%	1%	1%	1%	1%	1%

根据对我国交通运输业发展趋势的分析，未来我国旅客运输需求将迅猛增长，货物运输需求将稳步发展。从各种运输方式来看，道路运输业中小汽车出行比例大幅增加，高速公路规模快速增长，农村公路快速发展；水上运输业将更加受到重视，水运船舶不断向大型化、专业化发展；航空运输业运输量迅速增长，支线航空将得到大力发展，通用航空产业也将面临前所未有的发展机遇。

综合分析我国交通运输业碳排放方式构成现状，未来交通运输业的发展趋势，以及各种运输方式的发展水平、需求结构变化、节能减排潜力、运输方式布局等，研究认为：道路运输业的减排空间最大，但由于其快速增长的运输需求，致使其在交通运输业碳排放总量中仍将保持较高的份额；水上运输业作为大能力、低成本、低碳环保的运输方式，日益受到重视和发展，随着船舶专业化和大型化、改进船舶动力设计、发展船舶运输管理技术等节能措施的有效实施，其在交通运输业碳排放总量中的比重将稳中有降；铁路运输业随着电气化水平的进一步提高，碳排放也将得到有效控制；航空运输业随着支线航空和通用航空的发展，碳排放比例将略有增长；管道运输业在交通运输业碳排放总量中的比重将较为稳定。

根据上述分析综合考虑后，将交通运输业碳排放总量控制目标分解到各种运输方式，提出 2030 年我国铁路运输业、道路运输业、水上运输业、航空运输业和管道运输业的碳排放控制目标分别为 0.4 亿吨、14.4 亿吨、1.4 亿吨、1.6 亿吨和 0.2 亿吨。

表 5－10　2030 年交通运输业分方式碳排放总量控制目标　（亿吨）

	交通运输业	其中				
		铁路运输业	道路运输业	水上运输业	航空运输业	管道运输业
所占比例	100%	2%	80%	8%	9%	1%
控制目标	18	0.4	14.4	1.4	1.6	0.2

（2）交通运输分方式碳排放单位控制目标

根据运输需求预测，到 2030 年我国全社会客货运量将分别达到 1080 亿人、1100 亿吨，全社会客货周转量将分别达到 9.92 万亿人公里、46.80 万亿吨公里。要实现上述总量控制目标则意味着，到 2030 年我国交通运输业单位换算周转量碳排放将控制在 0.0334 千克/吨公里，其中铁路运输业、道路运输业、水上运输业、航空运输业和管道运输业的单位换算周转量碳排放将分别控制在0.0033千克/吨公里、0.0507千克/吨公里、0.0189千克/吨公里、0.9203千克/吨公里和0.0212千克/吨公里，与2005年相比，将分别下降81%、70%、63%、23%和47%。

表5-11 2030年交通运输业分方式单位换算周转量碳排放控制目标① (千克/吨公里)

	交通运输业	铁路运输业	道路运输业	水上运输业	航空运输业	管道运输业
2005年	0.0619	0.0179	0.1692	0.0510	1.1940	0.0399
2030年	0.0334	0.0033	0.0507	0.0189	0.9203	0.0212
降幅	46%	81%	70%	63%	23%	47%

① 为终端碳排放指标，即不包含电力和热力部分。

第6章　发达国家发展低碳交通的经验

6.1　重视低碳交通设施建设

6.1.1　交通规划与城市规划相协调

城市形态和土地利用与城市交通是相互作用的动态过程，混合土地利用模式的发展缩短了出行的必要性，并促进非机动模式的发展。考虑城市形态和土地利用模式对交通出行量的影响，将土地利用与交通进行一体规划也是低碳视角下国外解决城市交通问题的重要策略之一。不同的城市形态，其土地利用对城市交通的影响各不相同。美国学者塞维诺曾总结了世界12个城市在土地利用和城市交通一体规划方面的成功经验，城市土地利用和城市交通的互动关系主要有四种类型。

表6－1　不同城市形态和土地利用强度对城市交通的影响

城市形态	土地利用强度	对交通的影响
紧凑城市	高强度的土地利用	对机动车出行距离的影响不同
单中心	高强度的土地利用	较低的公交分担率 较低的机动车出行距离
多中心	较低强度的土地利用	增加机动车出行距离 增加交通量和交通时间
带形成时	高强度的土地利用	有可能降低机动车出行距离

资料来源：大都市低碳交通策略的国际案例比较分析，胡垚，吕斌，国际城市规划，2012 Vol. 27，No. 5

表6－2　国外城市进行土地利用与城市交通一体规划的实践

互动类型	互动方式和特点	代表城市
以公共交通系统为骨架展开的城市	这些城市往往考虑了较为长远和全面的城市发展目标，以有轨交通为干线通道，在沿线的主要站点建立相对密集和用地功能复合的社区或新市镇。	斯德哥尔摩、哥本哈根、东京、新加坡
顺应城市扩展而跟进发展公交系统	在形成低密度扩散后发展公共交通，需要通过提供便捷的"门到门"服务以和私人汽车交通竞争。	阿德莱德、墨西哥城、卡尔斯鲁厄
结合交通区位实现混合、高强度的土地利用	多种交通方式结合，将综合枢纽与大量的公共服务设施结合布局，达到改善城市核心区交通、重振城市中心区活力的目的。	苏黎世
公共交通系统和城市扩展互相迁就	介于第一类和第二类之间，一方面努力建立以公共交通（特别是大型轨道系统）干线通道为主的较高密度的集中性活动中心或生活中心，另一方面充分使用公共汽车等传统交通工具作为支线，覆盖低密度居住区。	墨尔本、渥太华、库里蒂巴

资料来源：大都市低碳交通策略的国际案例比较分析，胡垚，吕斌，国际城市规划，2012 Vol. 27，No. 5

在土地规划上分散城市中心，采用友好型土地利用模式。城市交通拥堵的根源是人与目的地之间的距离太长，国际上发展城市低碳交通的首要途径是从根源上避免长距离交通的产生。在土地规划的过程中，尽量采用多中心的空间结构，建设紧凑密集型城市，综合利用土地，按照交通导向来规划土地（即先交通规划后土地规划），形成交通友好型的土地利用结构，使人们能够在较短的距离、较短的时间内实现工作、学习、购物及出行，从而减少交通产生的碳排放。

在城市规划建设中注意控制交通流量和出行方式。世界许多城市在发展过程中都呈现出"摊大饼"式扩展现象，就业中心与居住地割裂，就业向市中心集中，市区夜间人口减少，郊区居住地则成为"卧城"，致使出行流量庞大，道路交通压力沉重。为治理交通拥堵，世界不少大城市普遍实行控制交通流量和出行方式的政策，探索建立交通功能与商业功能一体化模式。

发展城市绿色交通就是要从根本上转变高能耗和最大程度上减少温室

气体的排放，在减少城市交通量的同时，减轻人们对机动车的依赖。为解决就业向城市中心集聚问题，伦敦、纽约和东京三大城市采取的对策是开发副中心，增加火车站和地铁站周围的居住人口和就业岗位，减少人们日常远距离出行的需要，满足人们的各种生活需求，不仅能有效缓解交通拥堵和减少城市交通量，而且也能大大减少城市交通中温室气体的排放。东京作为世界第二大城市，有 23 个特别区和 27 个市，东京政府一直致力于将东京建成多功能多中心的城市群，使得东京的城市空间分布呈现出同心圆形状。东京政府通过建立环形城市轴，将所有的特别区和市连接成有机的整体。日本国土交通省执行了以公共交通为导向的城市土地发展政策，将土地进行分区管理，鼓励在城市铁路车站周边地区进行高密度的建筑开发。东京市中心白天的劳动力人口与夜间劳动力人口之比为 8.4∶1，东京市政府将城市向中心聚集的结构调整为多中心结构，特别是在一些铁路环线附近建立多个中心，形成多中心格局。20 世纪 70 年代已有一些火车站形成了商业中心。通过建立连接各中心城和东京湾海滨地区环形城市轴来有效缓解东京人流、物流、信息流的压力。充分利用路面交通和轨道交通构成的公共大交通网络，交通功能和商业功能一体化有效缓解城区交通压力，不仅提高了人们出行的便利性，而且确保了出行的效率性。法国巴黎大区自执行 1976 年大区总体规划所确定的方针政策以来，成功控制了城市"摊大饼"式扩展，通过促进城市中心区就业向郊区疏散，有效减轻了已经超负荷的市内交通网的负担。

美国出台的《联运地面交通效率法案 1991》（简称 ISTEA）及其后续法案《21 世纪交通公平法案》（简称 TEA－21）均强调交通规划的编制应由过去的过分强调州际间交通运输，转向特别重视城市化区域、大都市区域的综合交通运输规划与统筹协调。ISTEA 承认土地对交通影响的重要性，强调公众参与和地方的支持者介入，强调紧凑开发，认为交通规划的目标是提高"可达性"。

美国在城市规划布局上强调发展多中心，努力达到就业－居住－服务的平衡，各大城市非常重视路网规划布局，其路网布局特点可简要概括如下：高速公路和一级公路路幅宽，设施齐全，出入口全是立交桥和匝道，车速高、容量大，承担了城市间近 90% 和城市内近 70% 的车流量；同时，几乎每个城市都有环城高速公路供车辆过境和进城车辆选择就近的入口，有效分解城市车流。城市主干道为快速干道（全高架或全立交，至少 6 车道），然后通达一般道路，使快速交通与一般交通相衔接，构成一个较为合理的道路交通运输体系。

截至 2009 年年底，美国机动车保有量约 2.5 亿辆。如果停车问题得不到很好的解决，就会给道路交通和社会管理带来很大麻烦，因此，美国政府非常重视停车场的建设和管理。在美国，城市规划部门在设计一座大楼时，都要计测大楼的用车情况来考虑设多大的停车场点来适应停车需要，停车场设立后，不能挪为它用，否则按有关规定严处。在进入市区的地铁站也都建有大型停车场，方便人们换乘地铁等公共交通工具。市区繁华地带公共停车场多数是多层次的，并采用综合性的停车场诱导方式指引驾驶员停车，以尽可能避免因寻找车位而造成的交通拥堵。

美国弗吉尼亚州的罗斯林市和马里兰州的彼塞斯塔市采取了全新的城建方案：在城市规划上下功夫，建立“公交村落”，即在便利的公共交通设施如地铁站周围建立基础设施齐全的居民区，购物、娱乐、就医、上学、甚至上班都在“公交村落”内进行。

1985 年，旧金山在出台的市中心区总体规划中，对中心区的建筑容积率进行了削减，同时还对写字楼的总建筑面积进行了限制。对建筑规模进行控制，从侧面给市区良好的交通环境和生活环境提供了保障。

伦敦在发展城市交通低碳方面走在世界前列，从 2012 年 1 月 3 日开始建立交通——低排放区（LEZ）。低碳排放区的目的是遏制在该地区驾驶污染较大的车辆，以改善伦敦的空气质量。受限制的车辆有旧柴油发动机卡车、公交车、旅游大巴、大型客货车、小型客车等，以及其他专用车辆，如从卡车和面包车衍生的房车和电动运马箱，而汽车、摩托车和小面包车则不包括在低碳排放区。伦敦在低碳排放区设定排放标准，在英国之内与之外注册的汽车都需要满足低碳排放区所要求的排放标准。从 2012 年 1 月 3 日，大型货车和小巴的可吸入颗粒物（PM）排放为欧 III 标准，3.5 吨以上的货车、公共汽车和客车的可吸入颗粒物（PM）排放为欧 IV 标准。不符合排放标准的车辆在区域内驾驶必须以天为单位缴费，每次缴费的有效时间是从午夜到次日午夜，一年中每天都需要缴费，包括周末及公众假期。低碳排放区是通过使用固定和移动摄像机执行的，当汽车在低排放区行驶的时候，它会读取车辆登记号牌。如果车辆被确定为不符合低排放区的排放标准，尚未支付当天区域内行驶的每日应缴的费用，罚款通知将发给该车辆的登记持有者。伦敦已经与欧洲汽车牌照机构建立联系，确定在可能的范围之内开出并收取罚金。

法国巴黎是一个历史悠久的城市，旧城区的人口、交通压力都很大，为了保护旧城，巴黎在新的城市中心拉德芳斯区建设的过程中，调整了城市规划布局与功能分区，将旧城区部分人流、车流分解出去，在一定程度上分流了旧城区的压力。巴黎新区是在凯旋门、香榭里舍大街的轴线上，建筑、城市设计极富现代气息，新区的标志性建筑是凯旋门。巴黎新区的地面上看不到汽车，车行道、人行道、停车场、回车道、商店货物装卸区、物流园区，以至电梯、楼梯等均在地下。地底下的交通功能竟有力地支撑着新区另外三大城市功能：工作、居住和休憩。更可贵的是，新区开发是在“交通引导城市发展”即“TOB”理念指导下进行的。先建地下汽车专用道、停车场等，使交通设施形成规模，才在枢纽点上进行大规模的新区开发。现在的巴黎新城拉德芳斯区已经成为欧洲最有活力最具影响力的城市副中心，常住人口在 100 万左右，便捷的公共交通，使新区市民就近出行，从而减少了碳排放。

新加坡城市面积 692. 7 平方公里，人口 468 万，整个城市布局以中心城区为主体，呈星座式结构。城市地铁线把主要商业中心串联起来，按照“中心城区—区域性中心—副中心—小型中心—社区”的布局，把整个城市分为 55 个小区进行规划和建设。区域性中心距中心区 13 公里，副中心距区域性中心 6 公里，小型中心距副中心 2. 5 公里，居民的日常事务则不出社区。组团和小区中布局合理，功能齐全，兼有就业、交通、休闲、居住等功能，居民就近就业，消费，不论居住在哪里，附近都有公汽站、幼儿园、银行、商店等公共设施，生活十分方便，新加坡人不用出远门就可办成很多事，这在很大程度上缓解了城市中心的交通压力，缓解了上下班交通拥挤。科学的空间布局造就了一流的人居环境，碳排放随之减少。

6. 1. 2　优先发展公共交通

发展低碳交通的重要措施之一是要构建高密度、高覆盖、高水平的公交网。公共交通包括地铁、公交车和轻轨交通等，具有容量大、效率高、费用低、安全性强等特点，最适宜高密度人口的城市采用。美国、德国、法国等国都非常重视用立法手段规范城市公共交通的运营，对公交管理者、运营者、交通工具使用者做出了司法规范，以确保城市公共交通优先发展。巴黎、伦敦、纽约、东京四大城市都在投资上优先考虑发展公共交通项目，加大投资以补贴公共交通的亏损，提高公交运营力。

欧洲各国在20世纪就认识到交通拥堵的原因，认为优先发展公共交通是解决城市拥堵的重要策略。欧洲城市公共交通系统由轨道交通为主的多种交通方式构成，各种方式分工明确，联结紧密，换乘方便，形成了高效率的网络体系：市郊快速列车是联结中心城市、郊区和卫星城的快速大运量铁路客运系统；地铁是大城市城区公共交通的骨干系统，主要解决城市内部的客运交通；现代有轨电车是应用新技术对传统电车进行改造形成的系统，其舒适性及机车性能能够满足现代生活水平的需要，而且建设和运行费用远低于地铁，因此现代有轨电车在欧洲城市中备受关注，恢复和建设有轨电车在大城市中成为一种热潮，有轨电车的主要作用是作为地铁系统的补充和联系，而在中小城市则是城市客运交通的骨干系统；公共汽车在欧洲城市属于公共交通的支线系统，其主要功能是在城区轨道交通服务范围以外的地区营运，以及将人员散布的居住区与轨道交通系统联结起来。上述各种交通方式相互补充，形成了高密度、高覆盖、高水平的公交营运网络。

强调公共交通优先已成为不少国家城市发展的主要政策导向，不仅将城市规划、住宅、交通作为一体统筹解决交通问题，而且在道路的分配使用和管理措施上得到充分体现，如设置公交优先的专用道和信号灯。法国巴黎和巴西一些城市中心的主要干道，都有只允许公交车和出租车行驶的专用道，还有一些线路在特定的时段也只允许公交车使用。在伦敦，公交车优先线路占全线路的85%，另辟有“红线”优先路线，只供公共汽车使用，严禁其他车辆使用。

美国采取有效政策措施，确保公共交通优先发展。自20世纪80年代开始，美国逐步加大公共交通的投入，有些城市开辟了公交专用道，积极发展轨道交通和快速公交，并提出和支持“公交引导的城市发展模式”的发展。目前美国公共交通发展十分迅速，地铁是人们最主要的出行工具。位于美国东北部的纽约是美国第一大城市和人口最多的城市。由于建立了发达的公共交通系统，纽约已成为没有私人汽车也能生活得不错的城市。

纽约大都会地区公交局负责大纽约地区的公共交通，是一个拥有 4.7 万名雇员、20 多个主要部门的庞大机构。在纽约市的 5 个城区内，有 28 条纵横交错、四通八达的地铁线路，总长 1140 多公里，490 个地铁站遍及全市各地。此外还有公共汽车线路 244 条，总长 3000 多公里，12700 多个车站遍及全市各地，并且以地铁线路为依托形成了世界上最长的地铁线和世界上最大的城市居住区。纽约还有联结周围地区的通勤火车，为居住在纽约周边地区的人上下班提供经济快捷的交通服务。许多地铁和公交线路都是一年 365 天、一天 24 小时开通。2005 年纽约地铁日平均客流量为 470 万人次，年平均客流量达 14.4 亿人次，地铁客流量在世界居第 4 位，仅次于东京、莫斯科和首尔。据统计，纽约公交系统每年运送的乘客达 24 亿人次，是北美地区最大的公交系统。为避开拥挤的交通和昂贵的停车费用，在曼哈顿中央商业区工作的人，有五分之四选择公共交通作为自己的主要出行手段。旧金山市政府也早在 1973 年就提出了公共交通优先的政策（Transit First Policy），2005 年进入旧金山市中心上班的人中，有 20% 是利用公共交通，这在美国同等规模城市已是最高水准。

公交车能够更有效地利用空间和燃料，减少交通流量和空气污染，而公交车专用车道则能够大大减少公共汽车遇到堵车的情况，使得搭乘公共汽车更加迅速和可靠。纽约的公交车道有两种不同的类型，一种是公交车的专用车道，除特定的时间以外，其他类型的机动车辆不允许停靠；另外一种是偏移公交车专用道，这种专用道是离开路边一个车道的公交车专用车道，其他车辆仍然能够在路边停车和暂停。为加强对公交车专用道的执法工作，纽约市对公交车专用车道采取了两种执法方式：一是设立公交车专用车道摄影机，并在安装了摄影机的公交车专用车道沿途设立标识，其他车辆除了使用专用车道右转和上下乘客之外，禁止在公交车专用车道行驶；另外一种执法方式是采用警察执法，纽约市警察局将频繁的巡逻公交车专用车道，并向违反公交车专用车道使用的违规者开出罚单。凡是在规定时间区段，其他车辆在公交车专用车道上行驶或停靠，都将处以罚款。

欧洲各国优先发展公共交通，鼓励乘坐公共交通工具而不是私家车出行，在公共交通工具中又实行铁路优先政策，在城市之间的交通全部通过轨道交通解决，很少开行客运班车。为此，欧洲各国财政资金、补助资金更多向公共交通倾斜，对公共交通均实行补贴政策。以瑞士为例：公共交通基础设施基本由国家投资，避免因私人投资对交通衔接造成障碍，偏远地区的道路建设分为两种情况，旅游胜地结合景区规划建设同步展开，其他地区则基本由联邦和州政府补贴；在公共交通补贴方面，城市公共交通财政补贴一半，而山区居民出行成本国家补助80%。

西欧各国都确立了以城市公共交通为主导的交通政策，采取各种优惠和便民措施吸引市民乘坐，改善城市交通结构，强化城市交通功能。大城市都有轨道交通系统。地铁既行驶在地下，也可行驶在地面和高架上。地铁车站方便换乘，瑞典首都斯德哥尔摩有四层主体换乘车站，其地铁车站内精湛的艺术展品和浓厚的文化氛围被称为“世界最长的艺术画廊”。地铁车票种类繁多，还可用地铁车票免费换乘公交车一次。

欧洲的公交车设计新颖，宽敞明亮，低踏步，大容量（铰接车多），均无人售票。有公交专用车道，同时路口优先放行公交车。在交叉口附近的相关道路上相对集中地分布着多条线路的公交车站（包括始末站），一般均为港湾式车站，形成公交枢纽，方便乘客就近换乘。多数公交线路无人调度，完全由驾驶员按时刻表准点运行。公交站距不长，平均五六百米，道路上设站充分体现公交优先、市民优先、人的出行优先的原则。站点均有候车设施，实用的椅座、遮风挡雨的廊棚、醒目的站牌，甚至还有自动售票机、公交运行电子显示屏等。从挪威到瑞典的车行途中，公路上公交站均有玻璃搭成的候车棚和轻质金属做成的候车座。公交经营企业则想方设法为社会提供各种优质服务，其中双休日、节假日或免费或低价定时定点地将大学里的学生运送至市中心，然后再拉接回便是举措之一。我们在瑞典俞伯市就亲身经历过。

欧盟国家的有轨电车系统发达，大都修在隔离带上，隔离带种植有绿色草皮，这样不仅没有减少绿化面积，反而更加有效地利用了土地。有些地方有轨电车修在道路两边，与汽车共用道路。有轨电车通常有三节车厢，能大大提高运送能力。

德国是一个汽车大国，8000万人口的国家就有汽车5000多万辆，几乎每两个人拥有一辆汽车。德国政府认为，要想让人们放弃小汽车出行，必须为人们提供一种便捷的交通方式，不同的城市依据各自的城市规划及经济模式选择不同的公共交通类型。德国规定超过30万人口的城市应该发展有轨电车，超过50万人口的城市需要发展轻轨系统，且在中心城区需引入地下。2003 年 7 月，德国颁布了“联邦交通路线计划”，把促进所有交通方式的和谐结合作为目标。政府鼓励使用公共交通，在稍微大些的城市里，有轨电车、轻轨与地铁、公交车等纵横交错，相互之间衔接方便。现在的德国公共交通异常发达。弗莱堡市大概有近 70 万人，市区面积为 400 平方公里，却拥有 14 条轻轨地铁相连的线路及 102 条公交线路组成的便捷市内公共交通，人们能够在很短的时间内达到工作、学习地点。欧洲的碳排放量之所以比美国还要低，就源于其公共交通网络发达，人们可以便捷选择公共交通工具出行。

2015 年，德国联邦政府投入 1500 亿欧元用于修路，其中用于轨道建造的资金高于用于普通路面修造的资金。为了从资金上保证公交优先政策，并明确资金使用和分配权限，德国联邦政府制定了乡镇社区交通资助法和区域化法，推动了公交建设的良性发展。德国公共交通业每年出车近 100 亿辆次，有大约 86% 的德国家庭出行时选择使用公交工具。德国公交业共有 8000 家企业，从业人数高达 25 万人。

英国是欧洲使用汽车最多的国家。以伦敦市为例，已建成包括地铁、轻轨、公共汽车和出租车为一体，方便快捷的交通网络。伦敦交通有 70% 依靠地铁，每小时发出的列车达 90 班次。与此同时，地面公共交通也在不断发展，地铁、火车和地面公共汽车立体交通网遍布伦敦市各个角落。

拥有约 1200 万人口的东京市，多年来一直大力发展以轨道交通为主的公共交通系统，市民出行大都选择轨道公共交通。东京交通圈涉及的一都三县，面积 1. 3 万多平方公里，人口 3200 多万，东京大都市圈现有 280 多公里地铁线，铁路近 3000 公里。轨道交通系统每天运送旅客 2000 多万人次，承担了东京全部客运量的 86%。在东京都的 23 区中，公共交通承担着 70% 的出行，为世界之最。在早高峰时的市中心区，有 91% 的人乘坐轨道交通工具，而乘坐小汽车的仅为 6%。日本轨道交通不仅分布面广而且出口数量多，如东京一些大地铁站出口多达几十个，许多出口直接通向当地的著名设施、大型企业或政府部门，提升了轨道交通的吸引力。目前，东京市拥有的地铁网络，即便地面交通全面瘫痪，其轨道交通也完全可以承担交通任务。

新加坡约有 80 万辆汽车，其中约 50 万辆为小汽车。为解决日益严重的道路堵塞问题，新加坡加大国家投资改善公共交通，发展快速轨道和高速公路，不断改造和完善交通网络，提高服务水平，同时降低新增车辆配额，加强对拥有汽车以及汽车进入市区的管制，提高私家车使用成本。新加坡已经建成八条贯穿全岛的快速路，交通网用地占国土总面积的12%。新加坡各主要道路的交通设施也比较完善，交通标志、标线一应俱全，清晰醒目。驾车者也大多比较遵守交通规则，因此，马路上虽然没有警察指挥，但交通秩序井然，很少出现严重堵车现象。居民区的车站，均有遮阳棚通往组屋区，使乘客免受日晒雨淋之苦。目前，新加坡全国公路干线长度已超过3000公里，其中以泛岛高速、中央高速和淡滨尼高速为主的9条高速公路总长已达140多公里，构筑起一个犹如蜘蛛网般的高度发达的立体陆路交通网络，有效地鼓励人们舍弃私人交通工具，享用便利而舒适的公共交通工具。同时，政府也花费大量的人力、物力，不断对道路进行维修、养护，保证路况良好。对于因设计问题，或建成后周围情况发生变化而出现交通不畅的路段，政府也会及时进行评估，并尽快改造。为了鼓励和吸引更多的人选择公共交通，政府特意在地铁站附近建有大型购物商场、电影院、小吃中心和夜市摊位等，颇受人们欢迎。新加坡出租车费低廉，为仅次于公共汽车的重要交通方式。为及时有效、迅速准确地匹配车辆与乘客，减少空驶率，几家大型出租车公司采用自动调度系统，为消费者提供定时预订出租车、定点接送等服务，促进实现出租车与其他公共交通工具间的转换。

在道路建设方面，新加坡将投资70亿至80亿新加坡元，在2020年之前实现其贯通南北的高速公路的地下化。另一方面，鉴于国土面积的12%已经为道路所占用，新加坡计划在今后每年新建或扩建道路的增速从过去的1%降至0.5%。

在公共交通方面，鉴于轨道交通的便利性，新加坡将在2020年前建设大容量快速轨道交通2号线，并在2015年前延长现有线路，这将投资200亿新元。轨道交通的总长度将由现有的138公里延长至278公里，预计日均乘客量将达到460万人次，是目前的3倍。新加坡在建设地铁和高架铁路的同时，还通过引入“EZ Link卡”（一种交通支付卡）等手段，提高交通系统效率。

完善的公共交通系统是其推行低碳交通模式的重要保障，而建设快速公交系统（BRT：Bus Rapid Transit）则是其完善公交系统最为普遍的方式。

从一个 BRT 体系的构成来看，它一般包括具有道路优先权、运行速度快、运量较大等特点的专用车辆和独立安全的专用车道两个部分。

表 6－3　BRT 系统构成要素

BRT 系统	构成要素
车道	专用车道为主，一般车道为辅
站点	易达性、舒适的候车环境，与服务的社区混合
车辆	大运量、低噪音、清洁能源
服务	全天候、高频率
线路	以不同颜色区别不同线路，主要目的地间有直达线路联系
车票	上车前购票，多通道购票上车以减少等候时间
智能交通系统	智能交通系统控制保障速度、安全性和舒适性
交通衔接	BRT 间免费换乘，BRT 站点与其他公交站点结合

资料来源：大都市低碳交通策略的国际案例比较分析，胡垚，吕斌，国际城市规划，2012 Vol. 27，No. 5

BRT 的建设周期较短，建设成本相对轨道交通低，每公里 BRT 的建造成本为 100 万－1500 万美元，而每公里轨道交通的建设成本为 5000 万－2 亿美元。在二氧化碳减排效力上优于轨道交通（Vincent，2006），且可以在较短时间内收到较为明显的减排效果。同时，BRT 相对传统公交又具有高速、大运量以及运力配置灵活的特点。BRT 适宜于在快速城镇化和人口密集地区建设，尤其适合在发展中国家人口密集的大都市作为替代小汽车出行、分担轨道交通压力的有力手段，但 BRT 对项目运营管理的要求相对较高，同时往往需要配合绿色出行、交通需求管理等措施才能发挥其最大的效益。

巴西城市库里蒂巴在提高城市公共交通覆盖密度方面可谓全球的典范，被誉为巴西最清洁的城市。库里蒂巴面积 430 平方公里，市区人口 180 万，26 个卫星城人口 70 万，市内平均 1.6 人拥有一辆私人小汽车，人均拥有汽车量居巴西城市第二位。为减少汽车污染，方便市民出行，该市政府规划建立了快捷的城市公交系统，使公共交通覆盖了整个市区及邻近的城镇。这些快速公交车都有自己的专用车道，快速公交车时速能达到 80 至 90 公里。库里蒂巴的快速公交车有个“半小时”承诺，即不管在这个城市的什么地方，保证半小时内就能到达最远的目的地。该市车站布点密集，在市内任何一个地方，步行5分钟就可以找到最近的车站，3/4市民出行选择乘坐公交车。和巴西其他城市人均使用燃油量相比，库里蒂巴节约了3/4的燃料。

BRT在城市中的推广始于1974年在巴西的库里蒂巴，但20世纪70年代，库里蒂巴成功的经验并没有很快得到推广。直至20世纪90年代，BRT在全球，尤其是在美洲迅速发展起来：厄瓜多尔的基多（1996）、美国的洛杉矶（1999）、哥伦比亚的波哥大（2000）等城市都相继建设了BRT系统。其中，2000年BRT在波哥大的成功经验引起了全球对于BRT的关注，也成为亚洲国家BRT建设的样本。2004年开始，BRT在亚洲的雅加达、首尔和北京等城市率先发展起来，至2011年，更多的亚洲城市规划建设BRT。波哥大和雅加达BRT项目实施情况对比见表6－4。

表6－4　波哥大和雅加达BRT项目实施情况对比

城市	波哥大	雅加达
项目名称	BRT system	Trans Jakarta Busway
覆盖人口（万人）	698	879
施行时间	2000	2004
年二氧化碳减排量	年减排二氧化碳287087吨	年减排二氧化碳5%，合年减排二氧化碳120000吨
年经济收益	预计到2012年通过碳排放交易可获利2500万美元	年收益2万美元
初始投资额	一期投资2.97亿美元，三期总投资13亿美元	2640万美元
运营成本		柴油动力车每公里耗油1.8－1.9升，每升柴油0.5美元；天然气动力车每公里耗气1.4升，每升天然气0.27美元
项目成效		9个月内修建了共计12.9公里的BRT公交系统，平均成本为200万美元/公里

资料来源：大都市低碳交通策略的国际案例比较分析，胡垚，吕斌，国际城市规划，2012 Vol. 27，No. 5

据预测，若在全球范围内所有拥有BRT的城市中，将BRT与推广步行和自行车出行相结合，可以每年减少1200万吨的二氧化碳排放量，若以每减排 1 吨二氧化碳收益 30 美元折算，其每年创造的环境收益将达 3 亿 6 千万美元。从 BRT 在波哥大实践的结果来看，在 BRT 与交通需求管理、推广绿色出行项目相结合的情况下，1997 年以来，当地二氧化碳每年减排 318000 吨，其中有 90% 的贡献来自出行方式由私人汽车向公交和自行车的转变。

6.1.3　重点完善城市轨道交通体系

近年来作为城市交通体系重要组成部分的城市轨道交通取得了重大的发展，很好地起到了分流道路交通压力的重大作用。

欧洲大部分城市均有完善的轨道交通体系，其中路面轨道交通网络大多与车辆共用，既不占用有限的城市道路资源，不会造成交通堵塞，又以其大容量和相对专用性有效缓解了城市交通压力，虽然其架设的电网会在一定程度上影响城市景观，但欧洲更多从减少车辆尾气排放、改善城市空气质量的角度出发，仍大力发展轨道交通，并将电网建设融入整个城市规划，这对我们发展低碳环保的公共交通有很大的启发。

欧洲的城市轨道交通体现了“以人为本”的建设宗旨。设计者在努力保障乘客的乘坐方便、安全、舒适、快捷的同时，尽可能地缩短车站长度，减小车站规模，以降低工程造价。

欧洲的车站在总体布置上，站间距一般为 800 米左右，早期建设的工程以地面轻轨为主，20 世纪 70 年代后大部分转入地下。地面线路位于道路中间，或道路一侧。车站只有简单的候车棚，埋深较小时采用半地下车站；当线路位于地下时，线路及车站基本位于路中，出入口位于街道两侧或十字路口的四角，布置较为简单。当与其他线路或地面火车站有换乘时，一般设有大厅作为交换层，如巴黎的里昂站、科隆的大教堂站等。大多数车站都有站厅层，站厅层面积比上海、广州地铁站的面积小，站厅层一般只有售票亭、问事处、自动售票机等，管理用房很少。少数车站没有站厅层，乘客可以从站台直接到地面。站台层的站台长度一般在 100 米左右，最小的只有 40 米。巴黎及科隆地铁以侧式站台为主，柏林、维也纳以岛式站台为主。岛式站台宽度早期有 5 米、6 米、8 米或 10 米，新线有的大换乘站达 18 米。侧式站台早期宽度中部大多数为 3 米，两端因出入站厅要求加宽到 5－6 米。早期车站站台较短，站厅小、站台窄，至今仍能满足客运要求，这主要是行车密度加大，运输效率高的缘故，有的行车间距达到了 75 秒，停车时间少于 20 秒，巴黎 14 号线折返总时间也达到了 85 秒。这种运行机制展示了“小编组、高密度”行车的样板。

欧洲城市轨道交通另一个显著特点是多线共用站台。柏林、科隆、法兰克福、维也纳等地经常采用多条线路共用一条轨道，车站也是多线共用，这既充分挖掘了线路的运能，又方便了顾客的换乘。如柏林 Belleve 站有 S5、S15、S3、S9 四条线通过，在中间 Wekreuez 至 Dstkreuz 站为四条线共用，铁路运输潜力得到充分利用；科隆站为两岛四线车站，有 8 条线路通过，在 A、B 站台间有 U15、U17、U19 线车辆通过，B、C 站台间上行有 U5、U12、U16、U18 四条线的车辆通过，下行有 U6、U12、U18 线车辆通过，C、D 站台间上行有 U5、U15、U16、U17、U19 五条线车辆通过，站前站后都有岔线，列车形成间隔最小只有 1 分钟，各线路列车长度不一样，如 U5 只有两辆一列，每辆由两节车组成（6 轴），长度 40 米左右；有的为三辆一列，每辆三节组成（6 轴，中间一辆有转向架），长度 90 米左右。可见，即多条线路混合运行是安全可靠的，列车编组长度不一是可以接受的，这种运行方式对疏解大客流段紧张状况和方便偏远地区乘客有重要意义。

柏林市面积为 891 平方公里，总人口为 350 万，柏林市以外整个布兰登堡州人口为 260 万。其中 90 万人口住在柏林市中心 20 公里范围之内，该区域人口密度为 3900 人/平方公里。柏林地铁线全长 152 公里，共有 170 个车站，站间距一般为 800 米，车辆总数为 1403 辆；全市年客流总量约为 9 亿人次，其中地铁客流量为 4 亿人次。柏林的轨道交通发展已有 100 多年的历史，目前，主要交通工具有区域快速火车（Regional Express）、S－Bahn、U－Bahn、有轨电车、城际间高速铁路（ICE）、公共汽车、船为一体的综合交通系统，火车覆盖了布兰登堡州约 2/3 的范围，是居民主要的交通工具。

柏林发达的轨道交通网络是历史发展的结果。最初柏林作为首都，修建了通往全国各地的铁路，每条铁路在柏林都有自己的始发站（例如 Potsdam、Anhalt、Dresden 等）。为了方便各个方向的乘客出行，在第一次世界大战前就修建了联结这些车站的铁路线，并将这些线路向市民开放，成为一种市内交通工具，这就是德国最早的 S－Bahn。为了组织协调不同形式的轨道交通之间，尤其与公共汽车之间的关系，实现综合交通总体规划与运营管理，柏林市成立了柏林交通协会（BVG），并在此基础上成立了柏林和勃兰登堡州交通协会（VBB）。

为满足客流需求，柏林市交通规划有两个思路：一个是修建城市联络环线，用于联络各郊区副中心和分担市中心的客流，S－Bahn 环线已经开通；另外一个是修建东西向和南北向穿过柏林市的两条轴线主干铁路，用于承担市内主要交通量。柏林市内东西向的铁路线已较完善，正在修建南北向的铁路。在东西线与南北线的交会处，正在修建柏林最大的 Lehrter 火车站。Lehrter 火车站将成为柏林的轨道交通枢纽，东西向的轨道交通系统和新的地下线将在这里会合。根据估算，其年客运量将达到约 5000 万人次/年。下层供南北向的火车使用，位于地下 18 米深度；上层供东西向通过城市的长途、区域和郊区铁路使用，东西向 S－Bahn 线路位于地下 7 米。整个车站建筑采用玻璃构筑，显得气势磅礴。

在柏林大区内，70 公里范围内的乘客可以在 1 小时内到达柏林市中心，发车间隔 1 小时；在 150 公里范围内，2 小时内到达，发车间隔 2 小时。柏林在解决交通问题时，首先抓的是综合交通，从规划开始到运营管理，把多种形式的交通工具系统地统一起来；同时，充分改造和利用旧有交通系统，使新旧系统、设备都能发挥作用，而不是不停地拆旧建新。在柏林还能看到 100 年前的轨道交通设施仍在使用。其次，在交通规划中，柏林的做法是首先确定总体目标：在多大范围内，保证乘车时间不超过多少，保证发车间隔在多少时间之内。由此制定实现总体目标的交通方式选择，线路位置设计，运营组织方案等。这种规划方法思路清晰，目标明确，方法科学。

科隆地铁埋深较浅，车站简易，通常从街角下去就是；换乘方便，在同一个站台上可以换乘去许多不同方向的其他线路，而不用上下爬越，或者长距离通过通道换乘。在德国的其他城市也是一样的，这种同一站台上进行换乘多条线路的方式很普遍。另外，地铁的票制是多样化的，有单人的、小组的；有按区的、按时的；有一次的、多次的。售票方式也是多样化的，可以预先买，可以在车站买，可以在车上买，可以自动售，也可以在售货亭代售。另一个现象就是在科隆可以乘地铁去波恩，即相邻城市之间也实现了轨道交通联系，这种把城市内的轨道交通和城际间的轨道交通结合起来的做法，在城市密集的地区有很大的意义。德国在鲁尔工业区（包括多特蒙德，波鸿，埃森，杜伊斯堡等城市）就建设了完善的轨道交通网络。乘坐法兰克福地铁，多条线路在同一站台上可实现换乘，在站台上有长、中、短列车标识。这是同一线路在不同时间根据客流情况，可以有长列（9 节），中列（6 节）、短列（3 节）不同长度的列车编组，既满足乘客需求，也保证了车辆的利用率。

在完善公共交通网络和公共交通基础设施的基础上，加强不同交通工具换乘之间的便利性。通过改善地铁交通网络，提高城市轨道交通的安全性和可达性来扩充轨道交通的客流量，定期对公交系统进行评估和检测，确保公交系统能为公众出行提供优质化服务和实时准确的公交服务信息，为居民出行提供便利。如伦敦市重视完善公共交通基础设施，在公共交通集中地段提供高层次的公共交通可及性，提高不同公共交通模式之间，特别是主要城市轨道交通和地铁站的换乘便利性。

被誉为轨道交通王国的东京更是世界上典型的以轨道交通为公共交通系统骨干的大都市。轨道交通的发展与完善更是东京市政府推进制定城市绿色交通政策的重点举措。随着老龄化的发展，为了提高公共交通的便捷性，东京政府着力将铁路车站及其周围地区建成繁华和充满活力的社区中心，并且进一步提高基础设施的无障碍使用。首先，制定全面改造东京市内铁路平交道口的基本方针。在东京大约有 1200 个铁路平交道口，大量平交道口的存在造成了交通堵塞和其他问题。东京政府早在 2004 年 6 月就制定了铁路平交道口改建的基本政策，在该项政策中，优先选择了 394 个平交道口区域进行改造，其中有 20 处被改建成双层平交道，另外还有 83 处改造成了双层的高架道路、隧道、人行天桥或是地下通道，有效改善了交通拥挤的现象。其次，建立新的轨道交通系统。东京政府于 2005 年 8 月修建了长达 60 公里连接秋叶原和筑波的筑波干线，为改善日暮里和舍人地区公共交通不方便的现状，在 2008 年 3 月又修建了日暮里 – 舍人铁路干线。再次，通过引入轻轨电车（LRT）以及施行公交汽车 1 小时之内无限次乘坐的欧洲型柔性措施，大幅度提高公共交通工具使用率。此外，为促进东京海滨区次中心及其周围铁路线路的发展，还修建了临海高速铁路和新运输百合海鸥号。并在多摩地区建立新的公共交通系统，加强现行东西行铁路之间的衔接和中心城市之间的相互合作和交流。

新加坡政府认为，解决城市交通问题的根本出路是大力发展公共交通，特别是轨道交通。政府从 20 世纪 70 年代起开始发展公交事业，目前已经形成了以地铁和轻轨为主线，公交车和出租车为辅助的快捷高效的公交系统。新加坡在发展地铁系统伊始，就将为乘客提供方便快捷的服务放在十分重要的位置，力争使乘客不出站就能中转到新加坡各个角落。地铁站同时也是多路公交车的转换站，很多地铁站本身就设在大型购物中心地下，而购物中心集购物、休闲、娱乐为一体，十分方便。因此，许多有私家车的新加坡人平日里也选择乘地铁出门。

6.1.4　完善自行车基础设施建设

自行车作为零耗能的交通工具受到越来越多国家的青睐，发达国家大力发展慢速交通系统，积极发展自行车、步行网络，自行车或步行是碳零排放，完全符合低碳交通的理念。

纽约的有利地形、高居住密度、商业密度，以及不断增加的自行车基础设施使得自行车成为纽约短途出行的最佳选择。据统计，纽约市内多达 50% 的出行距离都在 2 公里以内。截止到 2009 年 6 月底，纽约交通部门 3 年内在 5 个自治市修建了 200 英里自行车专用车道，全市自行车交通网络的规模翻了一番，与此同时，对城市街道进行了改造，新建立 4.9 英里与机动车车道相分离的自行车车道，20 个自行车停靠点，3100 自行车停放架，这些都为使用自行车出行的公众提供更加安全和便利的出行环境。纽约市交通部门致力于推进城市自行车共享系统的构建，为公众 提供一种方便、低碳、可持续的绿色交通选择。该项目从 2012 年年初正式实施，采用最先进的自行车共享技术以可承受的价格为公众提供安全、方便、全天候的租车服务。

波特兰市为提升城市绿色出行环境质量，保障绿色出行的舒适性和安全性，制定了城市道路改造提升设计导则（Design Guide for Public Street Improvements）以及步行道设计导则（Pedestrian Design Guide），对于步行系统中的各种构成要素（人行道和道路景观、街道转角、路口、步行道和台阶等）都从适宜步行的角度作出了明确和细致的规定和设计引导。

在德国各城市，中心城区步行化程度高，像法兰克福中心城区形成了大规模的网状步行区，步行街的总长度超过 10 公里。在一些人流密集区域，步行与自行车被放在首位，严格限制机动车的速度，在德国一些城市中心区，车速甚至被限定为10公里/小时，从而大大有利于行人步行。在巴黎，自行车也成为了人们出行的重要交通工具，全市设有2000个作业的自行车出租点，每200米范围之内就有一个联网租赁站，行人可在任何一个租赁点归还自行车，如果租赁人使用时间不超过半小时，则是免费的，2000个租赁点全天24小时开放。丹麦被称之为“自行车王国”，哥本哈根是世界首个自行车之城，自行车的普及程度很高，而且哥本哈根市政府每年投入2000多万欧元用来改善自行车道，全市有200个左右的自行车免费停放点，所有的自行车租赁都是免费的，市民只需在租车的时候缴纳20克朗的押金，归还自行车后可退还。

1996年，英国提出了自行车交通发展战略，推行自行车革命计划，英国政府鼓励民众出行使用自行车，在随后的道路改造计划中，整个英国城市道路都有专门的自行车道，且道路较为宽阔，为伦敦创造更加便利的步行环境。大力发展伦敦市中心区自行车出租项目，为公众在市中心及附近的短途交通提供自行车出租服务，解决“最后一公里”的难题。2012年伦敦增加66000个自行车停车位，由轨道交通、公共汽车、自行车等多种交通运输方式构成的公共交通系统大大提高伦敦公共交通的运输效率。

6.2 积极发展低碳交通工具和智能交通

科技进步不仅是交通运输发展的源泉，也是实现交通运输节能减排的最重要手段。世界各国都普遍注重利用各种先进科学技术，提升节约能源的能力。一是不断改善汽车性能，着力提高能源利用效率，降低能源消费；二是加强对替代燃料和可再生能源的研究，降低传统能源依存度，国外发达国家，特别是美国、欧盟和日本，十分重视研发新能源和能源替代技术，降低对化石燃料的依赖；三是充分利用信息技术，发展智能交通运输，推进信息化建设，进一步完善交通运输系统的管理，包括交通运输组织管理、网络优化、运行监控等，提高运输效率，达到节能减排目的。

政府直接投资，带动相关投资主体对交通运输科技研究的投入，有助于促进后发国家交通运输的跨越式发展，实现交通运输发展从资源能源依赖型向创新驱动型转变。节能减排方面投资的重点领域是节能环保的运载工具技术（特别是混合动力车、燃料电池车等）及其技术装备，各类交通运输方式基础设施建设的优化组合技术（如综合交通运输枢纽等），建立现代信息通信技术基础上的相关规划、管理技术，建设智能交通运输系统，发展现代物流业，从宏观管理层面提升交通运输节能减排的整体水平。

6.2.1　推广清洁能源汽车

交通工具的排放是交通运输业排放的主要组成部分，降低交通工具的排放是发展低碳交通的重要途径，发达国家始终非常重视降低交通工具的碳排放，通过采取多重措施积极发展低碳交通工具。

技术创新是实现低碳交通的重要途径。研究表明，如果机动车能够实现零排放，就有可能实现交通行业减少二氧化碳排放 75% 的目标。但在利益导向的市场中，私营公司需要得到进行这项工作的原始推动力，而公共政策可成为这个原始推动力。在发展低碳汽车方面，许多国家发布了关于汽车能耗与尾气排放的新国家标准，并以补贴和税收政策鼓励国民淘汰老旧汽车和购买低能耗新车。

美国对 2006 年到 2010 年之间购买柴油、替代燃料、电池以及混合车辆可减免 250 – 3400 美元的所得税；对使用柴油和燃料酒精给予每加仑减 10% 的税。2010 年，对美国轿车和中型、重型卡车实施更严格的排放和能效标准，计划将实施从 2017 年起的 9 年间的轿车、轻型卡车的节能及减排目标，对中、重卡车的能效、减排目标将于 2014 – 2018 年实施。

旧金山、弗莱堡、斯德哥尔摩、墨西哥城等大都市实行了清洁能源汽车推广计划，这一策略最大的优势在于减排效果明显，但其初始投资大，并且要达到预期效果需要一定的时间积累。项目的推行需要政府、企业和市民三方的合作，同时清洁能源汽车的生产、销售、使用和维护均需依托国家和区域层面对汽车产业的宏观调控，而不仅仅是在城市层面就能得以实现的。因此，此类措施多在后工业化国家，汽车产业发展已经成熟的条件下才能较为顺利地实施。

表 6-5 推广清洁能源汽车项目实施情况对比

	旧金山	斯德哥尔摩	弗莱堡	墨西哥城
项目名称	清洁能源汽车项目（Clean Air Vehicle Measures）	低排-零排汽车项目清洁能源汽车项目（Clean Vehicles）	生态城市项目（Eco-city）	出租车清洁能源化项目（Fuel Efficient Taxis）
覆盖人口（万人）	80	78	21	861
发起时间	1999 年	1996 年	1986 年	2002 年
年二氧化碳减排量（吨）	5345	200000	10600	231354
初始投资额		国家财政 2850 万美元，私人投资 5710 万美元	约 5860 万美元	约 427 万美元
项目成效	全球领先的全部采用零排放车辆的低排放交通系统，每年节省 15 万美元燃油费和保养费	2010 年全部公交车均为清洁能源车，全部 80% 的汽车可以采用清洁能源，在售汽车的 35% 为清洁能源车，交通部门能耗占能源总消耗的比重仅 1.98%		已经完成 3090 辆出租车的清洁能源化

资料来源：大都市低碳交通策略的国际案例比较分析，胡垚，吕斌，国际城市规划，2012 Vol. 27，No. 5

1996 年，斯德哥尔摩率先启动了欧盟推广清洁能源车的低排—零排汽车项目（ZEUS：Zero and low Emission vehicles in Urban Society），成为欧洲最早推广使用清洁能源车的城市，同时也是欧洲清洁能源车比重最高的城市。为配合该项目的实施，斯德哥尔摩于 2000 年在全市范围内启动了旨在提高清洁能源汽车普及率的清洁能源汽车项目（Clean Vehicles），其目标为在 10 年间，即到 2010 年，全市全部的公共汽车均为清洁能源汽车，并且全市 85% 的机动车可以以清洁能源为动力，在售汽车的 35% 均是清洁能源汽车，市内 200 座加油站中的 150 座均供应清洁能源。通过清洁能源车的使用，斯德哥尔摩全年二氧化碳减排 200000 吨。在斯德哥尔摩推广清洁能源车的项目中，政府、欧盟与汽车生产企业的合作是项目成功的保证。

地方政府的激励机制包括：对使用清洁能源车的个人免收拥堵费（节约 8.50 美元/天）；提供免费停车（节约 70 美元/月）；与汽车销售商联合推出针对目标人群的清洁能源汽车试驾和宣传活动；对于某些车型提供补贴并制定价格上限；政府用车均选择清洁能源汽车。在国家层面的激励措施包括：对生产和销售清洁能源车型的厂商和企业给予税收优惠；强制加油站提供清洁能源；联邦政府采购需选择清洁能源车；制定清洁能源车的生产及销售标准以及推广计划。斯德哥尔摩的经验在瑞典全国得到推广，瑞典国内清洁能源汽车的销量在 2004 年以后出现激增。

欧盟委员会在布鲁塞尔提出了一项鼓励发展清洁能源汽车（以电动车为主）和节能汽车的战略，旨在推动欧盟清洁节能交通系统的建立，减少汽车排放污染，提高欧盟汽车业在绿色节能领域的技术水平。这一战略所要达到的具体目标是：实现低碳排放和提高汽车发动机效率。这两个目标的实现将会保持欧盟汽车业的竞争力，有利于兑现欧盟温室气体和其他污染物减排的承诺。

根据欧盟委员会提出的战略，将重点采取以下几项措施：确保电动车的安全性至少不低于传统汽车；制定电动车的共同标准，以使电动车能在欧盟范围内的各个地方进行充电；鼓励建立面向大众的充电站；推动智能充电电网的发展；出台有关法律法规，促进电动车电池的开发研究和回收。此外，新战略还提出多项建议，鼓励研制有关技术，以提高传统汽车发动机效率，减少能源消耗和尾气排放。

2011 年 2 月 22 日，欧盟委员会发布的《2010 – 2020 欧盟交通政策白皮书》，主要内容包括加大使用新能源汽车，将未来欧盟的交通核心放在公共运输上。欧洲能源目标为：减少 20% 二氧化碳排放，节省 20% 能源，增加 20% 可再生能源比例，在成员国的交通领域至少使用 10% 的可再生能源。

2011 年 3 月欧盟发布的《欧盟 2050 低碳经济路线图》这样表述："尤其是在新能源、碳封存和碳捕捉（CCS），智能电网、混合动力汽车以及电动车等方面，研发资金和早期项目资金的投入，在某些领域将会在后期带来大规模的成本效益和渗透效益"。

在欧盟委员会的推动下，欧洲先后出台了一系列船舶技术研发政策，并开展了大量研发项目，如《船舶领袖 2015 计划》、《欧盟第六研发框架计划》(FP6)、《欧盟第七研发框架计划》(FP7),船用超低排放燃烧高效率柴油机研发项目(Hercules),欧洲突破船舶和造船技术研究项目(BESST)等。受益于这些政策和项目,欧洲船舶工业在船舶设计建造技术,船舶配套设备如船舶动力设备、船舶控制设备等关键设备技术领域始终保持着世界领先水平和主导地位。

2004年,在欧盟推动下,船用超低排放燃烧高效率柴油机研发项目(Hercules)正式启动。截至2007年,第一阶段Hercules－α项目的研发工作已成功结束,研究经费总计3300万欧元(其中1500万欧元由欧盟提供资助)。与2003年船用柴油机最先进的技术相比Hercules－α项目实现燃料消耗降低1.4%,NOx减排50%(与IMO2000年制定的排放标准相比),SOx减排90%,颗粒物质(PM)减排40%,碳氢化合物(HC)减排20%,可靠性达到8000小时以上。在Hercules－α项目基础上,世界两大船用柴油机巨头MAN柴油机公司和瓦锡兰公司共同牵头开展Hercules－β项目,其研究方向也代表着环保型船用柴油机的研发趋势。该项目目标主要有提高船用柴油推进效率60%以上,降低船用柴油消耗(SFC)10%,烟尘减排50%,NOx减排70%,达到IMO规定最高排放限值。该项目自2008年起实施,计划研究周期36个月。

德国凭借在可再生能源领域的领先技术,全力推动新能源汽车的发展,新能源汽车产业链已经初现端倪。而汽车行业的转型又带动了整个德国发展方式的转变。预计在未来5到7年内,德国制造的柴油发动机可降低30%的油耗,汽油发动机可降低25%。德国政府于2009年8月颁布了“国家电动汽车发展计划”,目标是到2020年使德国拥有100万辆电动汽车。在政府的支持下,德国各大汽车生产巨头当仁不让。大众汽车在2009年的法兰克福车展上,推出了新一代“E－Up!”电动车。除大众外,宝马、奔驰等新能源汽车研发目前都已初具规模,多款车型将在两年内进入批量生产。

德国在积极推动“电动交通”系统方案,主要包括:一是注重能源结构调整。电动车要解决的一个重大问题是环境污染和温室气体排放问题。二是电网的根本性革新。大量电动车会给整个社会的用电需求特性带来根本性的改变,继而对电厂地理位置分布优化、电网峰谷周期和电力整体需求都提出重大的变革性要求,因此全新的智能电网技术也处在酝酿阶段。

德国建设智能电网的目标，是电网可根据用电需求指导电厂相应地发电。这样就避免了用电需求低潮期的大量电力浪费。三是电动车本身的技术突破。这方面的主体是汽车企业，德国政府注重对企业的引导。四是基础设施的革新。由于连续行驶里程的差异，不是将加油站直接改成充电站，就可以解决问题。城市内和高速路沿线的充电站网络分布需要科学规划，需要设计联网的充电计费系统。五是示范运营。为了收集用户在日常使用电动车时遇到的问题，宝马等汽车企业都已经在全球范围内开展大规模示范运营项目。六是帮助石化产业转型。

法国造船集团 - 欧洲世腾造船集团设计出环保概念邮轮“Eoseas”号。该邮轮主要使用可再生能源，限制温室气体排放量，其设计充分体现了节能环保的理念。桅杆上的风帆在为船舶提供风能动力的同时，能将收集的空气导入船底产生气泡形成气垫，从而减少船底阻力，提高船舶水动效力；该邮轮使用液化天然气（LNG）作为燃料，同时，邮轮上还安装了太阳能储电板，能利用太阳能供电；其双重外壳板设计更有作为天然空调系统之效；此外该邮轮会循环使用水、回收上层甲板的雨水，以及使用从处理废物时回收的能源。

瑞典 2011 年在交通方面的能源 85% 为石油（公路为 90%）。瑞典计划安排 5 亿多资金研究新能源，其中 2. 22 亿用于燃料、生物燃料研究，1. 5 亿用于与沃尔沃合作研究电动汽车，1. 39 亿用于海洋为基础的工业、波浪能源。

为减少化石能源使用，英国正在制定推广新型电动交通工具的方案。2009 年 2 月，英国政府已经承诺投入约 4 亿英镑的经费，鼓励开发低排放车辆，目标是在 5 年内，使电动低碳汽车成为日常生活的组成部分，并行驶在英国的大街小巷。2009 年 9 月 9 日，英国技术战略委员会（TSB）与英国交通部共同提出了 10 个创新研究项目，支持开发用于纯电动和混合动力汽车的先进高效电气系统，资助金额 1000 万英镑。这些项目是总额为 2 亿英镑的“综合运输项目”（Integrated Delivery Programme）的第一批，旨在加速英国低碳型汽车的发展。目前的重点是开发超高效电动与混合动力车的动力与辅助系统，使能量得到最佳利用。

英国政府于 2009 年 9 月提出“充电场所”（Plugged - In Places）计划，计划耗资 3 千万英镑来支持建设充电站点，以满足今后越来越多的电动车行驶需求，同时起到培育和壮大电动车市场的作用。该计划分阶段实施，最初先在英国3－6个重点城市和地区设置站点，作为电动车技术实际应用的试点区域。这些区域在未来将成为英国发展电动车充电设施的基础性建设，并以这些区域为辐射中心形成全国性的电动车充电站网，使充电式汽车使用更便利，让更多驾驶插入式电动车的人士能够在英国的主要城市随时随地充电。

伦敦加大对低碳环保型机动车辆的财政投入和购买力度，力争到2020年使伦敦电动车辆保有量达到100000辆。与此同时，完善相关配套设施，到2015年新建25000个电动车辆充电站点，确保每一个伦敦市民都能在一公里的范围之内方便地找到电动车充电站点。伦敦政府十分重视与民间环保能源组织的合作，通过与这些非政府组织和公共交通公司的合作，大力推广氢能源计划。在伦敦地区投入使用氢能源公共汽车，逐步替换常规能源公共汽车，明确规定从2012年开始投入使用的新公共汽车都必须是氢能源机动车。此外，按照私家车的排放量差别化地对居民征收停车费和制定不同的停车许可制度，鼓励城市居民使用绿色能源。加强与高校、科研机构及国际组织的合作，增加研发投入，一方面积极开发低碳技术，减少交通基础设施中的二氧化碳的排放量，另一方面为伦敦铁路交通的电气化进一步提供资金，支持伦敦铁路建立再生制动系统，并将再生制动系统引入到整个伦敦地铁交通网络。

英国政府一直在推动航空、海运排放管理方面的国际行动，不仅提出了航空、海运减排的目标，同时也致力于对新型航空、海洋运输工具的研发，牵头组织全球性的排放标准研讨会，通过国际海事组织、联合国的气候变化框架协议以及哥本哈根会议等积极行动，努力推动将航空、海运纳入到全球减排行动中。

除了基础设施建设投入和鼓励电动车技术研究与开发，欧盟各成员国对购买和使用电动汽车和包括插电式混合动力汽车、传统混合动力汽车在内的混合电动汽车均采取了税收优惠政策。英国政府宣布了总数达2.3亿英镑的消费者刺激机制，从2010年1月开始为有意购买绿色能源汽车的消费者提供车价25%的优惠，每辆补贴上限为5000英镑。以英国为例，电动汽车和碳排放量在75g/km的插电式混合动力汽车可获得高达5000英镑或者相当于其价款25%的补贴。电动汽车可免征年度流转税，公司所使用的电动汽车在首次注册日起 5 年内免征公务车辆使用税。小型电动运输车的收益所得可免税 5 年。德国也积极地培养和鼓励良好社会消费习惯，2012 年到 2014 年间购买电动车的消费者可以获得德国政府提供的 3000 欧元到 5000 欧元补助。

6.2.2　积极推进智能交通发展

国外发达国家发展城市智能交通系统。在信息的转换和发布层面，由城市政府建设一个综合的信息平台，通过每辆车和每个人装备移动信息设备，自由共享各种可使用的信息和资源，随时随地获取所需的交通信息，推进交通高效化和无缝衔接，从而缩短单位车辆交通里程，减少碳排放。

智能交通的广泛应用是美国交通管理的一大特色。美国智能交通的发展大致经历了两个发展阶段，即 ITS 研究开发阶段和 ITS 基础设施实施阶段。1991 年制定的“综合提高陆上交通效率法”简称“ISTEA”，是美国首次从立法的高度，统一规划美国的 ITS 的发展，制订投资计划。从此美国的智能交通研究、开发进入了系统、全面的发展阶段。1995 年 3 月美国制定了“国家智能交通系统项目规划”，明确规定了智能交通系统的七大领域和 29 个用户服务功能，并确定到 2005 年的年度开发计划。1998 年的“面向 21 世纪的运输平衡法案”简称“TEA－21”，确定了美国 ITS 的发展重点由 ITS 研究开发转移为 ITS 基础设施实施和集成。2002 年 1 月发布“美国十年 ITS 项目计划”。该计划展望了 ITS 的发展蓝图，就十年计划的实施进行组织和协调，制定一系列综合性发展政策，确定和启动一系列建设和研究项目。

美国在智能交通的建设中，非常重视前期对行业规范与标准的制定。1994 年成立了 ITS 美国，组织了大量专家进行国家智能交通系统框架结构体系的研究，在制定框架时，逐步发现标准化在智能交通系统中的重要性，于 1995 成立了标准化促进工作组，致力于加速智能交通系统领域标准的制定和实施。近十多年来，美国在 ITS 的研究和应用方面取得了令人瞩目的成就。根据本国的交通基础设施特点和实际需要，建立起相对完善的车队管理、公交出行信息、电子收费和交通需求管理等四个系统。“9.11”事件后，美国智能交通重点集中在安全防御、用户服务、系统性能和交通安全管理方面。智能交通技术在美国的广泛应用，大大减少了各种交通伤亡事故的发生，增强了对交通事故的应变能力，使地面现有交通设施得到了更有效的利用，为出行者提供各种出行信息，有效缓解了交通拥堵、降低了交通运输业碳的排放量。

欧盟 27 个成员国驾车人公路交通堵塞时间最长的三个国家分别是：比利时，堵塞时间平均为 55 小时/年；荷兰，平均为 50 小时/年；意大利，平均为 29 小时/年。有数据显示，到 2050 年，世界公路交通汽车流量将达到 40 亿，是目前公路交通流量的整整 4 倍。考虑到欧盟 27 个成员国目前的公路交通拥堵和未来世界交通拥堵的发展趋势，欧盟充分利用不仅可缓解交通拥堵而且可在经济、环境和安全上提供最佳解决手段的最先进的智能交通技术，采取的智能交通行动举措：一、密切跟踪信息通信技术（ICT）的最新进展，抓住每一项创新技术提供的机遇，例如利用 ICT 技术的创新发明改变驾车方式，电子通行或拼车出行网上服务，采用车辆数字传感器和电子交通评估系统等。二、2012 年年初启动的欧洲智能城市创新伙伴关系，欧委会投入 3.65 亿欧元，结合参与成员国和城市的配套资金，构建跨城市、跨行业和跨学科的创新实体，寻求综合的城市交通政策法规技术与基础设施相结合，适应性强、互操作和可实际推广应用的解决方案。三、在欧盟第七研发框架计划（FP7）下，欧委会已投入 3.5 亿欧元支持智能交通系统的 50 个研发创新项目。例如，SUNSET 研发项目的创新发明，鼓励驾车人利用互联网安全出行和避免拥堵，刺激其节能和保持环境的可持续。部分中长期研发创新项目，提升了欧盟智能交通工业的竞争力和世界领先水平。四、利用互联网的汽车电子自动呼救系统，欧委会已要求成员国尽早完成本国的法律程序，2015 年之前在欧盟范围内所有销售新轿车，将强制安装该系统，减少事故堵塞时间，预计每年至少可挽救 2000 人的生命。五、加强国际合作，积极推动智能交通技术的共同研发和标准的国际化。欧委会同美国在智能交通领域保持着紧密的合作关系，将努力开拓和深化同中国、日本、俄罗斯、巴西、印度和南非等国的共同合作基础。

智能交通是欧盟研究和创新的优先项目。自 2002 年以来欧盟投资 1.8 亿欧元用于 40 个不同的合作系统研发项目，这些项目在标准制定中发挥了主要作用。ETSI 和 CEN/ISO 利用这些项目的成果制定标准。欧盟还投资进行运行测试和试验，以及标准化项目团组。2008 年欧委会发布了欧洲 ITS 行动计划，2009 年欧委会委托欧洲标准化机构 CEN，CENELEC 和 ET-

SI制定一套欧盟层面统一的标准、规格和指南来支持合作性ITS体系的实施和部署。2010/40号指令要求加快了ITS部署，而车辆与交通基础设施的连接是优先领域。2013年ETSI和CEN/ISO完成首版标准制定。2014年第二版标准包已经进入微调阶段，主要是处理更为复杂的应用。欧盟与美国和日本紧密合作确保该系统在全球兼容。

德国北莱茵—威斯特法伦州使用一种交通微型模拟系统，以缓解高速公路上的塞车。该系统能不间断地搜集该州所有重要路线上的交通情况，在对交通信息处理之后，模拟出半小时后的道路情况，并把这个模拟情景输送到因特网上，供驾车者查询。这个系统被证明很有效，要求人们改变思维方式。驾车者需要更理解交通的这种相互关联性，通过对整个交通情况的全盘协调而让道路畅通。

大众汽车公司也在试验一项技术。根据这个新技术，出租车以及公交车上将会装上传感器。传感器以及卫星定位系统会随时把车速以及车所处位置等信息传到城市交通管理中心。如果一条公路干线上的几个汽车传感器同时传出塞车的信息，交通管理中心会把这条路上的交通信号灯立刻变成绿灯，以解除这条路上的塞车。

车辆在拥挤状态中排放的二氧化碳要远高于高速行驶中二氧化碳的排放量。日本通过广泛应用智能交通系统（ITS）提高道路使用效率，通过采用车辆信息交通系统（VICS）、电子收费系统（ETC）等智能交通技术，提高了车辆行驶速度，缓解了交通拥挤状况，进而提高燃油效率，实现交通减排。

6.3　采取低碳交通管理措施

6.3.1　采用需求管理模式

由于交通需求总是倾向于超过交通供给，对交通需求进行合理的调控，使交通需求和交通供给趋于平衡，就成了缓解城市交通拥挤问题的重要方法。交通需求管理也就应运而生。交通需求管理（Travel Demand Management，简称TDM）是针对交通的发生源进行管理、控制与引导，削减城市交通总需求，分解、转移相对集中的交通需求，调整出行分布，以保证城市交通系统有效运行，缓解交通拥堵。交通需求管理的核心思想是通过调整用地布局，控制土地开发强度，改变客货运输时空布局方式和改变人们的交通出行观念和行为来达到减轻城市交通拥挤的一系列管理措施，通过诱导人们的出行方式来缓解城市交通拥挤的矛盾，主要表现在倡导公共交通，控制和引导小汽车的使用。倡导优先发展最节约地使用有限道路面积的交通工具，抑制不经济地使用道路面积的交通工具增长。完善的交通需求管理体系应该体现在城市发展战略、总体规划、综合交通规划和交通组织管理等各个层次。通常包括如下两类措施：一是车辆拥有需求管理，即控制车辆总需求量；二是车辆使用需求管理，即控制车辆交通量。

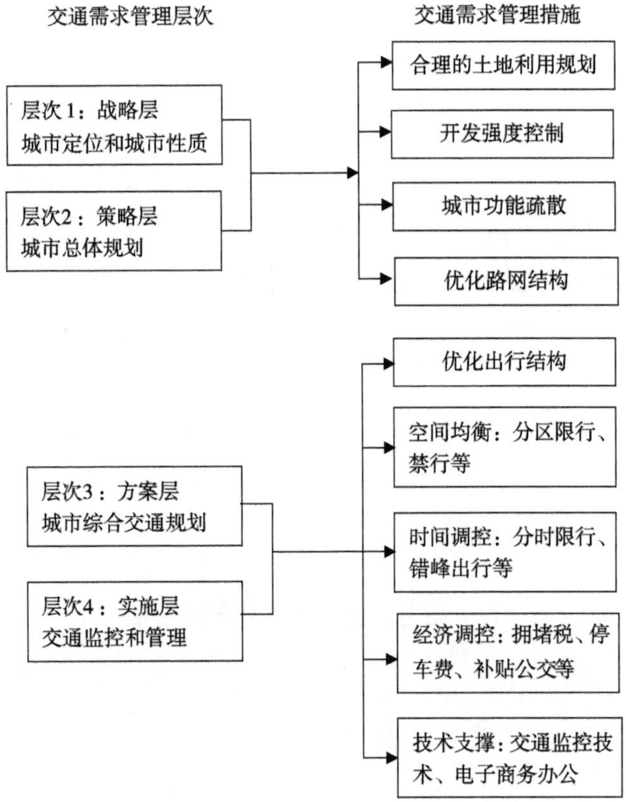

图6－1　交通需求管理体系

交通需求管理早在1970年代就在部分国家和地区得到初步研究和运用。新加坡于1970年代开始实施交通需求管理，政府通过采用小汽车牌照限额发放、大力发展公交、区域特许证制度（ALS）、电子道路收费（ERP）等一系列措施，使交通阻塞得到有效的控制。中国香港地区、日本也先后采取了交通需求管理的若干措施。1992 年美国出版了《交通需求管理手册》，宣传其对缓解交通拥挤、改善环境质量以及提高道路使用效能的重要性。在案例城市中，首尔、伦敦、斯德哥尔摩都通过对在特定地段、特定时间行驶的机动车征收拥堵费，实行高峰时期机动车限行等措施实施交通需求管理。这类策略的优点在于几乎没有先期投资建设，能获得最大的财政收益。但其实施需要完善的需求管理制度、有效的激励机制和强有力的监督手段作为保障，同时，城市公共交通的完备程度也直接影响着市民的参与意愿。因此，此类制度很难独立实施而获得很好的效果，往往需要与公交系统建设等策略联合运用。

表 6－6　城市交通需求管理措施实施情况对比

	伦敦	斯德哥尔摩	首尔
项目名称	征收拥堵费	征收拥堵费	无车日
覆盖人口（万人）	750	190	1030
发起时间	2003 年	2006 年	2003 年
年二氧化碳减排量（吨）	年减排 16%，约合 100000 吨	25000 吨	年减排 9.3%，约合 243000 吨
年经济收益	1.4－1.6 亿英镑	自 2009 年以来，年收益约为 5700 万美元	共计 7700 万美元，其中 5000 万美元来自能源结余，2700 万美元来自环境效益
初始投资额			20 万美元用于安装射频识别（RFID）系统，10 万美元用于购买电子标签（e－tag）
项目成效	在拥堵费征收区域每天减少 75000 辆车，每年节省 4000－5000 万升汽油	机动车减少 22%，在拥堵费征收区域内节约交通时间 30%－50%	30%的车主参加每周一天的无车日活动，车流量减少 3.7%，通行速度提高 3%

资料来源：大都市低碳交通策略的国际案例比较分析，胡垚，吕斌，国际城市规划，2012 Vol. 27，No. 5

在大力发展城市公共交通的基础上，欧美及其他国家和地区也不同程度地采用了交通需求管理政策，不同国家的城市还根据自身的特点，制定了相应的交通疏导和分流措施。在车辆拥有需求管理方面，通常采用的控制办法有：车辆配额制度、车库许可制度、车辆标准限制、经济调控限制等。在车辆使用需求管理方面，通常采用的控制办法有：（1）交通管理限制。即通过对道路的规划使用控制交通量。如将有些街道规划成步行街，或开辟某些专用车道等。（2）车辆行驶限制。如限制车辆行驶路线和行驶时间；按照车辆牌照的单、双号分别在单、双日行驶；对某些拥挤的路段发放特许证等。（3）车辆停车限制。如将公共停车场建在拥挤区之外，以减少车辆进入该地区；对道路路边限制停车时间，或根据不同情况收取停车费等。

表 6－7　国际大城市主要交通策略

城市	增加供给模式	需求管理模式		空间
		倡导公共交通	调控个体交通	
伦敦	道路建设消除道路堵塞瓶颈；现代化交通信号控制系统	462 公里地铁系统；公交专用道和改善公共汽车设施；公交票价平稳费率；一体化智能卡票制	交通拥挤收费	卫星城、新城
巴黎	环城干道和放射路网的道路格局	地铁和区域快速铁路；公交一票制；特定群体公交补助；公交设施“无障碍”		卫星城、新城
纽约	汽车专用路；智能交通信号系统	地铁和通勤铁路；地铁系统一票制；830 条公共汽车运营线路；轨道交通与私人交通之间 P＋R 设施	中心区停车高收费	郊区新的城市中心
东京	道路建设与完善；智能化交通管理	2000 公里的轨道交通网络；良好的驳运体系	提高燃油税、提高停车费；道路拥堵费	卫星城、新城
新加坡	立体陆路交通网络；自适性交通智能控制信号系统	以地铁为主体的轨道交通系统；公共汽车行车路线优化；港湾式停车站	新车注册附加费；地区通行许可制度与电子道路收费系统	新市镇

续表

城市	增加供给模式	需求管理模式		空间
		倡导公共交通	调控个体交通	
香港	道路总长1717公里	重轨、轻轨、公共汽车、小型公共汽车、电车、出租车、轮渡相结合的公交系统	首次登记税及每年牌照费；汽油税、道路通行费及拥挤收费	新市镇、新城

资料来源：国内外城市交通拥堵治理分析及借鉴，何玉宏，谢逢春，郝忠娜，城市观察，2013，第二期

国外交通需求管理表现在：

1. 限制私人小汽车拥有量，减少私家汽车使用频率

小汽车、自行车和公共交通三者相比较，小汽车运行所需的人均道路面积及停放面积是最高的，因而运行效率最低。

新加坡全国拥有各类机动车中小轿车占一半以上。由于国土面积狭小，土地资源十分有限，不可能将大量的土地用于交通网络及停车设施的建设，因此，新加坡政府严格限制汽车的发展，特别是严格限制私人购买小汽车。为了限制私人小汽车拥有量，新加坡人为控制交通需求的增长，使交通需求与道路容量相符，从而有效缓解了交通拥堵。新加坡人通过车辆数年度配额和拥车证两个措施来限制私人小汽车拥有量。车辆数年度配额制度实施于1990年，是新加坡特有的一种制度。新加坡政府每年根据道路网络新增容量，在综合考虑上年汽车总数、每年固定的增加额度、报废汽车数量等因素的基础上，计算出当年的拥车证配额，同时也会根据实际情况作出进一步调整。配额确定后，通过每月举行的公开招标，由公众竞买“拥车权”，拥车证价格依市场供求关系上下浮动。成功的投标者买得拥车证后才可购买新车。拥车证的价格是非常昂贵的。若想拥有一辆排气量在2L以上的汽车，拥车证的投标价格达7万美元，而有效期仅为10年，10年以后必须重新投标购买新的拥车证，否则所拥有的车就得送往政府指定的地方进行销毁。这项政策有效地使小汽车保有量的增长率从6%降至3%后又降至1.5%。公共汽车、校车和特种车辆不受拥车证的制约。由于新加坡政府的目标是把车辆增加数目控制在一个可以承受的水平上，既要减少交通拥挤，又要减少车辆排气对环境的污染，因此，政府还规定，从

1992年7月起，所有销售的新车必须配装催化转化装置，这样，购车者又需额外支付1200美元。同时，小汽车的主人还必须按年度缴纳养路费。而要购买出租车，同样要进行公开、公平的抽签，只有少数中标者可获得购车的权利，出租车只能使用7年。

在新加坡，不仅购买汽车的代价很高，使用汽车的成本也不低。除汽油费、停车费、维修保养费用、每年的保险费、路税、车检费等必不可少的费用外，在狮城驾车还要负担新加坡特有的电子公路收费。新加坡的电子公路收费系统由收费闸门、摄像机、传感器、电脑控制中心等部分组成，1998年开始投入使用。该系统在进入市中心的各条道路上建有闸门，根据用者付费的原则，在不同时段，对进入市中心的车辆收取0.5—2.5新元不等的费用，以便达到限制市中心车辆总数，平衡车流，进而达到使整体交通环境更为顺畅的目的。驾车者每次在收费时段内经过闸门时，车内阅卡器就会接收到闸门发出的无线电讯号，相应的公路使用费也会从现金卡上扣除。现金卡可以随时储值，长期使用。新加坡电子公路收费系统对保证新加坡各条道路交通流合理分配、交通顺畅起到了重要作用。新加坡公路上还安装了大量摄像机，随时监察交通情况，以便向驾车者提供即时的路况通报。

丹麦的税收体系也被用于限制小汽车拥有和使用。拥有私人小汽车所需缴纳的税款大约是购车费用的3倍。同时，为了限制购买大型、高油耗的车辆，购车缴纳的税款随着车重和发动机排量的增加而增长。这些措施有效抑制了小汽车发展，首都哥本哈根成为发达国家中小汽车拥有率最低的城市之一。

在国外许多大城市，私人小汽车更多意义上是作为一种休闲娱乐工具而不是作为代步工具，人们出行大多乘坐公共交通工具，家庭小汽车只是供人们到偏远地区办事或外出旅游之用。奥地利经济研究所最近公布的一项调查报告披露了一个值得关注的情况：由于税负较高，公共交通系统较为完善，在社会经济发达程度较高的欧盟国家，小汽车的拥有率与一国的富裕程度大致呈现出反比关系，即人均GDP高的国家，小汽车拥有率反而较低。

2. 实施道路收费政策，加强停车管理，重点减少或限制小汽车出行量

通过向拥挤路段或拥挤区域行驶的汽车收取拥挤费用抑制交通需求的

增长，有效改善交通状况，缓解道路拥堵。当前，世界许多城市都在进行拥挤收费的可行性研究，新加坡、伦敦等城市的拥挤收费方案已进入实施阶段。总体而言大城市比中小城市的限制措施更加严厉，主要是通过政策、价格和交通设施有限供给等手段，重点限制城市中心区和重要区域的小汽车交通量。

英国根据自己国家的道路特点、交通流动规律以及车辆特性，短周期、多阶段地配置信号配时，使公路上的车辆总在无间歇的运动之中，并能快速通过路口。英国基本每个城市都有一套十分复杂的道路监控中心。以英国南安普顿市为例，该市在高速公路和主要干线上，埋设了地下检测器或安装了微波检测器，实时检测道路中的车行速度，如车行速度低于每小时 30 公里，交通控制中心的电子地图上就会有黄色指示灯闪烁，如果出现停车情况，就会有红色指示灯闪烁。同时，在交通工程系统协调方面，英国市政当局根据道路承载能力和汽车流量情况，设计出符合当地特殊情况的控制方案，并在实施过程中不断调整交通流量和信号灯变换频率，使信号控制系统总是能与路面情况相近。英国还引进道路许可制度，规范城市道路使用，减少交通拥堵。对伦敦地区道路施工或占用征收“车道租赁费”，从而减少道路关闭对公共交通的影响。

在拥挤收费政策实施之前，伦敦市中心区的交通拥堵程度不仅在英国排首位，而且在整个欧洲几乎是最严重的。车辆行驶过程中，平均有 50% 的时间处于静止状态。每个工作日的早上，通向伦敦市中心的 25 条高速路上都挤满了要驶入市中心的车辆。伦敦市从 2003 年 2 月开始实施拥挤收费。收费区域为内环线 21 平方公里范围内的交通设施，共 113 条道路、8 座桥梁。收费对象为私人汽车、货车，对公交车、出租车、紧急救援车辆、事故车辆、消防车以及残疾人士和领取社会保障金的人员驾驶的车辆实施免费措施。收费时间为 7：00 - 18：30，周末和法定节假日不收费。收费额为每天每辆车 5 英镑，根据车辆一天内是否进入收费区域来收费，对区域内的居民实行一定的折扣。收费技术采用车辆自动识别技术。根据伦敦交通局的监测报告，该政策在减少交通总量和缓解交通拥堵方面发挥了很大作用，不仅市财政增加了可观收入，而且交通拥堵状况大为缓解。方案实施后，收费区域拥挤减少 40%，区内交通量减少 16%，排队减少 20%-30%，车速提高 37%，公交出行比例增加，公交营运速度和可靠性提高。有人认为限车举措不利于汽车业的发展，也不符合人们追求小康生活的要求。其实限制汽车使用与汽车业的发展并不冲突，只有道路顺畅，汽车拥有与使用才会有价值。此外，许多措施被用于有效使用汽车，如鼓励多人共乘汽车，限制单人乘车，相当于变相减少上路的汽车数量。另外，提高燃油税也是英国限制汽车使用的重要措施之一。

斯德哥尔摩市对进出收费区域的所有本国车辆都征收交通拥堵费，对所有车型按统一标准收费，但为鼓励节能环保，对公交车、垃圾车和环保车辆在2012年前给予一定优惠。与伦敦相比，该市收费区域较大，在刚开始收费时，80%的居民表示反对，认为是变相增加税收，相关政府官员也认为这一措施是政治自杀。为保证该项措施得到有效实施，该市使用先进技术将收费对交通的影响降到最低，通过广泛宣传使广大市民知道如何操作。收费后该市中心区车流量下降了25%，全市新能源车型增加了6%~7%，年收费总额10亿瑞典克朗中除行政开支2亿克朗外，均用于城市交通基础设施建设，交通改善超过了预期，空气质量明显好转，交通安全得到了改善，公交出行率达到79%，并促进了地区经济发展，广大市民获得了实际好处，得到了社会的广泛认可，收费支持率上升到70%以上，原来表示不可能开征交通拥堵费的哥德堡市也表示将实施类似收费政策，这对我国国内大中城市治理城市拥堵、改善空气质量有一定的借鉴意义。

2002年交通拥堵给韩国首都首尔带来的社会经济损失高达44亿美元。首尔于2003年开展的工作日每周一天的无车活动起源于2002年韩日世界杯期间的“尾号限行制度”。参与这项活动的市民可以在五天工作日中任选一天不使用汽车，首尔市向参与该行动的车辆提供了减免5%汽车税、减免50%交通拥堵费、优先获得停车位等优惠政策；民间机构则提供了保险费折扣、加油费折扣、洗车费折扣等优惠和奖励。参与行动的汽车占全市汽车总数的30%，其中周一的参与率最高，达到了26.3%。活动实施后，全市交通通行总量减少了1.27%，其中小汽车通行量减少了3.66%。道路行驶速度提升了0.18公里/小时，提速率约为1.02%。该活动推行的主要难度在于对参与活动的车辆的监督问题，参与活动的车辆中按要求停驶的车辆仅占56.8%，为解决这一问题，首尔市引进了电子标签，对参与活动的车辆进行电子监控，对于未按要求停驶的车辆采取取消奖励的处罚。

2006 年 6 月 12 日韩国开始实施的新规定，要求政府官员每周 5 个工作日内抽出一天时间作为“无车日”，不得开车上班。禁止开车上班的具体时间根据车主车牌号最后一位数确定。违反规定的公务员虽不会面临罚款，但当天不准进入政府办公大楼、国营机构和当地政府办事处。首尔近年还大力开展了私车每周停运一天的自律性群众运动。从 2003 年开始，凡参加者可享受减免汽车税的优惠政策。首尔拥有 210 多万辆私车，已有 180 多万辆车的车主主动与政府签订了自律公约。据测算，这一运动每年可节约燃料费 2. 52 万亿韩元，可节省环境改善费用 3463 亿韩元。

新加坡于 1975 年和 1998 年先后引进了人工道路收费系统和电子道路收费系统，通过收取“拥堵费用”来控制进入中心区的交通量。香港地区同时采用较高的汽油税、道路通行费、拥挤收费及电子道路收费等措施调节其使用量。

3. 通过停车设施供应和停车收费管理，控制中心城区小汽车交通量

美国尽管是个小汽车王国，但由于实施了交通需求管理政策，也较好地控制了城区的交通流量，从而大大改善了交通拥挤的状况。纽约城历史久远，城市的金融、商业、娱乐等基本功能区域布局早已形成，难以调整。纽约的许多街道狭窄，停车场地不足。面对这一现实，纽约市交管当局采取了提高中心区停车收费的办法来控制进入中心区的小汽车数量，也设置了通行有效的单行线，相邻的两条单行线一般方向不同，隔上十几条街道一般会在主要街道上设置双行线，从而为驾车人提供了多种选择。纽约市的金融、商业、娱乐中心以及市政府的有关部门均集中在曼哈顿岛上，出入曼哈顿岛的几座桥梁和隧道往往成为交通瓶颈。纽约交管当局为疏导早上高峰期间大批进岛的车辆，将连接曼哈顿和周围几个区的桥梁和隧道的上下行车道都改为进岛通道。为鼓励市民搭车出行，减少车流量，规定这些通道仅供有两名或两名以上乘员的车辆使用，高峰时段禁止单人驾驶的车辆使用进岛的某些桥梁和隧道。

为了控制中心城区小汽车交通量，欧洲许多城市主要采用以下做法：一是中心区收取高额停车费，并严惩非法停车。在城市中心区普遍实施了计时收费，且费用高昂，目的是增加以中心区为出行终点的小汽车出行费用，减少该地区的小汽车交通量，重点遏制需要长时停车的通勤小汽车交通，同时对违章停车、不交费停车和超时停车进行严惩。二是中心区限制

停车泊位供给。这是欧洲城市普遍采取的限制小汽车交通量的有效措施。欧洲城市在核定城区建筑配建停车设施规模时，往往是限定一个不宜突破的最大泊位数。在过去的几十年间，丹麦哥本哈根市每年减少2%~3%的停车设施供应量。哥本哈根市中心区停车位数量只有斯德哥尔摩市中心区的三分之一。此外，哥本哈根的停车费是不断变化的，其价格一直处于较高水平，中心城区路边停车的费用高达每小时4美元，以确保停车设施能够迅速周转。三是高燃油税率。欧洲燃油税普遍较高，通过增加小汽车交通的出行成本可以有效抑制小汽车的滥用。

日本通过严格的停车收费管理措施，有效限制了小汽车的拥有和使用。东京停车场的费用一般在每月2万至4万日元之间，相当于一个普通职员月收入的十分之一左右。出门办事停车一般100日元只能停15分钟，如果在新宿、品川等大站附近停车，费用更高。因此，日本农村家庭汽车拥有量远远超过东京等大都市的家庭汽车拥有量。东京很多经济并不算太差的家庭并没有私家车，有车的家庭利用率也不高，私家车大部分时间都待在自家车库里。

4. 减少公务用车，减轻道路交通压力

由于公务用车数量庞大、使用频繁，进一步加剧了道路交通压力，因此一些国家将公务用车纳入交通管理范围，通过采取限制性措施，控制公务车数量，减少公务车使用频率。纵观这些国家在配备公车的导向上，都坚持了“一要方便工作，有利于提高工作效率；二要尽量为纳税人节省开支”的原则，并以此做出各项具体规定。如各国都规定，专车只能用于公务，不能用来办私事。配备专车的官员辞职或退休后，立即取消其使用专车的资格。

美国政府的预算来自税收，购买公务用车要提请同级议会批准，每年还要向公众公布使用情况。因此，一般政府部门公务车数量控制非常严格。联邦政府一个上千人的部，公务用车往往只有几十辆，州政府的公车数量也不多，有的市政府只有几辆甚至没有公务车。美国政府的公务车会在车牌上注明只能由政府使用，有的车身上也会喷涂“政府用车”字样，但这不是特权的象征，反而是便于接受公众监督，如果在下班时间公务车停在饭店、娱乐场所门前，往往会受到举报。

芬兰专车只限在执行公务时使用，正常上下班和个人私事都不得无偿使用。使用专车上下班也可以，但这属于额外的待遇，等于增加了个人收入，应该照单纳税。对享有“工作关系车”待遇的政府官员和公司职员必须将这种待遇折合为个人收入（大约相当于每月1000美元），按此标准缴纳所得税（每月约为300美元）。

日本东京的各大会社有约定俗成的规定：公司“常务”以下的高级管理人员，上下班不准乘坐专车，只能乘坐电车或地铁等公共交通工具。实际上，不仅是“常务”等高级管理人员，许多议员等政治家上下班或办事也都是乘坐公共电车或地铁的。在东京，家用汽车平时停放在车库，人们上下班大多乘坐地铁，因为在公司里只有董事长和总经理才有停车泊位，其他员工没有停车泊位。

6.3.2　发展综合运输构建低碳交通系统

不同运输方式具有各自的特点，不同运输工具完成单位运输量的碳排放也并不相同，如飞机完成单位客运周转量的碳排放比铁路要大，通过发挥各自优势，在市场竞争中形成完善的综合运输体系，可以有效提高运输效率，降低交通运输业的碳排放，实现系统节能减排的目标。通过发展综合运输，大力建设低碳交通系统，是当前世界上所有国家的共同目标，是有效减缓温室气体对全球气候变化影响的重要途径。国外几乎所有的国家都不遗余力地完善公共交通运输系统，将公共交通运输列为城市交通运输的首选模式，并从政策上鼓励通过大容量城际客运；加强各种运输方式的衔接，大力发展多式联运，提高运输工具的实载率。

国际上发展城市低碳交通系统有三个基本途径：避免（Avoid）、转移（Shift）以及改善（Improve）：避免，是指避免不必要的交通量产生。通过分移城市中心、调整土地利用结构、实行远距离办公等方式，从根本上减少交通出行量，从而减少二氧化碳排放。转移，是指转移货物及乘客至低碳交通方式。将原先由高碳排放的交通工具承担的交通量转移到低碳排放的交通工具上，从而实现在货物、乘客运输量相同的前提下，减少二氧化碳排放的目的。改善，是指减少交通工具单位行驶里程的碳排放量。改善原有交通工具的技术水平，减少单位行驶里程的碳排放指标，从而实现在同样交通方式、同样交通出行距离的前提下，减少二氧化碳排放量的效果。

在20世纪40年代，美国率先于《1940年的运输条例》中提出“运输系统”这一概念，并确立“承认和保护各种运输方式的内在优势，防止运输方式间的过度竞争”的公平发展原则及“保持各种运输方式之间的协调和健康发展，并最终形成统一的国家运输体系，以满足全国商业、邮政及国防的需要”的战略目的。1967 年 4 月，美国运输部成立，下设联邦铁路局、联邦海事局、联邦公路局、联邦航空局、城市大众交通管理局、海岸警卫队、圣劳伦斯航道开发公司、国家公路交通安全局以及科研与专项计划局等部门，负责制定运输政策，协调各种运输方式的事务等。在 20 世纪 70 - 80 年代，美国政府逐步减小对各种运输方式的干涉力度，转为重点借助市场机制来促进多种运输方式在基础设施和市场拓展上的平衡发展及整合利用。

为了促进物流业的进一步发展，提高运输效率，减少能耗，美国政府高度重视交通设施的标准化和各种交通方式的联合运作。1976 年通过的《联邦公路资助授权法》，特别关注了运输方式间协作问题。州际商务法对促进综合运输的发展起了重要作用，授权州际商务委员会，强调铁路、公路、水路运输企业间相互转载，建立直达路线和联合运价或票价，积极发展“多式联运”。1991 年颁布《多式联运法》，大力提倡多式联运的发展。《2000 ~ 2005 年运输部战略计划》提出多式联运是美国运输系统四大特征之一。1996 年《美国运输部 1997 ~ 2002 财政年度战略规划》指出，美国运输最大的挑战是建立一个以国际为范围、以多种运输方式联合运输为形式、以智能化为特征，并将自然环境包含在内的运输系统。《国家运输科技发展战略》规定，交通产业结构或交通科技进步的总目标是：建立安全、高效、充足和可靠的运输系统，其范围是国际性的，形式是综合性的，特点是智能性的，性质是环境友善的。美国联邦运输部定期制定 5 年期战略规划，始终将环境保护作为其发展主线之一。例如，DOT Strategic Plan 2006 ~ 2011 提出要减少交通运输和设施对环境的污染以及其他负面影响，并且要简化对交通基础设施的项目评价。为实现交通设施工程按时交付和环境保护改善的双赢目标，该规划采取了多项战略措施，并提出把空运、海运、公路、公交和铁路这些相对独立的运输方式交织成一个安全、高效、公平、节约和环保的综合运输系统 。

美国已拥有世界上最完善的综合运输体系，形成全国统一、职能明确、权责清晰的综合运输管理体制，在规划、设计和建设的各个环节，高度重视综合枢纽和大型换乘中心的建设，解决好各种交通方式之间、综合交通网点与线之间、城市对外交通与内部交通之间的协调与连接，实现各种交通方式的立体、无缝、便捷连接。同时美国充分整合利用先进的电子科技与运输装备，促进综合运输效率的提高，解决不断增长的交通运输需求与环境、能源、资源之间的矛盾。而美国密集而先进的综合交通网络，由政府提供的先进完备的基础设施，计算机管理系统、条码、射频技术被普遍应用，交通设施的标准化和各种交通方式的联合动作，促进物流业的进一步发展，减少不合理运输，提高运输效率，降低物流成本，在减少能耗的同时，也减少了物流过程中的交通运输碳排放。

欧洲各国基本实行大交通管理体制，管理部门可以有效协调公路、铁路、水运和航空运输的发展，大部分国家都拥有完善的综合运输体系，公铁、水铁和空地联运非常完善，各种运输方式和各级枢纽的定位和分工极为明确，实现了多种运输方式间的无缝衔接。欧盟还注重将多种交通方式整合在一个有效的交通链中，推行多式联运，构建包括生态、经济和社会的可持续发展的交通。1992年欧盟颁布了在成员国之间实施关于混合运输（combined transport）的指令，在整个交通链条的建设中发挥每一种交通模式的固有优势，诸如运输潜能、低环境影响等，从而实现高效率和可持续性。在港口方面，一般都具有配套完善的铁路和道路运输基础设施，铁路、挂车和船舶一体化装卸体系完善，能够实现无缝衔接，高效运作。如芬兰赫尔辛基乌萨里港，该港口有效实现了水公铁的无缝衔接。港区内铁路直接贯通到各个泊位，集装箱可以直接在船舶和列车之间进行吊装，半挂车则由场内拖车直接拖运到滚装船上，而在港口海关监管区外设有专门的集装箱拆装箱仓库，对不直接运输的集装箱经过重新拼箱通过甩挂运输进行运输，极大提高了运输效率。欧洲集装箱使用40英尺和20英尺国际海运标准集装箱，挂车除瑞典使用25.25米、60吨挂车外，欧盟统一使用18.75米、40吨标准挂车。统一的集装箱和挂车标准为开展综合运输创造了基本条件。

在欧盟各种交通方式中，公路的环境影响最大（公路交通排放的二氧化碳占交通排放总量的84%），空运次之，铁路、水运较小。欧盟在1992年发布的第五个环境行动计划中建议至2020年，新铺铁轨9000公里，改进现有铁轨15000公里，发展高速铁路，其速度达160－300公里/小时，最理想的是 250 - 300 公里/小时，以替代长途公路运输。欧盟还计划至 2020 年建立一个统一的欧洲铁路系统。欧盟提出建设“海上高速公路”，提供高效、便捷的服务，并加强港口建设，使水运网络形成良好的衔接。在道路货运行业，欧洲国家推进节能环保技术的应用，通过信息化技术规范运输组织，降低空驶率，提高运输效率是节能减排最有效的途径；改进驾驶员的驾驶习惯，最好与最坏的驾驶员之间的能耗差距达到 30%，而对驾驶员开展驾驶培训的节能效果则可达到 10%；空气动力学技术（包括整流罩、侧裙等）、轮胎技术（包括低阻轮胎、胎压控制等）在货车技术方面节能效果较为明显。

2011 年 3 月 28 日，欧盟委员会在交通白皮书“单一欧洲交通区域交通 2050 路线图”，致力于在 2020 年前完成欧洲空中交通管制系统的现代化，实现欧洲单一空域计划，并实现涵盖 58 个国家 10 亿人口的欧洲共用空域。该白皮书概述了 2050 年前在欧洲实现更具竞争力、更高效的交通系统并降低交通领域 60% 二氧化碳排放的完整计划，在不降低交通运输系统的效率和机动性的情况下打破其对石油的依赖。该路线图包含为各种交通运输类型制定的具体目标和议案，如将低二氧化碳可持续性燃料在航空业中的使用率在 2050 年提高到 40%；2030 年将高速铁路网的长度增加两倍；2050 年将大部分中远途旅客转由铁路运输。它还确立了充分运作的多形式交通运输系统，这套系统要求排除交通运输网络中其他部分的瓶颈和障碍，对机场来说就是提高机场的效率和运力。该路线图指出，必须在航空业内部采取措施才能提高飞机和交通管理系统的效率，并且要注意避免对欧盟运营施加过多压力，否则会削弱欧盟在构建全球航空枢纽中的作用。机场运力需要进行优化，在必要的情况下，需要增加运力以满足快速增长的旅行需求及来自第三国和欧洲航线稀缺国家的需求，这可能在 2050 年前使欧盟的航空运输流量增长一倍多。在其他情况下，（高速）铁路应吸收大部分中远途客流。欧盟航空业在使用低碳燃料方面应成为先行者，以实现 2050 年目标。

德国目前正在研究“整体交通政策”，其重点包括：要有一个经济、生态以及社会和文化等方面可持续发展的目标系统，同时兼顾公众交通方便以及市场效益，使各种交通工具之间既竞争又合作；建立公众的交通利益、交通的私有化管理以及交通建设多方资金支持三者之间的和谐系统；

提高交通信息服务系统运作效率；提高人们适应新的交通政策的能力；交通发展和城市空间之间的协调等。

瑞士在综合运输体系上，主要实现了三个方面的无缝衔接：一是基础设施的无缝衔接。无论是在港口、机场、火车站、地铁站均实现了公共交通的无缝对接，各个公交换乘点都汇集了公交、有轨电车和地铁，旅客转乘非常方便；二是时间上的无缝衔接。瑞士统筹协调整个公共交通的运输组织工作，做到各种运输工具班次和运输时间的合理安排，方便旅客转乘，既提高了旅客乘坐公共交通工具的兴趣，又减少了过多直达运输造成的资源损失；三是票务的无缝衔接。体现了以人为本的原则，旅客出行无论需要转多少次车，使用多少交通工具，均只需购买一张票。瑞士全国公共交通实现了联网售票，整个系统由全国公共交通协会负责开发和营运管理，各个地区则分别有各自的票务中心，票价由运输企业自行确定。瑞士在实行铁路优先政策，着力提高铁路运输在整个货运物流中的比例，实施了五个方面的优先政策：一是加大了铁路基础设施建设，将全国重型货车收费、增值税和燃油税总额的 2/3 用于铁路建设基金，并开建了两条分别长 34. 6 公里和 57 公里贯穿阿尔卑斯山的隧道；二是对重型货车进行收费，即对全国所有 3. 5 吨以上货车（包括在瑞士行驶的外国车辆），按照行驶里程、排放、自重和载货量进行收费；三是改善铁路运营方式，用客运方式开行货运列车，增加班次密度和运行速度，有效降低其营运时间和成本；四是限定了公路货运车辆的运行时间，规定每晚 0 点至早上 6 点 6 个小时内重型货车禁止行驶；五是对公路货运车辆实行严格的安全监管，对其每天的驾驶时间进行限定。上述五项措施的实施，使瑞士铁路运输成本与公路运输趋同，在南北货物运输的时间上使铁路更加快捷，极大提高了铁路运输的竞争力。

从战后 60 年代开始，近五十多年的时间里，日本交通运输行政体系经历了 4 次重大的体制改革，经历了由“分散—集中—统一—综合—完善”的交通体系发展历程。其中一些政策调整对日本交通运输体系的发展产生了积极且深远的影响。如 1990 年日本交通省通过的《日本运输经济报告》对交通体系进行了调整，调整的重点涵盖四个方面：1、构建城市高速干线运输体系；2、发展城市快速运输体系；3、完善现代物流体系；4、强化对外交通体系。这些战略性结构调整显示出日本政府对 21 世纪新时代要求及日本未来社会经济变化的应变，使日本交通体系规划超前合理。日本综合运输管理体制，与其他国家相比具有显而易见的特性，如具有中央层面组织规模较大、业务范围宽广、对不同运输方式实施统一管理，注重相互衔接和协调等。日本交通体系经过结构性调整也已处处显示出“低碳节能”的特点，如交通网络完整、换乘方便、交通系统智能化等特点。

为了解决温室效应和大气污染等问题，日本政府联合物流业界在干线运输方面积极推动运输模式转换（由公路转向铁路和海上运输），构建干线联合运输系统；在市内运输方面，推动共同配送系统，最终控制污染排放。为使装卸搬运集约化并实现各种方式联运，国土交通省制定了一系列装卸运输标准，统一了货架、托盘、集装箱的尺寸标准，甚至24小时便利店的货物配送都有专用的可回收集装箱。

6.3.3 积极倡导绿色出行

为了鼓励人们多使用公共交通工具，美国政府制定了“保证回家计划”，其主要内容是在工作日上下班时安排大巴和地铁专线接送职工，条件是工作人员不开私车上下班，如有意外事情必须临时回家的，政府可以免费提供车辆。美国交通部门还规定地铁卡可以在公共汽车上使用，在地铁划卡后两小时内可以免费乘坐一次公共汽车，大大方便了地铁与公共汽车之间的换乘。据资料统计，在曼哈顿中央商业区工作的人中有五分之四的人选择公共交通作为自己主要的出行方式。如果没有公共交通，曼哈顿地区的交通流量将增加一倍，而外围地区也将增加20%左右，另外，这些城市的公共汽车系统还有先进的控制中心，提供快捷、准确的服务。

据统计，美国2008年的自行车销售量达到2000万辆。自行车既是代步工具，又是健身工具，骑自行车上班成为一种健康的生活时尚。不仅如此，美国参议院还通过法案，用税收优惠鼓励雇主给骑车上班的雇员每月40美元到100美元的补贴。自行车的风行还带动了美国部分城市新型服务业的兴起，比如有些城市开始设立自行车站，提供存车、维修、淋浴、更衣等服务，缴纳一定的会费就可以使用。近年来，在美国还积极推广“安全绿箱”计划，如波特兰政府从2008年起在9个繁忙路口，用绿色油漆画出了面积为10平方英尺的自行车专用停车位，该“安全绿箱”能有效避免自行车右转时同机动车的碰撞。

构建以步行和自行车为主、公交车为辅的绿色出行结构以降低小汽车的使用率是欧美发达国家的大都市在推行低碳交通模式上采取的主要策略。巴塞罗那、波哥大、哥本哈根、巴黎、波特兰等均推行了系统的鼓励绿色出行的项目。这类措施最大的优势在于投资小、收益稳定且具有可持续性。但是绿色出行模式的推广依赖于市民良好的环境保护意识、宜人的城市公共环境设计、合理的慢行系统规划和有效的鼓励绿色出行政策作为支撑。在哥本哈根，自行车出行的传统早在1900年代就已具备，在经历了工业化时代机动性高速增长所带来的环境和社会问题后，近年来，绿色出行方式再次得到回归，市民的环保意识、政府的激励机制以及安全、有效、宜人的骑行环境共同作用，产生了全市36%的自行车出行率。

表6－8　鼓励绿色出行项目实施情况比较

	巴塞罗那	波哥大	哥本哈根	巴黎	波特兰
项目名称	公共自行车租赁项目（Bicing）	自行车专用道项目（Ciclo-Ruta）	自行车上的城市项目（City of cyclists）	自行车租赁项目（Velib－cycle hire service）	智慧出行项目（Smarttrips \ Alternative Transportations）
覆盖人口（万人）	161	698	50	215	54
发起时间	2007	1997	1996	2007	2002
年二氧化碳减排量（吨）	1920	6449	90000	32330	23586
年经济收益		每年节省燃油4000万美元，人均每年节省480美元		每年公共财政节省3300万欧元，个人支出总计节省6000万欧元	
初始投资额		5000万美元	每年投入600万欧元	8000万欧元	每一试点区55万美元，平均覆盖2万户居民，合计1500万美元

续表

	巴塞罗那	波哥大	哥本哈根	巴黎	波特兰
备注		自行车每公里运营折旧成本0.6美元，每两年喷涂成本32.5美元	36%的市民骑车上班		全美自行车和步行出行率最高的城市之一

资料来源：大都市低碳交通策略的国际案例比较分析，胡垚，吕斌，国际城市规划，2012 Vol. 27，No. 5

波特兰市2003年开展的智慧出行项目旨在推广可替代小汽车的绿色交通方式，通过为市民提供关于绿色交通出行的信息提高市民对于步行、自行车、公共交通出行的认可程度。相比大规模的公共交通系统建设项目，智慧出行更像是一种对城市绿色出行方式的营销。该项目包括针对日常出行的绿色游线（Green Line）和针对通勤出行的绿色通勤（Business）两个分项目，通过一系列全市的步行和骑行活动让市民体验到便捷、安全、方便和富于乐趣的慢行出行，减少对小汽车的依赖。波特兰在市区划定的慢行区域内规划了5条各具特色的步行线路，每条线路2－3英里，串联市区主要城市公园、景点、商业区和社区服务中心，步行时间45分钟至2小时不等，同时为每户发放免费的线路图。项目实施后，波特兰人平均每天驾车减少4英里，项目推广的投资每年仅550000美元，年减排二氧化碳23586吨，每年节省11亿美元的直接成本和15亿美元的时间成本。波特兰市机动车出行量在2003年后逐年减少，人均年乘坐公共交通系数在全美各大都市统计区中位列第五，而利用自行车通勤的人数比例在全美各大都市统计区中位列第二。

在应用技术手段促进低碳排放的同时，英国政府开始思考针对每个活动个体提供最佳的出行方案，从个体行为角度的细微处促进低碳发展，鼓励步行、自行车等健康积极的出行方式，鼓励公共交通出行，根据《全英范围内的强制公交优惠》，在非高峰期间为老年人和残障人士提供的免费服务。铁路的潜能也逐渐被公众认知为一种可行的低碳出行选择。为了改善铁路运输条件，鼓励大众采取铁路出行方式，英国政府对铁路发展的投资在2009年至2014年间达到150亿英镑。

表6-9　波特兰市智慧出行项目构成及内容

项目名称	主要活动	主要内容和覆盖人群
绿色游线（Green Line）	徒步快走（Ten Toe Express Walks）	组织市民集体步行。5-9月间每月组织4-6次在项目实施区域内的集体徒步活动，每次约25-50人。
	骑行波特兰（Portland By Cycle）	5-9月间在项目实施区组织一系列晨骑和教学、宣传安全骑行知识，推荐适宜骑行路线。每次约15-75人。
	老年漫步（Senior Strolls）	帮助老年人找到一同散步的伙伴，路线多穿越历史街区，5-10月间每周一次。
	女士骑行（Women On Bikes）	关于自行车出行的培训，内容涉及自行车的选购、保养、城市自行车道线路、骑行者的权利和义务以及一些骑行技巧。旨在帮助女性熟悉骑行技术，尝试不同线路并且结交骑行的伙伴。
绿色通勤（Business）	针对上下班通勤，通过经济激励鼓励雇主加入智慧出行项目	在工作地附近安装自行车停放架； 对于倡导员工绿色通勤的企业，政府提供减税奖励；为员工发放停车点地图以及步行、自行车线路图；商店需为顾客免费提供步行和自行车线路图。

资料来源：大都市低碳交通策略的国际案例比较分析，胡垚，吕斌，国际城市规划，2012 Vol. 27，No. 5

努力创造条件，高效率地实现客流在不同交通方式间的转换。在公共交通网络建设中，加强各种交通方式的衔接和转换至关重要。作为限制中心区小汽车交通量的一项重要措施，“停车—换乘”模式在欧洲各城市中的实施均非常成功且效果显著。在轨道交通辐射到的郊区和卫星城的各个站点附近，设有精心设计、与站点衔接良好的停车设施，可引导城市外围地区的居民在进入城区前进行交通方式转换，这种做法大量削减了小汽车交通总量，减轻了中心城区的交通压力。

伦敦20世纪70年代启动了一项“停车再乘车”计划，即在城镇外围修建大面积的停车场，鼓励市民将车停放在停车场，然后再乘坐公交车进入城镇。此类场地呈弧形，离镇中心的距离为2-3英里，分别建在城镇东南西北四个方向，保证从各个方向进城的车辆都能有地方停车。英国政府在2000年7月制订了一项10年计划，即到2010年再修建100个“停车再乘车”场地。德国海德堡为了减少入城交通量，城市在郊区配有小汽车—公交的转换系统，使进城者可以先在郊区停车，然后再坐公交车辆到城市中心，从而有效避免小汽车直接进入市中心，加重城市道路的负担。

1980年，弗莱堡环保人士提出把“公交优先”作为城市规划的战略，减少汽车尾气排放和能源消耗。现在，每个弗莱堡市民四分之一的出行是依靠公交；如果算上步行和自行车，他们有四分之三的出行时间是低碳的。一张到一小时路程以外“梯梯湖”的车票10欧元，可以在两地中的任何一站下车，而且全天免费乘坐市内公交。从宾馆到火车站，有直达的公交；从公交站走下楼梯，直达月台；列车到达的时间精确到分，只需提前五分钟到达。

欧洲有1250个城市签署宣言，参与欧洲交通周活动。举办欧洲交通周活动的目的是宣传可持续城市交通战略，倡导步行、骑自行车以及公共交通等绿色交通理念，减少小汽车对城市和社会造成的负面影响。活动的重点：一是公共交通。在交通周期间提供免费乘车或优惠乘车服务，公交车上或公交站台提供免费早餐，鼓励“公交+自行车+步行”的出行方式，增加公交车发车密度，减少发车间隔；二是自行车。城市中提供自行车专用道路网体系及停放场地设施；三是步行道。提供四通八达的绿色林荫步行道系统；四是小汽车。制定鼓励使用清洁能源、鼓励公司开集体班车、举办节油驾驶培训班、限制城市中心区停车等政策；五是交通需求管理。实行弹性工作时间，倡导电视、电话网络工作方法，进行多种出行方式的宣传，制定机动车管理规划等；六是商业服务设施。在公交站点和交通沿线规划建设商业、服务业设施和停车场站等设施；七是换乘枢纽。合理组合各种出行方式，整合公交线路，减少市民出行时间和费用，提高公交覆盖率和通达性；八是交通与健康。提供免费体检，鼓励成立步行者和自行车代步者的社团组织，提供城市空气质量和环境质量信息；九是建立步行区。鼓励在城市中心地段设立车辆禁行的步行区；十是划定限速区。在城市中心划定车速不得超过时速30公里的区域。在城市中心区公交发达、商业繁华的地区开辟“交通绿岛”是近年来欧洲许多城市流行并取得成功的一种做法。步行区最初的设计理念是打断小汽车穿越中心区的交通路线，避免人员、小汽车交通在中心区堆积。步行区（有些步行区允许公交进入）的设立不仅在疏导交通上起到了立竿见影的效果，而且极大地促进了商业的繁荣以及城市环境与景观效果的改善。巴黎、慕尼黑和苏黎世的步行区均已成为城市中最精彩、最有吸引力的亮点。

在欧盟，越来越多的积极、健康的出行方式被大家所认识并接受。自行车对于很多短途旅行来说是汽车出行的一个比较可行的替代选择，除了排放减少外，通过骑自行车还可以增强体质、减少道路拥堵，改善空气质量。欧洲一些国家对城市居民每次开车出行的距离进行调查，鼓励近距离出行者步行或骑自行车，有的国家还开辟了自行车专用道和无噪声区等。在欧洲城市中，自行车主要用于中短距离出行，不少市民把自行车停在城市中心区地铁站附近，乘地铁进城后，可以换骑自行车很快到达目的地，免去了开车进城没有泊位和停车费昂贵的烦恼。如英国政府正在全国范围内投资支持 18 座自行车示范城镇。同时，鉴于英国有 60% 的居民居住在离火车站大约 15 分钟车程的区间内，而这段路程通过自行车衔接是最为经济环保的，英国政府看到了这一市场，并且适时地提出了一项价值高达 500 万英镑的行动计划来改善全国大约 10 个主要铁路站的自行车存储条件。相关部门还出资 300 万英镑来改善自行车与铁路车站间的一体化末端交通网络。

作为自行车王国的丹麦，人均拥有自行车 1.5 辆，道路上有专门的自行车道，规定行人及机动车不能影响自行车的畅通。哥本哈根市政府一直倡导“绿色交通”、“绿色建市”。早在 20 世纪 60 和 70 年代就已经形成局部自行车道路网。哥本哈根现有大量“公共自行车”设施，称为“City-Bike”。全市 125 个地点置有 1300 辆的脚踏车供市民免费使用。只要在 CityBike 的停车格投入 20 丹麦克朗的保证金就可以使用脚踏车，如果不想骑了，停放回任何一个 CityBike 的停车格，为脚踏车上锁后就可以取回保证金。CityBike 是一项非常成功的政策，据一项以 12 小时为区间的调查，一台公共脚踏车平均闲置的时间只有 8 分钟，可见其受欢迎之程度。据悉，CityBike 全部由私人商家捐赠，商家也得以在脚踏车架上替自己打广告，因此，CityBike 几乎是不需要花纳税人钱的双赢措施。与此同时，哥本哈根有高达 40% 的人骑脚踏车上班，人口约 50 万的哥本哈根直辖市（市区）拥有将近 300 公里的自行车专用道，而且这个数字还在不断增加。

荷兰法律规定：道路设施不能截断主要自行车道，城市建设不能给自行车交通造成不便；各城市都要辟有专门与交通主干道隔离的自行车道，汽车被禁止驶入自行车道；自行车较机动车拥有绝对的道路使用优先权。对于自行车专用道路的修建，交通部制定了统一标准：路面至少要宽 1.75 米，双向自行车道的宽度至少为 2.75 米。国家自行车总体规划明确提出：5 公里以下的出行尽可能放弃机动车而改用自行车，从家到轨道交通车站，自行车是最合适的交通工具。荷兰已经形成了自行车道路网，总长 3 万多公里的自行车专用道路，占荷兰全国道路总长度的 30.6%，居世界第一位。为了推行自行车交通政策，政府鼓励公众骑自行车，荷兰政府部长、市长等政府官员以身作则，都骑自行车上下班。据报道，荷兰公务员外出办事，70% 的工作量是利用自行车和公共交通工具完成的。另外还有一系列鼓励政策，如公司员工购买新自行车，3 年可报销一次，金额为 749 欧元，骑车人平时在交纳税收时也有一定减免。

在东京，为了缓解不断增加的客流量与现有基础设施之间的矛盾，地铁公司采取了很多措施，包括增设新的地铁路线、推进现有地铁路线复数化、将交通容易出现堵塞的路段改造为立体交叉等。列车严格按照时间表运行，也是东京地铁吸引乘客的重要因素之一。

东京在修建电车线路之前，首先要对地区客流量和乘客需求等要素进行充分全面的调查，以此为基础进行修建。东京市还努力简化各种轨道公交线路之间，以及它们与其他路面公交服务之间的换乘程序。在电车站或地铁站内，一般每隔不到 50 米都有乘坐各条路线的指示标牌，大部分路线之间换乘十分方便。车站出口，设有公共汽车站和出租汽车站，整个公交系统连成了一张服务网。

新加坡鼓励人们使用公共交通工具，并努力构筑以地铁和轻轨为主线、以公交车和出租车为辅助的发达的立体陆路网络。道路沿途设有换乘站，方便公交车之间的换乘；在每个地铁或轻轨车站，均设有较大型的公交车转换站，使得公交车与地铁或轻轨之间的换乘也非常方便。

6.3.4 采用科学、灵活的交通管理措施

采用科学、灵活的交通管理措施，来有效提升行车速度，是美国道路

交通的一大特色。据研究，提高行车速度不仅能够使车辆单位行车里程的油耗降低，排放相应减少，还能使道路交通量得到提高。美国的华盛顿、旧金山、洛杉矶等大城市的交通管理措施主要有以下特点：

6.3.4.1　实行单向通行

美国城市内道路大量采用单向行驶方式，最大限度避免平面交叉，以提升行车速度，提高交通流量。相邻的两条道路一般行车方向不同，如华盛顿市区东西向平行的三条道路中，往往 A 街单向东行，B 街单向西行，而 C 街又单向东行。隔上十几条街道一般会在主要街道上设置双行线，从而为驾车人提供多种选择。

6.3.4.2　采用可变车道

美国繁华的中心城市大多数是工作区，市民主要居住在中心城市周边的郊区。为应对中心城市主要公路早晚高峰“潮汐”现象，美国交通部门采取灵活变动车道的方法来疏通车流。如，华盛顿市几条快速公路会合的罗斯福大桥上，专门有一辆工程车，每天早晚用于移动中间水泥隔离墩调整进出城车道的设置，早高峰时，该处为主要入城干道，6 车道中的 5 条车道全部改为进城车道，只留 1 条出城车道；晚高峰则相反，5 条车道供出城车辆使用，只有一条车道可以进城。从而灵活有效地缓解了高峰时期的交通压力。

6.3.4.3　鼓励合乘出行

为鼓励人们减少单人开车、提倡多人合用一辆车和乘坐公共汽车，美国的许多城市对乘载 2 人以上的车辆设置专门的车道，给予优先通行权，通过鼓励合乘出行，减少交通流量。目前，洛杉矶市已经拥有共乘车道近 1000 公里，每天的使用车辆超过 100 万辆。旧金山市还推出了 2 人以上合乘车辆优惠过桥收费措施。

6.3.4.4　采用科学交通信号灯管理

在街道密集的城区，各个路口的交通灯由电脑统一控制。比如，一个路口变了绿灯，前方十几个路口即根据正常车速计算好的时间依次陆续变成绿灯。因此，车辆在正常情况下一旦开动，可以连续通过十几条街道。科学的交通信号灯管理起到了引导车辆快速流动的重要作用。

6.3.4.5 加强路口管理

路口是发生交通拥堵的最主要地点。在上下班高峰时间，多数城市的大多数路口都禁止左转弯。少数可以左转弯的路口均设有左转弯信号等，并设置专供左转弯的车道。同时，任何时候禁止堵塞路口，即使被放行的车辆。如果进入路口有可能堵塞路口也要在路口外等候，车辆堵在路口属违章行为。这样，路口可以基本保持畅通。

6.3.4.6 严格处罚交通违法行为，保障各项交通规章政策的良好执行

美国对于交通违法行为，实行了严格的处罚制度，交通违法行为大大减少。具体主要包括：

（1）触犯交通法规将被长期记录上网

美国较早地实行了驾驶人信息全国联网，一旦触犯交通法规，将被长期记录上网并且无法修改。如醉酒驾驶不仅可以立即送监狱关押，酒醒后还须付押金或缴纳罚金 2000 美元，同时暂扣驾驶证 12 个月，并记录在案 10 年。

（2）记点递减处罚累进

一个驾驶人在三年内违法记录总数不能超过九个点，指标依次为四、三、二点，超过即被扣留驾驶证；同时实行处罚累进制度，同一类型的违法行为再次违法时，大幅提高违法成本。例如，超速行驶，每超五英里，罚款增加一番；在残疾人专用车位乱停车初次罚款 976 美元，再次违法则处罚 1876 美元；存在多次酒后驾驶记录或有逃逸情况的，法庭多数情况下会认定其有恶意，可判处其终身监禁；致人死亡的，将会以“驾驶误杀”的罪名被检察官起诉。

（3）影响信用拖累终生

美国社会非常讲究个人信用，并建立了完善的个人信誉档案管理制度，公民的交通违法行为及处罚情况与个人信用挂钩，一律记入档案，一旦“有污点”将在求职、贷款等方面都会受到很大的影响；同时保险公司有权根据档案调整费率，按照每点每年 30% 上下浮动，有良好驾驶记录的保费会降到每年 300 到 500 美元；记录不良的人，保费将会提高到每年 3000 到 5000 美元。

6.4　制定低碳交通政策

6.4.1　制定二氧化碳减排标准

美国是世界上最早执行排放标准的国家，也是排放控制指标种类最多、排放法规最严格的国家。美国的汽车排放标准分为联邦排放法规即环境保护局（EPA）排放标准和加利福尼亚州排放标准，后者较前者更为严格。

美国在能耗及排放统计上拥有完善的排放检测，美国环保署发布排放测算模型，并制定相关行业的标准。2007 年时任美国加州州长施瓦辛格签署 S－01－07 执行指令，建立了低碳燃料标准，该标准旨在通过减少交通运输燃料生命周期内的碳强度来削减加州温室气体的排放，实现到 2020 年加州由交通运输产生的温室气体排放强度减少 10% 的目标。

目前美国 86% 的能耗和 80% 的碳排放来自汽车。为推动汽车行业节能减排、支持新能源汽车发展，奥巴马政府 2009 年 5 月 19 日公布了一项关于汽车节能减排的新计划，制定了新的全国统一汽车燃油效率标准，要求从 2012 年开始，美国汽车制造商必须逐年改善汽车的燃油效率，到 2016 年，美国汽车每加仑燃油平均行驶里程要达到 35. 5 英里，比美国现行标准提高了 10 英里，汽车燃油效率提高将近 40%。同时要求平均二氧化碳排放量降低至每公里 155 克。如果这项计划得到贯彻，根据初步测算，到 2016 年，美国整个汽车行业节省下来的原油将相当于 2008 年美国进口石油的总和（约 18 亿桶），其环保效果则相当于将 1. 77 亿辆车赶出美国公路。为此，美国政府提出以 7000 美元的抵税额度鼓励消费者购买节能型汽车，动用 40 亿美元的联邦政府资金来支持汽车制造商，力争到 2015 年实现美国的混合动力汽车销量达到 100 万辆。这些政策的出台将促进美国汽车业转向开发新能源动力系统，推动美国新能源汽车向产业化和市场化迈进。

2012 年 8 月，美国政府宣布出台 2025 年企业平均燃油经济性法规 CA-FE，预计届时美国汽车的燃油经济性将提高一倍，这相当于到 2025 年美国乘用车的二氧化碳排放量将降低到每公里93克。

2008年12月17日，欧盟理事会批准了关于制定新的乘用车二氧化碳排放标准规则的立法提案，对汽车尾气实施严格的强制性限排标准。2012年欧盟境内销售的新车平均二氧化碳排放量降至每公里120克，到2020年降至每公里95克。汽车生产商须将新乘用车平均二氧化碳排放控制在每公里130克，剩余10克的减排量可通过“其他补充方式”实现，包括提高空调节能性、改进轮胎以及推广使用生物燃料等。欧盟议会于2009年4月23日通过了该项提案，颁布了《关于建立新乘用车排放绩效标准的法规》，并在欧共体各国强制实施。

2013年4月24日，欧洲议会通过一项法律草案，这项草案规定，到2020年，欧盟境内新乘用车平均排放量须从2015年要求的每公里130克降低到每公里95克。欧盟环境委员会批准了该草案，还希望到2025年，欧盟新车二氧化碳排放量可以降低到每公里68克到78克。根据市场研究机构JATO Dynamics的数据，欧洲新车平均每公里的二氧化碳量已经从2011年的136.2克降低到2012年的132.3克。据统计，欧洲二氧化碳排放量有20%来自于汽车尾气排放。作为减少温室气体排放目标的一部分，欧盟委员会一直大力敦促车企提高汽车的燃油经济性以及减少二氧化碳排放量，这样有助于减少对进口石油的依赖性。欧盟委员会表示，按照该法案，欧盟境内轿车的二氧化碳排放量将降低到每公里95克，卡车降低到每公里147克，这样未来10年欧盟可以节省大约1600万吨石油。此外，该法案将允许汽车制造商申请“超级积分”作为补偿，那些生产超标车的厂商必须同时生产每公里二氧化碳排放量不足50克的超清洁汽车。具体规定如下：2013年至2015年每生产1辆这样的超清洁汽车，最多可生产3.5辆超标车；2016年至2023年可生产1.5辆超标车；2024年以后可生产1辆超标车。年产量不到1000辆的汽车制造商则不受该法案限制。

2013年10月5日欧盟成员国召开会议，德国提议延迟与2020年二氧化碳排放标准相关的投票决议，得到了英国、捷克、匈牙利、波兰和斯洛伐克等国的支持。德国认为该标准过严，建议到2020年实现80%的新车达到95克/千米标准，然后以每年5%的比例逐步提高，到2024年所有新车达到排放95克/千米的水平。

2009年10月28日，欧盟委员会提出一个重要的减少货车尾气排放中二氧化碳含量的建议，要求 2014 到 2016 年每种新的货车型号制造商必须确保二氧化碳排放量不超过每公里 175 克。该限量要求将分阶段完成，3/4 的货车被要求于 2014 年达到排放标准，4/5 的货车时限为 2015 年，2016 年要确保所有货车符合该排放标准。此外，至 2020 年将实施更严格的每公里 135 克的限制。小货车不属于该法律约束范围内，将得到豁免。提议规定对超过排放限量的货车制造商按 5 欧元每克/公里罚款，超过 4 克/公里的上限，罚款额度则将达 125 欧元每克/公里。

英国推行的运输装备能效及碳排放标准包括车辆碳排放标准、船舶能源效率设计指数等；英国在《未来机动车发展战略》发布之后，根据战略要求设定了两个明确目标：到 2012 年 10% 的新车二氧化碳排放量等于或低于 100 克/公里（2002 年英国平均新车二氧化碳排放量为 178 克/公里）；到 2012 年，每年新运行的公交车中至少有 600 辆要满足比 2002 年平均排放量低 30% 的排放标准。

6.4.2　设定二氧化碳减排目标

美国部分城市着手研究设定交通运输的减排目标，并部署相应的执行机构，以确保减排目标的实现。以纽约市为例，纽约市制定了“碳减排”目标及策略，并将其纳入到纽约市城市总体规划（2008—2030 年）中。该规划提出通过四项策略来完成 48.7 百万吨的“碳减排”任务，其中“减排策略四”中提出了，“交通运输业减少 6.1 百万吨的二氧化碳排放”的目标，并为此配套了三项政策：鼓励公交降低私家车使用率；提高私家车、出租车和其他交通工具的燃油效率；降低燃料二氧化碳排放浓度。为提高机动车的燃油效率，该规划针对不同的交通工具，譬如私家车、出租车、柴油卡车、校车等各有对策。以在私家车上落实“减排策略”为例，该规划建议出台鼓励性措施，包括免除纽约市最清洁、高效的机动车的销售税，与大都市交通署和港口局以及州交通署合作推广混合动力和其他清洁汽车，推广新技术、新燃料等。该规划还确定了长远规划和可持续发展市长办公室作为其总负责机构，负责为纽约市城市总体规划筹集资金，在政府重要部门指定城市总体规划各具体任务的行动执行机构等。在“减排策略四”中指定的行动执行机构涉及大都市交通署、纽约市交通局、纽约市环境保护局等 10 家单位。

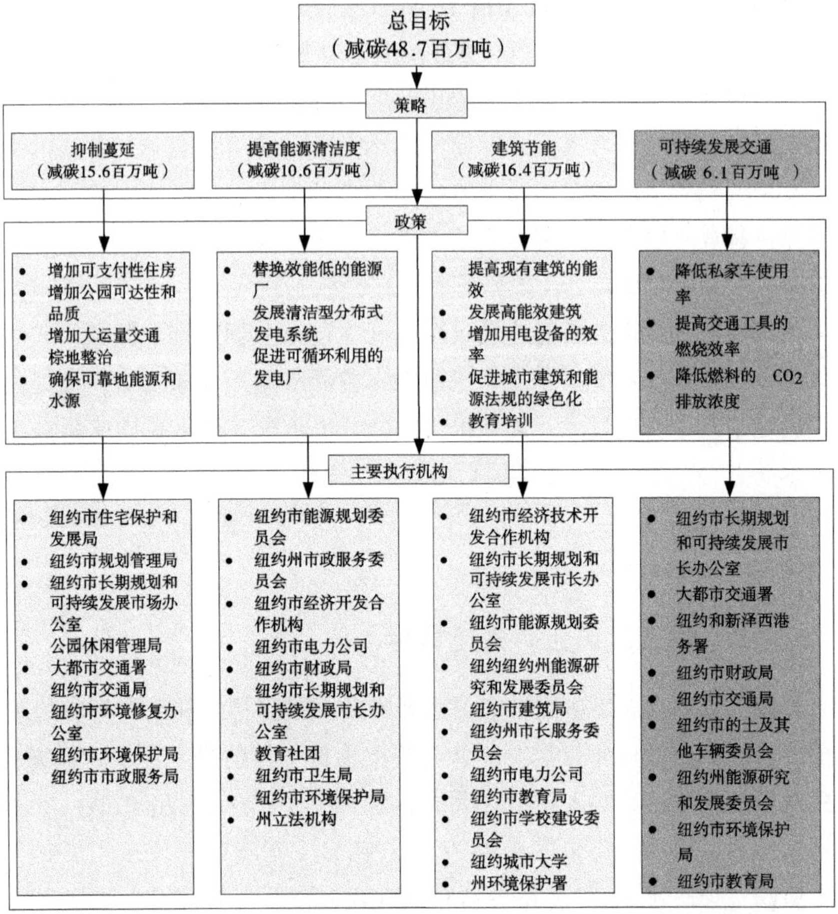

图6-2　纽约市城市总体规划（2008—2030）“碳减排”实现方式①

提高燃油效率是促进交通节能减排的重要举措，而燃油经济性标准则成为各国衡量机动车能效的重要指标。国际能源署2008年报告指出，通过技术改进，预计到2030年轻型车辆的燃油经济性可提高50%，这意味着可以节约50万吨燃油并可实现二氧化碳年削减量1亿吨的目标。

欧盟通过与欧洲汽车生产商协会签订自愿协议的方式来削减乘用车二氧化碳排放量。1998年3月签订的ACEA协议是一个集体承诺，欧洲汽车生产厂商协会及它的成员承诺自愿降低在欧盟销售的机动车二氧化碳排放

① 资料来源：宋彦，彭科．城市总体规划促进低碳城市实现途径探讨－以美国纽约市为例．规划师，2011（4）

率。该协议建立了整个汽车工业在欧洲销售的新机动车的平均机动车排放目标，即到 2008 年，在欧洲销售的新机动车要达到每公里行驶排放 140 克二氧化碳的平均目标，并且有可能将该协议延伸到 2012 年的 120 克/公里二氧化碳。

2011 年欧盟委员会发布《2010 – 2020 欧盟交通政策白皮书》，为控制温室气体排放，保护环境，欧盟制定了节能减排的 3 个 20% 目标，即：减少 20% 二氧化碳排放，节省 20% 能源，增加 20% 可再生能源比例，在欧盟成员国的交通领域至少使用 10% 的可再生能源。

德国政府低碳经济目标是：到 2020 年与 1990 年相比减排温室气体总排放量减少 40%，能源效率提高一倍；到 2020 年发电量中可再生能源达到 30%，总能量中达到 14%；车用燃料中生物燃料达到 17%，热电联供达到 25%，同时核电下马。在交通运输领域，德国提出到 2020 年比 2005 年节能 10%，到 2050 年节能 50%。

英国政府于 2009 年 7 月 15 日公布了国家战略文件“英国低碳转换计划”，在该文件中，提出对温室气体进行预算式控制和管理，对之前提出的“碳预算”概念进行补充，提出到 2020 年将碳排放量在 1990 年的基础上减少 34%，其内容涉及工业、能源、交通、住房等方面；2020 年交通碳排放总量在 2008 年基础上减少 14% 的目标以及可再生能源比例、新车二氧化碳排放量等具体目标，并提出实现减排的关键领域和渠道，确定全面发展低碳交通的重点方向。2009 年 11 月，英国运输部出台交通行业转型计划——“低碳交通：一个更加绿色的未来”，为未来 10 年低碳交通体系的建设制定了总体战略规划，分别针对小汽车、大型货车、公共交通、铁路运输、航空以及海运等不同运输方式提出了降低碳排放的发展方向，提出了“2018 年到 2022 年如何再在交通领域减少 8.5 亿吨二氧化碳。”、“实现减排的渠道有：在汽车、货车、公路运输、大客车、火车、航运和海运等各方面支持使用新技术新燃料能源的转变；提供更多低碳出行的选择；以及利用市场机制推动低碳交通的转型。”等交通领域减排的政策与建议。比如针对小汽车，英国政府要求到 2011 年中央政府所使用车辆的碳排放降低到每公里 130 克，并且随着时间的推移不断地制定新的排放目标。

英国一直都是控制温室气体排放的积极倡导者和践行者，不仅是世界上第一个最早提出“低碳经济”理念的国家，也是世界上第一个将气候变化进行立法的国家。据统计，伦敦地区 66% 的二氧化碳排放来自于与路面相关的交通模式，其中汽车和摩托车排放的二氧化碳量所占比例为 45%，道路运输排放的二氧化碳比例为 21%，因此控制道路交通中二氧化碳的排放量成为伦敦政府制定绿色交通政策的重要目的及面临的主要挑战，也是构建低碳城市的重要方面。为了达到伦敦地区 2050 年二氧化碳的减排目标，伦敦政府采取了一系列更为有效的政策和措施来减少和控制二氧化碳的排放量。

表 6-10　伦敦市低碳目标

目标年（年）	相对 1990 年减排量（%）	排放量（二氧化碳）（Mt/a）
2015	20	35.2
2020	38	27.9
2025	60	18.0
2050	≥80	…

资料来源：大城市低碳交通发展与对策研究，张超群，湖南大学硕士论文，2012 年 11 月

6.4.3　制定燃油经济性标准

燃油经济性标准是用以衡量行驶一定距离所消耗的燃油量的指标，是衡量机动车能效的重要参数。提高燃油效率是促进交通节能减排的重要举措，而燃油经济性标准则成为各国衡量机动车能效的重要指标。自 20 世纪 70 年代后，欧美、日本等工业发达国家为攻破“提高燃油效率”这一低碳领域重要课题，相继制定并严格实施适合其国情的汽车燃油经济性标准及相关法规。国际能源署 2008 年报告指出，通过技术改进，预计到 2030 年轻型车辆的燃油经济性可提高 50%，这意味着可以节约 50 万吨燃油并可实现二氧化碳年削减量 1Gt 的目标。

1975 年美国通过并实施了《能源政策与节约法》，为提高交通工具的燃油效率，该法案建立了针对小轿车和轻型卡车的公司平均燃油经济性标准（CAFE Standard，Corporate Average Fuel Economy Standard）。每个制造厂每年销售的各型小轿车或轻型货车（总重小于 8500 磅，即 3855kg），以其所占总销售量的百分比作为加权系数，乘以该型车辆的燃油经济性（汽车行驶消耗 1 加仑汽油或等量的其他燃料行驶的里程数），再将各车型的

加权燃油经济性加起来，得到该厂的总平均燃油经济性值，即公司平均燃油经济性。公司平均燃油经济性标准是以“英里/加仑”为单位，在制定该标准时充分考虑了国家节能需要、经济和技术上的可行性及其他标准对燃油经济性的影响。汽车的燃油经济性应满足法规限值，对达不到要求的公司进行惩罚，对高油耗的车辆加征燃油税。美国通过对达不到燃油经济性标准的汽车生产商或车主进行罚款和征收高油耗税来保证燃油经济性标准的实施。自该标准实施三十年以来，CAFE 平均每年可使美国节省的燃油达到 550 亿加仑之多，而且美国小轿车的燃油经济性显著提高，几近翻倍增长，轻型卡车燃油经济性也提高了一半。可想而知美国低碳交通政策能取得显著效果，CAFE 功不可没。2010 年 4 月，美国交通部和环境保护部对公司平均燃油经济性标准做出进一步修改，规定到 2006 年燃油经济性达到 35. 5mpg，相当于燃油消耗量 6. 6L/100km，与 2005 年相比将减少 30%。

欧盟通过与欧洲汽车生产商协会签订自愿协议的方式来削减乘用车二氧化碳排放量。1998 年 3 月签订的 ACEA（Associationdes Con - structeurs Européensd Automobiles）协议是一个集体承诺，欧洲汽车生产厂商协会及它的成员承诺自愿降低在欧盟销售的机动车二氧化碳排放率。该协议建立了整个汽车工业在欧洲销售的新机动车的平均机动车排放目标，即到 2008 年，在欧洲销售的新机动车要达到每公里行驶排放 140 克二氧化碳的平均目标，并且有可能将该协议延伸到 2012 年的 120 克二氧化碳/公里。与美国、日本的强制性二氧化碳减排标准相比，这种自愿性目标有更多的不确定性。事实也证明了通过自愿减排协议无法实现其减排目标，因此，欧盟考虑采取强制性手段。2008 年 12 月 17 日，欧盟理事会批准了关于制定新的乘用车二氧化碳排放标准规则的立法提案，对汽车尾气实施严格的强制性限排标准。到 2012 年，欧盟境内销售的新车平均二氧化碳排放量应比现在削减 25%，降至每公里 120 克，到 2020 年降至每公里 95 克。到 2012 年，汽车生产商须将新乘用车平均二氧化碳排放控制在每公里 130 克，剩余 10 克的减排量可通过“其他补充方式”实现，包括提高空调节能性、改进轮胎以及推广使用生物燃料等。欧盟议会于 2009 年 4 月 23 日通过了该项提案，颁布了《关于建立新乘用车排放绩效标准的法规》，并在欧共体各国强制实施。该法规规定到 2012 年，汽车生产商在欧盟范围内 65%

的新注册车辆的二氧化碳排量应达到不超过130g/km的目标，2013年这一比例达到75%，2014年提高到80%，2015年起所有车辆都需要达到这一标准。从2012年起，如果汽车生产商平均二氧化碳排放量超过了该法规规定的限值，则需为其超额排放缴纳罚金。

日本政府自1999年开始推行“领跑者制度（Top－runner）”，即根据当前市场上汽车厂商中车辆燃油经济性能最佳的公司的绩效，并考虑未来技术进步的因素，设定一个比这一最佳燃油经济性绩效更高的标准，推动厂商提高汽车燃油经济性和排放标准。在2005年更新的“领跑者制度”中，在适用产品系列里纳入了私人汽车，对汽车产品的减排规定日益严格。引入“领跑者制度”后，日本汽车的燃料经济性得到明显改善，至2007年年底大约80%的新汽油车达到了2010年的燃料经济性目标，平均能耗比2005年提高了28%。

日本政府为针对不同重量级汽车的燃油经济性，对汽油和柴油驱动的轻型乘用车和商用车制定并实施了一系列的燃油经济性标准，标准限值是基于按重量分类的平均燃油经济性。以汽油为燃料的机动车将于2010年达标，而2005年是柴油车达标时间。假定机动车构成比例没有变化，这些目标意味着相对于1995年平均燃油经济性14.6公里/升，到2010年汽油乘用车燃油经济性将提高23%，柴油车燃油经济性将提高14%。在日本销售的大多数机动车于2002年已经达到上述标准并且超过了2010年的燃油经济性目标，因此2006年12月，日本又提出了更高的燃油经济性目标，即到2015年新乘用车平均燃油经济性从2004年的13.6公里/升提升至16.8公里/升，增幅为24%。为减少能源消耗和应对气候变暖问题，2006年日本以2015年为目标年建立了全球第一个重型车辆的燃油经济性标准。自该标准实施以来，日本所有汽车生产商不得不改良汽车的燃油经济性和汽车水平以满足标准要求。并且近年来日本政府几次对标准进行修改，以适应时代发展和技术发展的要求。为严格实施燃油经济性标准，在实施汽车产品认证制度时，汽车制造商须向政府如实申报认证车辆的燃油经济性水平，并由国土交通省对其申报值进行核实和审批。

6.4.4 制定碳排放相关政策法规

1972年联合国首次人类环境大会通过了著名的《人类环境宣言》，

1979 年第一次世界气候大会召开，1992 年联合国气候变化框架公约签订，1997 年通过京都议定书，确定 2008 – 2012 年间的国际减排承诺及各国对生态环境“共同而有区别的责任原则”，2005 年京都议定书正式生效。2007 年制定了巴厘岛路线图，2009 年通过哥本哈根协议，2010 年通过坎昆协议。2011 年德班大会通过了《京都议定书》第二承诺期续约、启动了绿色气候基金，进一步明确和细化了机制安排和 2020 年后的相关进程。

在交通领域，1993 年分别出版了《可持续未来的运输：欧洲实例》和《运输、环境和可持续发展》两书，通过对美国和西欧等交通发达国家运输对环境的影响、环境的价值、对交通政策的建议等方面的研究，提出了“可持续发展交通”的理念。1996 年世界银行出版的《可持续发展的交通运输——政策改革之优先课题》一书提出了“可持续运输”的概念，认为可持续性是制定运输政策的基础。经济合作与发展组织提出了建设“环境可持续的交通”的目标。

为降低交通运输业二氧化碳排放，许多发达国家都制定了相关的政策法规，为低碳交通的发展提供了制度保障。

国际经验表明，绿色财税政策对交通运输节能减排决策具有非常重要的影响，因此，加快可持续交通财税政策的制定尤为重要。而在这方面，发达国家有着丰富而卓有成效的经验可资借鉴。其中，燃油税被普遍认为是最有效的财政调节手段。目前，世界发达国家已经普遍实施燃油税，针对车辆拥有的税费政策，以新加坡、丹麦、日本为典型代表；道路收费和停车收费，发达国家在城市区域内实施道路收费和通行费比较普遍，主要目的是控制高峰时段和车流量大的区域的交通运输流，缓解堵塞，并采用电子监测手段来实施收费，英国伦敦市、新加坡等城市比较典型；对新型、清洁和高能效汽车的税收减免，在日本、丹麦、德国等较为普遍。

世界低碳经济的发展过程中，美国的低碳战略不断调整变化，布什政府拒签《京都议定书》，而奥巴马政府则大打“绿色新政”牌。美国是全球二氧化碳排放量最大的国家，其国内一直实施着节能降耗、发展绿色能源等策略，温室气体减排取得了一定成效。2002 年 6 月，美国环保局公布了《2002 年气候变化报告》。2005 年《能源政策法》涉及高达 145 亿美元的各种激励措施，规定到 2012 年，可再生和替代性交通燃料达到 75 亿加仑，约为 2005 年的两倍，并开始对美国轿车和中型、重型卡车实施更严格的排放和能效标准。2009 年 1 月，奥巴马宣布了“美国复兴和再投资计划”，以发展新能源作为投资重点，计划投入 1500 亿美元，用 3 年时间使美国新能源产量增加 1 倍，到 2012 年将新能源发电占总能源发电的比例提高到 10%，2025 年将这一比例增至 25%。2009 年 2 月，美国正式出台了《美国复苏与再投资法案》，投资总额达 7870 亿美元，主要用于新能源的开发和利用，包括发展高效电池、智能电网、碳储存和碳捕获、可再生能源（风能和太阳能等）。以发展新能源为核心，辅之以节能和提高能效，构成了奥巴马能源战略的主要框架。新能源汽车成为新能源战略的重要组成部分，在未来 18 年美国的汽车燃料利用效率将提高至少 1 倍；美国还将提供 40 亿美元政府资金支持汽车制造产业升级，生产节能、高效的混合动力汽车，到 2015 年节能车销量超过 100 万辆。

在发展绿色交通方面，美国自 20 世纪 90 年代开始出现交通拥堵、交通污染、城市蔓延、土地资源浪费等城市问题，开始了交通政策的大变革。1990 年以后，美国出台了《联运地面交通效率法案 1991》（简称 ISTEA）及其后续法案《21 世纪交通公平法案》（简称 TEA－21），以及《安全、负责任的、灵活的、有效率的交通平等法案 2005》（简称 SAFETEA－LU），标志着美国交通政策全面向绿色交通转型。

美国政府的低碳交通发展战略目标及拟实施的政策举措是以制定详细的战略规划的形式来明确。始终以“环保”为思想核心的战略规划，以 5 年为一阶段，周期性确定加之以不定期滚动修订。如 1990 年《多模式地面运输效率法案》的提出标志着美国交通运输进入了可持续发展的综合运输阶段。《2003－2008 年交通战略计划》提出要实现安全性、机动性、全球连通、环境保护、国家安全、组织优化等六大战略目标。而自奥巴马上任美国总统后，美国政府全力打造出了以发展新能源为战略中心，以节能减排和提高能源利用率为主要支撑，以优化交通结构及实施财政政策为主要战略举措的国家能源战略框架。计划在未来 18 年内将汽车燃料利用率提高至少一倍，且投资 40 亿美元致力于开发生产节能且高效环保的汽车。

发达国家通过各项积极的财税政策来引导居民实施低碳消费，在交通领域也不例外。在美国，汽车耗油超标税是一项重要的调节杠杆。美国关于机动车燃油经济性的财政政策起源于 1978 年的《能源税法案》，该法案标志着美国关于机动车燃油经济性的财政政策的开始，为减少美国消费者对高耗油的机动车购买量，提高市场中节能环保汽车的比例。该法案决定实施汽车耗油超标税，此税征收的对象为那些未达到最低燃油经济性要求的新车生产商，该税收是对未达到最低燃油经济性要求的新车生产商征收的一种消费税，起征点从 1980 年的 15 公里/加仑上升到 1990 年的 22.5 公里/加仑，其目的是为了减少美国消费者对高耗油机动车的购买，提高市场中节能环保汽车的比例。但是，汽车耗油超标税的不足之处在于它并不适用于小型面包车、越野车和轻型货车。

近年来，为应对国家能源安全问题，除了实施汽油超标税以外，美国还通过税收优惠的政策来促进新能源交通工具在全国交通市场的发展，加速环保节能汽车的市场化，包括出台新的财政政策来推动电动汽车和利用可替代燃料如乙醇的机动车的研发和生产。为了推广新能源汽车，美国国会参议院于 2009 年批准旧车换现金（Cash for Clunkers）法案，按照这项总投资额 10 亿美元的计划，如果驾车者以每加仑里程 18 英里或以下的旧车换取每加仑里程至少 22 英里以上的新车，将可获得 3500 美元的补贴；如果新车的每加仑里程较旧车高出 10 英里，则驾车者可获得 4500 美元的补贴。美国政府在 2005 年颁布的《能源政策法案》中为新型混合动力轻型车提供了高达 3400 美元的税收抵免。除了对混合动力车实施税收刺激外，美国还为购买可替代燃料机动车提供了一系列的联邦税收抵免。

美国建立了最早的碳交易所，最早执行了排放标准，制定了完善的政策法律和战略计划，在低碳战略、政策法规、碳交易机制、碳排放标准、综合交通与科技研究应用领域具有领先性。美国以制定和发布战略或规划的方式明确低碳交通发展的基本目标和拟采取的政策措施，其战略规划的重点集中在交通运输业低碳化发展和新能源交通工具的研发生产与推广两个领域。高度重视交通设备的标准化和各种交通方式的联合运作，提高运输效率，减少能耗。制定包括低碳交通在内的低碳经济发展战略和规划，制定严格的排放标准，实施积极的环境经济政策，建立综合运输体系等。

DOT（美国联邦运输部）制定了 5 年期战略规划，如 DOT Strategic Plan 2000 ~ 2005、DOT Strategic Plan 2006 ~ 2011 等，并且是不定期滚动修订的。战略规划的核心是战略目标的确定以及围绕战略目标的详细规划，各版本战略规划确定的主要战略目标随着不同的发展阶段及不同时期的发展环境有所不同。但是，美国交通运输战略规划始终将环境保护作为其发展主线之一，如 DOT Strategic Plan 2000 ~ 2005 和 DOT Strategic Plan 2006 ~ 2011 都将环境管理战略目标确定为其六大核心目标之一。DOT Strategic Plan 2006 ~ 2011 提出要减少交通运输和设施对环境的污染以及其他负面影响，并且要简化对交通基础设施的项目评价。为实现交通设施工程按时交付和环境保护改善的双赢目标，该规划采取了多项战略措施，并提出把空运、海运、公路、公交和铁路这些相对独立的运输方式交织成一个安全、高效、公平、节约和环保的综合运输系统。在美国联邦运输部 5 年期战略规划的基础上，运输部的相关组成部门也根据本部门的职责范围，制定了相应的 5 年期战略规划，如运输统计局的运输统计战略规划、海运管理局的海运管理局战略规划、联邦铁路管理局的铁路研究、发展及示范性项目的战略规划、运输部研究、创新技术管理局的运输研发及技术战略规划等。许多州级运输发展规划也有与运输部相类似的内容及模式。

欧盟作为一个整体，十分注重综合运输体系的发展，强化铁路、内河和海运的整合，减少公路运输。欧盟是碳交易机制的实施者与推行者，坚持建立一个安全、清洁、高效、一体化、可持续的现代化交通运输系统。交通运输在欧盟经济中有着重要的地位，欧盟大力推行可持续交通政策，核心内容是交通政策与环境保护相协调。在应对能源问题上，欧盟采取可持续能源政策推广新技术，启动节约能源的计划，发展使用清洁燃料的车辆，鼓励能效提高和替代能源技术的发展。1997 年开始，欧盟委员会就致力于支持联合运输，为了实施联合运输，欧盟发布指令实施针对货物的“混合运输”（Combined Transport），目的是通过对铁路、内河和海运的整合，减少公路运输。欧盟提倡的泛欧交通网络（TEN – T）对环境友好的交通方式也是一个促进，TEN – T 的主要内容是改善基础设施，促进智能交通网络。

20 世纪 90 年代以来，欧盟发布了一系列战略、规划和政策，旨在减少交通运输对环境保护的不利影响。欧盟 1992 年发布的第五个环境行动计划——《环境与可持续发展新战略》（1992 – 1999 年）将交通行业列为共同体优先采取可持续发展行动的领域之一，建议采取可持续的交通政策。与该计划相呼应，欧盟委员会于 1992 年 2 月发布了《共同体有关可持续交通策略》的绿皮书。该绿皮书指出，如果认真对待环境政策，就不可能放任交通行业自由发展。保持可持续交通的主要措施是：（1）鼓励对环境更为有利的交通模式和交通管理模式；(2) 加强财政措施和公共宣传，限制交通需求；(3) 扩大公共交通；(4) 更严格的环境影响评价标准；(5) 危险物品运输的风险防范措施。2001 年，欧盟委员会发布了第六个环境行动计划——《环境 2010：我们的未来，我们的选择》(Environment 2010：Our Future，Our Choice)。2001 年 9 月，欧盟委员会发布了面向 21 世纪的《2010 年欧洲运输政策白皮书》，提倡“可持续交通”原则，鼓励使用对环境影响较小的交通方式，特别是对石油依赖程度小的交通方式，将可持续交通作为欧洲交通运输发展的共同政策；欧盟可持续能源政策中的一个重要内容是促进替代燃料和低排放燃料的发展，通过使用替代燃料提高运输工具的能量效率，同时降低对燃油的依赖性。2003 年 5 月，欧盟通过了一项旨在促进交通领域使用生物燃油的指令，根据该项指令，到 2020 年，用于交通的燃料要有 20% 是新型燃料。

随着气候变化问题日渐升温，欧盟在力求引导世界低碳经济发展的同时，重视将低碳经济作为各国新的经济增长点，并将低碳经济写入欧盟未来发展战略规划。2006 年，欧洲委员会推出了“实现能效潜力”计划，该计划推出 70 多种行动，其中优先行动包括引进新电器效率标准、修订能源标签规则、更严格的建筑源运行标准，以及立法确保汽车排放达标。2007 年初，欧盟委员会提出的欧盟一揽子能源计划，到 2020 年将温室气体排放量在 1990 年的基础上至少减少 20%，将可再生能源占总能源耗费的比例提高到 20%，将煤、石油、天然气等一次性能源消耗量减少 20%，将生物燃料在交通能源消耗中所占比例提高到 10%，2050 年将温室气体排放量在 1990 年的基础上减少 60% 至 80%。同年 11 月 22 日通过的欧盟能源技术战略计划鼓励推广包括风能、太阳能和生物能源技术在内的“低碳能源”技术，以促进欧盟未来能源可持续利用机制的建立和发展。2008 年 12 月，欧盟最终就欧盟能源气候一揽子计划达成一致，批准的一揽子计划包括欧盟排放权交易机制修正案、欧盟成员国配套措施任务分配的决定、碳捕获和储存的法律框架、可再生能源指令、汽车二氧化碳排放法规和燃料质量指令等 6 项内容，计划中制定的具体措施可使欧盟实现其承诺的“3 个 20%”。

2010 年 3 月，欧盟委员会公布指引欧盟发展的“欧洲 2020 战略”，提出欧盟未来十年的发展重点和具体目标，同年 6 月，欧洲“2020 战略”在欧盟峰会上通过，这是欧盟历史上第二份十年经济发展规划。“欧洲2020战略”确定了欧盟未来发展的三个重点：即实现以知识和创新为基础的“智能增长”，以发展绿色经济、强化竞争力为内容的“可持续增长”以及以扩大就业和促进社会融合为基础的包容性增长。在该战略提出的五项核心目标中，明确提出到2020年将温室气体排放在1990年基础上削减20%，将可再生能源使用比例提高至20%，将能效提高20%。

2011年欧盟发布的《面向2020年－新能源计划》中提出，要继续提高新能源投资，总数额将达到700亿欧元，与此同时，欧盟还鼓励新能源行业通过发行债券、风险投资、证券基金等多样化金融工具筹集资金，以开展新能源领域的研发和创新。并发布《2010～2020年欧盟交通政策白皮书》，提倡大力推广新能源汽车的使用，将未来欧盟的交通运输重点放在公共运输上，同时提出了2050年交通运输领域的温室气体排放要减少60%的目标。

欧盟应对气候变化措施需要在欧盟各成员国不同水平上制定和实施，其协调手段为法规、指令、决定和建议。应对政策包括：排放贸易、标准、财政手段等，其中，对排放贸易的期望值最高，鼓励各成员国使用《京都议定书》提出的灵活运行机制作为各成员国减排行动的补充。减排措施将针对主要的排放源和减排潜力大且成本低的领域，重点是能源、民用和服务业、工业、交通等领域。

基于实施欧盟能源安全战略和履行《京都议定书》义务的需要，欧盟注重以市场为主导，通过碳税等经济工具引导企业和公民主动减少温室气体的排放。（1）乘用车碳税。2005年7月5日欧盟委员会提出了一项提案，建议成员国重建乘用车税收体系。该项提案旨在通过消除成员国之间乘用车转移的税收障碍来改善欧盟内部市场的运作，同时通过调整注册税和年度流转税的税基将乘用车二氧化碳排放量作为要素考虑其中，从而促进交通的可持续发展。目前，机动车碳税已在欧盟范围内确立起来，19个欧盟成员国使用了该项税收，明确消费者在购买机动车时需要按照二氧化碳的排放量来上税，欧盟各成员国在税收政策的实施上也是与欧盟委员会保持一致，对于混合动力、电动、乙醇燃料汽车不但免征车碳税，还可以获得一定的购车补贴。（2）能源碳税。2003年10月，欧盟部长理事会通过了旨在重构共同体能源产品和电力税收框架的能源税指令2003/96/EC。

该指令扩大了能源产品范围，即从矿物油扩展到包括煤、天然气在内的所有能源产品和电力。指令分别对动力燃料、工业或商业用途燃料以及加热燃料和电力设置了最低税率，即成员国所适用的税率不应低于指令中所规定的最低税率。为减少对进口能源的依赖和削减碳排放，指令提出增加激励措施以提高能效，并且为削减碳排放允许成员国对企业实施税收刺激措施。2011 年 4 月 13 日欧盟委员会提交了一份关于修改能源产品税收过时规则的提案，该提案将二氧化碳排放量和燃烧值纳入其中。

德国环境部在 2009 年 6 月公布了发展低碳经济的战略文件，强调低碳经济为经济现代化的指导方针，它包含 6 个方面的内容：环保政策要名副其实；各行业能源有效利用战略；扩大可再生能源使用范围；可持续利用生物质能；汽车行业的改革创新以及执行环保教育、资格认证等方面的措施。文件强调：低碳技术是当下德国经济的稳定器，并将成为未来德国经济振兴的关键。为了实现传统经济向低碳经济转轨，德国到 2020 年用于基础设施的投资至少要增加 4000 亿欧元。

在构建促进低碳经济建设的法律框架方面，德国是欧洲国家中法律框架最完善的国家之一。从 20 世纪 70 年代开始，德国政府启动了一系列环境政策，1971 年德国公布了第一个较为全面的《环境规划方案》，1972 年德国重新修订并通过了《德国基本法》，赋予政府在环境政策领域更多的权力。2004 年德国政府出台了《国家可持续发展战略报告》，专门制定了“燃料战略——替代燃料和创新驱动方式”。德国“燃料战略”的目的是减少化石能源消耗，达到温室气体减排。“燃料战略”共提出四项措施：优化传统发动机、合成生物燃料、开发混合动力技术和发展燃料电池。德国的《废弃物处理法》最早制定于 1972 年，1986 年修改为《废弃物限制及废弃物处理法》。在经过一系列实践后，1996 年德国提出了新的《循环经济与废弃物管理法》，2002 年出台了《节省能源法案》，把减少化石能源和废弃物处理提高到发展新型经济的思想高度并建立了系统配套的法律体系。

德国于 2002 年开始着手排放权交易的准备工作，当时联邦环保局设立了专门的排放交易处，并起草相关法律，目前已形成了比较完善的法律体系和管理制度。实施前，德国对所有企业的机器设备进行调查研究，以研究结果作为发放排放权的基础。发放排放许可后，如企业排放超过额定量，就必须通过交易部门购买排放量，否则就要缴纳罚款。德国政府开展二氧化碳排放权交易的主要目的是通过市场竞争使二氧化碳排放权实现最佳配置，减弱排放权限制给经济造成的扭曲，同时也间接带动了低排放、高效技术的开发和应用。

生态税是以能源消耗为对象的征税，是德国改善生态环境和实施可持续发展计划的重要政策，税收收入用于降低社会保险费，从而降低德国工资附加费，这样一方面促进了能源节约、优化能源结构，另一方面提高了德国企业的国际竞争力。

德国于2009年颁布了新机动车税制体系，除了同样鼓励淘汰老旧汽车外，还根据汽车的排量大小实行不同的税收；法国于2008年颁布了“超级奖金（Superbonus）”计划，鼓励淘汰使用时间超过15年的旧汽车。

交通是英国耗能大户，也是碳排放的主要源头之一，交通减排被英国政府视为实现低碳经济的重要途径。英国是世界上率先引领绿色交通体系建设的国家，是低碳交通运输发展的领跑者，也是低碳交通战略规划的开创者。英国政府尤其是英国运输部在交通减排方面也提出了宏伟的发展规划。自京都协议后开始将低碳经济作为经济转型的国家战略，建立起一套包括气候变化税、碳基金、碳交易市场、补贴政策在内的政策体系，发布了一系列专项战略指导交通的碳减排。

1998年7月，英国工党发表《交通运输的新政策纲领—为了每一个人的利益》，强调交通运输的可持续发展和一体化运输为交通战略目标。2000年英国运输部制定的《2000－2010年英国交通运输发展战略：10年运输计划》是原有政府交通战略政策框架下的延续和细化，提出对过去10年间对交通造成破坏的间断性投资和无长远规划性的短期计划行为终结性的未来10年交通运输投资框架。2002年7月发布的《未来机动车发展战略》（简称PFV），为低碳汽车和燃料的研发、引进以及推广制定了一个全面的决策和行动框架，同时成立低碳汽车伙伴关系（简称Low CVP）和内阁低碳小组，以确保PFV战略的顺利实施和有效监督。2003年，英国发布了《我们能源的未来：创建低碳经济》白皮书，强调要通过科学创新优先发展可再生能源，包括风能、水能（含海浪、潮汐能）、生物质能、能源作物、太阳能、太阳光电、燃料电池等。宣布到2050年从根本上把英国变成一个低碳经济国家。2007年，英国运输部正式出台了《低碳交通创新战略》（简称 LCTIS），最早提出了绿色低碳交通的概念。该战略为鼓励绿色交通技术创新和研发确定了全面框架，分别对道路、航空、铁路和海运部门的低碳技术进行了梳理，并制定了包括市场手段、强制措施、财政支持及信息宣传与意识提升等从低碳交通技术研发到商业化推广的鼓励性政策方案。英国政府将与欧洲的伙伴合作控制新货车的二氧化碳排放并鼓励开发极低碳货车。同时鼓励有利于碳排放的新技术车辆的市场化，政府出资来为新技术车辆作推广活动。为鼓励消费者使用电动车和插电式混合动力车，已提出给予消费者 2000 - 5000 英镑优惠刺激的标准。在铁路运输方面，政府也支持整个产业部门改善铁路运营的能源利用率，通过相关议案来提高铁路网络的电气化等。英国政府通过《可再生交通能源义务》、欧盟《可再生能源和燃油质量指令》等相关的规章来执行对最低可持续标准的应用，在确保能源供需满足的同时，减少对不可持续能源的生产和消费。2009 年，“低碳交通：一个更加绿色的未来”战略计划，提出了“2018 年到 2022 年如何再在交通领域减少 8.5 亿吨二氧化碳。”“实现减排的渠道有：在汽车、货车、公路运输、大客车、火车、航运和海运等各方面支持使用新技术新燃料能源的转变；提供更多低碳出行的选择；以及利用市场机制推动低碳交通的转型。”等交通领域减排的政策与建议。

在英国政府鼓励向低碳交通转型的过程中，利用市场机制等经济手段是法律、政策等强制手段的非常重要的一种补充方式。英国政府通过“碳预算”系统，设定了一条通往 2050 年的发展轨道，打算从当前到 2050 年，减少 80% 的温室气体，通过一系列法定的目标要求驱使英国向低碳经济转型。为此，英国政府还设立了一个独立的专家团体——气候变化委员会，为政府就有关碳预算水平提出建议。英国政府已经在 2009 年 4 月的预算报告中公布了第一批的三个碳预算，分别涵盖 2008 年 - 2012 年，2013 年 - 2017 年以及 2018 年 - 2022 年三个阶段。这些预算分别要求相比于 1990 年的水平降低 22%、28% 以及 34% 的排放。

英国政府把碳排放纳入到交通成本的计价因素范畴，促使广大民众要么提高能源使用效率，要么选择低碳排放的运输方式。同时，也向市场释放了长期投资低碳交通的信号，实行财税激励政策支持低碳交通发展，包括补贴低碳汽车、车辆税改革、燃油税调整以及税收优惠等，开发新的商业模式，用以支持低碳燃料汽车的市场发展，并考虑将交通的碳排放纳入英国或欧盟的排放交易体系。在英国，燃油税、公司汽车税、汽车消费税、航空旅客税等的各种财政手段的综合使用，在促进交通减排问题上起着越来越重要的引导作用。同时，英国政府强调了早在《京都议定书》中就已经被广泛使用的交易权制度在国际航空运输和世界海运中使用的重要性，并且一直致力于推动将航空和海运纳入到全球的排放交易机制中，强调从全球角度来实现交通的减排任务。英国政府还向英国的航空公司分配欧盟碳交易系统中的免费配额，成为全球第一个将航空公司纳入碳排放交易体系的国家，目的就是促进航空业温室气体减排。英国政府通过对公众的信息宣传和意识提升，提供低碳汽车和燃料的专业信息，提升消费者低碳意识；引导公众和企业选择低碳交通方式，促进个人和企业选择公共交通、低碳驾驶方式，对公共部门设定强制性目标等。

作为《京都议定书》的发起国和倡导国，日本在全球绿色交通的建设中一直处于领先地位。日本是能源资源严重匮乏的国家，在低碳社会建设过程中节能和发展新能源始终是其战略的重点。近些年，日本政府组织制定了包括发展与环境共存的交通模式、无障碍交通、建设更安全舒适的汽车社会和构造有效的物流体系等可持续发展的战略重点及措施，提出了交通对策和构建环境友好型交通体系，并采取了建设综合运输体系、发展绿色物流和智能交通、创新替代能源技术，制定机动车燃油经济性标准，实施财政激励，推行自愿性碳排放交易等政策。

日本高度重视资源和环境问题，提出了发展交通循环经济的理念。在具体行动中通过政府产业政策的作用，采用先进技术，发展绿色运输，鼓励新能源交通工具，注重轨道运输及智能交通建设。日本用了不到欧美四分之一的时间，建立了比较完善的现代化交通运输网。一是低碳战略规划。为推进运输部门的节能技术开发，日本颁布了《下一代汽车发展战略》，提出把日本建成“下一代汽车研发生产基地”的目标及系统战略的新思路，规划了车用电池、生产资源、基础设施、国际标准化等发展目标及行动路线图。并设定2020年至2030年分车种推广目标：到2020年下一代汽车推广目标为20%~50%；到2030年达到50%~70%。鉴于混合动力车从简易型到高度型燃效可比传统汽油车提高10%~20%，电动车的二氧化碳排放仅是汽油车的20%~30%，预计下一代汽车的发展将是日本节能减排取得成效的突破点。二是政策减碳。日本于2008年6月制订了关于低碳社会行动计划，把转变生活方式作为减排的关键途径；制定了全球温暖化对策（减少二氧化碳排放的对策），包括自动车交通对策、构建环境友好型交通体系等。通过实施绿色标识制度、领跑者制度等，提高汽车的节能减排性能。三是技术减碳。日本出台的节能减排技术创新政策主要涉及插电式混合动力汽车（PHEV）、纯电动汽车（BEV）、燃料电池汽车、生物质能源、智能交通系统（ITS）等方面的技术创新。日本通过对汽车运输企业等展开生态驾驶管理系统的普及，推动生态驾驶，提高燃油使用效率约 15%。日本除大力发展下一代汽车外，还在铁路领域推进混合动力机车等节能车辆及高效电力设备的技术研发，推进超级节能船舶的研发，进行船舶能耗指标的标准化研究等。

2006 年，日本在原有“日本生物质能源综合战略”的基础上，对该战略进行了进一步完善，提出提高交通运输部门生物质燃料的利用率，通过政策调整，完善政策体系来加强政策在各个领域的落实，并进一步明确了交通发展战略下一步的具体目标和主要宗旨，即全部废弃物的生物质利用在 2010 年要达到 80%，未利用生物质的利用率达到 25%。2006 年 6 月，日本出台了《国家能源新战略》，提出从发展节能技术、降低石油依存度、实施能源消费多样化等 6 个方面推行新能源战略，2030 年前将日本的整体能源使用效率提高 30% 以上；发展太阳能、风能、燃料电池以及植物燃料等可再生能源，降低对石油的依赖，推进可再生能源发电等能源项目的国际合作。

2008 年 7 月，日本政府发布了“低碳社会行动计划”，在减少汽车排放的温室气体方面，提出在 2020 年前大幅提高电动汽车等新一代节能环保汽车的普及程度，并在日本建立半小时即可完成汽车充电的快速充电设施。2009 年，日本政府正式提出一项总金额为 1540 亿美元的经济刺激计划，其中包括电动汽车实现“低碳革命”在内的环境保护项目。同年，日本政府又推出了《绿色经济与社会变革》的政策草案，进一步落实减少温室气体排放等各项措施 。

2001 年日本政府制订并实施了“汽车税收体系绿化计划”，通过降低汽车购置税的税率促进高能耗、低排放汽车的生产和销售。在该绿色税收计划中，星级标签用来表示机动车污染物排放等级，四星级代表该机动车无二氧化碳尾气排放，这也就意味着至少比 2005 年日本排放标准低 75%。

达到2010年国家燃油经济性指标的15%以上的机动车有资格获得燃油经济性标签，同时获得四星标签和燃油经济性标签的机动车才可享受税收减免待遇。除利用税收政策推广新能源汽车以外，2010年日本经济产业省还推出“低碳型创造就业产业补助金”制度，对电动车用锂离子电池、LED芯片、太阳能电池制造等日本具有明显市场优势的战略性新兴产业进行补助，5月又提高了该补助的总金额。

日本的碳税制度要求汽车使用者在消费燃料，取得和保有汽车时支付一定的税金。但在汽车购置方面日本对低碳消费采取降税鼓励措施，低公害营业用车降低2.7%的税率；自家用车降低1.8%的税率；符合环境排放基准规定的汽车则降低1.2%的税率；低公害燃料供给设备相关的固定资产税则在3年内按照征税标准的三分之二征税。日本政府预计2020年日本每两台新销售的汽车就有一台是新一代低碳车。自2009年4月1日起，日本已开始实施减免混合动力车、电动汽车等环保汽车的重量税和购置税的优惠政策。与此同时，政府又积极推行一项环保车辆补助金制度，对环保节能汽车以及满足一定排放标准的汽油车和柴油车的消费者给予10万日元或者20万日元的补贴。此外，如果报废使用13年以上的旧车更换环保车型时，还将得到10万日元的额外补助。

2008年5月，日本综合科学技术会议批准的《环境能源技术创新计划》描绘了为在2050年之前实现碳排放量减半的中长期技术创新技术路线，其中在交通领域提出在集中系统、燃料电池汽车、混合动力汽车及电动汽车、交通燃料生产等四个方面加大科研经费的投入及研发力度。此外，日本又积极通过全球交通运输环境与能源部长级会议及G8环境峰会等平台开展低碳交通新技术开发的探讨，并对有关低碳交通技术合作事宜达成协议，及进行低碳交通模式探索经验的分享。

第 7 章　我国发展低碳交通的措施和建议

7.1　我国发展低碳交通的规划规范和现行政策措施

7.1.1　相关规划、规范和政策措施

7.1.1.1　铁路

原铁道部 2012 编制、印发了《铁路“十二五”节能规划》，要求各单位贯彻执行并结合实际制定详细实施方案。

《规划》指出，作为节能型的交通运输方式，铁路将以节能与发展相结合、发挥政府作用与引入市场机制相结合、重点突破和协同推进相结合、强化约束与源头控制相结合、技术节能与管理节能相结合为基本原则，确保实现国家下达的节能约束性指标，为降低交通运输社会成本，加快建设资源节约型、环境友好型社会作出更大贡献。

《规划》明确，“十二五”时期铁路行业节能规划主要目标是：基本完善行业节能减排法规、政策和标准；建立完善行业节能监测体系；单位运输工作量综合能耗降低 5%，从 2010 年的 5.01 吨标准煤/百万换算吨公里下降到 2015 年的 4.76 吨标准煤/百万换算吨公里。

《规划》提出了“十二五”铁路节能减排的 6 项主要任务，即完善铁路节能管理体系，加快构建节能型铁路运输结构，加大铁路重点领域节能力度，大力推进铁路节能机制创新，加强铁路节能管理基础工作，加快淘

汰落后产能。

为完成上述任务，铁路部门将加强既有线电气化改造，淘汰技术落后的高能耗设备设施，推广应用新能源和可再生能源。同时，铁路部门将在铁路局设立节能监测单位，在铁道部设立节能监测中心，建立铁路能耗监控网络系统，统筹管理全路节能工作。

《铁路新建单线工程项目建设标准》、《铁路新建双线工程项目建设标准》、《铁路增建第二线工程项目建设标准》、《铁路既有线电气化改造工程项目建设标准》（建标〔1997〕30号）等均规定了不同类型的铁路建成后能耗指标，从工程建设初期就为铁路的节能减排设定标准，控制铁路排放。

《铁路节能技术政策》（铁计〔1999〕117号）提出，铁路发展要依靠科技进步，突出技术创新，积极用高新技术改造铁路传统产业，贯彻实施科教兴国和可持续发展战略。根据这一总体要求，铁路能源利用应坚持先进、合理、节约原则，积极采用国内外先进技术，依靠技术进步来降低能源消耗。

《铁路实施〈节约能源法〉细则》（1998年9月1日起施行）提出，铁路应合理调整产业结构、企业结构、产品结构和能源消费结构，优化牵引动力结构，加强节能管理，推进技术进步，降低单位产品（产值）能耗，控制能源成本，提高能源利用效率和经济效益，促进铁路向节能型发展。

7.1.1.2 公路

国家发改委发布的《节能中长期专项规划（发改环资〔2004〕2505号)》指出，在公路运输方面，我国要加速淘汰高耗能的老旧汽车；加快发展柴油车、大吨位车和专业车；推广厢式货车，发展集装箱等专业运输车辆；改善道路质量；加快运输企业集约化进程，优化运输组织结构；减少单车单放空驶现象，提高运输效率等。

交通运输部发布了《公路水路交通节能中长期规划纲要》（交规划发〔2008〕331号)，从结构性节能、技术性节能和管理性节能明确了公路运输节能减排任务：

结构性节能。优化基础设施结构，全面提升路网技术等级和路面等级；加快调整、优化公路运输运力结构；优化车辆能源消费结构，大力推进运输车辆的柴油化进程，积极推进车用替代能源的应用。

技术性节能。大力发展智能交通技术，推进公路运输的信息化和智能化进程，加快现代信息技术在公路运输领域的研发应用，逐步实现智能化、数字化管理；强化车辆节能技术应用。

管理性节能。提高公路货运组织化水平，优化运输组织和管理，实现货运发展的网络化、集约化、有序化和高效化；提升公路客运组织管理水平和服务品质；提高汽车驾驶员节能素质，强化节能驾驶培训管理。

交通运输部发布的《公路水路交通运输节能减排“十二五”规划》（交政法发〔2011〕315 号）就公路建设和运营方面制定了节能减排技术推广工程。具体为：在公路基础设施建设和运营领域，积极组织开展先进适用节能减排技术的推广应用工作，降低能耗与排放水平；开展温拌沥青技术的试点推广应用；推进交通建设材料循环利用技术应用；开展公路隧道节能减排技术改造与应用。进行高速公路服务区和公路收费站节能减排技术改造，对全国 100 个高速公路服务区、1600 个收费站实施节能照明改造，并试点开展太阳能风光互补方式供电改造，建设低碳服务区。

公路运输业在节能减排方面，也具备一定的标准规范基础。《公路工程节能管理规定（试行）（交体法发〔1997〕840 号）》、《交通行业节能管理实施条例》、《JT/T857 – 2013 道路运输企业节能评价方法》，以及交通运输部正在酝酿中的《公路工程节能规范》这些文件，都可作为技术政策性标准规范，对公路建设和运营等方面的节能减排工作提供指导和规范，从而提高公路运输业能源利用效率，促进可持续发展。国务院发布的《关于印发〈“十二五”节能减排综合性工作方案〉的通知》（国发〔2011〕26 号）提出，加快构建综合交通运输体系，优化交通运输结构。实施低碳交通运输体系建设城市试点，推广公路甩挂运输，全面推行不停车收费系统。加速淘汰老旧汽车，基本淘汰 2005 年以前注册运营的“黄标车”，加快提升车用燃油品质。实施第四阶段机动车排放标准，在有条件的重点城市和地区逐步实施第五阶段排放标准。全面推行机动车环保标志管理，探索城市调控机动车保有总量，积极推广节能与新能源汽车。国家发改委和科技部组织编制的《中国节能技术政策大纲》（2005 年）提出，建设我国节能型综合交通运输体系，充分发挥铁路、公路、水运、民航及管道运输比较优势，合理配置运输资源，提高交通运输能源利用的整体效率。其中，针对公路运输的节能政策主要包括：

（1）提高汽车的技术、经济性能。开发、推广直接喷射汽油机、多气阀电喷、稀薄燃烧、提高压缩比、发动机增压等先进技术；鼓励发展每百公里油耗在5～7升的节能型轿车；加快轻型汽车的柴油化进程，发展柴油发动机轿车；开发、推广混合动力汽车；研发自重轻、载重量大的运输设备。

（2）发展适用节能型汽车。发展使用柴油的汽车、专用车、厢式车和重型汽车，提高柴油车在运营车中的比重；提高专用车、厢式车和重型汽车列车在载货车中的比重。重点发展适合高速公路、干线公路的大吨位多轴重型汽车列车、短途集散用小型货运汽车和适合农村道路的客车。

（3）研究、推广现代化物流技术。建设一批客货运输综合枢纽，形成布局合理，大、中、小配套的公路客、货运站体系；建立以主枢纽为货运节点的道路货运信息服务系统，为我国道路货运中小型企业提供社会化的货物配载、交易及其他的信息服务；引导道路运输扩展仓储、配送等运输功能和服务范围；引导运输企业向规模化方向发展，推广甩挂运输、拖挂运输技术。

（4）完善城市交通体系，调整交通结构，优化交通流，优先发展公共交通，提高公共交通的运输效率。逐步确立公共交通在城市交通中的主体地位，特大城市形成以大运量和快速交通为骨干，常规公共汽（电）车为主体，出租汽车等其他公共交通方式为补充的城市交通体系。大中城市基本形成以公共汽（电）车为主体，出租车为补充的城市公共交通体系。

（5）建立智能交通综合调度系统，信号灯自适应系统，紧急情况处理系统等智能交通体系。开辟城市公共交通车辆专用或优先行使通道，建立公共交通信号优先系统。

（6）改善道路路况，加快国家高速公路网的建设，增加高等级和等级公路比重。按交通量大小进行公路技术改造，逐步提高我国公路网的路面技术等级，提高路面铺装率；建立整治超载超限的长效机制，杜绝超载车辆对公路的损害。城市道路推广乳化沥青铺路、旧沥青路面材料再生利用技术；旧有路面翻新采用薄路面增铺技术。

（7）研究路网布局、路面等级、交通标志设置等与汽车行驶油耗的关系，制定公路工程节能设计及公路节能评价等规范标准，保障公路项目建设节能。完善评价标准，加强监测和评价能力建设。

（8）研究、完善汽车技术状况检查方法及实施车辆检测维护（I/M）制度，推广燃油节能添加剂、燃油清净剂、润滑油节能添加剂、子午线轮胎等汽车节能新技术产品。

（9）发展以天然气为燃料的公交车辆。因地制宜推广汽车利用醇类燃料、合成燃料和生物柴油，开发研究电动汽车、氢气汽车等新型动力及替代燃料技术。

（10）推广汽车节能驾驶操作技术，加强汽车驾驶员节能驾驶操作培训，增强驾驶员的节能意识，全面提高驾驶技术水平。

交通运输部组织制定的《关于交通运输行业贯彻落实〈2014—2015年节能减排低碳发展行动方案〉的实施意见》提出，到2015年，公路运输单位周转量能耗较2013年下降4.7%；2014－2015年，公路运输实现节能量1100万吨标准煤，减少二氧化碳排放量2386万吨。

（11）加强绿色基础设施建设

加强综合交通运输体系建设。落实国务院《“十二五”综合交通运输体系规划》，发挥各种运输方式比较优势，降低运输能耗强度。加快形成公路主干线高速化、次干线快速化、支线加密化的路网结构，稳步提升路网技术等级和路面等级。推进综合客货运枢纽建设和集疏运体系建设，大力促进城乡客运一体化进程。

加强资源节约利用。在交通基础设施设计、施工和监理过程中，严格贯彻执行有关环评和能评要求。全面推行现代公路工程管理，深入开展高速公路施工标准化活动。对改扩建工程，试点应用温拌沥青、沥青冷再生等低碳铺路技术和路面材料循环利用技术。大力推广隧道通风照明节能控制技术。促进太阳能、风能等可再生能源在隧道、服务区、收费站等领域的应用。

（12）推广应用绿色交通运输装备

推广节能和清洁能源交通运输装备。严格执行营运车辆燃料消耗量限值标准，不达标的车辆不准进入道路运输市场。继续推进天然气汽车在道路运输和城市公交中的应用。贯彻落实国家关于新能源汽车推广应用的战略部署，研究制定在城市公交、出租汽车、城市配送等领域推广应用新能源汽车的指导意见。推进新建船舶燃料消耗量和二氧化碳排放量准入管理。

加强交通运输装备绿色维护管理。严格落实交通运输装备废气净化、噪声消减、污水处理、垃圾回收等设备设施的安装使用要求，提升运输场站、高速公路服务区等环境基础设施建设水平。推进模拟驾驶和施工、装卸机械设备模拟操作装置应用。积极推广应用机动车绿色检测维修设备及工艺。

（13）加快构建绿色交通运输组织体系

构建衔接高效的综合运输体系。促进铁路、公路、水路、民航和城市交通的高效组织和顺畅衔接，加快形成便捷、安全、经济、高效的综合运输体系。

推进现代物流发展。加快发展道路甩挂运输、滚装运输、驮背运输、江海直达运输等高效运输方式。组织开展第四批甩挂运输试点，重点推进渤海湾、长江沿线等区域的滚装甩挂运输、网络型甩挂运输、甩挂运输联盟发展。研究制定零担快运、城市配送有关服务标准和规范，开展城市绿色货运配送示范行动。

优化客运组织管理。推进接驳运输、滚动发班等先进客运组织方式，深化和扩大长途旅客运输接驳运输试点。推广联程售票、网络订票、电话预订等方便快捷的售票方式及信息服务，启动首批省域道路客运联网售票系统建设。

（14）推进交通运输信息化智能化建设

加快智能交通技术推广应用。推广符合国家技术标准的无线射频识别、智能标签、智能化分拣、条形码技术等，提高运输生产能效。推广城市公交智能调度系统、出租车服务管理信息系统。完善公众出行信息服务系统。

继续推动信息化重大试点示范工程。制订交通运输物流公共信息平台建设工作计划，指导国家平台管理中心开展园区互联应用试点、平台国家级管理服务系统建设。加快推进部省两级路网管理平台建设和联网运行。全面推广高速公路不停车收费系统，基本实现全国联网。

（15）组织开展交通运输节能减排科技专项行动

发布交通运输节能减排科技专项行动方案。发布“十二五”第三批全国重点推广公路水路交通运输节能产品（技术）目录。积极推动交通运输行业低碳技术创新及产业化示范工程。深入推进“基于物联网的城市智能交通应用示范”。加强长白山鹤大高速公路资源节约循环利用等科技示范工程的组织实施。加强建筑垃圾在交通运输领域规模化综合利用技术、清洁能源和可再生能源应用技术等绿色循环低碳交通运输技术研发。

完善交通运输节能减排标准体系。研究提出交通运输行业节能减排标准体系表。加快制定交通运输用能设备、设施能效和二氧化碳排放标准。完成港口能效管理技术规范等标准制定。严格执行天然气动力货船在内河运输中的相关标准和规定。

（16）加强交通运输节能减排监测考核

完善交通运输能耗统计监测报表制度。研究提出营运货车能源消耗在线监测技术要求和组织方案，初步构建部省两级在线监测信息平台并组织开展试点。推动交通环境统计平台和监测网络建设。研究提出公路交通运输行业重点用能单位能源审计导则。组织开展绿色交通评价试点。

（17）引导行业建立激励政策

积极争取中央财政资金加大对交通运输节能减排投入力度。鼓励地方交通运输主管部门向地方政府争取交通运输节能减排相关政策和资金支持。鼓励交通运输企业增加节能减排技改投入。

（18）积极探索和运用市场机制

研究提出交通运输二氧化碳排放清单编制指南。研究提出关于推进交通运输企业参与碳排放权交易的意见。积极组织交通运输企业参与实施清洁发展机制（CDM）项目。鼓励交通企业采用能源合同管理、租赁代购等方式扩大节能减排融资渠道。

（19）加强绿色交通文化宣传与交流

配合国家发展改革委组织做好全国节能宣传周和全国低碳日活动。组织开展“逐梦绿色交通”主题宣传活动，推动绿色交通进车船、进站场、进校园，引导公众绿色低碳出行。组织开展节能驾驶、操作技能竞赛。发布2014年和2015年绿色循环低碳交通运输发展年度报告。继续利用多双边渠道，加强与国际组织、国外政府机构、企业、研究咨询机构等的交流合作，促进交通运输绿色循环低碳发展交流平台，为我国内行动创造良好外部条件。

交通运输部印发的《关于印发〈建设低碳交通运输体系指导意见〉和

〈建设低碳交通运输体系试点工作方案〉的通知》（以下简称《通知》）提出了公路运输的能耗及二氧化碳排放强度目标，分别为：

能源强度指标：到2015年和2020年，营运车辆单位运输周转量能耗比2005年分别下降10%和16%，其中，营运客车分别下降6%和8%，营运货车分别下降12%和18%。

二氧化碳排放强度指标：到2015年和2020年，营运车辆单位运输周转量二氧化碳排放比2005年分别下降11%和18%，其中，营运客车分别下降7%和9%，营运货车分别下降13%和20%。

《通知》还提出了节能工作中的五个重点任务，分别为：不断提高运输系统效率，加快替代能源的推广应用，大力推广节能减排技术，促进社会低碳交通选择，逐步提高运输装备燃料效率。

交通运输部的《关于印发〈加快推进绿色循环低碳交通运输发展指导意见〉的通知》提出，加快推进绿色循环低碳交通运输发展，并明确了低碳交通推进中的主要任务，分别为：实现交通基础设施畅通成网、无缝衔接，加强能源节约利用，加强土地和岸线资源集约利用，加强资源循环利用，加强生态环境保护，优化交通运输装备结构，加快推广节能与清洁能源装备，加强交通运输装备排放控制，优化运输结构，优化客运组织，加快发展绿色货运和现代物流，优化城市交通组织，引导公众绿色出行。

7.1.1.3 水运

国家发改委于2004年发布的《节能中长期专项规划（发改环资〔2004〕2505号)》旨在推动全社会开展节能降耗，缓解能源瓶颈制约，建设节能型社会，促进经济社会可持续发展，实现全面建设小康社会的宏伟目标。规划期分为“十一五”和至2020年，重点规划了到2010年节能的目标和发展重点，并提出2020年的目标。该规划是我国能源中长期发展规划的重要组成部分，也是我国中长期节能工作的指导性文件和节能项目建设的依据。该规划指出水上运输业作为节能重点领域应通过制定船舶技术标准，加速淘汰老旧船舶；采用新船型和先进动力系统；发展大宗散货专业化运输和多式联运等现代运输组织方式；优化船舶运力结构，提高船舶平均载重吨位等。

《公路水路交通节能中长期规划纲要》是交通运输部为深入贯彻科学发展观，全面落实节约资源和保护环境的基本国策，结合公路水路交通发展实际，以营业性公路、水路运输和港口生产为重点领域，以2005年为基期，2015年和2020年为目标年，确定了中长期交通节能的总体目标和主要任务，提出水路运输节能的主要任务包括提升航道技术等级，优化船舶运力结构，优化船舶能源消费结构，研发推广节能船型，大力研发和推广船舶节能新技术、新产品，研发推广航标节能新技术，提升水路运输组织管理水平，强化船舶营运节能管理；港口节能的主要任务是推进港口结构升级，强化港口工程节能设计，优化港口装卸设备结构，强化港口节能科技创新与推广，加快港口信息化、智能化建设，强化港口生产运营管理，加强港口企业节能管理。

《公路水路交通运输节能减排“十二五”规划》阐明了“十二五”时期交通运输行业节能减排工作的指导思想和基本原则，明确了总体目标和主要指标，提出了重点任务和保障措施。该规划提出到2015年，内河航运承运比重明显提高，运输船舶、港口机械与施工设备的大型化、专业化和现代化水平明显提高，替代能源和可再生能源比重有所提高，交通运输能源消费结构明显改善。与2005年相比，营运船舶单位运输周转量能耗下降15%，其中海洋和内河船舶分别下降16%和14%；港口生产单位吞吐量综合能耗下降8%。营运船舶单位运输周转量二氧化碳排放下降16%，其中海洋和内河船舶分别下降17%和15%；港口生产单位吞吐量二氧化碳排放下降10%。建设包括水路运输在内的节能型交通基础设施网络体系、节能环保型交通运输装备体系、节能高效运输组织体系，开展节能减排科技、重点企业节能减排两大专项行动。提出包括绿色港航建设工程、船舶能效管理体系与数据库建设工程等在内的十大重点工程。水路运输行业在遵循国家有关工业、企业等节能减排标准规范的基础上，还结合水运行业自身特点制定了有关标准规范，如《水运工程设计节能规范（JTJ228－2000）》、《沿海港口企业能量平衡导则（JT/T0025－92）》、《内河港口能量通则（JT/T 202－1995）》、《港口基本建设（技术改造）工程项目设计能源综合单耗评价（JT/T491－2003）》等，对水运项目从设计到建设，对港航企业运营管理等环节均提出了具体的标准和规范要求，以指导行业发展。

《中国节能技术政策大纲》是国家发改委和科技部组织编制的，用于指导节能技术研究开发、节能项目投资重点方向，为编制能源开发利用规划和节约能源规划提供技术支持。其中列出的水运节能政策包括：

开发和采用节能新船型，降低老旧船和落后机型比重和数量。推广钢制船，淘汰水泥船、挂桨机船等落后船型。加强对新建船舶和进口二手船舶能耗水平和指标的审批、监督和检查。

发展船舶节能新技术。鼓励采用新技术、新材料、新结构提高船舶设计制造水平；研究、推广船舶节能新产品、新技术。

调整海洋和内河船队运力结构。远洋船队应大力发展大型集装箱船、液化石油气（LPG）船、液化天然气（LNG）船、滚装船以及大型散货船和专用化学品船；内河船队应在主要干线和支流上，发展分节驳顶推船队；在水网地区，发展适合不同水域和不同货源的多层次机动驳系列船队；发展系列浅吃水江海直达船；促使远洋船队向大型化、专业化，内河船队向标准化、系列化方向发展。

发展船舶运输管理技术。引入运输智能化、电子信息化等先进技术，完善运输生产组织，合理科学用船，提高船舶营运效率，同时鼓励发展海峡、海湾和陆岛客货混装运输及商品车辆集装单元化运输等多种联运现代运输组织方式，促进发展现代综合物流。

推广减速航行和经济车速技术，主机与增压器优化调整技术，机桨匹配优化、最佳纵倾节能技术，船舶热能综合利用节能技术、船体防污、除污和船舶营运组织优化节能技术

加大航道整治力度。提高内河航道等级，形成支干直达运输网络。

发展海上运输新技术。研究、推广液化天然气（LNG）和压缩天然气（CNG）海上运输技术。研发、推广船舶新型替代燃料，适度在船舶上推广应用燃料电池等清洁能源。

《关于交通运输行业贯彻落实〈2014—2015 年节能减排低碳发展行动方案〉的实施意见》是为加快推进绿色交通发展，确保实现国家和行业提出的公路水路交通运输节能减排“十二五”规划目标，交通运输部组织制定的，该意见提出到 2015 年，交通运输能源利用效率显著提高，用能结构得到改善，交通环境污染得到有效控制，二氧化碳排放强度明显降低，绿色交通发展取得显著成效。其中与 2013 年相比，水路运输单位周转量能耗下降 4.6%，港口生产单位吞吐量综合能耗下降 4.9%。2014 – 2015 年，水路运输实现节能量 279 万吨标准煤，减少二氧化碳排放量 628 万吨；港口实现节能量 21 万吨标准煤，减少二氧化碳排放量 34 万吨。有关水路运

输的具体措施为：加快形成以高等级航道为主体的内河航道网。推进港口结构调整，发展专业化、规模化港区。推进新建船舶燃料消耗量和二氧化碳排放量准入管理。稳步推进内河天然气动力船舶推广应用及海船和其他类型船舶天然气燃料应用试点工作。推进内河船型标准化，鼓励建造高能效示范船。推动靠港船舶使用岸电技术应用，鼓励港口开展装卸工艺节能改造。推广港区电网动态无功补偿及谐波治理技术。加快发展滚装运输、驮背运输、江海直达运输等高效运输方式。继续推进集装箱铁水联运示范项目建设和集装箱铁水联运物联网工作。组织开展第四批甩挂运输试点，重点推进渤海湾、长江沿线等区域的滚装甩挂运输、网络型甩挂运输、甩挂运输联盟发展。推广自动化大型化码头、集装箱码头集卡全场智能调度系统、内河船舶免停靠报港信息服务系统、内河智能导航系统、内河智能航道系统等。加快推进绿色循环低碳交通运输体系建设“十百千”工程，做好 2014 和 2015 年港口、航道、天然气车船等主题性项目的评选与创建活动。持续开展“车、船、路、港”千家企业低碳交通运输专项行动。指导参与企业强化企业内部能源管理，落实参与企业节能减排目标责任制，加强参与企业能源消耗和二氧化碳排放信息报送和分析工作。发布“十二五”第三批全国重点推广公路水路交通运输节能产品（技术）目录。深入推进“长三角航道网及京杭运河水系智能航运信息服务应用示范”国家物联网应用示范工程。加强连云港绿色智能港口建设与运营等科技示范工程的组织实施。完成港口能效管理技术规范等标准制定。严格执行天然气动力货船在内河运输中的相关标准和规定。研究提出内河船舶能源消耗在线监测技术要求和组织方案。研究提出水路交通运输行业重点用能单位能源审计导则。

《通知》提出水运能耗及二氧化碳排放强度目标，分别为：

能源强度指标：到 2015 年和 2020 年，营运船舶单位运输周转量能耗比 2005 年分别下降 15% 和 20%，其中，内河船舶分别下降 14% 和 20%，海洋船舶分别下降 16% 和 20%。港口生产单位吞吐量综合能耗分别下降 8% 和 10%。

二氧化碳排放强度指标：到 2015 年和 2020 年，营运船舶单位运输周转量二氧化碳排放比 2005 年分别下降 16% 和 22%，其中，内河船舶分别下降 15% 和 23%，海洋船舶分别下降 17% 和 21%。港口生产单位吞吐量二氧化碳排放比2005年分别下降10%和12%。

《“十二五”节能减排综合性工作方案》提出，“深入开展‘车船路港’千家企业低碳交通运输专项行动”，“实施内河船型标准化，优化航线，推进远洋运输节能减排”，“开展码头节能改造”，“加速淘汰老旧船舶”。

7.1.1.4 民航

2008年8月，民航局成立节能减排工作领导小组、节能减排办公室，民航各级管理机构、企事业单位进一步明确节能减排工作职责和归口，从上到下完成了专职组织体系的构建，民航行业节能减排和应对气候变化工作组织体系基本建立。2008年民航局、国家发展改革委印发了《民航行业节能减排规划》及《关于全面开展民航业节能减排工作的通知》，分析了行业节能减排现状、问题和面临的挑战，明确了工作原则、工作目标和任务。

规划内容共分五个部分：民航业能源利用与排放现状，民航业节能减排面临的形势，民航业节能减排工作的指导思想、原则和目标，民航业节能减排的主要任务，民航业节能减排工作的保障措施。民航业节能减排的主要任务是以节约航油作为重中之重，把提高能源利用效率、减少污染排放、提高运行效率作为首要任务，全面推进、重点突破。主要任务包括四个方面，一是全面推进行业节能工作；二是大力开展行业减排工作；三是增强应对气候变化能力；四是夯实节能减排工作基础。

2011年，民航局印发了《民航局关于加快推进行业节能减排工作的指导意见》。意见提出要正确认识民航节能减排工作面临的形势和突出问题，将民航节能减排工作目标分为三个阶段，即：2011－2012年为夯实基础阶段，2013－2015年为全面推进阶段，2016－2020年为创新优化阶段。三个阶段期末，2020年收入吨公里能耗比2005年分别下降11%、15%和22%。意见提出要重点加强航空公司主营业务节能减排，积极推进建设和地面服务中的节能减排，充分发挥空管部门在行业节能减排中的支撑作用，全面加强节能减排科学研究和人员培训，扎实推进节能减排保障体系建设，切实加强财经政策和资金支持，大力营造节能减排的良好工作氛围。

2012年，国家发展改革委颁发了国发〔2012〕24号《国务院关于促进民航业发展的若干意见》。意见针对当前民航业存在的发展不平衡、空域资源配置不合理、基础设施发展较慢、专业人才不足、企业竞争力不强、管理体制有待理顺等制约了民航业可持续发展的问题，提出了总体要求和主要任务。

意见提出，切实打造绿色低碳航空。实行航路航线截弯取直，提高临时航线使用效率，优化地面运行组织，减少无效飞行和等待时间。鼓励航空公司引进节能环保机型，淘汰高耗能老旧飞机。推动飞机节油改造，推进生物燃油研究和应用，制定应对全球气候变化对航空影响的对策措施。制定实施绿色机场建设标准，推动节能环保材料和新能源的应用，实施合同能源管理。建立大型机场噪音监测系统，加强航空垃圾无害化处理设施建设。1992 年 4 月 29 日，民航局发布《民用航空节约能源管理实施细则》，提出：节约能源是指在保证飞行安全、提高航班正常和其他各项工作质量的前提下，采用科学管理方法，通过技术进步、技术改造、调整不合理的用能结构，以提高能源利用效率，降低成本，提高经济效益。

民航地区管理局节能委员会主要负责监督、检查和上报本地区所在企事业单位贯彻落实国家及民航局节能方针、政策、规定、办法和任务的情况；组织研究提出各型飞机耗油定额和提奖比例的建议；定期或不定期跟班飞行，了解飞机用油和节油情况；制定本地区地面能源消耗定额和提奖比例并上报民航局备案。审批本地区企事业单位节能奖，并检查使用情况；协调本地区能源供用管理及节能有关事宜；定期收集和汇总本地区各种能源消耗、节能统计报表；推广节能先进经验与技术；表彰本地区节能管理的先进单位和个人；审批或审核上报本地区节能达标企业、节能先进企业。

2012 年 8 月财政部、民航局发布《民航节能减排专项资金管理暂行办法》(财建〔2012〕547 号)，为行业开展节能减排提供资金支持。

民航节能减排专项资金（以下简称专项资金)，是指中央财政从公共财政资金和民航发展基金中安排用于支持民航业开展节能减排工作的专项资金。专项资金支持范围包括：民航节能技术改造，民航管理节能，节能产品及新能源应用，新能源及节能地面保障车辆购置及改造，航路优化项目建设，机场废弃物、污水处理及中水回用设施改造，民航节能减排标准、统计、监测考核体系建设，民航局节能减排项目评审、验收、监督检查和基础性、战略性课题研究等。

项目承担主体与节能减排效果受益主体为同一单位的，原则上按照不超过项目实际投资额的30%予以补助；项目承担主体与节能减排效果受益主体为不同单位，且行业节能效果明显的，原则上按照不超过项目实际投资额的60%予以补助。单个项目补助金额原则上不超过1000万元。具体补贴比例由民航局依据行业发展重点和项目节能减排效果等因素确定。研究类项目资金总额不超过当年专项资金总规模的5%，单个项目补助金额不超过50万元。

为加强政策引导，提高资金使用效率，2013年7月民航局发布了《民航节能减排专项资金项目指南（2013－2014年度）》。该指南结合民航行业节能减排工作实际开展情况，针对民航行业节能减排领域广、专业性和系统性强的特点，将支持项目划分为民航节能技术改造类；民航管理节能类；节能产品及新能源应用类；新能源及节能地面保障车辆购置及改造类；航路优化项目建设类；民航节能减排标准，统计、监测、考核体系建设类；民航节能减排基础性、战略性课题研究类等八类，用于指导行业内各单位科学系统、积极稳妥开展项目组织和项目申报工作。

截至2013年年底，“十二五”前三年共支持行业节能减排项目726项，补助资金10.6亿元，带动行业企事业单位投入配套资金超过25亿元，有力提升行业节能减排能力，促进行业节能减排工作深入开展。

为保障航班运行安全，鼓励和规范机场桥载设备使用管理、提高使用频率，在广泛征求行业意见基础上，民航局于2013年4月正式下发《民用机场桥载设备替代航空辅助动力装置（APU）运行暂行管理办法》，明确政策导向。《办法》包括总则、APU使用管理、桥载设备使用管理、桥载设备的使用操作规范、桥载设备的价格收费标准、准则等六个方面。其他方面的措施包括积极推进行业重点专项工作，突出节能示范效应。推进吞吐量500万人次以上机场桥载（含远机位）设备替代飞机辅助动力装置专项工作。一是，通过前期调研和工作准备，于2012年批准了西安、重庆等17个机场的安装改造项目。二是，扩大机场安装使用桥载装备替代APU的范围。在2012年第一批项目顺利实施的基础上，2013年又对大连等9个符合条件的机场改造项目开展立项和可研审批。经测算，500万人次以上机场全部使用桥载设备替代APU后，全行业每年将节约航空煤油27万吨，减少二氧化碳排放85万吨。同时，由于减少了飞机在地面期间的

APU 使用，也明显减少了机场区域的噪声和污染物排放。

持续开展优化航路航线、开辟和使用临时航路工作。民航局空管局积极协调军方有关部门，加强空域和航路优化，开辟临时航路，提高空域使用效率，减少航班空中飞行距离。截至 2013 年 12 月底，“十二五”前三年共计 161 万架次航班使用临时航路，共缩短飞行距离超过 5800 万公里，节约燃油消耗约 32 万吨，减少二氧化碳排放约 100 万吨。

积极开展行业节能减排培训和科研工作。民航局与美国贸易发展署、联邦航空局合作，分别于 2011 年和 2013 年举办两期中美民航节能减排高层培训班。该培训班旨在学习美国民航节能减排工作机制和标准建设、先进技术和管理经验，开阔视野、引导合作，促进我国民航节能减排工作长期、深入、科学开展。来自民航局、各地区管理局、航空公司、机场、空管等各单位中高层管理者 40 余人参加培训。同时，民航局也加强与欧洲的双边合作。2013 年中欧领导人签署的《中欧合作 2020 战略规划》中，明确了未来一段时期中欧民航领域节能减排和气候变化合作的重点。此外，2012 年民航局还与瑞典民航局举行“中瑞民航绿色飞行研讨会”，双方就空管、飞行及机场节能技术做深入交流。

注重重大基础性课题研究工作。组织力量开展“清洁发展机制”赠款项目用于应对欧盟碳排放交易体系（ETS）的研究，参与科技部“十二五”节能减排重大科技支撑课题研究。目前，确定的行业节能减排工作基础理论和实用型课题重点科研领域包括：行业发展与节能减排关系理论、空管技术与节能减排、绿色机场建设、航空生物燃料等。

推动生物燃料在航空运输领域的研发和应用。2011 年 10 月，在首都机场使用国航波音 747－400 飞机加注中石油与美国公司合作生产的航空生物燃料，成功进行了我国航空生物燃料首次验证飞行。通过首次试飞，全面展示了航空生物燃料从原料种植、原料油压榨和精炼、航油炼制、储运加注到飞机使用的生产使用全过程，证明了航空生物燃料在我国生产的技术可行性，同时也通过需求分析和信息扩散，极大提高了国内有关部门和国内企业开展航空生物燃料研发和推广的关注度和积极性。

大力开展节能减排宣传周活动。民航局每年定期开展行业节能减排宣传周活动。利用中央电视台、新华社、光明日报、中国民航报及《民航节能减排情况通报》等多种媒介，专题宣传行业节能减排工作，树立行业绿色形象，提高行业节能减排意识与动力。

7.1.2 现行规划规范、政策措施评价

进入新世纪以来，我国政府和各运输主管部门对交通节能减排和低碳交通高度重视，国家发改委、科技部等国务院相关部门先后出台了多项推动交通节能减排和低碳交通、绿色交通的规划、办法或指导意见，各运输主管部分也在此基础上根据本行业的特点进行细化，制定了相关规划、标准规范以及其他有关政策和措施，初步形成了我国低碳交通的规划体系、政策法规、体系、标准和技术保障体系以及监督管理体系，并且随着时间的推移不断完善。该体系的确立为我国低碳交通发展奠定了制度基础。这些政策措施的实施在一定程度上促进了我国低碳交通的发展。但客观上讲，我国现行政策和措施在实施的过程中并没有达到理想的效果，至少与制定政策和采取措施的初衷或目标还是存在一定的差距的。综合分析，主要表现在以下几个方面。

7.1.2.1 加强低碳交通的相关立法

首先，我国政府和行业主管部门制定低碳减排目标和采取的相关措施在很大程度上是倡导性的而非强制性的。深一层次讲，这些目标和措施还没有通过立法的形式加以推动或约束。这就造成了在执行过程中的效果要打很大的折扣，这也是我国低碳交通发展与欧美等发达国家差异比较大之处。其次，从目前我国的实践来看，低碳交通主要是通过中央政府和运输主管部门推动的，地方政府的参与程度比较有限。而没有了各地政府的积极支持和配合，很多规划、政策和措施就很难落到实处。科学合理的低碳交通评价指标体系尚未建立，致使现行措施的实施和效果检验存在难度，弱化了政策措施功能的发挥

如前所述，我国各运输方式主管部门在发展低碳交通方面均已制定和采取了各种政策与措施，应该说无论从涵盖的范围，还是涉及的内容，都与欧盟及美国基本相似，但这些政策措施的实施效果到底如何，特别是有关目标的实现程度，由于尚未建立科学合理的低碳交通评价指标体系，致使政策措施实施难以有的放矢，实施效果也难以量化评估，从而降低了有关措施的可操作性，弱化了政策措施功能的发挥，这一点在本课题的调研中也得到了相关部门的印证。

7.1.2.2　加强交通项目建设和运营管理中的碳排放标准和规范的制定和监管

从我国现行的实践来看，相对于较为完备的规划体系来说，交通项目的建设和运营管理过程对碳排放的监管较为薄弱，且有关标准和规范也相对缺失，现行标准规范主要是从工程技术层面加以制定的，即使有关行业制定了节能减排标准和规范，但仍旧缺乏对碳排放的约束性指标和管理标准，致使规划方案和制定的目标难以得到落实，措施的实施效果很难达到预期。

7.1.2.3　建立交通碳排放基础数据统计体系。

相对于欧盟、美国等国家和地区完备的交通碳排放统计指标体系而言，我国的交通碳排放基础统计指标不尽完善，如我国现行的统计制度在统计交通运输业能源消耗时，虽然区分了不同的运输方式，但并未区分客货运输分别统计能源消耗；在道路运输能源消耗方面，国内的统计口径和国外有差别，国内的道路运输能源消耗只包含了运营车辆的能源消耗信息，非运营社会车辆消耗的能源被归类到生活能源消耗大类。不尽完善的基础统计数据给低碳交通研究带来困难的同时，也使现行政策措施的实施很难落到实处。

7.2　构建我国低碳交通系统

7.2.1　低碳交通系统目标

经过半个多世纪的发展，我国已形成由铁路、公路、水运、民航和管道共同构建的综合交通运输系统，为国民经济发展提供了基本保障。研究如何建立低碳化的交通系统，首先需清楚现有交通系统的状况及其对低碳发展的适应性。

7.2.1.1　既有交通系统概况

本世纪以来，国家加大了综合交通运输体系建设步伐，综合交通运输系统成为促进经济低碳化发展、构筑和谐社会、实现社会可持续发展的重要内容。经过十余年的大力投入和加快发展，各种运输方式取得长足的进步，取得了巨大的成就，基础设施规模不断扩大，多项指标已位居世界前列。

（1）铁路

铁路运输业是一个独立的、特殊的物质生产部门，是发展经济、提高人民物质集体化生活水平的重要基础设施。由于国民经济的发展不断推动着铁路运输量的增长，铁路运输在国民经济的发展中处于重要的地位，是能源、矿类等重要物资的重要运输方式。铁路运输具有运能大、成本低、能耗少、污染小等技术经济比较优势，在大力发展低碳经济的过程中越来越得到认可和重视。

2011－2014年，全国共完成铁路固定资产投资27515.62亿元，其中基本建设投资21776.51亿元，完成新线投产里程21016.8公里，铁路建设进程不断加快，成效显著。截至2014年年底，全国铁路营业里程达11.2万公里。其中，高速铁路1.65万公里，规模居全球首位，基本实现网络化运营，开行范围扩展至28个省区市；全国铁路复线里程5.7万公里，电气化里程6.5万公里，复线率和电气化率分别达到50.8%和58.3%。同期，国家铁路营业里程66989公里，其中复线里程32546公里，电气化里程36851公里，复线率和电气化率分别达到48.6%和55.0%。

近十余年来，铁路建设最显著的特征是干线铁路发展迅速，骨架网络作用明显。2014年，由京广、京沪、沪昆、陇海、兰新等数十条国家干线铁路形成了纵贯南北、横跨东西的全天候铁路运输通道骨干网络，承担了大部分长距离客货运输，铁路干线走廊的能力和作用明显。2014年，京沪、京广、沪昆等主要干线铁路里程合计24845公里，占全国铁路总里程22.22%，承担了82112万人的铁路客运及592489百万人公里的铁路旅客周转量，分别占全国铁路客运总运量及总周转量的34.84%和51.06%；货运方面，京哈、京广、陇海等多条主要干线铁路里程合计27006公里，占全国铁路总里程的24.16%，承担了120013万吨的铁路货运量及1563844百万吨公里的铁路货物周转量，分别占全国铁路货运总运量及总周转量的31.47%和56.80%。

（2）公路

公路作为国民经济和社会发展的重要基础设施，随着社会主义市场经济体质的建立和完善，我国公路交通运输进入了快速、健康的发展轨道。2014年，公路总里程446.39万公里，其中高速公路11.19万公里，等级公路390.08万公里；公路客运量和旅客运输周转量分别为190.82亿人和

12084.1 亿人公里，分别占全社会客运总量的 86.37% 和 40.15%；公路货运量和货物周转量分别为 333.28 亿吨和 61016.6 亿吨公里，分别占全社会货运总量的 75.97% 和 32.83%。

（3）水运

水路运输是综合运输体系的重要组成部分，具有运量大、成本低等技术经济比较优势，作为传统且处于发展中的运输方式，水路运输为经济社会发展作出了巨大贡献。2014 年，内河航道里程 12.63 万公里，其中等级航道占一半左右；水运客运量和旅客周转量分别为 2.63 亿人和 74.3 亿人公里，分别占全社会客运总量的 1.19% 和 0.25%；水运货运量和货物周转量分别为 52.36 亿吨和 36839.6 亿吨公里，分别占全社会货运总量的 11.93% 和 19.82%。

（4）民航

民用航空运输具有运距长、速度快、方便、舒适等特点，是目前最现代化的运输方式之一。改革开放以来，我国民航保持了比较快的发展势头。2014 年，个客运量和旅客周转量分别为 3.92 亿人和 6334.2 亿人公里，分别占全社会客运总量的 1.77% 和 21.05%；货运量和货物周转量分别为 0.06 亿吨和 187.77 亿吨公里，分别占全社会货运总量的 0.01% 和 0.1%。

（5）管道

管道运输是货物运输的主要方式之一，具有运量大、不受气候和地面其他因素限制、可连续作业以及成本低等优点。随着石油、天然气生产和消费速度的增长，管道运输发展不断加快。2014 年，管道输油（气）里程 10.57 万公里，输油气 7.38 亿吨，输油气周转量 4328 亿吨公里，分别占全社会货运总量的 1.68% 和 2.32%。

7.2.1.2　既有交通系统的低碳适应性

（1）交通系统碳排放的主要影响因素

碳排放主要来源于石化能源的消耗，而影响交通碳排放水平的主要因素包括能耗强度、运输结构和运量水平。

①运量水平与碳排放

本研究计算，2012 年我国交通系统碳排放量达 7.83 亿吨，同期旅客周转量为 33393 亿人公里，货物周转量为 173804 亿吨公里，三指标的量值分别较 2005 年增长了 79.28%、91.18% 和 116.56%，年均增速分别为

8.7%、9.7%和11.67%。表明，随着客货周转量的不断增长，交通行业碳排放水平持续走高，即交通碳排放量水平与全行业旅客周转量和货物周转量水平密切相关，几乎呈同频率的变化。经相关关系分析，我国交通碳排放水平与客货运输周转量呈完全正相关关系：

$$Y_{碳排放} = 13792.98 + 0.37X_{货周} \quad (R^2 = 0.9976)$$

$$Y_{碳排放} = 4086.29 + 2.22X_{客周} \quad (R^2 = 0.9934)$$

2005－2012年我国客货运输周转量与碳排放关系见图7－1。

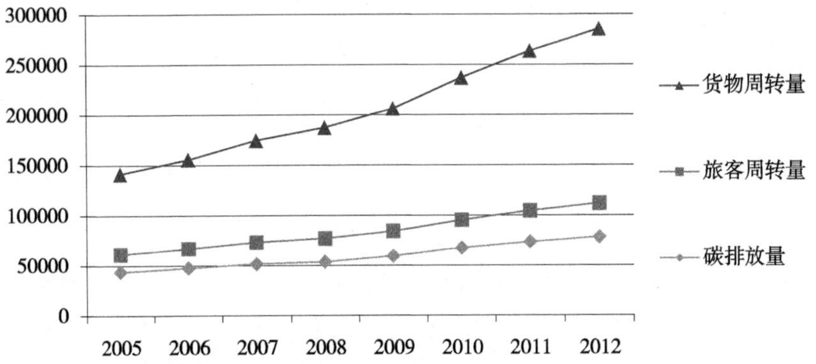

图7－1　我国客货运输周转量与碳排放相关关系图①

②能源消耗与碳排放

21世纪以来，我国能源消费总量呈逐渐增长态势，由2005年的26.14亿吨标准煤增长到2013年的41.69亿吨标准煤，增长了59.51%，年均增长速度呈逐步减缓态：2005－2010年期间全国能源消耗量年均增速为6.65%，2010－2013年期间年均增速降到了4.95%，节能减排初见成效。同期，工业能源消耗量与能源消耗总量的频率基本相同，在能源消费总量中的占比基本保持在70%左右。

交通行业是资源占用型和能源消耗型行业，随着我国客货运输量的增长，交通运输业能源消耗的规模逐年上升，能源消耗的增速高于全社会能源消耗的增速，2005年，交通行业（含仓储与邮政，下同）能源消费量为1.91亿吨标准煤，2013年增长到3.48亿吨标准煤，增长了81.96%，较全国能源消费总量和工业能源消费量的增幅均高出22个百分点以上，年均

① 数据来源：中国统计年鉴2014，本书表2－14。

增速则由2005－2010年间的7.21%上升到2010－2013年的8.71%，成为我国用能增长最快的行业之一，在能源消费结构中的占比由7.79%提高到8.35%。详见表7－1。

表7－1　交通系统能源消耗与占比的变化及情况（万吨标准煤、%）

		2005年	2010年	2011年	2012年	2013年	2005–2013增幅
总量	当年消费量	261369	360648	387043	402138	416913	59.51%
	期间年均增速	6.65%（2005–2010）		4.95%（2010–2013）			
	占比	100.00%	100.00%	100.00%	100.00%	100.00%	
工业	当年消费量	187914	261377	278048	284712	291130	54.53%
	期间年均增速	8.15%（2005–2010）		3.66%（2010–2013）			
	占比	71.90%	72.47%	71.84%	70.80%	69.83%	
交通（含仓储、邮政）	当年消费量	19136	27102	29694	32561	34819	81.96%
	期间年均增速	7.21%（2005–2010）		8.71%（2010–2013）			
	占比	7.32%	7.51%	7.67%	8.10%	8.35%	

数据来源：《中国统计年鉴2014》

随着能源消耗量的增长，交通系统的碳排放量也逐步增长。经本研究测算，2012年我国交通系统碳排放总量为7.83亿吨，较2005年增长79.28%，年均增长8.70%，与交通系统的能源消耗基本同步，经相关关系分析，我国交通运输业（含仓储与邮政）的能耗水平与交通行业碳排放水平呈完全正相关关系。

$$Y = 2.78X - 10421.6\ (R^2 = 0.9753)$$

即随着交通系统能源消耗量的增长，其二氧化碳排放水平也随之走高。国际经验也表明，在一定的经济社会发展时期内，经济发展水平越高，交通系统占能源消费的比例也越大。2009年，美国交通占终端能源消费的28.6%，日本占23.6%，欧盟占30.4%，俄罗斯占23.1%，而印度和我国分别仅占10%和7%左右。目前，我国尚处于工业化中后期，第二产业比重仍然较大，未来随着国民经济的发展，交通系统碳排放水平仍将呈逐步上升趋势。

③运输结构与碳排放

基于交通运输的本质属性和内在机理，每种运输方式因其能源消耗种类和动力模式的不同，导致其碳排放强度（单位运输周转量的碳排放量）

各异；而每种运输方式的碳排放总量为其运输周转量与其碳排放强度的乘积。如此，各运输方式在交通系统中的不同运量结构，会直接影响到交通系统的碳排放总体水平。

既有交通系统结构的演变。改革开放以来，各种运输方式在市场竞争中呈现不同的发展态势，且随着经济社会的发展，我国的交通运输量一直呈不断增长态势。改革开放至“十二五”以前，公路和民航发展迅速，铁路处于稳步增长态势，交通系统结构逐步扭转了解放初期铁路一统天下的局面。随着20世纪90年代起步的既有铁路大面积提速特别是高速铁路的建设，近十余年来，我国铁路运输掀起新一轮建设高潮，铁路技术经济比较优势得以进一步发挥，特别是在旅客运输市场中效能凸现；管道运输以其独特的技术特征，随着我国能源建设和消费需求的增长，其在货运市场中发展势头良好；水运包括内河和航海运输，其运能大、成本低，但时效性较弱，因而在货物运输市场中发展势头良好，在旅客运输方面的市场份额逐步萎缩，符合其技术经济比较特征。2014年全社会客、货运输周转量分别达到30097.4亿人公里和185837亿吨公里，较2000年分别增长1.45倍和3.19倍，年均增速分别为6.62%和10.78%。同期，铁路、公路、水运和民航客运周转量分别增长了1.56倍、0.82倍、-0.26倍和5.53倍，年均增速分别为6.95%、4.35%、-2.13%和14.34%；铁路、公路、水运、民航和管道的货物周转量分别增长了1.00倍、8.95倍、4.53倍、2.73倍和5.81倍，年均增速分别为5.07%、17.84%、12.99%、9.87%和14.68%。

我国既有交通系统各种运输方式运量的变化情况见表7-2。

表7-2 改革开放以来我国旅客、货物运输周转量的历史演变（%）

	旅客周转量的年均增速					货物周转量的年均增速					
	全国	铁路	公路	水运	民航	全国	铁路	公路	水运	民航	管道
1980-1990	9.45	6.57	13.64	2.48	19.26	8.46	6.39	25.63	8.37	19.22	2.48
1990-2000	8.10	5.66	9.77	-4.83	15.46	5.39	2.63	6.20	6.80	19.91	0.14
2000-2005	7.33	5.99	6.90	-7.57	16.07	12.61	8.52	7.24	10.79	9.43	11.34
2005-2010	9.81	7.65	10.08	1.29	28.05	12.06	5.93	37.92	15.06	17.79	15.09
2010-2014	1.92	7.28	-5.29	0.68	-2.60	6.99	-0.10	8.90	13.21	1.22	18.47
1980-2000	8.77	6.11	11.69	-1.24	17.35	6.92	4.49	15.51	7.58	19.57	1.30

续表

	旅客周转量的年均增速					货物周转量的年均增速					
	全国	铁路	公路	水运	民航	全国	铁路	公路	水运	民航	管道
2000 - 2014	6.62	6.95	4.35	-2.13	14.34	10.78	5.07	17.84	12.99	9.87	14.68

数据来源：《中国交通年鉴》

由数据变化可见，改革开放以来，我国公路和民航进入快速发展阶段，铁路、公路、水运、民航和管道等多种运输方式各自发挥自身的技术经济比较优势，在运输市场中相互竞争、共同发展，逐步形成了我国的综合交通运输体系。随着各种运输方式的不同发展变化，既有交通系统中客货运输市场构成也发生了较大变化，对交通系统碳排放总量的变化产生直接的影响。

旅客运输市场结构的变化。2014 年铁路、公路、水运、民航等运输方式的旅客周转量分别为 11604.8 亿人公里、12084.1 亿人公里、74.3 亿人公里和 6334.2 亿人公里，分别较 2005 年增长 91.44%、30.05%、9.59% 和 209.76%，年均增速分别为 9.72%、3.82%、1.32% 和 17.53%，比例构成则由 2005 年的 34.71%、53.20%、0.39%、11.71% 演变为 2014 年的 38.56%、40.15%、0.25%、21.05%。

2005 - 2012 年我国旅客运输周转量及其构成表 7 - 3。

表 7 - 3 2005 - 2014 年我国旅客运输周转量及其构成情况（亿人公里、%）

	铁路		公路		水运		民航	
	周转量	比重	周转量	比重	周转量	比重	周转量	比重
2005 年	6062.0	34.71	9292.1	53.20	67.8	0.39	2044.9	11.71
2006 年	6622.1	34.50	10130.8	52.77	73.6	0.38	2370.7	12.35
2007 年	7216.3	33.42	11506.8	53.29	77.8	0.36	2791.7	12.93
2008 年	7778.6	33.53	12476.1	53.78	59.2	0.26	2882.8	12.43
2009 年	7878.9	31.73	13511.4	54.40	69.4	0.28	3375.2	13.59
2010 年	8762.2	31.41	15020.8	53.85	72.3	0.26	7039	25.23
2011 年	9612.3	31.02	16760.2	54.09	74.5	0.24	4537	14.64
2012 年	9812.3	29.39	18467.5	55.32	77.5	0.23	5025.7	15.05
2013 年	10595.6	38.43	11250.9	40.81	68.3	0.25	5656.8	20.52
2014 年	11604.8	38.56	12084.1	40.15	74.3	0.25	6334.2	21.05

数据来源：《中国交通年鉴》

进入新世纪特别是“十二五”时期以来，随着通用航空和支线机场的建设，民航客运的技术经济特征得以有效发挥；同时，随着我国铁路大面积提速及高速铁路的加快建设，铁路在旅客运输方面的优势更是逐渐显现。2010 年至 2014 年，铁路、公路、水运和民航的旅客周转量年均增速分别为 7.28%、-5.29%、0.68% 和 -2.60%，铁路旅客周转量的比重在连续数十年持续下降至 2012 年的历史低点 29.39% 后，于 2013 年和 2014 年大幅增长到 38.43% 和 38.56%，各种运输方式在旅客运输市场中的比例构成正逐步向健康合理的方向发展，见图 7-2。

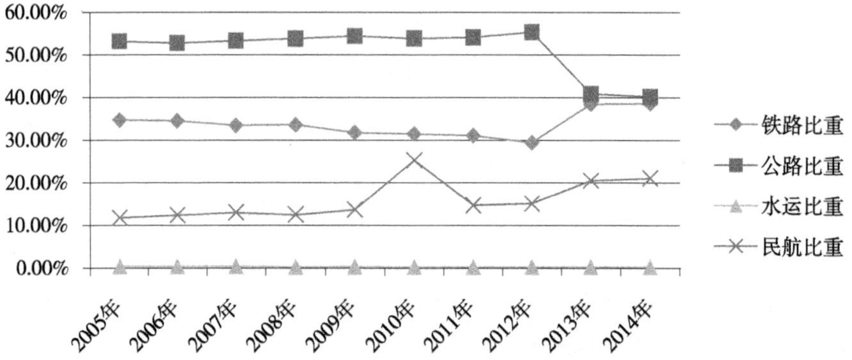

图 7-2　2005-2014 年我国旅客运输市场构成情况①

货物运输市场结构的变化。2014 年铁路、公路、水运（不含远洋）、民航和管道等运输方式的货物周转量分别为 27530.2 亿吨公里、61016.6 亿吨公里、36839.6 亿吨公里、187.8 亿吨公里和 4328.0 亿吨公里，分别较 2005 年增长 32.83%、601.89%、231.28%、137.98% 和 297.79%，年均增速分别为 4.14%、32.10%、18.66%、13.19% 和 21.81%，比例构成则由 2005 年的 49.70%、20.84%、26.66%、0.19%、2.61% 演变为 2014 年的 21.19%、46.97%、28.36%、0.14%、3.33%。

2005-2014 年我国货物运输市场结构变化见表 7-4。

① 数据来源：《中国交通年鉴》

表 7 - 4　2005 - 2014 年我国货物运输市场结构变化（亿吨公里、%）

	铁路		公路		水运		民航		管道	
	周转量	比重	周转量	比重	周转量	比重	周转量	比重	周转量	比重
2005 年	20726	49.70	8693.2	20.84	11120.3	26.66	78.9	0.19	1088	2.61
2006 年	21954.4	47.46	9754.2	21.08	12908.7	27.90	94.28	0.20	1551	3.35
2007 年	23797.0	45.13	11354.7	21.53	15598.8	29.58	116.39	0.22	1866	3.54
2008 年	25106.3	32.42	32868.2	42.44	17411.7	22.48	119.6	0.15	1944	2.51
2009 年	25239.2	30.55	37188.8	45.02	18032.7	21.83	126.23	0.15	2022	2.45
2010 年	27644.1	28.84	43389.7	45.27	22428.5	23.40	178.9	0.19	2197	2.29
2011 年	29465.8	26.79	51374.7	46.72	26068.8	23.71	173.91	0.16	2885	2.62
2012 年	29187.1	24.24	59534.9	49.45	28295.6	23.50	163.89	0.14	3211	2.67
2013 年	29173.9	24.45	55738.1	46.72	30730.7	25.76	170.29	0.14	3496	2.93
2014 年	27530.2	21.19	61016.6	46.97	36839.6	28.36	187.77	0.14	4328	3.33

数据来源：《中国交通年鉴》

上表数据表明，改革开放以来，公路、民航、水运、管道等运输方式发展较快，特别是公路运输，随着其路网规模的扩大和技术水平的提高，公路货物周转量持续较快增长，市场份额已由 2005 年的 20.84% 提高到 2014 年的 46.97%；而由于体制建设、基础设施建设、市场营销、运营管理等多方面的原因，我国铁路货物运输周转量的年均增速一直低于全社会货物周转量的增长速度，致使其在货物运输市场中的份额持续下降，已由 2005 年的 49.70% 下降到 2014 年的 21.19%。同期水运、民航和管道的货物周转量市场份额则基本保持稳定，见图 7 - 3。可以说，铁路的技术经济比较优势在货物运输方面尚未能得以良好的发挥。

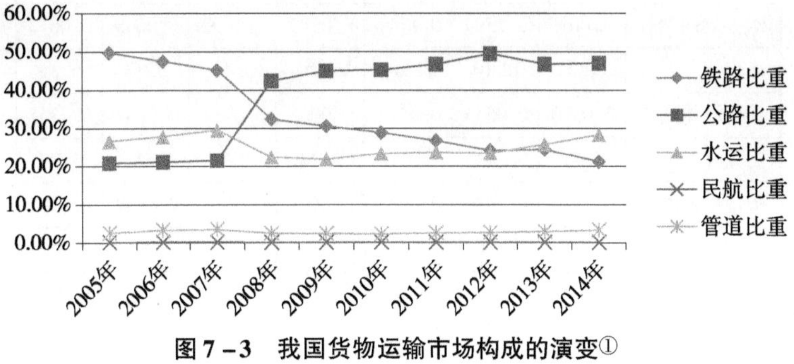

图 7 - 3　我国货物运输市场构成的演变①

① 数据来源：《中国交通年鉴》

碳排放水平结构。根据本研究测算，2005 年至 2012 年，我国铁路、公路、水运、民航和管道等五种运输方式的碳排放强度差异较大，且随着节能减排举措的实施总体呈下降趋势。如仅考虑运输环节，铁路、公路、水运、民航和管道等运输方式 2005 年的碳排放强度分别为 0.0179 千克/换算吨公里、0.1692 千克/换算吨公里、0.0510 千克/换算吨公里、1.1948 千克/换算吨公里和 0.0399 千克/换算吨公里，2012 年分别下降到 0.0076 千克/换算吨公里、0.0577 千克/换算吨公里、0.0330 千克/换算吨公里、0.9893 千克/换算吨公里和 0.0137 千克/换算吨公里，分别下降了 57.54%、65.90%、35.29%、17.20% 和 65.66%。从构成看，2005 年铁路、公路、水运、民航和管道的碳排放强度占整个交通系统总碳排放强度的比重分别为 1.22%、11.49%、3.47%、81.12% 和 2.71%，2012 年分别调整为 0.69%、5.24%、3.00%、89.93% 和 1.24%。

2005－2012 年各种运输方式碳排放强度及其构成见表 7－5。

表 7－5　2005－2012 年交通运输业分方式碳排放强度及其构成（千克/换算吨公里、%）①

		2005 年	2006 年	2007 年	2008 年	2009 年	2010 年	2011 年	2012 年
铁路	碳排放强度 A	0.0179	0.0169	0.0164	0.0110	0.0099	0.0089	0.0080	0.0076
	比重（%）A	1.22	1.19	1.23	0.90	0.83	0.78	0.74	0.69
	碳排放强度 B	0.0244	0.0242	0.0238	0.0181	0.0172	0.0169	0.0169	0.0175
	比重（%）B	1.57	1.62	1.71	1.40	1.37	1.40	1.48	1.50
公路	碳排放强度 A	0.1692	0.1728	0.1680	0.0749	0.0670	0.0624	0.0588	0.0577
	比重（%）A	11.49	12.13	12.64	6.11	5.62	5.49	5.45	5.24
	碳排放强度 B	0.1761	0.1794	0.1741	0.0772	0.0692	0.0648	0.0613	0.0599
	比重（%）B	11.35	12.01	12.49	5.98	5.49	5.37	5.35	5.13
水运	碳排放强度 A	0.0510	0.0533	0.0474	0.0402	0.0414	0.0367	0.0331	0.0330
	比重（%）A	3.47	3.74	3.57	3.28	3.47	3.22	3.07	3.00
	碳排放强度 B	0.0514	0.0536	0.0476	0.0403	0.0415	0.0368	0.0332	0.0332
	比重（%）B	3.31	3.58	3.41	3.12	3.29	3.06	2.90	2.84

① A 类数据为不考虑热力因素的碳排放强度及其构成，B 类数据为考虑热力因素的碳排放强度及其构成。

续表

		2005 年	2006 年	2007 年	2008 年	2009 年	2010 年	2011 年	2012 年
民航	碳排放强度 A	1.1948	1.1491	1.0682	1.0695	1.0471	1.0054	0.9652	0.9893
	比重（%）A	81.12	80.69	80.36	87.33	87.86	88.33	89.49	89.83
	碳排放量 B	1.2289	1.1799	1.0955	1.1088	1.0831	1.0388	1.0016	1.0264
	比重（%）B	79.21	78.95	78.60	85.84	85.95	86.19	87.46	87.86
管道	碳排放强度 A	0.0399	0.0321	0.0293	0.0291	0.0264	0.0248	0.0134	0.0137
	比重（%）A	2.71	2.25	2.21	2.37	2.22	2.18	1.25	1.24
	碳排放强度 B	0.0707	0.0575	0.0528	0.0472	0.0492	0.0480	0.0322	0.0313
	比重（%）B	4.56	3.85	3.79	3.65	3.90	3.98	2.81	2.68

数据来源：本书第二章

可以看出，在五种运输方式中，航空运输的碳排放强度远高于其他运输方式，其次是公路运输，再其次是水运和管道，铁路运输的碳排放强度最低。且从比重来看，民航的碳排放强度占了各种运输方式总碳排放强度的80%以上，且该比重不断增长，其他运输方式碳排放强度总和不足20%，且均不同程度地有所下降。虽然民航的碳排放强度及其比重相对很高，而因其运输周转量及其比重都很小，在既有交通系统中，因民航运输导致的二氧化碳排放量及其在各种运输方式总碳排放量中的比重并不高。相反，虽然公路运输的碳排放强度远低于民航运输且下降幅度较大，但因公里运输周转量及其份额高，导致在既有交通系统中公路运输的碳排放量及其比重最高，且随运输周转量的增长而不断提升。这表明每种运输方式的碳排放量及其比重，既取决于该种运输方式的碳排放强度，又与该种运输方式的货运周转量密切相关；而在各种运输方式碳排放强度水平相对一定的情况下，整个交通系统碳排放总量的大小，则直接取决于各种运输方式运输周转量及其在整个交通交通系统中所占的比重，即取决于既有交通系统的方式构成。

2005－2012 年，我国既有交通系统换算周转量构成见图 7－4，既有交通系统碳排放量构成见图 7－5。

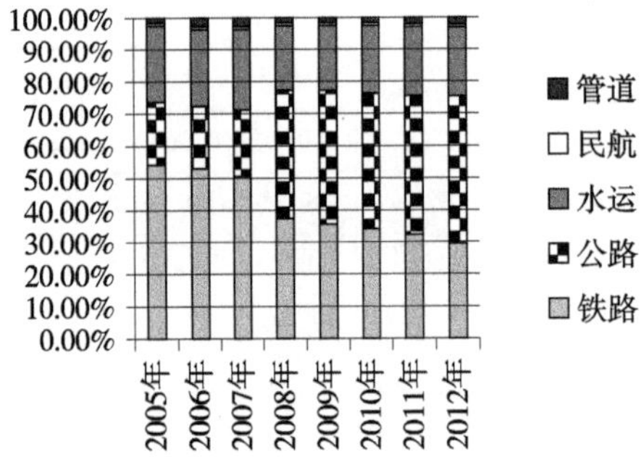

图7-4　既有交通系统换算周转量构成

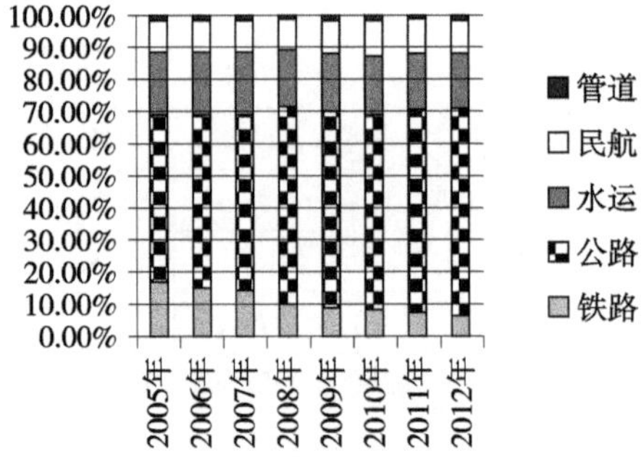

图7-5　既有交通系统碳排放量构成

综上，我国交通运输业碳排放水平与运输量水平呈完全正相关关系，同时与各种运输方式的运输量结构及每种运输方式的碳排放强度密切相关，碳排放强度越大，表明单位运输量的碳排放水平越高；在运输量结构中的比重越大，表明运量水平越高，基于一定的碳排放强度所产生的碳排放量越大。

（2）既有交通系统低碳发展适应性

交通运输业是国民经济的重要基础设施，其本质属性是产生人与货物的空间位移。一方面，它为经济发展和社会进步提供运输服务，另一方面，又要消耗大量能源并产生二氧化碳等环境污染物。低碳交通系统则是要以最小的能源消耗和碳排放水平，提供最大限度的交通运输服务。

①既有交通系统碳排放现状

目前，我国碳排放总体水平已处于世界前列。以人均二氧化碳排放量指标计算，我国呈现逐年增长态势。而我国既有交通系统当下碳排放量水平相对较低，人均交通碳排放水平远低于世界平均水平及主要经济体的水平。本研究测算，2010 年，我国人均交通碳排放量为 380 千克，为世界平均水平（990 千克）的 38.38%，同时仅为美国（5229 千克）、欧盟（1795 千克）和日本（1748 千克）等发达国家人均交通碳排放水平的 7.27%、21.17%和 21.74%。

然而，随着经济社会的发展，我国交通业二氧化碳排放水平增长较快。经本研究测算，2012 年，我国运输环节交通碳排放量达到 78294 万吨（公路含运营部门和非运营部门），较 2005 年增长了 79.28%，年均增长 8.7%。其中，铁路、公路、水运、民航和管道等运输方式 2012 年的碳排放量分别为2945万吨、59531万吨、9344万吨、6038万吨和435万吨，分别较2005年增长-38.58%、102.58%、57.52%、93.40%和0.23%，即除铁路运输的碳排放量下降外，其余各种运输方式的碳排放量均呈上升趋势。2005-2012年我国交通系统碳排放量情况见图7-6（注：该图中公路含运营部门和非运营部门，水运不含远洋运输）。

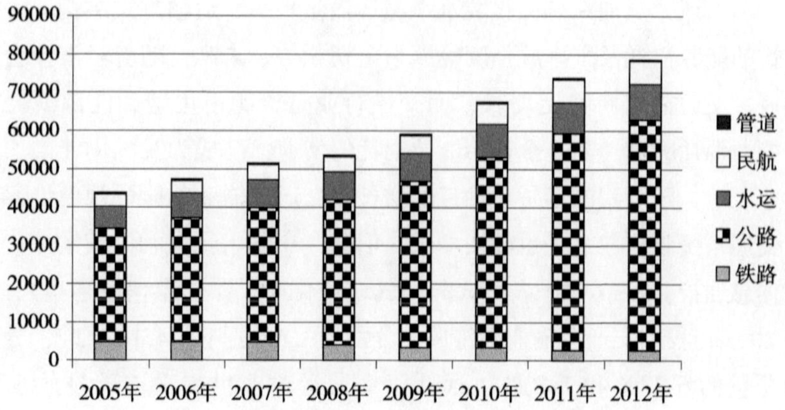

图7-6 2005-2012年我国交通系统碳排放量①

总体看，我国交通运输业碳排放量逐年增长，其中公路运输的碳排放量的增长成为主要原因，这与公路运输的换算周转量较快增长且占比较大密切相关；铁路运输的碳排放量逐年下降，主要由于铁路的碳排放强度逐年下降，且铁路运输换算周转量增长幅度较小且占比不断下降所致；航空的碳排放强度最高，但航空运输换算周转量尽管较快增长仍然占比最低，因而其碳排放总量的比重基本保持稳定；管道的碳排放强度逐年下降且占比较低，换算周转量和碳排放总量基本保持稳定；水运的碳排放强度占比与换算周转量占比变化不大，碳排放量有一定增长但占比持续有所下降。每种运输方式的碳排放强度取决于其自身的技术经济特征和能耗种类与能耗强度，而其运输换算周转量则与其运网规模、装备水平、运输强度、运输密度等密切相关，因而，一个低碳化的交通运输系统，同时要受到经济效果、社会效果、节能效果、环保效果及网络效果等多因素制约。

②既有交通系统碳排放趋势

① 数据来源：本书第二章。

碳排放主要来源于化石能源的消费，化石能源主要包括煤炭、石油和天然气。近年来，可再生能源在全球范围内得到广泛关注和较快发展，但限于技术、经济等因素的制约，新能源和可再生能源的开发利用程度仍然不高，尚不能规模化替代化石能源的消费，以化石能源为主的能源消费格局仍会长时期内存在。

如前所述，交通系统碳排放水平与运输量水平、运输方式结构、每种运输方式的能源消耗及碳排放强度等因素密切相关。未来，随着经济社会的持续发展，交通需求将稳定增长；而交通行业是资源占用型和能源消耗型行业，能源消耗的增速高于全社会能源消耗的增速，已成为我国用能增长最快的行业之一，随着我国客货运输量的增长，交通运输业的能耗规模将逐年上升。交通系统碳排放水平也较快增长。依据《中华人民共和国气候变化初始国家信息通报》和《中华人民共和国气候变化第二次国家信息通报》，1994年和2005年我国交通运输业碳排放量分别为1.66亿吨和4.16亿吨，分别占全国总量的6.23%和7.70%，远低于交通运输业世界平均碳排放水平的22.3%，及美国（30.2%）、欧盟（24.5%）、日本（19.5%）等世界主要经济体，期间年均增速为8.71%，按此年均增速计算，2020年我国交通运输业碳排放总量为14.56亿吨。本研究依据未来交通运输需求及碳排放水平的增长趋势，并考虑各种运输方式所采取的节能减排措施，经综合预测，2020年我国既有交通系统二氧化碳排放总量将控制在15亿吨左右。届时，我国交通业二氧化碳排放量将占全国碳排放总量（92.3万吨）的16.25%。

根据IEA估计数据，2020年世界交通运输业二氧化碳排放量将达到74.47亿吨，届时我国交通碳排放量在世界交通碳排放总量的比重将达到20%左右；在2035年世界范围内主要行业的碳排放结构中，交通运输业碳排放占比约为27.9%。

③既有交通系统低碳适应性

上述分析表明，以世界发达国家交通碳排放情况相比，我国既有交通系统的碳排放量水平尚可，但在全球气候变暖，低碳经济发展要求迫切的使命要求下，从一个发展中大国的角度出发，我国未来很长一段时期内，随着经济的持续发展，交通运输需求及其碳排放水平都将较快增长，控制交通系统的碳排放水平任重道远；同时，基于每种运输方式的技术比较优势及其目前的利用水平、运输结构、能源消耗、碳排放强度，我国既有交通系统按照低碳化发展要求做进一步调整和优化的潜力和空间都还很大。事实上，随着全球经济变暖，低碳经济理念深入人心，作为发展中大国，我国早已肩负起节能减排、低碳发展之使命，更加注重资源与环境的承载力，注重交通系统的低碳化和可持续发展。

7.2.1.3　低碳交通系统的发展目标

(1) 指导思想

以科学发展观及创新、协调、绿色、开放、共享等发展理念为指导，以低碳经济和可持续发展要求为准绳，以我国既有交通系统碳排放为基础，结合国家经济发展战略等相关要求，从系统的内外部着手，构建低碳交通系统。

(2) 基本思路

依据交通运输的本质属性和内在机理，内部从各种运输方式的技术经济比较特征着手，外部遵从经济社会发展要求，以各种运输方式的运输周转量及其构成为基础，研究综合交通系统碳排放总量及其构成的主要影响因素，分析核算每种运输方式的能耗种类、能耗强度、碳排放强度及其构成，依据运量、能耗与碳排放三者的相关关系，以及未来低碳经济发展的相关要求，探究我国既有交通系统的低碳发展适应性，并结合每种运输方式的运输强度与运输密度，以交通系统碳排放来源与构成为核心，以各种运输方式的经济贡献及其运网能效为辅助，综合研究确定我国低碳交通系统的目标、结构乃至整个体系的发展。

(3) 目标设计

低碳交通系统，是各种运输方式在社会化的运输范围内和统一的运输过程中，以低碳化为最终目标，按照各种运输方式的碳排放情况及其技术经济特点组成分工协作、有机结合、连接贯通、布局合理的交通运输系统。低碳交通系统以每一种低碳化的运输方式为基础构成，总体目标具有前瞻性、概括性、引领性和唯一性。可持续发展的低碳化的交通系统，应以最少的资源消耗和最低的碳排放提供尽可能多的高质量运输服务，以此为基本出发点，本研究设计我国低碳交通系统的总体目标为“两高两低”，即高效率、高质量、低能耗、低排放。

高效率。交通运输是国民经济的基础设施，高效率地满足经济社会发展要求是其第一发展要素。高效率低碳交通系统的建设，需全面考量各种

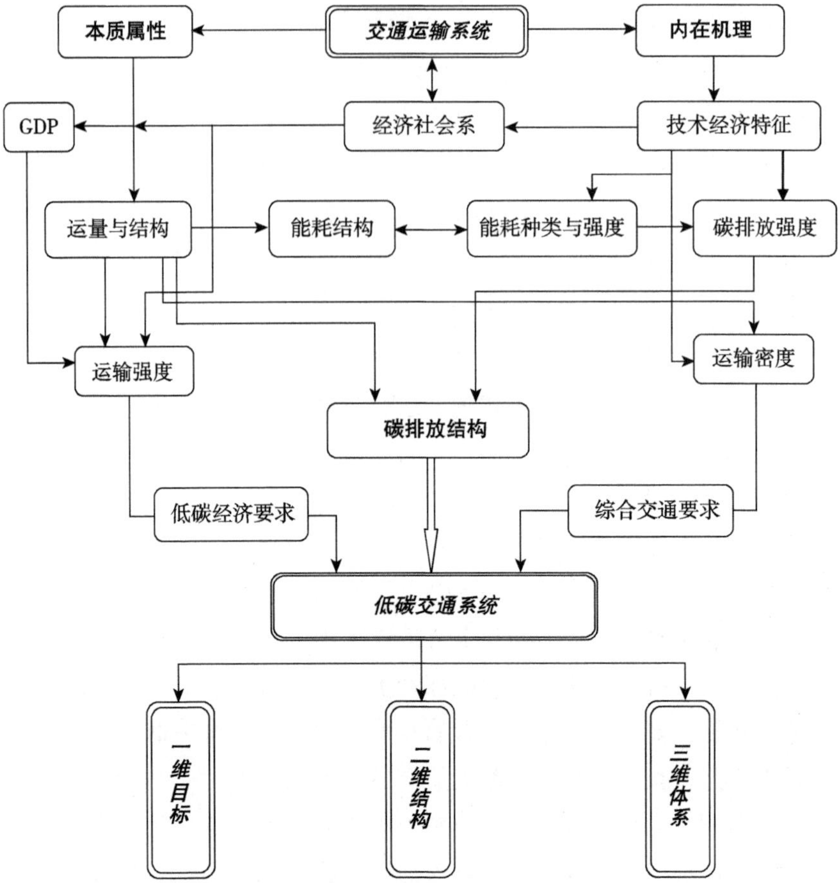

图7-7　低碳交通系统研究技术路线图

运输方式的技术经济比较优势、能源消耗种类与强度、运输强度、运输密度、碳排放强度等多种相互交织又相互制约的因素，合理确定每种运输方式的路网规模、技术结构、枢纽结构等，科学构建布局合理、衔接顺畅、技术先进、管理智能、有机结合、相互贯通的交通系统网络，强化多式联运、一体化运输，实现运输效率最大化。

高质量。高质量体现在两个方面。其一，低碳交通系统本身是高质量的，从基础设施建设、技术装备配置、运营管理体系等子系统及其各环节，都应本着低碳发展要求，科学规划、合理建设、有效运营；其二，要保证高质量的低碳交通系统能够提供高质量的运输服务，以满足经济社会发展及资源环境承载力要求。

低能耗。交通是能源消耗大户，受能源供给的制约；同时，能源消耗又是碳排放的主要来源。低碳交通系统的建设，既要采取有效的技术手段，降低每种运输方式的能耗强度，又要合理构建交通结构，以尽量实现低水平的能源消耗。

低排放。低排放是低碳交通系统核心目标，在高效率、高质量和低能耗的基础上，还需依靠技术进步和科技创新，努力降低各种运输方式的碳排放强度，并合理构建低碳交通系统结构，实施智能化运营管理，多角度降低系统碳排放水平。

7.2.2　低碳交通系统结构

7.2.2.1　各种运输方式能源消耗与碳排放特点

（1）铁路的能源消耗与碳排放

铁路是国民经济的大动脉，是综合运输体系的骨干。具有运能大、运距远等技术经济比较优势。铁路的运输动力来源于机车，我国铁路主要使用的机车有蒸汽机车、内燃机车和电力机车，三种机车分别以煤、柴油和电为动力能源，即我国铁路运输系统的能源消费种类有煤炭、柴油和电力。随着铁路科技的发展，蒸汽机车和内燃机车数量逐步减少，电力机车较快增长。2013 年，我国铁路机车合计 20835 辆，较 2005 年增长 19.24%，其中蒸汽机车、内燃机车和电力机车分别为 15 辆、9961 辆和 10859 辆，较 2005 年相比分别减少 92.23%、17.77% 和增长 110.20%。2013 年，蒸汽机车占比仅为 0.07%，内燃机车和电力机车占比分别为 47.81% 和 52.12%。

2005－2013 年我国铁路机车构成情况见表 7－6。

表 7－6　2005－2013 年我国铁路机车构成情况表（%）

	2005 年	2006 年	2007 年	2008 年	2009 年	2010 年	2011 年	2012 年	2013 年
铁路机车	100.00	100.00	100.00	100.00	100.00	100.00	100.00	100.00	100.00
蒸汽机车	1.10	0.75	0.68	0.64	0.57	0.37	0.07	0.07	0.07
内燃机车	69.33	68.25	66.16	65.20	62.39	56.56	53.48	50.98	47.81
电力机车	29.57	31.00	33.16	34.16	37.05	43.07	46.45	48.95	52.12

数据来源：《中国统计年鉴》

我国铁路能源消费的变化与牵引动力的变化密切相关。随着内燃和电力牵引逐步代替蒸汽牵引，“八五”期间铁路客货运输周转量增长23.9%，而能源消耗基本没有增长；“九五”期间铁路运输周转量增长9.03%，而能源消耗不仅没有增长，反而降低7.45%。在蒸汽机车牵引完全退出铁路正线运输之后，“十五”期间客货运输周转量增长42.06%，年均增长率7.274%；能耗增长率为20.15%，年均增长率3.74%。2012年我国铁路系统能源消耗量为2761万吨标准煤，较2005年增长28.78%，年均增速为3.68%，在交通系统能源消耗总量中的比重则由2005年的14.78%下降到2012年的9.58%。能源消耗强度（单位换算周转量的能源消耗量）由2005年的0.0080千克标准煤/换算吨公里下降到2012年的0.0071千克标准煤/换算吨公里，即2005至2012年间，铁路单位运输量的能耗下降了11.54%，年均下降1.74%，能耗强度的比重则由1.12%变化为1.30%。

蒸汽机车与内燃机车的逐步减少和电力机车的逐年增加，对铁路运输的能源消耗和碳排放影响很大。分两种情况考虑：考虑煤电转换环节等热力和电力因素，2012年铁路碳排放量为6834万吨，较2005年增长4.66%，年均增长0.65%；仅考虑运输环节，2012年铁路碳排放量为2945万吨，较2005年下降38.58%，年均下降6.73%。随着铁路电气化率的逐步提高，铁路碳排放强度（单位换算周转量的碳排放量）逐步下降：考虑热力和电力因素，铁路运输碳排放强度由2005年的0.0244千克/换算吨公里下降到2012年的0.0175千克/换算吨公里，即铁路单位运输量的碳排放量下降了57.54%，年均下降11.52%；仅考虑运输环节，铁路运输碳排放强度由2005年的0.0179千克/换算吨公里下降到2012年的0.0076千克/换算吨公里，即铁路单位运输量碳排放量下降了28.28%，年均下降4.64%。两种情况下铁路碳排放强度在整个交通系统总碳排放强度中的比重分别由1.57%和1.22%下降到1.50%和0.69%。

上述分析表明，在综合交通运输系统中，铁路的能耗强度和碳排放强度均较低，特别是随着铁路电气化率的逐步提升，铁路运输的碳排放强度较大幅度降低。

（2）公路的能源消耗与碳排放

在我国综合交通系统中，公路运输具有便捷、灵活、覆盖面广等特点，发展很快，同时也是能源消耗最多的运输方式之一。据统计，2012年我国民用车辆达到 12670 万辆，较 2005 年增长 245.98%，年均增长 19.40%。其中，公路营运部门车辆为 1504.7 万辆，私人轿车为 10502 万辆，分别较 2005 年增长 319.47% 和 98.22%，年均增速分别为 22.73% 和 10.27%。随着公路车辆的增长，能源消耗快速增长。公路运输能耗主要以石油为主，目前的道路运输能耗统计仅仅局限于营业性车辆，由于道路运输行业中存在着大量的社会车辆，这些车辆的能源消耗情况比较复杂，本研究采用国家统计局提供数据，不包括社会非运营车辆的数据。

2012 年我国公路系统能源消耗量为 18709 万吨标准煤，较 2005 年增长 138.73%，年均增速为 13.24%，在交通系统能源消耗总量中的比重则由 2005 年的 54.02% 上升到 2012 年的 64.89%。能源消耗强度（单位换算周转量的能源消耗量）由 2005 年的 0.0814 千克标准煤/换算吨公里下降到 2012 年的 0.0305 千克标准煤/换算吨公里，即 2005 至 2012 年间，公路单位运输量的能耗下降了 62.58%，年均下降 13.10%，能耗强度的比重则由 11.38% 下降到 5.60%。

随着公路运量的增长，公路运输碳排放量逐步增长。分两种情况考虑：考虑煤电转换环节等热力和电力因素，2012 年公路碳排放量为 60893 万吨，较 2005 年增长 102.65%，年均增长 10.61%；仅考虑运输环节，2012 年公路碳排放量为 59531 万吨，较 2005 年增长 102.58%，年均增长 10.61%。随着公路节能减排措施的实施，公路碳排放强度（单位换算周转量的碳排放量）逐步下降：考虑热力和电力因素，公路运输碳排放强度由 2005 年的 0.1692 千克/换算吨公里下降到 2012 年的 0.0577 千克/换算吨公里，即公路单位运输量的碳排放量下降了 65.90%，年均下降 14.25%；仅考虑运输环节，公路运输碳排放强度由 2005 年的 0.1761 千克/换算吨公里下降到 2012 年的 0.0599 千克/换算吨公里，即此期间公路单位运输量碳排放量下降了 65.99%，年均下降 14.28%。两种情况下公路碳排放强度的比重分别由 11.49% 和 11.35% 下降到 5.24% 和 5.13%。

上述分析表明，随着节能减排措施的实施，公路的碳排放强度较大幅度下降，但在整个交通系统中所占的比重仍然较高，且由于公路承担的运输量较高，导致公路运输的总碳排放量很高。

（3）水运的能源消耗与碳排放

在综合运输体系中，水路是货物运输的重要方式消费的燃料主要是柴油和燃料油。2012 年我国水路（不含远洋）系统能源消耗量为 4251 万吨标准煤，较 2005 年增长 58.98%，年均增速为 6.85%，在交通系统能源消耗总量中的比重则由 2005 年的 18.43% 下降到 2012 年的 14.74%。能源消耗强度（单位换算周转量的能源消耗量）由 2005 年的 0.0230 千克标准煤/换算吨公里下降到 2012 年的 0.0150 千克标准煤/换算吨公里，即 2005 - 2012 年间，水路单位运输量的能耗下降了 34.71%，年均下降 5.91%，能耗强度的比重则由 3.22% 下降到 2.76%。

随着水路运量的增长，水路运输碳排放量逐步增长。分两种情况考虑：考虑煤电转换环节等热力和电力因素，2012 年水路碳排放量为 9381 万吨，较 2005 年增长 57.16%，年均增长 6.67%；仅考虑运输环节，2012 年水路碳排放量为 9344 万吨，较 2005 年增长 57.52%，年均增长 6.71%。随着水路节能减排措施的实施，水路碳排放强度（单位换算周转量的碳排放量）逐步下降：考虑热力和电力因素，水路运输碳排放强度由 2005 年的 0.051 千克/换算吨公里下降到 2012 年的 0.033 千克/换算吨公里，即水路单位运输量的碳排放量下降了 35.29%，年均下降 6.03%；仅考虑运输环节，水路运输碳排放强度由 2005 年的 0.0514 千克/换算吨公里下降到 2012 年的 0.0332 千克/换算吨公里，即此期间水路单位运输量碳排放量下降了 35.41%，年均下降 6.05%。两种情况下水路碳排放强度在整个交通系统总碳排放强度中的比重分别由 3.47% 和 3.31% 下降到 3.00% 和 2.84%。

上述分析表明，随着节能减排措施的实施，水路的碳排放强度有所下降，并且在整个交通系统的总碳排放强度中所占的比重基本保持稳定，而由于水路承担的货物运输量不断增长，导致水路运输的碳排放量持续走高，但在整个交通系统中碳排放量比重略有减少，变化不大。

（4）民航的能源消耗与碳排放

2012 年我国民航系统能源消耗量为 2977 万吨标准煤，较 2005 年增长 1 倍，年均增速为 10.41%，在交通系统能源消耗总量中的比重比较稳定，基本在 10.25% 左右。能源消耗强度则由 2005 年的 0.5695 千克标准煤/换算吨公里下降到 2012 年的 0.4878 千克标准煤/换算吨公里，即 2005 - 2012 年间，民航单位运输量的能耗下降了 14.35%，年均下降 2.19%，能耗强度的比重则由 79.59% 上升到 89.56%。

随着民航运量的增长，民航运输碳排放量逐步增长。分两种情况考虑：考虑煤电转换环节等热力和电力因素，2012 年民航碳排放量为 6264 万吨，较 2005 年增长 95.08%，年均增长 10.02%；仅考虑运输环节，2012 年民航碳排放量为 6038 万吨，较 2005 年增长 93.40%，年均增长 9.88%。随着民航节能减排措施的实施，民航碳排放强度逐步下降：考虑热力和电力因素，民航运输碳排放强度由 2005 年的 1.2289 千克/换算吨公里下降到 2012 年的 1.0264 千克/换算吨公里，即民航单位运输量的碳排放量下降了 16.48%，年均下降 2.54%；仅考虑运输环节，民航运输碳排放强度由 2005 年的 1.1948 千克/换算吨公里下降到 2012 年的 0.9893 千克/换算吨公里，即此期间民航单位运输量碳排放量下降了 17.20%，年均下降 2.66%。然而，两种情况下民航碳排放强度的比重分别由 79.21% 和 81.12% 上升到 87.86% 和 89.83%。

上述分析表明，随着节能减排措施的实施，民航的碳排放强度有一定幅度下降，但在整个交通系统中所占的比重却缓步上升，说明在整个交通系统中，单位运输周转量的碳排放中，民航所占的比重不断增长，因而，仅从碳排放的角度而言，民航不适宜大运量的运输。

（5）管道的能源消耗与碳排放

2012 年我国管道系统能源消耗量为 136 万吨标准煤，较 2005 年下降 62.74%，年均降幅为 13.15%，在交通系统能源消耗总量中的比重则由 2005 年的 2.52% 下降到 2012 年的 0.47%。能源消耗强度由 2005 年的 0.0335 千克标准煤/换算吨公里下降到 2012 年的 0.0043 千克标准煤/换算吨公里，即 2005 –2012 年间，管道单位运输量的能耗下降了 87.16%，年均下降 25.42%，能耗强度的比重则由 4.69% 下降到 0.79%。

随着管道运量的增长，管道运输碳排放量逐步增长。分两种情况考虑：考虑煤电转换环节等热力和电力因素，2012 年管道碳排放量为 994 万吨，较 2005 年增长 29.26%，年均增长 3.73%；仅考虑运输环节，2012 年管道碳排放量为 435 万吨，较 2005 年增长 0.23%，年均增长 0.03%。随着管道节能减排措施的实施，管道碳排放强度逐步下降：考虑热力和电力因素，管道运输碳排放强度由 2005 年的 0.0707 千克/换算吨公里下降到 2012 年的 0.0313 千克/换算吨公里，即管道单位运输量的碳排放量下降了 55.73%，年均下降 10.99%；仅考虑运输环节，管道运输碳排放强度由 2005 年的 0.0399 千克/换算吨公里下降到 2012 年的 0.0137 千克/换算吨公里，即此期间管道单位运输量碳排放量下降了65.66%，年均下降14.16%。两种情况下管道碳排放强度的比重分别由4.56%和2.71%下降到2.68%和1.24%。

上述分析表明，随着节能减排措施的实施，管道运输的碳排放强度较大幅度下降，且在整个交通系统中所占的比重较小，从碳排放的角度出发，管道运输适宜大量货物运输。

（6）综述

由上述分析可见，虽然在低碳经济发展要求下，通过不同的节能减排措施，每种运输方式的碳排放强度均呈现出不同的下降趋势，但每种运输方式各自具有不同的动力系统，能源消耗种类、能耗强度、碳排放强度等各不相同。因而，如果仅仅从低碳发展的角度考量，应大力发展铁路、管道、水运等碳排放强度较低的运输方式，合理发展民航及公路等碳排放强度相对较高的方式。由于运输市场的需求是多层次和多元化的，每种运输方式因其不同的技术经济比较优势，在为国民经济发展服务的过程中发挥着不同的作用，每一种方式均不可或缺。

如此，低碳交通系统的构建，在结构安排的合理性方面，既要考虑每种运输方式的技术经济特征，及其在国民经济发展中所起到的作用，又要考虑到每种运输方式自身系统的能效、能耗强度及碳排放强度，以使低碳交通系统的构建能够实现以最小的能耗、最低的碳排放，提供最大限度的交通运输服务，即在发展与节能减排中达到一种动态的和合理的平衡状态。

7.2.2.2 既有交通系统的内外部效果

前述的所有分析基本基于每种运输方式的运输周转量与能耗和碳排放方面，即以单一的运输方式为着眼点，分析其交通运输产出与能耗和碳排放的相关关系；而从整个系统着手，构建低碳化的交通运输系统，则还要考虑每种运输方式自身规模和能力的利用程度及其已形成的对国民经济发展的支持作用。

（1）既有交通系统的利用

经过数十年的发展，特别是改革开放以来的快速发展，每种运输方式的规模和技术水平都取得了长足的进步，交通运输能力均有较大提高，各方式的运输密度（单位里程上的换算周转量）逐年增长。2012年，铁路、公路、水运、民航和管道等运输方式的运输密度分别为 3995.80 万换算吨公里/公里、144.85 万换算吨公里/公里、2263.64 万换算吨公里/公里、1.86 万换算吨公里和 346.83 万换算吨公里/公里，分别较 2005 年增长 12.47%、403.60%、140.18%、42.31% 和 40.26%，年均增速分别为 1.69%、25.98%、13.33%、5.17% 和 4.95%，详见表 7-7。

表 7-7　2005-2012 年各种运输方式的运输密度（万换算吨公里/公里）

	2005 年	2006 年	2007 年	2008 年	2009 年	2010 年	2011 年	2012 年	年均增速（%）
铁路	3552.79	3706.36	3976.03	4125.97	3873.33	3991.89	4192.81	3995.80	1.69
公路	28.76	31.15	34.89	91.46	99.82	112.00	129.19	144.85	25.98
水运	942.46	1046.06	1263.08	1417.92	1457.76	1805.83	2092.17	2263.64	13.33
民航	1.31	1.45	1.56	1.53	1.82	1.95	1.65	1.86	5.17
管道	247.27	322.45	342.39	333.45	292.62	279.87	346.34	346.83	4.95

可见，各种运输方式中，公路的运输密度增长最快，这与高速公路的快速发展密切相关。2014 年，我国高速公路里程为 11.19 万公里，与铁路运营总里程（11.18 万公里）相当，较 2005 年（4.1 万公里）增长了 172.93%，年均增速为 15.42%，同时等级公路比重也有较大幅度增长，技术水平的提高使得单位里程上的运输能力提升；水运的运输密度增长也较快，主要是货物运输量的大幅增长，体现出水路运输的大能力、低成本技术优势得以有效发挥；铁路的运输密度增长最为缓慢，其中一个最为主要的原因，源于铁路运输密度基数的过于庞大，2005 年即已达到 3552.79 万换算吨公里/公里，分别是同期公路、水运、民航和管道运输密度的 123.52 倍、3.77 倍、2717.28 倍和 14.37 倍；据《中国交通年鉴 2014》，目前，我国铁路的换算运输密度为 3855.7 万换算吨公里/公里，是世界上铁路运输密度最高的国家，分别是美国、俄罗斯、印度、日本、德国、英国、法国和加拿大铁路运输密度的 3.39 倍、1.45 倍、1.55 倍、2.92 倍、6.863 倍、7.93 倍、10.58 倍和 5.67 倍。无论从国内还是国际角度看，我国铁路系统利用程度都是最高的。

（2）既有交通系统的作用

交通运输是国民经济的基础设施，核心功能是为经济社会发展提供人与货物的时空位移，其对经济发展的服务程度可以用运输强度（单位 GDP

所产生的运输量）这个指标衡量。2012 年，铁路、公路、水运、民航和管道的运输强度分别为 730.15 换算吨公里/万元、1149.21 换算吨公里/万元、529.47 换算吨公里/万元、11.43 换算吨公里/万元和 59.48 换算吨公里/万元，分别较 2005 年下降 49.33%、增长 122.03%、下降 15.25%、下降 18.71% 和增长 1.63%，年均变化幅度分别为下降 9.26%、增长 12.07%、下降 2.34%、下降 2.92% 和增长 0.23%。

2005－2012 年各种运输方式的运输强度见表 7－8。

表 7－8　2005－2012 年各种运输方式的运输强度（换算吨公里/万元）

	2005 年	2006 年	2007 年	2008 年	2009 年	2010 年	2011 年	2012 年	年均增速（%）
铁路	1441.022	1312.89	1157.12	1038.16	958.17	890.33	807.17	730.15	－9.26
公路	517.602	494.68	466.57	1077.06	1115.07	1097.86	1095.82	1149.21	12.07
水运	625.108	593.06	582.01	549.71	521.73	548.50	538.47	529.76	－2.34
民航	14.056	14.05	13.63	11.90	12.36	13.17	11.93	11.43	－2.92
管道	58.527	71.26	69.62	61.37	58.50	53.73	59.59	59.48	0.23

显见，单位国内生产总值产生的运输需求中，公路承担的份量持续较快增长，已遥居首位，铁路承担的份量则持续较快下降，水运和民航亦小幅度下降。2005 年，铁路的运营里程是公路里程的 2.25%，铁路的运输强度是公路运输强度的 2.78 倍，而到 2012 年，铁路的运营里程是公路里程的 2.50%，铁路运输强度已仅为公里运输强度的 63.53%。同期，铁路运营里程与高速公路里程之比由 1.84:1 变成 1:1。可以说，公路运输强度的提升与其运网规模和技术结构的提升有关，然而，各种运输方式内部的运输组织、运营管理、市场营销、系统效率等也都在起着不同的作用。运输强度的变化既反映了不同运输方式对国民经济发展所做的贡献，同时也必会对既有交通系统碳排放的总体水平产生关键性的影响。

7.2.2.3　低碳交通系统结构的构建

交通系统结构是综合交通体系中不同交通方式所承担的交通量比重，反映了交通需求的特点和不同交通方式的主要功能与地位，直接影响着有限的交通资源的配置方式以及向交通需求者提供更优选择的可能性，是决定交通系统效率高低的关键因素之一。低碳化的交通系统结构，应可使整个交通系统的碳排放总水平尽可能低，同时有助于最有效地利用交通资源，最大限度地发挥交通系统的整体功能和作用，满足低碳经济和交通可持续发展的要求。

综合前述分析，“两高两低”（高效、高质、低耗、低碳）的低碳交通系统应满足以下几方面的要求：运输系统的运输强度总水平最低，同时碳排放强度高的运输方式，其运输强度要偏小；在满足经济发展要求和符合技术经济比较优势的前提下，尽可能使用能耗强度和碳排放强度低的运输方式，以使交通系统的总能耗和总碳排放水平最低；同时，各运输方式的系统负荷相对要均衡。

由于不同运输方式碳排放强度和运输周转量不同，因而不同的运输系统结构会产生不同的碳排放量水平。运输周转量、运输结构和碳排放强度是决定交通系统碳排放量水平的三个直接因素，运输密度、运输强度和能耗强度是间接因素。为达到上述要求，需综合考量碳排放强度、能耗强度、运输强度和运输密度等指标间的相互影响和相互制约，分别对客、货交通运输结构进行优化设计。

（1）低碳化旅客交通系统结构

低碳化旅客交通系统结构的构建，应以既有旅客交通系统结构为基础，以不同运输方式的碳排放强度指标为主要优化设计依据，辅以运输密度、路网密度、能耗强度等相关约束指标，并结合新型城镇化战略目标与进程进行综合分析设计。

①既有客运系统结构

随着公路和民航运输的快速发展，我国旅客运输市场份额长时期呈现出铁路与水运单边下降、公路与民航单边上扬的走势。至 2012 年年底，铁路和水运旅客周转量的市场份额分别降至历史最低点，分别为 29.39% 和 0.23%；同时公路旅客周转量的市场份额升至 55.32% 的历史次高点；民航旅客周转量的市场份额则一直持续走高，2012 年为 15.05%，2014 年达 21.05%。近十余年来，随着高速铁路的蓬勃发展，铁路快速网络伴随着城镇化的进程逐步形成，2013 年以来，铁路旅客运输周转量的市场份额一举扭转了数十年下滑的趋势，2013 年为 38.27%，2014 年为 38.56%，同时水运份额些微上涨，公路份额相应较大幅度下降。

2012 年和 2014 年旅客运输周转量的市场份额分别见图 7－8 和图 7－9。

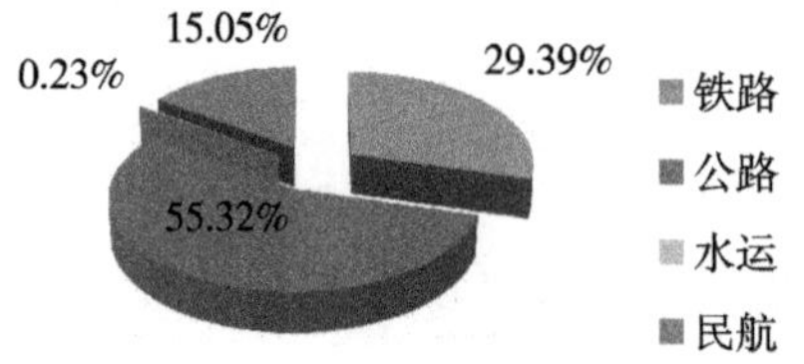

图 7-8　2012 年客运市场份额

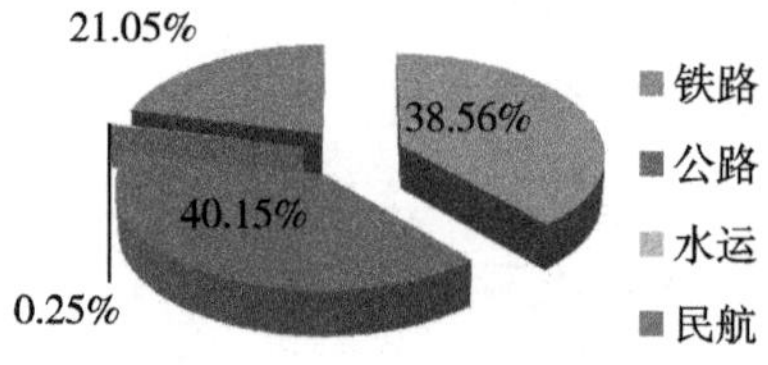

图 7-9　2014 年客运市场份额

②既有客运系统碳排放强度

2012 年，铁路、公路、水运和民航等运输方式旅客运输的碳排放强度分别为 0.0229 千克/人公里、0.0285 千克/人公里、0.011 千克/人公里和 0.0916 千克/人公里，即水运旅客运输的碳排放强度最低，占旅客交通系统碳排放强度总量的 7.14%，民航旅客运输的碳排放强度最高，占旅客交通系统碳排放强度总量的 59.48%，铁路和公路旅客运输的碳排放强度则分别占总强度的 14.87% 和 18.51%。

2005－2012 年各方式旅客运输碳排放强度见图 7-10。

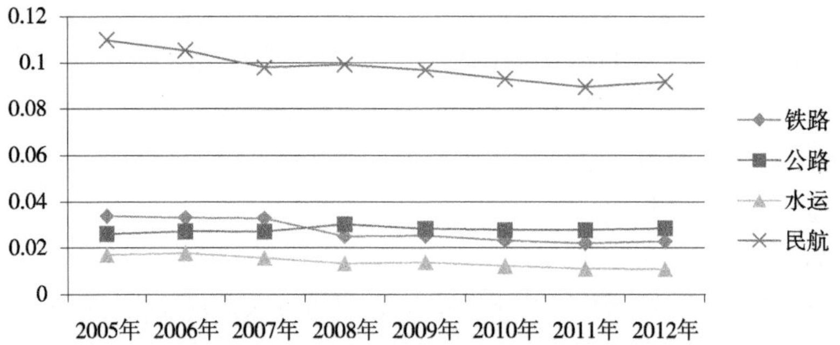

图 7-10　2005－2012 年旅客运输碳排放强度（千克/换算吨公里）

③既有客运系统运输密度

2012 年，铁路、公路、水运和民航等运输方式旅客运输的运输密度分别为 1005.36 万人公里/公里、43.58 万人公里/公里、6.20 万人公里/公里和 15.32 万人公里/公里，较 2005 年分别增长 25.05%、56.89%、12.75% 和 49.74%，年均增速分别为 3.24%、6.65%、1.73% 和 5.94%。即公路和民航的旅客运输密度增长较快，其次是铁路及水运。然而，从绝对量看，铁路旅客运输密度一直遥遥领先于其他运输方式，仅以 2012 年为例，公路、水运和民航的旅客运输密度分别仅为铁路旅客运输密度的 2.51%、

0.53%和1.34%。

2005－2012年各方式旅客运输密度情况见图7－11。

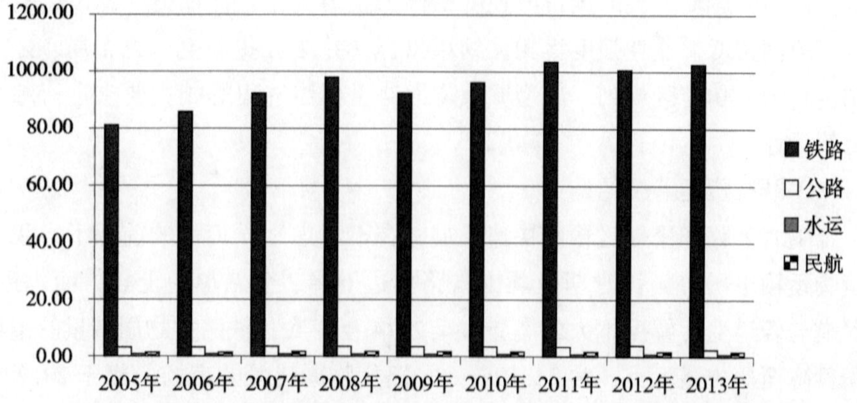

图7－11　2005－2012年各方式旅客运输密度（万人公里/公里）

④低碳客运系统的综合设想

从碳排放强度角度看，应大力发展水运旅客运输，但水运在舒适性和时效性等方面的技术特征不适宜大范围、大规模的旅客运输；民航客运虽然碳排放强度最高，但其高速性及舒适性等特征使其在长途客运市场具有绝对优势，近些年的发展势头也说明了这一点；铁路旅客运输碳排放强度低，运输密度远高于其他运输方式，且舒适度和安全性高，适宜在城市群、城市圈等旅客集中地区的运输；公路碳排放强度略高于铁路运输，而具有灵活、便捷等特点，适宜广泛而松散型的运输需求。未来，我国将加快城镇化建设，城市群内部和大城市圈之间的人员往来将更加密集，铁路的技术经济特征和低碳特点符合新型城镇化发展要求，应继续加大铁路旅客运输的发展力度，持续提高铁路路网密度，适当降低铁路旅客运输密度，努力延续目前铁路旅客运输市场份额的走势，力争保持在40%左右；通过提高公路技术结构水平，科学引导旅客运输需求侧的结构，减少不必要的公路运输，公路运输市场份额约在38%左右；优化民航运输市场，保持其在长距离快速运输市场的地位，市场份额在21.5%左右；在旅游等适宜的市场需求范围内，加强水路旅客运输的发展，保持其市场份额在0.5%左右。

综合上述，本研究确定符合低碳化发展要求的旅客运输市场结构可保持在：铁路40%、公路38%、民航21.5%、水运0.5%。

（2）低碳化货物交通系统结构

低碳化货物交通系统结构的构建，应以既有旅客交通系统结构为基础，以不同运输方式的碳排放强度指标为主要优化设计依据，辅以运输密度、路网密度、能耗强度等相关约束指标，并结合我国生产力布局、经济结构转型、功能区规划、新型城镇化战略目标与进程等相关要求进行综合分析设计。

①既有货运系统结构

随着公路和民航运输的快速发展，在不考虑远洋货运的前提下，我国货物运输市场份额长时期呈现出铁路单边下降、公路单边上扬，而水运、民航与管道变化幅度不大的态势。至2014年年底，铁路货物周转量的市场份额降至历史最低点，为21.19%；公路货物周转量的市场份额于2012年达到49.45%的历史最高点，2014年降至46.97%；2012年水运货物周转量市场份额降至23.50%，2014年升至28.36%；近年来民航货物周转量的市场份额一直保持在0.14%的历史低点；管道货物周转量的市场份额2012年为2.67%，2014年达3.33%。

2005年和2014年货物运输周转量的市场份额分别见图7－12和图7－13。

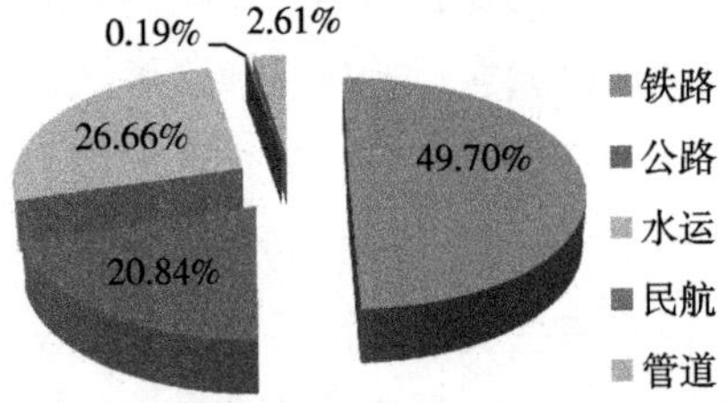

图7－12　2005年货运市场结构

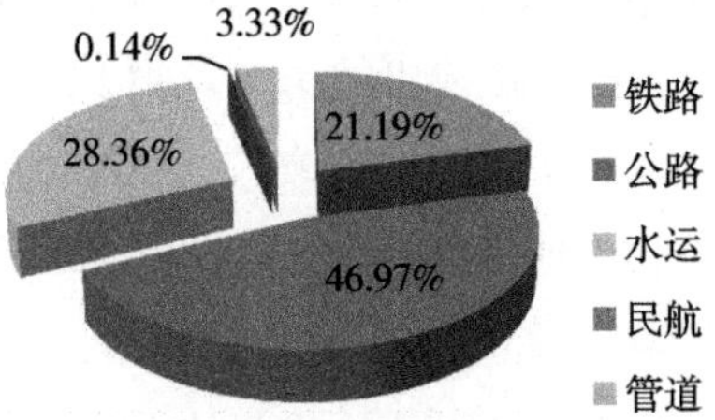

图7－13　2014年货运市场结构

②既有货运系统碳排放强度

2012年，铁路、公路、水运和民航等运输方式货物运输的碳排放强度分别为0.0142千克/吨公里、0.053千克/吨公里、0.0331千克/吨公路和1.0264千克/吨公里，即铁路货物运输的碳排放强度最低，占货物交通系统碳排放强度总量的1.23%，民航货物运输的碳排放强度最高，占货物交通系统碳排放强度总量的88.64%，管道、水运和公路货物运输碳排放强度的占比分别为2.70%、2.86%和4.58%。

2005－2012年各方式货物运输碳排放强度见图7－14。

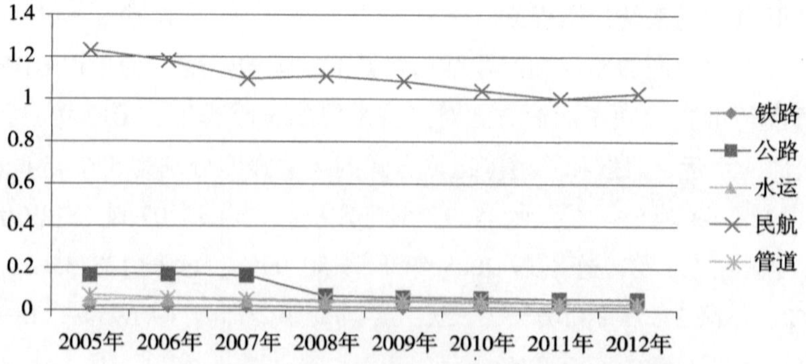

图 7－14　2005－2012 年各方式货物运输碳排放强度①

③既有货运系统运输密度

2012 年，铁路、公路、水运、民航和管道等运输方式货物运输的运输密度分别为 2990.48 万吨公里/公里、140.50 万吨公里/公里、2263.65 万吨公里/公里、0.50 万吨公里/公里和 350.55 万吨公里/公里，较 2005 年分别增长 8.79%、440.64%、150.99%、26.56%和 41.76%，年均增速分别为 1.21%、27.26%、14.05%、3.42%和 5.11%。显见，铁路货物运输密度的增长最慢，其基数大是原因之一；公路和水运货物运输密度显著增长，民航和管道也不弱。然而，从绝对量看，铁路货物运输密度仍领先于其他运输方式，仅以 2012 年为例，公路、水运、民航和管道的货物运输密度分别仅为铁路的 4.52%、86.26%、0.01%和 12.54%。2005－2013 年各方式货物运输密度情况见图 7－15。

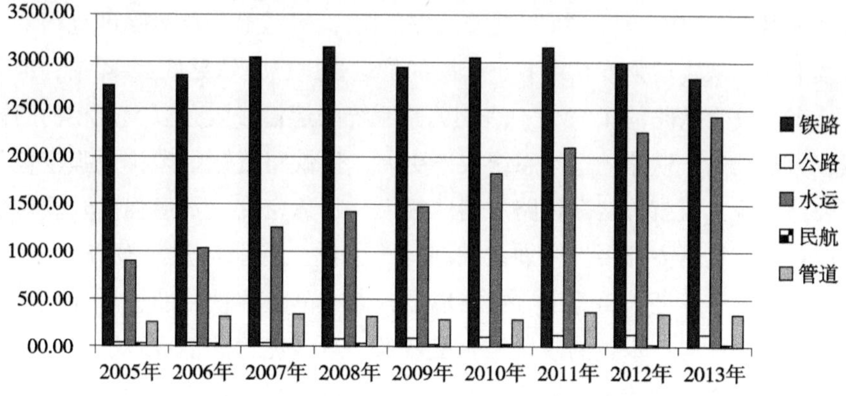

图 7－15　2005－2013 年各方式货物运输密度

① 数据来源：本书第二章。

④既有货运系统运输强度

在一定的生产力布局和产业结构背景下，运输强度（为单位GDP提供的运输周转量）反映了运输方式对经济发展的贡献程度。2012年，我国铁路、公路、水运、民航和管道等运输方式的运输强度分别为546.45吨公里/万元、1114.63吨公里/万元、529.76吨公里/万元、3.07吨公里/万元和60.12吨公里/万元，分别较2005年下降50.99%、增长138.35%、下降11.44%、下降27.71%和增长2.72%，年均变幅分别为-9.695%、13.21%、-1.72%、-4.53%和0.38%。

2005-2012年各方式货运强度见图7-16。

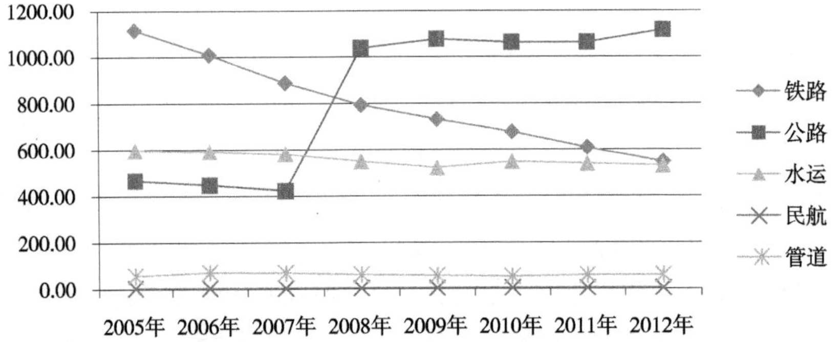

图7-16　2005-2012年各方式货运强度

⑤低碳货运系统的综合设想

从碳排放强度的角度看，民航货运的碳排放强度几乎占整个货运系统碳排放强度的90%，不适宜大量的货物运输，实施上其货运强度也很低且持续下降；从货运强度角度看，公路的货运强度已是铁路的2.04倍，但其货运密度仅为铁路的4.52%，表明公路系统的运输成效是以大规模的路网系统为基础的，铁路的运输系统效率更高，且铁路货运的碳排放强度也低于公路运输，仅就公路和铁路的运网规模、货运密度、货运强度及碳排放强度看，在货运方面要继续加大铁路建设力度，特别是要加强市域（郊）铁路和资源开发性铁路等地方铁路建设，以充分发挥铁路的技术经济比较优势和低碳优势；水运的碳排放强度较低，且大能力、低成本，是低碳化货物运输的主要方式之一，应继续提高其运输质量与运输能力；管道碳排放强度较低，具有特定的服务领域，是低碳货运系统不可或缺的运输方损失。综合上述定量与定性分析，低碳化货运系统结构宜逐步调整为：铁路

30%、公路 33%、水运 32%、民航 0.2%、管道 4.8%。

综合上述，我国低碳交通系统结构的构建，客运方面，在充分分析每种运输方式技术经济比较优势的前提下，努力保持铁路客运目前的发展势头，逐步使其市场占有率持续提高到合理水平；货运方面，降低整个系统碳排放的核心问题是提高铁路货运的能效和市场占有率，同时提高其他运输方式的科技水平，降低各种运输方式的碳排放强度。

7.2.3　低碳交通系统体系构成

经过数十年的发展，我国已形成由铁路、公路、水运、民航和管道运输共同组成的综合交通运输体系。交通系统体系一般由基础设施、技术装备和运营管理三个子系统构成。因而，从整个体系的角度研究交通系统的低碳化发展，必须对这三个子系统分别进行研究。即低碳化交通系统体系由低碳化的基础设施子系统、低碳化的技术装备子系统和低碳化的运营管理子系统构成。

7.2.3.1　低碳化基础设施

低碳化基础设施是低碳交通系统体系的物质基础，是实现交通系统低碳化的基础保证。基础设施的规模与布局一般需要通过科学的研究、规划和建设形成，依据前述分析，鉴于各种运输方式的能耗种类与能耗强度、碳排放强度、运输强度与运输密度等实际情况，及低碳经济发展的要求，我国应继续加大铁路基础设施建设，提高铁路运网规模。特别是铁路货物运输，要在干线铁路骨架网络逐步形成和完善的前提下，加快建设城际铁路、资源开发性铁路、疏港铁路等支专线铁路，完善和优化铁路运网整体结构，提高铁路整体运能，以充分发挥铁路低碳化、大运力、低成本等技术经济优势；公路基础设施建设的重心应在技术等级的提高和合理布局方面，在合理扩大高速公路网规模、提高公路网覆盖面的同时，要着重提升公路网的技术等级结构，不断推进公共交通的基础设施建设；水运是货物运输的天然优良方式，符合低碳化发展要求，应继续加强航道整治，提高等级航道比重，提高运力水平；管道是特殊的货物运输方式，应依据国民经济发展要求，科学合理布设管道基础设施，尽可能发挥管道运输的低碳优势；民航碳排放强度很高，不适合大规模货物运输，应切实把控其货物运输的领域和范围。同时，要通过科学研究和统筹规划，使各种运输方式基础设施衔接顺畅和互联互通，即应通过基础设施的合理布设和规模控制，确保低碳化交通系统体系的构建。

7.2.3.2 低碳化技术装备

技术装备特别是动力系统是交通能耗和碳排放的中枢，不同运输方式耗能种类与强度不同、技术机理和碳排放强度也不同。铁路应继续提高电气化铁路比率，持续降低交通环节的能源消耗和碳排放水平；公路运输主要消耗碳排放系数较高的柴油和汽油，应加大技术研发力度，提高能源利用效率，持续淘汰不达标运输车辆，切实降低公路运输的碳排放强度；水运宜加快油改电的技术研究和实施，提高专业化和大型化船舶比重；民航应重点研究提高能源利用效率及低碳化技术。总之，技术装备的低碳化需以科技创新和科技进步为前提，并加快实施进度。

7.2.3.3 低碳化运营管理

在基础设施规模与布局合理、技术装备先进而低碳的前提下，科学而有效的运输组织与运营管理，是最终实现整个交通系统体系低碳化的重要保障，需以低碳化发展为基本原则，在管理体制、管理模式、管理标准等方面加大衔接力度，实施智能化组织与管理。加强多式联运、集装箱化运输、电子营销网络等一体化、低碳化运输组织模式的建设，并按照供应链管理要求，加快现代物流业的发展。

7.3 我国发展低碳交通的措施和建议

7.3.1 技术装备

7.3.1.1 加大扶持力度，促进运输装备技术进步

运输车辆、船舶、港口机械、航空飞行器、交通工程机械等交通运输装备是交通运输行业的用能主体。目前交通工具能源消耗以化石能源为主，为降低二氧化碳排放，应加快技术革新，逐步改变交通工具能耗结构，降低化石能源使用比例，选用碳排放量低的新能源。另一方面，改进使用化石能源的发动机效率，提高能源利用效率，进而达到降低二氧化碳

排放的目的。

（1）铁路运输系统

①大力发展电力机车，加快既有线电化改造

铁路牵引用能近 20 年来变化明显，主要是由于铁路牵引机车类型的变化。从解放初期直至 20 世纪 80 年代，蒸汽机车一直在铁路机车中占有相当大的份额，铁路运输能耗主要来自煤炭，随着内燃和电力机车的发展，蒸汽机车所占比例逐渐降低，同时内燃机车比例大幅度增加，1988 年铁道部全面停产干线蒸汽机车，运输方式开始大规模向内燃、电力方向转变，铁路用能结构由煤炭为主转为燃油为主。国铁上运行的蒸汽机车在 2000 年基本被全部淘汰。进入本世纪，铁路向着客运高速化、货运重载化发展，电力机车得到快速发展，内燃机车所占比例逐渐减少，未来铁路运输能耗将以电力为主。总体上看，铁路牵引能耗经历了由煤炭 – 燃油 – 电力的发展过程，伴随这一过程的是铁路运输单位产品的能耗逐步降低，二氧化碳排放逐步减少。蒸汽机车终端能源利用效率一般在 6%~9%，内燃机车终端能源利用效率一般在 25%~26%，而电力机车终端能源利用效率则一般在 30%~32%。三种机车对环境的污染都有，不过对电气机车来说，它的能源来源在发电厂，可以集中整治，不用顾忌车头体积和重量的限制，整治更充分些，污染相对小一些。

②提高内燃效率，积极探索新能源

进行技术革新，提高内燃机车效率，降低内燃机车能耗。由于铁路牵引功率大，采用替代能源比较困难，目前铁路替代能源技术及相关研究较少。未来应加强铁路替代能源的开发研究，尽量改变相对单一的铁路用能结构。

（2）公路运输系统

①提高发动机燃油效率，降低单位运输能耗

近年来汽车用能结构变化不大，仍以汽油和柴油为主。汽车燃油效率越高，该车每百公里油耗就会越少，相反，汽车燃油效率越低，该车每百公里油耗就会越多。高燃油效率的汽车不仅能减少对环境的污染，少排放温室气体，而且还能减少燃油的消耗，节约燃料。因此，应加大技术研发投入，进一步提高机车发动机燃油效率，降低二氧化碳排放。

②推进运输车辆的柴油化，增加柴油车比例

在目前技术水平下，使用柴油发动机的汽车较汽油发动机汽车燃料消耗少，二氧化碳排放低，以柴油为燃料的发动机碳排放量约为汽油发动机的88%。因此，应大力推进运输车辆的柴油化进程，鼓励和引导使用柴油汽车，提高柴油在车用燃油消耗中的比重，进而降低二氧化碳的排放。

③加快新能源开发与利用，降低对石油的依赖

加快混和动力、电动、太阳能、氢等替代能源的开发与利用，研发和推广各种石油替代燃料和替代技术。推广使用节能与新能源车辆。进一步促进混合动力、纯电动等节能与新能源车辆的推广应用，逐步提高城市公交、出租汽车中天然气车辆的比重，在城市物流配送、城际客货运输车辆中积极开展试点推广工作，以新购置天然气车辆代替淘汰的老旧车辆。重点针对新能源车辆在城市公共汽车和出租车示范推广过程中的安全、便捷使用和维修问题，加强相关设施建设和人员培训，减少车辆运行中安全、故障等问题，降低车辆运行费用。通过用能品种的改变，降低二氧化碳排放。

（3）水路运输系统

①优化设计，研究船舶节能技术，开发节能环保船型

大力发展船舶节能减排新技术，积极开发和采用双尾船型等节能环保新船型和先进动力系统，鼓励采用新技术、新材料、新工艺和新结构提高船舶设计建造水平，优化新船型及其主尺度线型，优化设计减轻船舶自重，优选先进推进器、低转速大直径螺旋桨，采用节能环保型柴油机，提高燃油效率。降低船舶航行运营能耗和排放水平。

②研发船用替代燃料，降低燃油消耗

加大技术研发工作，开发船用燃料替代能源。研究太阳能、燃料电池、生物质柴油、液化天然气（LNG）、液化石油气（LPG）等清洁能源，以及岸电、风力驱动等替代驱动技术，尽量降低船用燃料油的消耗。

（4）民航运输系统

①加大实施设备的节能改造

鼓励加大对现有设施设备的技改投入，提高设施设备使用效率，降低单位产出能耗和排放。通过修订机场设计规范和建立设施设备节能技术标准等措施，提高新增设施设备的进入门槛，严格控制新增能耗点和排放源。积极推广节能新技术的应用，根据航班动态、运行条件和要求的变化实施调控能源消耗。

②加快我国民航飞机的自主研发

在飞机研发设计阶段注重降低二氧化碳排放指标，推出适合我国国情的低碳飞机。加强既有飞机节能减排改造技术研发，降低既有飞机排放。

7.3.1.2　老旧设备更新改造，优化运输工具结构

优化运力结构，加快老旧运输工具的淘汰，积极推广采用节能运输工具，优化运输工具结构，提高运输系统整体效率。

（1）铁路运输

加快发展电气化铁路，实现铁路运输以电代油。开发交－直－交高效电力机车，推广电气化铁路牵引功率因数补偿技术和其他节电措施，提高用电效率。内燃机车采用高效柴油添加剂和各种节油技术和装置。

（2）公路运输

加速淘汰高耗能的老旧汽车，引导营运车辆向大型化、专业化方向发展。推行营运车船燃料消耗量准入与退出工程。全面实施营运车辆燃料消耗量限值标准，在相关财税政策的支持配合下，试点开展老旧车辆提前退出运输市场。建立健全营运车船燃料消耗检测体系，加强检测监督管理，促进汽车生产企业和修造船厂切实强化节能减排技术进步与创新，加强对高能耗运输车船进入市场运营的源头控制。探索建立市场退出机制和配套经济补偿机制，积极争取加大国家汽车“以旧换新”补贴政策对大吨位载货汽车、公交车和农村客车的补贴力度，加快淘汰高能耗、高污染的运输车辆。

（3）水上运输

大力推进港口RTG“油改电”工作，加快淘汰高耗能、低效率的老旧设备，引导轻型、高效、电能驱动和变频控制的港口装卸设备发展。采用新船型和先进动力系统，加快淘汰高能耗、高排放、老旧工程机械、工程船舶等。

制定船舶技术标准，加快内河船型标准化进程。加紧完善并实施内河船型标准化的经济激励政策和相关法律、行政配套措施。加大资金投入，继续加强标准船型研发、现有船型比选以及落后船型淘汰等工作，加快推进长江、西江等船型标准化工作。加大补贴力度，引导内河船舶运力结构优化，提升内河航运竞争力，充分发挥内河航运节能环保的比较优势。

（4）航空运输

优化运力和航线航班，鼓励引进节能环保机型和节油改造，淘汰高油

耗的老旧飞机，建设和保持一支低能耗的环保节能型机队。建立飞机、发动机节能减排数据库，加大高能耗、高排放发动机的更换和改进力度。加强航线布局和航班编排的优化调整，提高载运效率。合理安排航班计划，对不同航线配备合适运力的机型。

7.3.1.3 提高运输工具使用水平，保持良好状态

根据不同运输工具的技术特征，制定相应的操作标准和作业流程，加强使用者相关培训与教育，增强节能意识，提高使用水平，降低能耗，减少排放。加强各类交通运输装备的日常检测和维护保养，使之处于良好的技术状态，降低能耗，减少排放。

（1）公路运输方面

继续推广甩挂运输节能减排工程。将加快发展甩挂运输作为转变道路运输发展方式、调整公路运力结构、提高货运实载率的突破口。认真落实《关于促进甩挂运输发展的通知》《甩挂运输试点工作实施方案》精神，在全国范围内筛选典型区域和典型公路运输企业在适当地区和线路上组织开展甩挂运输节能减排试点工作。在试点的基础上，进一步完善促进甩挂运输发展的相关政策、法规和标准，带动和推进甩挂运输在全国范围内的快速发展，构建甩挂运输发展长效机制，提高公路货物运输生产效率和能源利用效率，降低能耗和排放水平。

（2）民航运输方面

①飞行操纵节油

制定严格操作标准、明确工作流程、增强飞行员节能意识，增加飞行员节能驾驶方法等相关知识培训，要求在驾驶飞机滑行、起飞、爬升、巡航、下降、着陆等各个环节在保证安全的前提下实施节能操作。

②减重和配载节油

加强飞机重量管理，在保障安全与服务要求的前提下，研究采取二次放行、科学选择备降场、准确计算业务载量和机供品的配备量、控制飞机加水量、精简报刊杂志配发量、调整货载平衡等减重措施和手段，减轻负重，科学配载，降低油耗。

③维护保养节油

加强对飞机、发动机的日常维护保养，使之始终处于良好状态，保证飞机安全、可靠、高效的运行。加强飞机表面清洗维护，提高表面光洁

度，减少飞行阻力，提高燃油效率。

④应用新技术节油

充分吸收借鉴国际民航组织（ICAO）、国际航空运输协会（IATA）等国际组织先进的节油技术与经验。推广使用飞行运行控制系统，制订精确的飞行计划。建立飞机运行的全程监控，提高运行经济效率。研究利用气象条件，调整燃油携带量和配载，灵活选择航线和飞行高度。研究利用空域和地形特点，充分发挥飞机性能节油。

⑤强化地面服务节能

在政府协调下，鼓励机场、航空公司和空管部门共同努力，通过技术改进、业务流程优化，加强综合协调管理，全面提升节能水平。在保证服务质量的前提下，充分利用现有的信息管理技术，优化机场生产调度和管理流程，提高客货集散与运行效率，提高航班正常率，缩短航空器地面等待时间，加强机场车辆用能管理，鼓励使用小排量、经济环保型服务车辆，提升机场运行效率。

⑥加快空管新技术应用，改进飞行程序设计

改进飞行程序设计，充分利用卫星导航、自动相关监视、区域导航、所需导航性能、缩小垂直间隔、连续进近等航线新技术缩短飞行路线，保持最佳飞行高度，提高空域管理水平和运行效益。跟踪国际航空发达国家最新空管技术的应用情况，加强国际交流与合作，学习借鉴国外先进经验。

7.3.1.4　促进技术水平提高，降低系统整体排放

采取多种措施，积极鼓励交通运输系统节能减排技术进步，将节能减排新技术应用于规划、建设、运营、管理全过程，提高交通运输系统整体运行效率，降低系统总排放。加快形成高能效、低碳化、环保型的交通运输装备体系，为交通运输行业节能减排奠定坚实的技术基础，最大限度地降低能耗和排放水平，建设节能环保型交通运输装备体系。

（1）水运方面

发展大宗散货专业化运输和多式联运等现代运输组织方式；优化船舶运力结构，提高船舶平均载重吨位等。

（2）民航方面

加强空管现代化建设，提高空管保障能力，改善空域环境，是飞行节

油和减排的主要潜力所在。提高空中交通协同运行能力，强化运行管理和监控，优化管理流程。积极推进建立符合军民航协调发展、兼顾社会公众需要的空域使用机制，逐步实现繁忙机场终端区域内空域共享、航路附近空域规设与灵活使用相结合的空域运行管理机制，调整和优化现有航路网络。提高空管指挥水平，缩短飞机地面滑行时间和进离场航线距离，减少燃油空耗。提高空管人性化服务水平，适应不同机型、不同航程的差异性需求。

7.3.2 管理体制

7.3.2.1 建立综合交通运输体系

（1）协调交通运输与其他行业发展，实现整体效益最大化

在产业及人口布局规划时充分考虑交通因素，协调交通运输与产业发展的关系，提高系统整体效益。

货物运输方面，可以通过优化产业分布格局，缩短货物运输距离，减少货物运输量。货物运输需求的产生是因为货物供应地与需求地不同，供应地和需求地的分布特征决定了货物运输需求的流向和运输距离，而供应地供应量和需求地需求量则决定了货物运输的需求量。货物运输需求的流量流向与自然地理特点，资源分布状况，历史上形成的人口、城市、经济布局密切相关。为减少碳排放，需要降低货物运输量和运输距离，而产业布局的调整是最好的办法。通过产业布局调整，可以缩短生产地和消费地距离、改变运输货种，进而减少运输量，降低碳排放。以煤炭为例，由于煤炭储藏是不可改变的，因此可以调整消费地，将大量需要煤炭的产业布局到煤炭资源富集地区，从全国看就是东部地区耗煤产业转移至西部地区；另一方面是改变运输货种，改输煤为输电，将建在消费地的电厂转移至煤炭矿区，大力发展坑口电站。原油和矿石等大宗物资均可考虑采用这一思路，通过产业布局减少运输量，改变运输货种，进而降低碳排放。因此，产业布局的调整对减少货物运输量具有非常明显的效果，为降低交通运输业碳排放量，减少货物运输需求，在进行产业布局规划和产业结构调整时应充分考虑交通运输因素，按低碳交通的要求合理布置。

旅客运输方面，可以通过优化城镇布局和城市规划，减少旅客出行量，缩短出行时间。随着经济发展水平的提高，居民收入持续增加，消费

能力也随之增加，各项消费支出同步增加，为减少旅客出行需求，可采取的措施包括：合理规划城市布局，优化功能区分布，缩短出行距离，改变出行方式；合理确定城镇规模，优化城镇分布，避免交通集中；发展通信设施，鼓励采用现代通信技术替代部分交通出行等。

（2）协调交通运输系统内部各方式，促进交通一体化发展

建立综合运输系统体系，促进交通一体化发展，有利于提高交通运输系统整体运行效率，降低系统消耗，进而可以实现降低二氧化碳排放的效果。交通运输一体化，是指若干国家（或地区）为了适应其经济地理要求，打破国界（或行政区划）进行国家（或地区）间紧密联系和合作，并逐渐建立国际（或跨地区）组织机构及其运转机制，对交通运输进行统一规划和管理，使各种运输方式分工协作、优势互补，采用现代先进技术在物理上和逻辑上实现交通资源的整合、集成以及运输的无缝、连续的过程。交通运输一体化，就运输组织来说，既包括不同运输方式的一体化，如多式联运，还包括同一种运输方式的集约化、跨行政区的资产重组等形式，如公路运输打破行政区域界线的运输一体化。综合交通运输枢纽，是多种运输方式实现一体化衔接的节点，也是在运输方式之间进行转换的节点，在规划综合运输网络的同时，应同时注重加强对交通枢纽的统一布局和规划，不仅要着眼于运输方式之间的衔接，还应强调城际运输与城市交通的衔接配合，同时，在规划交通枢纽的过程中，要始终贯彻以人为本的思想，从真正为货主和旅客提供安全、便捷、舒适的交通运输服务为出发点，以满足货物换装和旅客换乘的需求为最终目的。

7.3.2.2　优化规划建设方案

（1）提高交通基础设施总规模，保障运输顺畅

增加交通基础设施规模，可以使出行更加便捷、灵活，缩短出行距离，避免拥堵，减少客货周转量和在途时间，进而减少二氧化碳的排放。

①加快铁路建设，扩大铁路网规模

铁路具有运能大、能耗低的技术经济特征，在低碳经济的发展要求下，铁路运输应得到大力发展。为畅通铁路客货物资运输，降低二氧化碳排放，应加大铁路基础设施建设投入，扩大铁路网规模；在路网稀疏地区增加路网密度，减少绕行；繁忙干线上实现客货分线运输，提高运输效率；打通断头路，增加联络线，提高路网的便捷性，提高网络效率；合理

布置客货运输场站，优化作业流程，降低中间转运消耗。

②加快公路建设，扩大公路网络规模

公路运输具有方便、灵活的优势，是完成运输任务不可或缺的环节。公路的拥堵直接造成能源消耗的增加，汽车怠速运行仍需消耗燃料，但却不完成运输任务；而汽车低速运行时，燃油效率较低，使得单位运输周转量燃油消耗增加。因此，拥堵会直接增加燃油消耗，进而增加二氧化碳排放。另一方面，部分地区稀疏的路网，使得运输增加绕行距离，也导致二氧化碳排放的增加。为降低公路运输二氧化碳排放需加快公路建设，加大基础设施投入，扩大路网规模；加快高速公路网络建设，提高路网通行能力和效率；加快农村公路建设，扩大路网覆盖面；打通断头路，强化连接线，发挥公路网络效益；优化公路运输站场布置，与其他运输方式有效衔接。

③加快航道、码头建设，大力发展水路运输

相比其他运输方式，水运碳排放较小，但受多方面因素制约，目前发展缓慢，在综合运输中所占比重较小，尤其是内河航运发展尤为滞后。为降低交通运输系统二氧化碳排放，未来应加大对水路运输的投入，大力开发利用长江、京杭运河、珠江、淮河、黑龙江及其他水网富集地区水运资源，整治航道，提高航道等级，加大码头建设力度，完善后方集疏运通道，大力促进水运发展；根据运输需求，优化布置沿海港口，促进沿海港口规模化、专业化发展。

④扩展民航空域，优化机场布局

随着人们对运输服务的时效性要求越来越高，民用航空将快速发展。近年来我国民用航空发展迅速，由此造成空域资源不足，带来两个问题，一是由于空域资源的不足，航路拥堵，飞机延误，而机场降落航路的拥堵会造成飞机在空中盘旋等待，空耗燃油；二是禁飞区的设定使得航路曲折，增加绕飞距离，增加燃料消耗。为适应民航运输需求，降低民航运输系统二氧化碳排放，应尽量扩大民航空域，合理设置禁飞区和航线，避免航路拥堵，减少绕飞。此外，应根据运输需求，优化机场布局，形成高效节能的民航机场体系。

⑤加快城市交通基础设施建设，大力推进公共交通发展

改善城市交通基础设施，增加城市路网，提高道路面积占城市面积的

比重，在加快城市主干道路建设的同时更应注重次干路、支路的建设，减少绕行，促进车流有序流动。加强公共交通系统建设，提高地面公交线网覆盖率，优化地面公交线网布局，优先保障地面公交场站用地。在有条件的城市，大力推进轨道交通建设。

（2）提高低碳运输方式比例

①提高低碳运输方式乘坐的便捷、舒适性

方便、快捷、乘坐舒适是人们选择运输方式的重要因素，为促使更多的运输需求转向低碳运输方式，可采取措施提高低碳运输方式的旅行速度、增加乘用便捷性、提高乘坐舒适度等措施吸引客货运输需求。如提高铁路旅客列车运行速度和舒适度，修建高速铁路，吸引公路及民航客流；提高城市的公共交通服务水平，吸引私人交通转移至公共交通。

②降低低碳运输方式运价，采用经济手段实现调节

采用国家财政补贴或税收优惠等方法，降低低碳运输方式运输成本，进而降低运输价格，利用价格杠杆引导旅客和货物由高碳运输方式向低碳运输方式转移。如降低火车、长途汽车票价，提高小汽车使用成本，吸引私人小汽车交通方式转移至火车、长途汽车等公共交通方式。

③增加低碳运输方式基础设施，提高容量

增加低碳运输方式的投入，扩大其基础设施规模，提高容量，避免因其产生拥堵而运输需求发生转移。如大力发展铁路货物运输，以尽量减少因铁路能力不足而转移的运输量。

④增加人们环保意识，倡导低碳出行

增加舆论宣传和知识普及，使人们了解各种运输方式和不同类型运输工具的二氧化碳排放，认识到降低二氧化碳排放的重要性，形成良好的社会氛围，增强环保意识，使人们有意识地选择低碳交通方式出行。

（3）建设过程的低碳技术应用

基础设施建设过程中采用节能技术和手段，降低建设能耗，同时优化设计方案使建成后运营能耗降低。加强基础设施节能减排技术攻关和推广，积极研发推广节能减排新技术、新工艺、新设备和新能源。

铁路基础设施规划设计和建设中，线路采用自然坡度小、增大曲线半径以减少阻力降低能耗；动车组采用长交路、集中修，合理配置动车数量，充分发挥动车效能；采用低损耗牵引变压器和载流承力索降低牵引网

电能损失，减少能耗；变、配电所及站、段、所场的动力车间尽量深入负荷中心；房屋尽量集中布置，合理选择房屋地址及朝向，尽量控制建筑物体系数，合理确定门窗面积，按建筑节能设计标准选用墙体、屋面及隔热层材料；给排水合理选择水源，给水设置自动控制系统，给水干管采用耗能少的塑料管减少管道水头损失等。

公路基础设施规划设计和建设中，降低路线纵坡，增大曲线半径，保持线路顺直；应用温拌沥青铺路技术，应用发光二极管（LED）、无极荧光灯（电磁感应灯）等节能灯具进行隧道照明，隧道智能通风照明控制技术等。

水路基础设施规划设计和建设中，优化港区电网设计，减少高次谐波产生的附加损耗，提高港区电网供电质量，减少电能在传输过程中的消耗。在大型专业化码头中推广变频调速、自动化系统控制技术。货场照明控制和绿色电源技术、门机回馈制动技术。大力研发推广应用电能回馈、储能回用、岸电等绿色节能减排技术，以及电动水平运输车辆等新工艺新技术。

7.3.2.3 提高运输系统效率

（1）合理安排运输线路，优化运力调配，提高实载率

根据运输需求情况，优化运输组织方案，对运输需求进行合理整合，实现集约化运输，提高运输线效率。合理安排运输线路，形成干线、专线优化配合的运输体系，干线实现大方向上的集中运输，支线实现分支方向的集中疏散运输。优化运力调配，根据运输需求的特点，依据运输量、运输要求合理安排运输工具，并通过合理调配，避免迂回运输，进而提高运输工具的实载率，提高运输效率。采用现代方法和手段，优化计算，统筹调配，从系统最优的角度安排运输线路和运输工具，提高整个系统运输效率，降低系统二氧化碳排放。

（2）大力发展现代物流业，推进运输专业化进程

现代物流业是现代服务业的重要组成部分，是促进产业结构优化升级的重要领域。现代物流运用全新的管理理念，通过对物流全过程多要素的计划、实施和控制，将运输、仓储、装卸、加工、整理、配送、信息等环节有机地结合，形成完整的供应链，从而为用户提供高效率、多功能、一体化的综合性服务。它对加速经济循环、降低成本和提高企业竞争力有着

十分重要的作用。随着现代物流业一同发展的是第三方物流，第三方物流是指生产经营企业为集中精力搞好主业，把原来属于自己处理的物流活动，以合同方式委托给专业物流服务企业，同时通过信息系统与物流企业保持密切联系，以达到对物流全程管理的控制的一种物流运作与管理方式。现代物流业的发展对降低交通运输系统二氧化碳排放也具有重要意义，原本由各个分散的企业和个人承担的运输任务，转移给专业化运作的第三方，第三方可以通过规模化经营、专业的组织调配等大大提升运输效率，降低运输消耗，进而达到节约能源，降低碳排放的效果。

（3）推进交通运输业信息化建设，利用现代信息手段组织交通运输

在以信息化为特征的新型工业化时代，要通过信息化带动交通运输业发展，建设和发展智能型交通运输系统是优化运输组织，提高运输效率，实现交通运输低碳发展的重要手段。主要包括：发展全球卫星定位系统（GPS），用于火车、汽车、船舶、飞机等运输工具动态管理，提高车、船、飞机利用率和物流资源配置效率，并极大地提高服务质量与水平；发展智能型交通运输系统（ITS），实现对铁路、公路、水路、民航、公交、港口、场站、运输企业进行战略决策、运营管理、作业管理、调度指挥、跟踪监控、安全运行、事故检测与排除、紧急救援和公路不停车收费等的现代管理；发展建立在交通运输数字化基础上的交通地理信息系统（GIS），使之成为交通运输科学管理和决策的依据；加强电子数据交换（EDI）系统的建设，对从事国际集装箱运输的港航企业以及公路、铁路、水路、航空承运人、代理人、场站和理货以及海关、检验检疫、港监和银行、保险、税务等有关当事人，按照协议或规定，以运输标准信息，通过数据通信网，在各自的计算机系统之间进行数据交换和数据处理，可便捷地完成集装箱有关信息的传输和运作，以达到运输信息流转过程的自动化和高效化；发展条形码和扫描技术，加强货物、运输工具、集装箱、托盘的信息收集、转换，加强货物运输准确、适时的管理，提高运输效率要鼓励高新技术在交通运输领域的推广和运用等。

（4）加强交通秩序管理，实现交通运行顺畅

采用科学、灵活的交通管理措施，来有效提升行车速度，提高行车速度不仅能够使车辆单位行车里程的油耗降低，排放相应减少，还能使道路交通量得到提高。

7.3.2.4 推进运输需求管理

随着经济社会的发展，人员物资的交流也将随之愈加频繁，运输需求必将随之增长。在一定的发展时期，运输需求的增长与经济发展之间具有密切的相关关系，近年来随着经济的迅速增长，运输需求也迅猛增长。从我国目前的经济发展形势看，未来一段时间经济仍将持续快速增长，随之而来的将是运输需求的持续快速增长。

从运输供给方面看，过去十几年是我国历史上交通基础设施发展最快的阶段，虽然基础设施等级明显提高，但线路里程增长远低于运输需求总量的增长，因此运输需求的矛盾并未完全解决。未来运输需求仍将持续快速增长，但受财力、时间、土地等方面的制约，运输供给的增长速度必将受到限制，一定时期内需求与供给的矛盾仍将存在。

运输需求管理目前主要应用在解决运输需求与供给之间的矛盾，在此将运输需求管理的概念进行延伸。由于运输总量的持续增长，交通运输业的碳排放总量也将持续增长，而受制于我国碳排放总量的约束，交通运输业的碳排放量不能无限制增长。降低交通运输业的碳排放量也可以借鉴运输需求管理的方法，因为从运输供给的角度看，可以采取的措施是利用各种手段降低单位运输产品的碳排放量，但受技术、财力、人们习惯等多种因素限制，不可能无限制降低单位运输产品的碳排放量，而且其降低的速度是逐渐趋缓的，鉴于这一情况，必须从运输需求的角度进行管理，从需求侧采取措施降低碳排放量。

采用运输需求管理的方法应用于降低二氧化碳排放，即对运输需求的需求总量、需求结构、需求分布等进行引导和管理，使得需求总量减少、需求结构优化、需求分布均衡，进而达到降低交通运输系统二氧化碳排放的目的。

依据交通需求从产生到完成的过程，相应的引导及管理措施可分别从出行产生、出行分布和方式选择三个阶段进行。

在出行产生阶段，降低碳排放的措施可从客货两方面考虑，货物运输方面，优化产业分布格局，缩短货物运输距离，减少货物运输量；旅客运输方面，优化城镇布局和城市规划，减少旅客出行量，缩短出行时间。

在出行分布阶段，降低碳排放的措施，可以从时间和空间两个角度考虑，时间方面，引导运输需求时间分布，削减运输高峰时段；空间方面，引导运输需求空间分布，避免拥堵，实现路网流量均衡。

在方式选择阶段，降低碳排放的措施包括：提高低碳运输方式乘坐的便捷、舒适性；降低低碳运输方式运价，采用经济手段实现调节；增加低碳运输方式基础设施，提高容量；增加人们环保意识，倡导低碳出行等。

7.3.2.5　制定行业规范标准

（1）出台政策法规

制定财政、税收等相关政策，利用经济手段鼓励低碳交通发展。目前看，有两种方式，一种是利用财政、税收等政策，降低低碳方式成本，提高高碳方式成本，进而达到鼓励低碳方式，如收取二氧化碳排放税。另一种是建立碳排放交易机制，设定一个允许排放的污染物的总额限制，在交易机制下，公司或部门被授予一定数额的配额，以此作为排放该数额的污染物的权利。多排者或从少排者购买许可，或面临重罚。

（2）设定减排目标

作为控制目标，其制定既要有一定的约束性，又要有合理性和可行性。我国交通运输业碳排放控制目标既要满足经济社会发展对交通运输的需求，保证交通运输的持续发展，又要着眼于环境保护，保证减缓气候变化目标的实现；既要允许交通运输需求增长所带来的碳排放合理增长，又要鼓励依靠科技进步和加强组织管理，提高低碳交通的发展水平。综合分析我国交通运输业碳排放构成现状，未来交通运输业的发展趋势，以及各种运输方式的发展水平、需求结构变化、节能减排潜力、运输方式布局等，建议 2030 年我国交通运输业二氧化碳排放总量控制在 18 亿吨左右。

（3）制定排放标准

国家制定相应的标准，并严格执行，可以促进交通运输业改进技术，降低油耗，提高燃油经济性，降低二氧化碳排放。标准可分为两类，一是运输工具的减排标准，制定国家强制标准限制运输工具能耗，如我国 2004 年 10 月发布的《乘用车燃料消耗量限值》，限制了不同类型新车的百公里油耗；另一类是运输经营者的减排标准，制定不同类型运输企业完成范围运输产品的能耗，如制定公路运输企业每吨公里货物的耗油量标准。第一类标准的制定可以促使运输工具制造企业改进技术，提高发动机燃油效率，降低油耗；第二类标准可以促使运输经营者选用节能的运输工具，注重日常维护保养，合理调配运输，达到节能效果。

7.3.3 金融税收

7.3.3.1 深化财政扶持政策

(1) 建立健全低碳交通发展财政扶持机制

将低碳交通发展资金纳入预算管理，加大中央预算内投资和中央财政节能减排专项资金在低碳交通项目上的投入，设立不同层次的交通运输节能减排专项资金，各级政府和交通主管部门要把发展低碳交通投入作为交通公共财政支出的重点，加大财政扶持力度，充分发挥政府资金的引导作用，逐步形成以国家和地方政府资金为引导、企业资金为主体的低碳交通发展建设投入机制。在建立分层级的低碳交通发展专项基金的同时，完善和加强交通运输节能减排专项资金管理，提高资金使用效益。

(2) 建立健全交通节能减排激励政策

除了直接采用财政补贴方式，鼓励低碳交通发展外，应建立交通节能减排激励机制，设立专项资金，用于鼓励、支持交通节能减排监管体系建设、节能新技术和新产品的研发与示范推广、节能宣传培训、信息服务，以及表彰、奖励节能减排效果明显、社会环境效益显著的交通项目、企业。发展低碳交通的财政资金和奖励标准应根据具体交通项目的性质、投资总额、实际节能减排量和减排效率，以及产生的社会效益等综合测算确定补助和奖励额度，并深化“以奖代补”“以奖促治”的方式，优化财政资金使用结构，提高资金使用效益。引导行业建立激励政策，鼓励交通运输企业增加节能减排技改投入。

7.3.3.2 发挥税费杠杆功能

深入研究分析资源税、环境税、消费税、进出口税等税制改革对交通节能的影响，积极推动碳税、燃油消费税等绿色财税制度改革，实施差异化的车船使用税、通行费等政策，探索拥挤收费等经济政策。研究制定针对低碳节能交通设施、运输工具、交通新能源和新技术等项目的税费减免优惠政策，鼓励和支持低碳交通方式的全面和纵深发展。实施节能减排税费优惠政策的同时，提高高能耗、高排放交通项目的贷款门槛，将交通项目环境违法信息纳入中国人民银行企业征信系统和银监会信息披露系统，与企业信用等级评定、贷款及证券融资联动。

7.3.3.3　其他金融手段补充

（1）建立专项发展基金

研究建立低碳交通发展专项基金的可行性和必要性，用以扶持低碳交通基础设施、设备、交通工具等的研发、制造和应用。

（2）强化金融支持力度

加大各类金融机构对节能减排项目的信贷支持力度，鼓励金融机构推出适合节能减排项目特点的信贷管理模式。引导各类创业投资企业、股权投资企业、社会捐赠资金和国际援助资金增加对节能减排领域的投入。

（3）拓宽低碳交通项目融资渠道

节能减排重点工程所需资金主要由项目实施主体通过自有资金、金融机构贷款、社会资金等解决。除了积极争取中央和地方财政资金支持和税费优惠政策外，积极拓宽融资渠道，充分利用金融机构信贷资金以及社会资金，扩大利用外资渠道，积极争取国外无偿援助和优惠贷款，探索清洁发展机制（CDM）等在交通领域的应用。鼓励交通企业采用能源合同管理、租赁代购等方式拓宽节能减排融资渠道。

7.3.4　其他措施建议

7.3.4.1　人才培训

人员培训：驾驶员、管理者、社会公众

在人才培训方面，开展驾驶员技能培训，提高汽车驾驶员节能素质，强化节能驾驶培训管理。驾驶员的操作水平也是影响公路运输能耗重要因素。不同操作水平的驾驶员驾驶车辆油耗相差达 7%~25%；车辆平均吨位每提高 1 吨，车辆的单耗就可降低 6%；拖挂车运输比单车运输平均降低油耗 30% 左右；车辆的里程利用率提高 1% 可使汽车油耗降低 3% 等。因此，提高汽车使用水平，将是道路运输节约能源、减少碳排放的一个重大突破口。

7.3.4.2　宣传贯彻

在宣传贯彻方面，加大媒体宣传力度，规范媒体宣传行为；发挥领导干部模范示范作用；倡导低碳出行方式，推广无车日活动。

加大媒体宣传力度，规范媒体宣传行为。通过多媒体电视、互联网、平面报纸等多种媒体宣传，引导帮助居民建立正确的低碳消费观念，在广大居民中树立“低碳交通、绿色出行”的交通理念。

发挥领导干部模范示范作用。各级领导干部要力所能及地率先垂范和践行低碳交通和绿色出行理念，家属子女也建议要做出表率，从而调动全社会的积极性。

倡导低碳出行方式，推广无车日活动。深入开展无车日活动，组织系列绿色出行的主题宣传活动，倡导市民选择低能耗、低排放的低碳交通出行方式，少开私家车、多乘公交车、多骑自行车、多步行，推动无车日活动常态化。保护生态环境的同时，还促进了全民健身运动的开展。

将低碳交通理念列入中小学教科书。

7.3.4.3 其他措施

在其他方面，建议构建低碳交通公众信息服务系统，推广智能交通系统，减少公众出行和客货运输产生的碳排放。

构建低碳交通公众信息服务系统。在试点城市现有交通公众信息服务平台中，增加低碳交通信息服务功能，通过提供汽车和燃料的专业信息，及对各种运输方式和公共交通相关信息的汇集，帮助公众制订出行计划和提供多样化出行方式的选择，引导公众更多选择低碳出行方式。

推广智能交通系统。将先进的信息技术、数据通信传输技术、电子传感技术、电子控制技术以及计算机处理技术等有效地集成运用于整个交通运输管理运营体系，建立起一种在大范围内、全方位发挥作用的，实时、准确、高效的综合运输和管理运营系统。以提高综合运输效率，减少单位运量产生的碳排放。

参考文献

[1] 彭辉，朱力争编著．综合交通运输系统及规划．西南交通大学出版社，2006.

[2] 王慧炯，李泊溪，李善同主编．可持续发展与交通运输．中国铁道出版社，2000.

[3] 沈志云，邓学钧编著．交通运输工程学（第二版）．人民交通出版社，2003.

[4] 张坤民，潘家华，崔大鹏主编．低碳发展论．中国环境科学出版社，2009.

[5] 国家发改委综合运输研究所．交通运输系统节能减排方向与途径研究．2009.

[6] 曾琪．低碳中国．法律出版社，2010 年 7 月.

[7] 许广月．低碳经济的理论内涵探讨．西部论坛，2010 年 03 期.

[8] 杨春平．循环经济与低碳经济内涵及其关系．中国经贸导刊，2009 年 25 期.

[9] 王晨．低碳经济的内涵及理论基础浅析．时代金融，2010 年 6 期.

[10] 宿凤鸣．低碳交通的概念和实现途径．综合运输，2010 年 5 月.

[11] 刘丽亚．走低碳交通之路促城市可持续发展．综合运输，2010 年 1 月.

[12] 中国节能投资公司编．2009 中国节能减排产业发展报告．中国水利水电出版社，2009.

[13] 倪克澜．减少个人出行的碳足迹 – 未来的公共交通，唐山可持续发展蓝图国际研讨会，2010.

[14] 林路．铁路—绿色交通的骄傲，铁路知识，2009 年 02 期.

[15] 杨雪英．更加绿色的未来 – 英国低碳交通发展思路．交通建设与管理，2010（11）.

[16] 陈俊荣．欧盟 2020 战略与欧盟的低碳经济发展．国际问题研究，2011（3）.

[17] 赵刚，林源园，程建润．欧盟大力推进低碳产业发展．科苑，2009（12）.

[18] 赵刚．欧盟大力推进低碳产业发展的做法与启示．中国科技财富，2009（11）.

[19] 华金秋，王瑗，华金科．欧盟发展低碳经济的成功经验及其启示．科技管理研究，2010（11）.

[20] 史立新．交通能源消费及碳排放研究，中国经济出版社，2011.

[21] 韩光，刘啸波．欧洲船舶工业的低碳行动．中国船检，2010（6）.

[22] 蒋新亭．浅谈美国的交通信息系统．山西建筑，2008（5）．
[23] 刘晓华．美国加州道路交通管理的特色与启示．综合运输，2004（2）．
[24] 周紫君．2011 年美国十大交通运输热点问题．交通世界，2011（Z1）．
[25] 美国交通运输政策的演变．交通企业管理，2003（6）．
[26] 马银波．美国运输业发展现状分析与启示．综合运输，2005（12）．
[27] 罗巧灵．美国交通政策“绿色"转型、实践及其启示．规划师，2010（9）．
[28] 宋彦，彭科．城市总体规划促进低碳城市实现途径探讨－以美国纽约市为例．规划师，2011（4）．
[29] 王斌．美国道路交通管理之二：交通组织方式．道路交通管理，2008（1）．
[30] 胡恺．美国的物流联动模式分析．上海地方交通，2008（9）．
[31] 王谋，潘家华，陈迎．《美国清洁能源与安全法案》的影响及意义．气候变化研究进展，2010（7）．
[32] 张波．未来美国交通如何减排．科学新闻，2011（5）．
[33] 葛学平．美国现代物流发展的三方互动模式研究及启示．中国港口，2011（4）．
[34] 南玉霞．美国物流法律制度特点及对我国的启示．物流技术，2010（7）．
[35] 单宝．欧洲、美国、日本推进低碳经济的新动向及其启示．国际经贸探索，2011（1）．
[36] 联合国政府间气候变化专门委员会，2006IPCC 国家温室气体清单指南〔R〕．IPCC 国家温室气体清单专题组，2006．
[37] 蔡博峰，冯相昭，陈徐梅．交通二氧化碳排放和低碳发展〔M〕．北京：化学工业出版社，2012．
[38] 刘永刚．委员建议建立“低碳评估体系”碳排放指标应挂钩官员政绩〔J〕．中国经济周刊，2010．
[39] 张志俊．低碳交通建设统计监测指标体系的构建与调查方法的确立〔J〕．统计与决策，2011．
[40] 张志俊．交通经济运行状况统计监测模式与体系的构建〔J〕．统计与决策，2012．
[41] 李中杰，郑一新，陈云波等．昆明交通运输碳排放特征与问题解析〔J〕．中国人口资源与环境，2011．
[42] 王静．居民家庭交通碳排放模型研究〔D〕．西安：长安大学，2011．
[43] 苏涛永，张建慧，李金良等．城市交通碳排放影响因素实证研究——来自京津沪渝面板数据的证据〔J〕．工业工程与管理，2011．
[44] 朱钥，贾思奇，张俊魁等．基于 Hadoop 的城市交通碳排放数据挖掘研究〔J〕．计算机应用研究，2011．

[45] 宋立. 单位生产总值碳排放指标分解探讨〔J〕. 经济问题探索，2010.

[46] 高扬，张晓明，周茂松等. 城市居住社区交通碳排放特征及交通碳排放评估模型研究——以广州市为例〔C〕. 2012 城市发展与规划大会论文集，2012.

[47] 竺石磊，周雪梅，付菊红. 低碳经济下的公路交通现代化评价体系探讨〔J〕. 交通信息与安全，2010.

[48] 李红镝，邹筑煜. 交通运输可持续发展及其评价指标体系的建立〔J〕. 交通环保，2003.

[49] 李连成，吴文化. 我国交通运输业能源利用效率及发展趋势〔J〕. 综合运输，2008.

[50] 郭杰，陈建营，欧阳斌. 中国区域低碳交通评价指标体系研究〔J〕. 综合运输，2012.

[51] 国家发展和改革委员会. 中华人民共和国气候变化初始国家信息通报〔R〕. 中国国家气候变化对策协调小组，2004.

[52] 国家发展和改革委员会. 中华人民共和国气候变化第二次国家信息通报〔R〕. 中国国家气候变化对策协调小组，2013.

[53] 蔡博峰，冯相昭，陈徐梅. 交通二氧化碳排放和低碳发展〔M〕. 北京：化学工业出版社，2012.

[54] 亚洲开发银行. 中国公路交通资源优化利用〔M〕. 中国经济出版社，2009.

[55] 陈治亚等. 铁路机车运输能源消耗统计现状分析〔J〕. 中国铁路，2010（06）.

[56] 马超云等. 铁路机车单耗测算模型研究〔J〕. 铁路运输与经济，2011（05）.

[57] 贾顺平等. 中国交通运输能源消耗水平测算分析〔J〕. 交通运输系统工程与信息，2010（02）.

[58] Dipl. – Wirtschaftsing. Wolfram Knorr，Dipl. Ing. Frank Dünnebei. 中国交通：不同交通方式的能源消耗与排放〔R〕. 海德堡能源与环境研究所与中国国家发改委综合运输研究所. 2008.

[59] 陈俊荣. 欧盟 2020 战略与欧盟的低碳经济发展〔j〕. 国际问题研究，2011（3）：65—69.

[60] 周柯、李姗姗. 美国低碳交通的政策法律对我国的经验与启示.《法制日报》. 2012 年 3 月 28 日.

[61] 骆华，费方域. 英国和美国发展低碳经济的策略及其启示. 软科学. 2011 年 11 月.

[62] 李理，王伟淇，郝振清. 发达国家低碳交通政策及其启示. 湖南省第六届研究生创新论坛长沙理工大学“节能减排”分论坛.

[63] 发达国家城市低碳交通的经验与借鉴。国研网.

[64] 何玉宏 谢逢春 郝忠娜，国内外城市交通拥堵治理分析及借鉴。《城市观察》2013 年第 2 期.
[65] 绿色交通运输发展国际经验借鉴分析，刘振峰，《交通运输部管理干部学院学报》，2014（1）.
[66] 借鉴国际经验发展我国城市低碳交通，牛雄 麦贤敏，中国经济新闻网，2013 - 01 - 03.
[67] 国外治理城市交通拥堵的经验，中共北京市委研究室，首都社会经济发展研究所课题组.
[68] 大城市低碳交通发展与对策研究，张超群，湖南大学硕士论文，2012 年 11 月.
[69] 发达国家发展低碳交通的政策法律措施及启示。李珊珊，山西财经大学学报，2012 年 4 月.
[70] 低碳交通运输规划研究现状、问题及展望，欧阳斌，李忠奎，凤振华，中国流通经济，2014 年第 9 期.
[71] 大都市低碳交通策略的国际案例比较分析，胡垚，吕斌，国际城市规划，2012 Vol. 27，No. 5.
[72] 高进军，陆礼．低碳交通运输的政策设计与实践进展〔J〕交通企业管理，2012，(5).
[73] 李晔，张红军．美国交通发展政策评析与借鉴〔J〕．国外城市规划，2005，(3)．
[74] 吴洪洋．美国交通运输战略与节能环保〔J〕．世界环境，2008（5）.
[75] 李欠标．美国运输战略规划的特点及启示〔J〕．综合运输，2008（12）.
[76] 孟晶．日本：政策引导抢占技术制高点——国外低碳经济政策与法规介绍〔J〕．中国石油和化工，2010（8）.
[77] A Carbon Reduction Strategy for Transport. Presented to Parliament by the Secretary of State for Transport by command of Her Majesty. July 2009.
[78] The UK Low Carbon Transition Plan – National strategy for climate and energy. Presented to Parliament pursuant to Sections 12 and 14 of the Climate Change Act 2008. Amended 20th July 2009 from the version laid before Parliament on 15th July 2009.
[79] High Speed Rail and Greenhouse Gas Emissions in the U. S.. January 2006. PREPARED JOINTLY BY Center for Clean Air Policy Center for Neighborhood Technology.
[80] Energy，transport and environment indicators. 2010 edition. Printed on elemental chlorine – free bleached Paper.
[81] Step to a Low Carbon Transportation Future，Kevin Mills，Rails – to – Trails Conservan-

cy, November 21, 2008.

[82] United States Low Carbon Fuel Policies, ICCT Policy Updates Number 12, April 21, 2011.

[83] Low Carbon Transport: A Greener Future, A Carbon Reduction Strategy for Transport, July 2009.

[84] High Speed Rail and Greenhouse Gas Emissions in the U. S. , Center for Neighborhood Technology, January 2006.

[85] The UK Low Carbon Transition Plan, HM Government.

[86] Corporate Average Fuel Economy for MY 2011 Passenger Cars and Light Trucks, Office of Regulatory Analysis and Evaluation National Center for Statistics and Analysis, March 2009.

[87] Transportation's Role in Reducing U. S. Greenhouse Gas Emissions, Report to Congress U. S. Department of Transportation, April 2010.

[88] U. S. Perspectives on ITS Contributions to Sustainable Transportation, International Symposium "Evaluation Methods of CO_2 Emission Reduction with ITS Applications" October 22, 2010, Japan.